DCG 6

FINANCE D'ENTREPRISE

2e édition

Florence Delahaye-Duprat
Agrégée d'économie et gestion, diplômée d'expertise comptable
Enseignante à l'IUT de Nantes

Jacqueline Delahaye
Agrégée de techniques économiques de gestion

Nathalie Le Gallo
Agrégée d'économie et gestion, option finance
Professeur en DCG et DSCG

DUNOD
leader de l'expertise comptable

en partenariat avec
EDITIONS FRANCIS LEFEBVRE

Crédits iconographiques

p. 172 : © Magnifying Glass by Adam Novantio from the Noun Project ; p. 204 : © business monitoring by Vectors Point from the Noun Project, © Technology by leo-graph.com from the Noun Project, © organization by Graphic Tigers from the Noun Project, © oil spill by Luis Prado from the Noun Project

Maquette de couverture : Hokus Pokus

Maquette intérieure : Yves Tremblay

Mise en pages : Nord Compo

Infographies : Yves Tremblay

Les liens proposés tout au long de ce livre sont des compléments d'information. Vous pouvez soit flasher les QR-codes, soit copier-coller les URL raccourcies dans votre navigateur. Ces liens resteront valables durant toute la période de commercialisation de l'ouvrage. Toutefois, nous ne pouvons en garantir la pérennité dans la mesure où les pages auxquelles ils renvoient sont la propriété des sites qui les hébergent.

11 rue Paul Bert, 92240 Malakoff
www.dunod.com

ISBN 978-2-10-082391-8

SOMMAIRE

Mode d'emploi

Tout le programme

Approfondissements

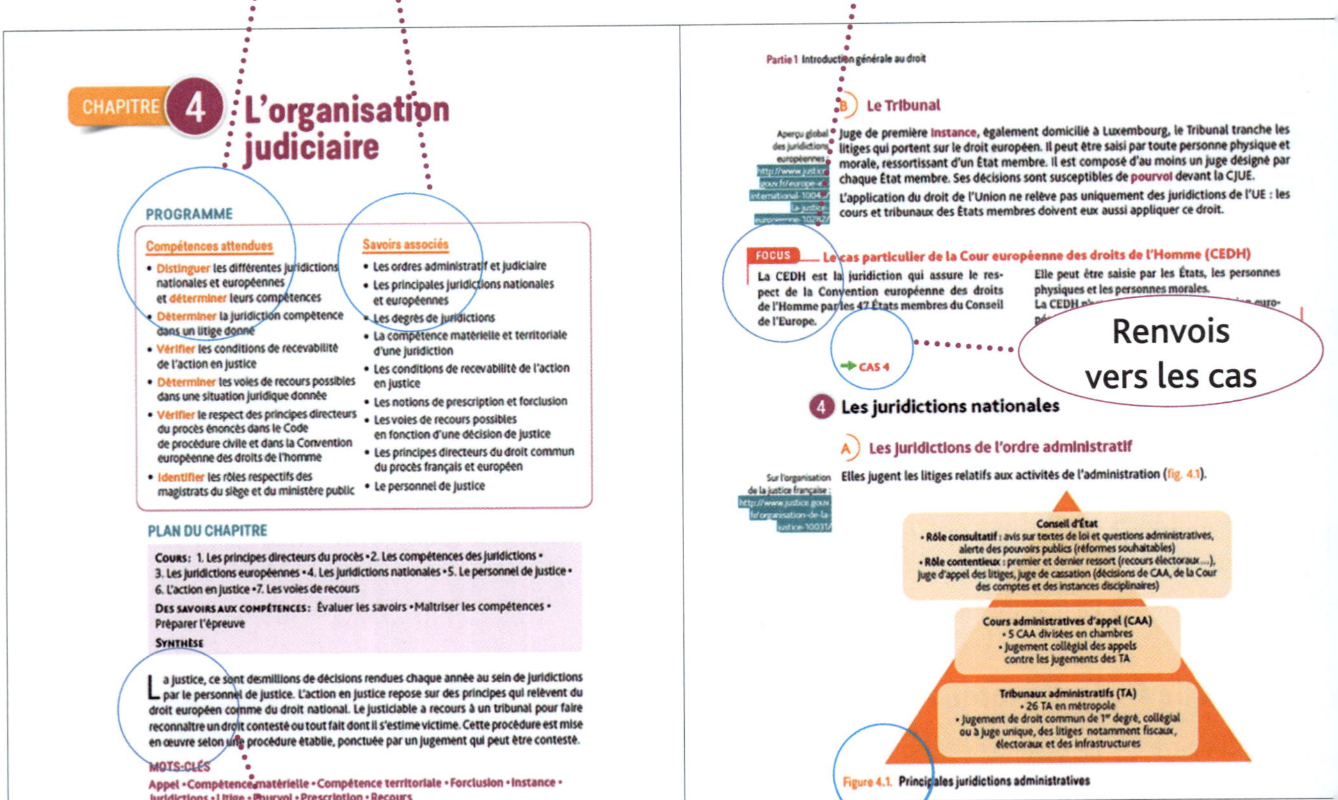

CHAPITRE 4 L'organisation judiciaire

PROGRAMME

Compétences attendues

- **Distinguer** les différentes juridictions nationales et européennes et **déterminer** leurs compétences
- **Déterminer** la juridiction compétence dans un litige donné
- **Vérifier** les conditions de recevabilité de l'action en justice
- **Déterminer** les voies de recours possibles dans une situation juridique donnée
- **Vérifier** le respect des principes directeurs du procès énoncés dans le Code de procédure civile et dans la Convention européenne des droits de l'homme
- **Identifier** les rôles respectifs des magistrats du siège et du ministère public

Savoirs associés

- Les ordres administratif et judiciaire
- Les principales juridictions nationales et européennes
- Les degrés de juridictions
- La compétence matérielle et territoriale d'une juridiction
- Les conditions de recevabilité de l'action en justice
- Les notions de prescription et forclusion
- Les voies de recours possibles en fonction d'une décision de justice
- Les principes directeurs du droit commun du procès français et européen
- Le personnel de justice

PLAN DU CHAPITRE

Cours : 1. Les principes directeurs du procès • 2. Les compétences des juridictions • 3. Les juridictions européennes • 4. Les juridictions nationales • 5. Le personnel de justice • 6. L'action en justice • 7. Les voies de recours

Des savoirs aux compétences : Évaluer les savoirs • Maîtriser les compétences • Préparer l'épreuve

Synthèse

La justice, ce sont des millions de décisions rendues chaque année au sein de juridictions par le personnel de justice. L'action en justice repose sur des principes qui relèvent du droit européen comme du droit national. Le justiciable a recours à un tribunal pour faire reconnaître un droit contesté ou tout fait dont il s'estime victime. Cette procédure est mise en œuvre selon une procédure établie, ponctuée par un jugement qui peut être contesté.

MOTS-CLÉS

Appel • Compétence matérielle • Compétence territoriale • Forclusion • Instance • Juridictions • Litige • Pourvoi • Prescription • Recours

B) Le Tribunal

Aperçu global des juridictions européennes :

Juge de première **instance**, également domicilié à Luxembourg, le Tribunal tranche les litiges qui portent sur le droit européen. Il peut être saisi par toute personne physique et morale, ressortissant d'un État membre. Il est composé d'au moins un juge désigné par chaque État membre. Ses décisions sont susceptibles de **pourvoi** devant la CJUE.

L'application du droit de l'Union ne relève pas uniquement des juridictions de l'UE : les cours et tribunaux des États membres doivent eux aussi appliquer ce droit.

FOCUS — Le cas particulier de la Cour européenne des droits de l'Homme (CEDH)

La CEDH est la juridiction qui assure le respect de la Convention européenne des droits de l'Homme par les 47 États membres du Conseil de l'Europe.

Elle peut être saisie par les États, les personnes physiques et les personnes morales.

→ CAS 4

4 Les juridictions nationales

A) Les juridictions de l'ordre administratif

Sur l'organisation de la justice française :

Elles jugent les litiges relatifs aux activités de l'administration (fig. 4.1).

Conseil d'État
- **Rôle consultatif** : avis sur textes de loi et questions administratives, alerte des pouvoirs publics (réformes souhaitables)
- **Rôle contentieux** : premier et dernier ressort (recours électoraux…), juge d'appel des litiges, juge de cassation (décisions de CAA, de la Cour des comptes et des instances disciplinaires)

Cours administratives d'appel (CAA)
- 5 CAA divisées en chambres
- Jugement collégial des appels contre les jugements des TA

Tribunaux administratifs (TA)
- 26 TA en métropole
- Jugement de droit commun de 1er degré, collégial ou à juge unique, des litiges notamment fiscaux, électoraux et des infrastructures

Figure 4.1. Principales juridictions administratives

Renvois vers les cas

Mise en contexte

Visuels facilitant la mémorisation

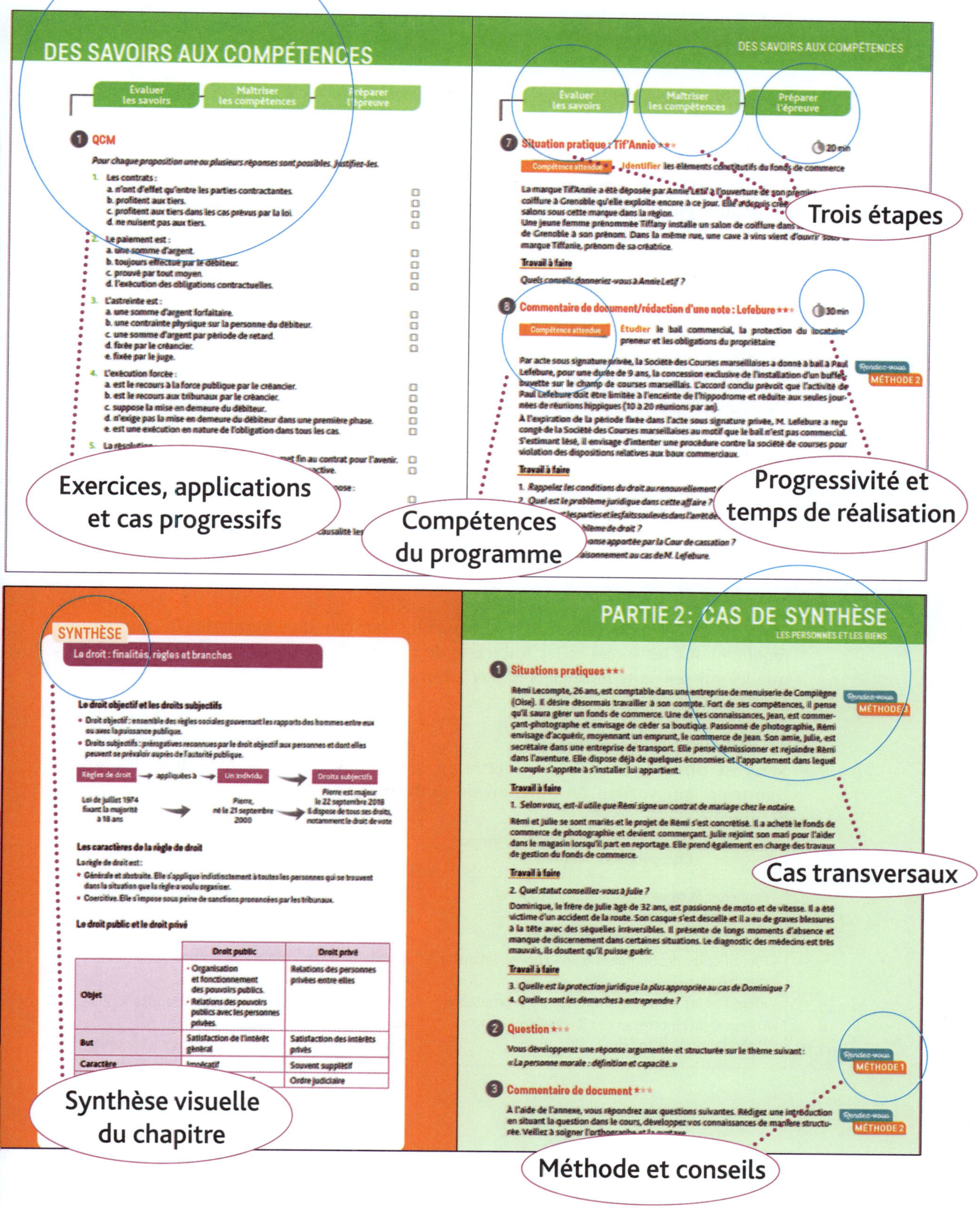

DES SAVOIRS AUX COMPÉTENCES
Évaluer les savoirs
Maîtriser les compétences
Préparer l'épreuve
Trois étapes
Exercices, applications et cas progressifs
Compétences du programme
Progressivité et temps de réalisation
SYNTHÈSE
Le droit : finalités, règles et branches
PARTIE 2 : CAS DE SYNTHÈSE
LES PERSONNES ET LES BIENS
Cas transversaux
Synthèse visuelle du chapitre
Méthode et conseils

Axe 2 : Gestion comptable et financière

Les unités d'enseignement (UE) de « comptabilité » (UE 9), de « comptabilité approfondie » (UE 10), de « contrôle de gestion » (UE 11) et de « finance d'entreprise » (UE 6) ont pour objet de permettre au titulaire du DCG de disposer d'une démarche et des outils nécessaires pour enregistrer l'information comptable et financière, pour réaliser une analyse de la situation d'une organisation et disposer d'éléments d'aide à la prise de décision.

Ces unités d'enseignement devront, notamment, permettre le développement de compétences spécifiques :
- rechercher, si besoin calculer et valider une information comptable ou financière ;
- exploiter une documentation (chiffrée ou non) ;
- identifier les outils d'analyse adaptés ;
- exploiter et commenter les résultats obtenus afin de proposer des décisions à court, moyen et long terme ;
- rédiger un argumentaire pour conseiller le décideur.

UE 6. Finance d'entreprise

Niveau L – 150 heures – 14 ECTS

1. Le diagnostic financier des comptes sociaux (40 heures)

Sens et portée de l'étude. Le diagnostic financier doit permettre de porter un jugement sur les forces et les faiblesses de l'entreprise à partir de données pluriannuelles sur ses états financiers et des informations sectorielles, en vue d'émettre des préconisations.

1.1. La démarche de diagnostic

Sens et portée de l'étude. Mettre en œuvre des méthodes d'analyse des états financiers qui varient en fonction de l'information disponible et du contexte du diagnostic.

Compétences attendues	Savoirs associés
– Expliciter le caractère multidimensionnel du diagnostic d'entreprise. – Interpréter les documents de synthèse. – Identifier les destinataires du diagnostic financier d'entreprise. – Identifier les limites de l'information comptable. – Discuter de l'intérêt et des limites de l'information sectorielle.	– Définition du diagnostic financier d'une entreprise. – Diversité des méthodes de diagnostic. – Définition et articulation des documents de synthèse : bilan, compte de résultat et annexe. – Comparaison dans le temps. – Comparaison des données de l'entreprise à celles de son secteur. – Intérêts et limites des informations sectorielles.

1.2. L'analyse de l'activité

Sens et portée de l'étude. Analyser l'activité de l'entreprise pour apprécier sa croissance et mesurer son aptitude à dégager des profits.

Compétences attendues	Savoirs associés
– Analyser le compte de résultat. – Déterminer les différents soldes intermédiaires de gestion. – Justifier les retraitements du tableau des soldes intermédiaires de gestion. – Commenter et interpréter les différents soldes intermédiaires de gestion. – Déterminer la capacité d'autofinancement selon les méthodes additive et soustractive. – Commenter et interpréter la capacité d'autofinancement.	– Les soldes intermédiaires de gestion : présentation et retraitements. – La valeur ajoutée : signification et répartition. – La capacité d'autofinancement.

1.3. L'analyse de la structure financière

Sens et portée de l'étude. Analyser la structure des ressources et des emplois mise en œuvre pour que l'entreprise puisse assurer sa pérennité et développer son activité.

Compétences attendues	Savoirs associés
– Expliquer la logique fonctionnelle « emplois ressources ». – Différencier les différents cycles d'opérations (investissement, financement, exploitation). – Construire un bilan fonctionnel. – Calculer le fonds de roulement net global, le besoin en fonds de roulement et la trésorerie nette. – Caractériser l'évolution dans le temps de la structure financière d'une entreprise.	– L'équilibre fonctionnel du bilan. – Le fonds de roulement net global. – Le besoin en fonds de roulement (exploitation et hors exploitation). – La trésorerie nette. – Les retraitements du bilan fonctionnel.

1.4. L'analyse de la rentabilité

Sens et portée de l'étude. Mesurer la rentabilité au strict plan économique ou en introduisant l'impact de l'endettement sur la rentabilité des fonds propres.

Compétences attendues	Savoirs associés
– Différencier charges variables et charges fixes. – Calculer et distinguer la rentabilité économique de la rentabilité financière. – Mettre en évidence l'effet de levier. – Caractériser la problématique rentabilité-risque liée à l'endettement. – Analyser la rentabilité d'une activité ou d'une entreprise, dans une situation donnée.	– Les charges variables, les charges fixes. – La rentabilité économique. – Le levier opérationnel (ou d'exploitation). – La rentabilité financière. – L'effet de levier financier.

1.5. L'analyse par les ratios

Sens et portée de l'étude. Déterminer les valeurs relatives pour situer l'entreprise dans l'espace et dans le temps.

Compétences attendues	Savoirs associés
– Distinguer les ratios relatifs à l'activité générale et ceux relatifs à la structure financière. – Distinguer les ratios de stock et de flux, en niveau ou en taux de croissance. – Analyser les ratios de l'entreprise et les mettre en relation avec ceux du secteur. – Réaliser un diagnostic à partir d'un ensemble de ratios pertinents. – Identifier les limites d'une analyse basée uniquement sur les ratios.	– Les ratios d'activité. – Les ratios de profitabilité. – Les ratios de rotation. – Les ratios d'investissement. – Les ratios d'endettement. – Les ratios de structure.

1.6. L'analyse par les tableaux de flux

Sens et portée de l'étude. Analyser en dynamique les flux de fonds et de trésorerie pour juger de l'aptitude de l'entreprise à honorer ses engagements ainsi qu'à prévenir les éventuelles défaillances.

Compétences attendues	Savoirs associés
– Distinguer tableau de financement et tableau de flux de trésorerie. – Identifier le rôle de la trésorerie dans le risque de défaillance. – Construire le tableau de financement du Plan comptable général. – Construire un tableau de flux de trésorerie selon la méthode directe ou indirecte. – Justifier les retraitements des tableaux de flux. – Conduire un diagnostic à partir des tableaux de flux.	– Le tableau de financement (tableau de flux de fonds) et les tableaux de flux de trésorerie. – Les retraitements pour l'élaboration des tableaux de flux. – Les flux de trésorerie d'exploitation, d'investissement, de financement. – La capacité à supporter le coût de la dette, solvabilité. – La capacité à financer les investissements.

1.7. Le diagnostic financier

Sens et portée de l'étude. Il s'agit de synthétiser l'ensemble des analyses pour produire une vision globale du diagnostic financier.

Compétences attendues	Savoirs associés
– Conduire un diagnostic financier à partir de données financières. – Proposer une conclusion générale à un diagnostic financier	– Diagnostic financier : démarche, outils.

2. La politique d'investissement (40 heures)

Sens et portée de l'étude. Apprécier la pertinence d'un investissement à partir des flux financiers prévisionnels qu'il engendre sur plusieurs périodes.

2.1. La valeur et le temps

Sens et portée de l'étude. Mettre en évidence la relation entre temps et valeur, mesurée pour un actif ou un passif financier.

Compétences attendues	Savoirs associés
– Distinguer valeur d'usage, valeur historique et valeur de marché. – Analyser l'influence du temps sur la valeur et appréhender le lien entre valeur et taux d'actualisation. – Calculer et interpréter un taux actuariel.	– La valeur présente et la valeur future. – La capitalisation et l'actualisation en temps discret. – Les annuités : définition et détermination. – Taux d'intérêt nominal et taux d'intérêt réel. – L'évaluation d'un actif par actualisation des flux futurs. – Le taux de rendement actuariel.

2.2. La gestion du besoin en fonds de roulement d'exploitation

Sens et portée de l'étude. Évaluer le besoin de financement généré par l'exploitation en se référant aux normes (ou conditions normales) de fonctionnement du cycle d'exploitation. Mesurer l'impact des variations de niveau d'activité et justifier éventuellement la réduction des emplois.

Compétences attendues	Savoirs associés
– Déterminer le besoin en fonds de roulement d'exploitation normatif. – Analyser le besoin en fonds de roulement au vu des éléments variables (postes de stocks, de créances clients, de dettes fournisseurs et de TVA). – Proposer des recommandations en matière de gestion du besoin en fonds de roulement, dans une situation donnée ou prévisionnelle simple.	– L'approche normative du besoin en fonds de roulement (d'exploitation). – Le niveau moyen du besoin en fonds de roulement d'exploitation. – Les actions sur les postes clients, fournisseurs et stocks.

2.3. Les projets d'investissement

Sens et portée de l'étude. Caractériser et estimer le bien fondé d'un projet d'investissement en univers certain.

Compétences attendues	Savoirs associés
– Identifier et distinguer les différents types d'investissements. – Calculer les flux prévisionnels caractérisant un projet à partir des capacités d'autofinancement d'exploitation et des flux patrimoniaux. – Déterminer les différents critères financiers de sélection de projets d'investissement. – Argumenter un choix entre plusieurs projets qui respectent le niveau d'acceptation fixé a priori. – Analyser une décision d'investissement au-delà du simple calcul financier à l'aide de critères de sélection non financiers.	– La typologie des investissements. – Les paramètres financiers et comptables caractérisant un investissement. – Le choix d'un taux d'actualisation en fonction du coût du capital pour un projet (hors fiscalité). – Les critères financiers de sélection (valeur actuelle nette y compris VAN globale, taux de rentabilité interne y compris TIR global, délai de récupération du capital investi, indice de profitabilité). – Les critères non financiers de sélection.

3. La politique de financement (50 heures)

Sens et portée de l'étude. Exploiter les opportunités des différents modes de financement en respectant l'équilibre financier de l'entreprise et en tenant compte des informations délivrées par les marchés financiers. Faire des prévisions sur l'équilibre de la trésorerie à moyen terme et apprécier la cohérence entre investissements et choix de financement.

3.1. Les modes de financement

Sens et portée de l'étude. Différencier les modes de financement selon leur coût, leur origine et le risque supporté par les bailleurs de fonds.

Compétences attendues	Savoirs associés
– Distinguer les modes de financement et évaluer leur coût respectif. – Déterminer et valoriser le montant des engagements financiers de l'entreprise. – Calculer et comparer les coûts des différents moyens de financement en intégrant l'impôt sur les bénéfices. – Identifier une ou plusieurs solutions de financement.	– L'autofinancement : source, intérêts et limites. – Le financement par emprunt avec construction d'un tableau d'amortissement. – Le financement par augmentation de capital. – Le financement par crédit-bail. – Le financement participatif.

3.2. Les marchés financiers

Sens et portée de l'étude. Après avoir resitué le marché financier comme un mode de financement direct au sein de l'économie, déterminer l'apport des marchés financiers en matière de politique de financement et d'information financière de qualité.

Compétences attendues	Savoirs associés
– Mettre en évidence les grands principes d'organisation. – Identifier les produits du marché financier. – Identifier les principales sources de notation financière et de cotation des titres. – Expliquer la cote des actions et des obligations. – Justifier la variation des prix des titres en fonction des taux d'intérêt de marché et de l'information.	– Le marché financier : définition, organisation et présentation des différentes catégories de titres, indices boursiers. – Les composantes du marché financier. – Les relations entre qualité de l'information, prix de marché et coût d'un financement extérieur. – Les relations entre taux actuariel de marché, taux nominal et valeur de marché des titres. – La cote des actions et des obligations.

3.3. Les contraintes de financement

Sens et portée de l'étude. Intégrer les contraintes des financements existants en fonction du niveau de développement de l'entreprise.

Compétences attendues	Savoirs associés
– Construire un bilan financier. – Estimer les différents équilibres financiers. – Évaluer le niveau de risque et la soutenabilité de la dette. – Analyser les garanties des prêteurs et leur incidence sur le coût des dettes.	– La liquidité de l'actif et l'exigibilité du passif du bilan financier. – L'équilibre financier (fonds de roulement financier). – Les ratios de liquidité. – La relation entre risque financier et garanties. – Les principales garanties (personnelles et réelles) prises par les bailleurs à l'exclusion de l'aspect juridique.

3.4. La structure de financement

Sens et portée de l'étude. Caractériser la structure de financement de l'entreprise en prenant en compte la fiscalité, l'endettement financier et le risque de faillite.

Compétences attendues	Savoirs associés
– Calculer le coût moyen pondéré du capital. – Justifier la relation entre structure du financement et valeur de l'entreprise. – Analyser la structure de financement d'une organisation.	– Le coût du capital pour l'entreprise et sa relation avec le taux requis par les actionnaires. – L'incidence du niveau d'endettement et du risque de faillite sur le coût du capital. – La notion d'endettement optimal par arbitrage entre rentabilité des fonds propres et risque de faillite.

3.5. Le plan de financement

Sens et portée de l'étude. Apprécier la pertinence de la politique de financement retenue et sa cohérence avec la politique d'investissement afin d'assurer l'équilibre de la trésorerie sur le moyen terme.

Compétences attendues	Savoirs associés
– Identifier les étapes de la construction d'un plan de financement. – Élaborer un plan de financement. – Identifier des modalités d'équilibrage du plan de financement, dans une situation donnée.	– Les objectifs du plan de financement. – Le plan de financement présenté sur une durée de trois à cinq ans, selon un modèle adapté à l'analyse fonctionnelle. – Les différentes modalités d'équilibrage de la trésorerie à moyen terme.

4. La trésorerie (20 heures)

Sens et portée de l'étude. Anticiper les mouvements de trésorerie de court terme, connaître le principe d'équilibrage pour optimiser les modalités de financement des déficits et de placement des excédents sur les marchés financiers.

4.1. La gestion de trésorerie

Sens et portée de l'étude. Anticiper les mouvements de trésorerie de court terme et les reporter dans le budget de trésorerie.

Compétences attendues	Savoirs associés
– Caractériser la notion de prévision de trésorerie. – Construire un budget de trésorerie. – Commenter le principe de l'équilibrage de la trésorerie.	– L'établissement des prévisions de trésorerie. – L'élaboration d'un budget de trésorerie à un horizon de quelques mois avec prise en compte de la taxe sur la valeur ajoutée.

4.2. Le financement des déficits de trésorerie de court terme

Sens et portée de l'étude. Minimiser le coût de financement des déficits de trésorerie de court terme.

Compétences attendues	Savoirs associés
– Distinguer et qualifier les principales modalités de financement des déficits de trésorerie. – Arbitrer entre les différentes modalités de financement à la disposition de l'entreprise.	– Les principales modalités de financement à court terme des soldes déficitaires de trésorerie : escompte, crédits de trésorerie, découvert. – La négociation des conditions de mouvements de trésorerie. – Les coûts des différentes modalités de financement.

4.3. Le placement des excédents de trésorerie en produits bancaires et financiers

Sens et portée de l'étude. Identifier les avantages et les risques des placements des excédents de trésorerie sur les marchés financiers.

Compétences attendues	Savoirs associés
– Identifier la relation entre incertitude et rentabilité exigée par le marché. – Calculer la rentabilité espérée ou la valeur théorique sur une période d'un titre financier. – Déterminer différents placements sur les marchés financiers. – Incorporer les gains des placements dans la trésorerie.	– La relation rentabilité-risque : interprétation par type d'actif. – La représentation espérance / écart-type. – Les produits bancaires. – La rentabilité et le risque à partir d'une série de données boursières. – L'introduction à la diversification avec deux actifs.

AVANT-PROPOS

Rédigés par des équipes pluridisciplinaires comprenant notamment des membres des commissions d'examen, et 100 % conformes aux nouveaux programmes et guides pédagogiques applicables depuis la rentrée 2019, les manuels Dunod constituent une **préparation complète** aux épreuves de DCG et DSCG.

L'axe 2 « Gestion comptable et financière » et l'évaluation par les compétences

Les unités d'enseignement (UE) de « comptabilité » (UE 9), de « comptabilité approfondie » (UE 10), de « contrôle de gestion » (UE 11) et de « finance d'entreprise » (UE 6) ont pour objet de permettre au titulaire du DCG de disposer d'une démarche et des outils nécessaires pour enregistrer l'information comptable et financière, pour réaliser une analyse de la situation d'une organisation et disposer d'éléments d'aide à la prise de décision.

Ces unités d'enseignement devront, notamment, permettre le développement de compétences spécifiques :

- rechercher et, si besoin, calculer et valider une information comptable ou financière ;
- exploiter une documentation (chiffrée ou non) ;
- identifier les outils d'analyse adaptés ;
- exploiter et commenter les résultats obtenus afin de proposer des décisions à court, moyen et long terme ;
- rédiger un argumentaire pour conseiller le décideur.

Les unités sont déclinées en compétences. Ces compétences sont à la fois variées mais limitées par une liste donnée et clairement identifiée. Une compétence peut être définie comme la capacité à utiliser un savoir-faire dans une situation donnée pour produire un résultat requis. Elle s'acquiert dans une situation, d'où l'importance de la structuration et de l'entraînement à la pratique de la problématisation.

Une compétence présente un caractère disciplinaire ; elle vise à résoudre des problèmes liés à la discipline et repose nécessairement sur des connaissances inhérentes à cette même discipline. Mais, dans le même temps, une compétence s'appuie sur des savoir-faire généraux et transversaux (capacité à analyser, à rédiger de manière concise et précise, etc.).

La compétence induit donc un rapport au savoir, elle ne s'y oppose pas. Les savoirs sont les informations qu'il faut être en mesure de mobiliser « à bon escient » avec pour finalité l'élaboration d'un raisonnement structuré ou la résolution d'un problème lié à la pratique financière.

Le concept de situation est donc central lorsque l'on évoque une compétence ; la mise en situation donne à l'étudiant l'occasion d'exercer la compétence visée. Une **situation** présente donc divers caractères, à la différence de la simple application de la règle :

- Elle mobilise un ensemble d'acquis et est orientée vers une tâche porteuse de sens.
- Elle fait référence à une catégorie de problèmes spécifiques à la discipline, elle est nouvelle.

Une compétence est évaluable. Elle peut se mesurer à la qualité de l'exécution de la tâche *et* à la qualité du résultat. Dès lors, une préparation efficace repose sur un équilibre judicieux entre l'acquisition de connaissances et un développement de compétences ciblées centré sur le réinvestissement en contexte. L'évaluation s'en trouve renouvelée ; elle met l'accent sur le cheminement intellectuel et l'esprit critique du candidat et promeut une nouvelle quête de sens.

Le parti pris de nos manuels

Le présent manuel vise à apporter l'**ensemble des savoirs disciplinaires associés à l'unité d'enseignement** « Finance d'entreprise » à travers quatre parties, structurées en 18 chapitres, respectant scrupuleusement la progression logique du programme. Chaque chapitre propose une **synthèse synoptique** finale propice à la mémorisation. Ces infographies constituent un véritable aide-mémoire pour l'étudiant.

La section « Des savoirs aux compétences » a été conçue comme une **passerelle** entre les deux éléments du programme :

- Dans un premier temps, le candidat est invité à s'autoévaluer à l'aide d'un **quiz/QCM** (réponses en fin d'ouvrage) et d'une **application directe des connaissances** (rubrique « Évaluer les savoirs »). En fonction de ses résultats, l'étudiant détermine les points du cours à revoir.
- Dans un deuxième temps, l'étudiant est placé en contexte afin de tester les compétences requises et évaluées à l'examen (rubrique « Maîtriser les compétences ») : **toutes les compétences du programme font l'objet d'une mise en situation**. Les exercices proposés sont progressifs (le niveau de difficulté est systématiquement indiqué). Les compétences les plus complexes sont traitées isolément.
- Enfin, une fois les compétences maîtrisées, l'étudiant est invité à se placer en condition d'examen (rubrique « Préparer l'épreuve ») au travers de **cas**. Ces pages sont émaillées de conseils méthodologiques et de rappels théoriques.

Chaque partie du programme est ponctuée d'un **cas de synthèse transversal** testant les principaux savoirs et compétences de la partie. L'ouvrage s'achève par **un sujet type d'examen intégralement corrigé**.

Un aller-retour constant entre savoirs et compétences

Deux parcours de préparation sont possibles grâce à ce manuel :

- Des savoirs disciplinaires étudiés aux compétences à mettre en œuvre en situation.
- L'acquisition de la compétence par la confrontation des situations aux savoirs.

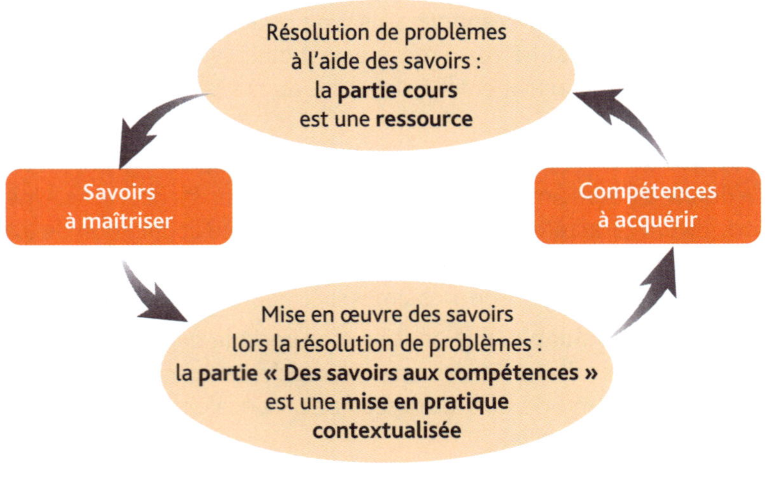

TABLE DES SIGLES ET ABRÉVIATIONS

ACE : actif circulant d'exploitation
ACHE : actif circulant hors exploitation
ACPR : Autorité de contrôle prudentiel et de résolution
A & D : amortissements et dépréciations
AMF : Autorité des marché financiers
Amort. (ou A) : amortissements
Appro. : approvisionnements
BFR : besoin en fonds de roulement
BFRE : besoin en fonds de roulement d'exploitation
BFRHE : besoin en fonds de roulement hors exploitation
BNPA : bénéfice net par action
CAF : capacité d'autofinancement
CBC : concours bancaires courants
CMPC : coût moyen pondéré du capital
CP : capitaux propres
CPFD : commission de plus fort découvert
CS : coefficient de structure
CT : court terme
DADP : dotation aux amortissements, dépréciations et provisions
DCE : dettes circulantes d'exploitation
DCHE : dettes circulantes hors exploitation
Dépréc. (ou D) : dépréciation
EBE : excédent brut d'exploitation
EC : établissements de crédit
ECA : écart de conversion Actif
ECP : écart de conversion Passif
EENE : effets escomptés non échus
ETE : excédent de trésorerie d'exploitation
FNTA : flux net de trésorerie généré par l'activité
FRNG : fonds de roulement net global
IF : *in fine*
IP : indice de profitabilité
IR : impôt sur le revenu
IS : impôt sur les sociétés
LT : long terme

MCV : marge sur coûts variables
MP : matière première
OAT : obligation assimilable du Trésor
OEC : Ordre des experts-comptables
PCEA : produit des cessions d'éléments d'actif
PER : *Price Earning Ratio*
PF : produit fini
QP : quote-part
RAN : report à nouveau
RE : résultat d'exploitation
SCB : soldes créditeurs de banque
SI : subvention d'investissement
SIG : solde intermédiaire de gestion
TA : trésorerie liée à l'activité
TCN : titre de créance négociable
TE : temps d'écoulement
TRI : taux de rentabilité interne
VA : valeur ajoutée
VAN : valeur actuelle nette
VCEAC : valeur comptable des éléments d'actif cédés
VMP : valeur mobilière de placement

CHAPITRE 1 L'analyse de l'activité

PROGRAMME

Compétences attendues

- **Expliciter** le caractère multidimensionnel du diagnostic d'entreprise
- **Interpréter** des documents de synthèse
- **Identifier** les destinataires du diagnostic financier d'entreprise
- **Identifier** les limites de l'information comptable
- **Discuter** de l'intérêt et des limites de l'information sectorielle
- **Analyser** le compte de résultat
- **Déterminer** les différents soldes intermédiaires de gestion
- **Justifier** les retraitements du tableau des soldes intermédiaires de gestion
- **Commenter** et **interpréter** les différents soldes intermédiaires de gestion
- **Déterminer** la capacité d'autofinancement selon les méthodes additives et soustractives
- **Commenter** et **interpréter** la capacité d'autofinancement

Savoirs associés

- Définition du diagnostic financier de l'entreprise
- Diversité des méthodes de diagnostic
- Définition et articulation des documents de synthèse : bilan, compte de résultat, annexe
- Comparaison dans le temps
- Comparaison des données de l'entreprise à celles de son secteur
- Intérêts et limites des informations sectorielles
- Les soldes intermédiaires de gestion : présentation et retraitements
- La valeur ajoutée : signification et répartition
- La capacité d'autofinancement

PLAN DU CHAPITRE

Cours : 1. Démarche de diagnostic • 2. Rappels sur le compte de résultat • 3. Soldes intermédiaires de gestion (SIG) • 4. Capacité d'autofinancement (CAF)

Des savoirs aux compétences : Évaluer les savoirs • Maîtriser les compétences • Préparer l'épreuve

Synthèse

Le diagnostic financier d'une entreprise commence souvent par l'analyse de l'activité, réalisée à partir du compte de résultat. Le calcul des soldes intermédiaires de gestion (SIG) permet d'examiner la formation du résultat de l'exercice. Le calcul de la capacité d'autofinancement (CAF) met en avant les ressources dégagées par l'activité courante de l'entreprise.

MOTS-CLÉS

Autofinancement • Capacité d'autofinancement • Compte de résultat • Crédit-bail • Diagnostic financier • Dotations aux amortissements • Excédent brut d'exploitation • Produits des cessions d'éléments d'actif • Retraitements • Soldes intermédiaires de gestion • Valeur ajoutée • Variation des stocks

1 Démarche de diagnostic

Le diagnostic financier ou analyse financière est une démarche basée sur l'étude des documents de synthèse (bilan, compte de résultat et annexe). Réalisée habituellement sur une période de 3 à 4 ans, cette démarche d'analyse doit être structurée et nécessite de la rigueur ainsi qu'un esprit de synthèse. Les tendances détectées, favorables ou non, permettront d'émettre des préconisations à destination du dirigeant.

A) Présentation du diagnostic financier

Définition

Le **diagnostic financier** permet de porter un jugement sur les forces et faiblesses d'une entreprise.

Il constitue un outil d'aide à la décision non seulement pour le dirigeant mais aussi pour les investisseurs (actionnaires, prêteurs tels que les établissements de crédit…).

L'objectif du dirigeant est d'assurer :
- la rentabilité de l'entreprise (résultat comparé aux capitaux investis) ;
- la liquidité de l'entreprise (capacité à assumer ses dettes à court terme) ;
- la solvabilité de l'entreprise (capacité à assumer ses dettes à long terme).

B) Caractère multidimensionnel du diagnostic financier

Le diagnostic financier d'une entreprise porte généralement sur plusieurs points :
- L'analyse de l'activité. L'entreprise est-elle profitable (capacité à générer un bénéfice) ? Est-elle rentable (capacité à générer un bénéfice par rapport aux capitaux investis) ?
- L'examen de l'équilibre du bilan. L'équilibre financier est-il respecté (ex. : pour assurer la continuité de l'exploitation, les immobilisations doivent être financées par des ressources durables) ? De quelle manière l'équilibre financier a-t-il évolué au cours d'un exercice comptable ?
- L'étude des flux de trésorerie. Quelle est l'origine de l'augmentation ou de la diminution de la trésorerie au cours d'un exercice comptable ? Pour éviter le risque de faillite, l'analyse détaillée de l'évolution de la trésorerie est devenue incontournable.

C) Informations nécessaires à la réalisation d'un diagnostic financier

Dans une première phase calculatoire, l'analyse financière est menée à partir d'informations comptables. Les comptes annuels (ou documents de synthèse) constituent la source d'information la plus fiable pour élaborer un diagnostic financier.

Afin de porter un jugement sur la santé financière d'une entreprise, il est donc nécessaire d'avoir une bonne connaissance des documents de synthèse (compte de résultat et bilan notamment).

Dans un second temps, pour interpréter les résultats, l'analyste financier aura besoin d'informations extra-comptables, qui peuvent être :
- internes à l'entreprise (ex. : stratégie mise en œuvre, climat social, état de l'appareil de production) ;
- externes à l'entreprise (ex. : avenir du secteur d'activité, environnement économique, informations sur les principaux concurrents, statistiques sur le secteur d'activité de l'entreprise).

D) Importance des comparaisons dans le temps et dans l'espace

Quels que soient les outils d'analyse retenus, le diagnostic financier ne sera pertinent qu'à la condition de revêtir une double dimension :
- Une dimension pluriannuelle. La situation de l'entreprise ne peut s'apprécier correctement qu'à travers son évolution dans le temps, ce qui exige des informations sur plusieurs années.
- Une dimension spatiale. Pour prendre les bonnes décisions, le dirigeant d'une entreprise doit pouvoir se situer par rapport aux autres entreprises du même secteur d'activité et comparer ses résultats à des normes sectorielles. Ces normes sectorielles correspondent à des moyennes et ne sont pas forcément toujours retenues. La comparaison aux concurrents directs pourra avoir plus de sens dans certains cas.

→ CAS PRATIQUE 8

2 Rappels sur le compte de résultat

A) Description du compte de résultat

Le **compte de résultat** (tab. 1.1) est un document de synthèse retraçant l'activité de l'entreprise au cours d'un exercice comptable. Le résultat de l'exercice :
- est la différence entre le total des enrichissements (produits) et le total des appauvrissements (charges) ;
- correspond à l'augmentation du patrimoine (bénéfice) ou à la diminution du patrimoine (perte) découlant de l'activité de l'entreprise.

Tableau 1.1. Compte de résultat de l'exercice N

Charges (hors taxes)	Produits (hors taxes)
• Charges d'exploitation • Quotes-parts de résultat sur opérations faites en commun • Charges financières • Charges exceptionnelles • Participation des salariés aux résultats • Impôts sur les bénéfices	• Produits d'exploitation • Quotes-parts de résultat sur opérations faites en commun • Produits financiers • Produits exceptionnels
Bénéfice (solde créditeur)	**Perte (solde débiteur)**

Des dotations et des reprises peuvent figurer dans chacune des rubriques du compte de résultat (exploitation, financière ou exceptionnelle). Pour le calcul de la **capacité d'autofinancement**, il convient de les regrouper.

B) Précisions relatives à certains postes

1. Quotes-parts de résultat sur opérations faites en commun

Il arrive que l'entreprise réalise, en collaboration (en participation) avec d'autres entreprises, certaines opérations. Les résultats obtenus sur ces opérations (bénéfices ou pertes) sont partagés entre les participants. La part qui revient à chacun d'eux est inscrite en charges ou en produits dans la rubrique : « Quotes-parts de résultat sur opérations faites en commun ».

Pour les calculs des soldes intermédiaires de gestion (SIG), ces postes sont pris en compte avec les postes financiers.

2. Variation des stocks

Les **variations des stocks** se calculent à partir des stocks initiaux (SI) et des stocks finaux (SF) (tab. 1.2).

Tableau 1.2. **Variation des stocks**

Du côté des charges	Du côté des produits
La variation des stocks de marchandises, de matières premières et autres approvisionnements se calcule de la manière suivante : **Δ stocks = SI – SF** donc : • si Δ stocks > 0 alors SI > SF : il y a eu déstockage (c'est-à-dire diminution des stocks). L'entreprise a revendu toutes les marchandises achetées ou consommé toutes les matières premières achetées plus un complément issu du stock ; • si Δ stocks < 0 alors SI < SF : il y a eu stockage (augmentation des stocks). L'entreprise n'a pas revendu toutes les marchandises achetées ou n'a pas consommé toutes les matières premières achetées. La partie stockée est retirée des charges de l'exercice car il ne s'agit pas d'un appauvrissement.	Le poste « production stockée » représente la variation des stocks de produits (intermédiaires, finis ou résiduels) et des en-cours de production (de biens et de services) : **Production stockée = SF – SI** donc : • si production stockée > 0 alors SF > SI : il y a eu augmentation des stocks de produits et d'en-cours. La production stockée est évaluée à son coût de production. Ce produit vient annuler les charges engagées pour obtenir le nouveau stock. • si production stockée < 0 alors SF < SI : il y a eu diminution des stocks de produits et d'en-cours. La production stockée négative vient diminuer les produits mais on retrouve le prix de vente du stock dans le chiffre d'affaires. Au final, les produits augmentent de la marge réalisée sur la vente du stock.

Rendez-vous
MÉTHODE

Comprendre les variations de stock dans le compte de résultat

- **Côté charges :**

Achats de marchandises Achats de MP et autres approvisionnements		Achats facturés (livrés) à l'entreprise
Achats de marchandises Δ des stocks de marchandises (SI – SF) Achats de MP et autres approvisionnements Δ des stocks de MP et autres approv. (SI – SF)	 ± ±	Achats revendus (marchandises) ou consommés (MP et autres approv.)

Stocker des marchandises ou des matières premières n'augmente pas le bénéfice de l'entreprise : la variation de stock négative permet d'annuler l'achat du stock enregistré sur la ligne du dessus.

- **Côté produits :**

Ventes de marchandises Production vendue (biens et services)		Ventes facturées = Chiffre d'affaires de l'entreprise
Production stockée (SF – SI)	±	Δ des stocks de produits et d'en-cours évalués au coût de production

Stocker des produits finis n'augmente pas le bénéfice de l'entreprise car la production stockée positive vient annuler le coût de production du stock enregistré en charges.

3. Autres charges – Autres produits

Ces deux postes, situés en bas des charges d'exploitation et de produits d'exploitation, comprennent plusieurs comptes (tab. 1.3).

Tableau 1.3. Détail des « Autres charges » et « Autres produits »

Autres charges (d'exploitation)	Autres produits (d'exploitation)
651. Redevances pour concessions, brevets, licences, marques…	751. Redevances pour concessions, brevets, licences, marques…
653. Jetons de présence	752. Revenus des immeubles non affectés aux activités professionnelles
654. Pertes sur créances irrécouvrables	753. Jetons de présence et rémunérations d'administrateurs, gérants…
658. Charges diverses de gestion courante	758. Produits divers de gestion courante

Les postes « Autres charges » et « Autres produits » ne relèvent pas de l'exploitation au sens strict (cœur de métier). C'est pourquoi ils ne sont pas pris en compte dans le calcul de l'**excédent brut d'exploitation**.

4. Charges exceptionnelles sur opérations en capital

Dans ce poste, se trouve essentiellement le compte 675. Valeurs comptables des éléments d'actif cédés (VCEAC). Il s'agit de la valeur nette comptable (VNC) des immobilisations cédées. Cette charge calculée n'entraîne aucun décaissement mais permet de sortir l'immobilisation du patrimoine de l'entreprise.

5. Produits exceptionnels sur opérations en capital

On y trouve essentiellement les comptes :

- 775. Produits des cessions d'éléments d'actif (PCEA). Il s'agit du prix de vente des immobilisations vendues (immobilisations incorporelles, corporelles et titres inscrits en immobilisations financières).
- 777. Quote-part des subventions d'investissement (QP des SI) virée au résultat de l'exercice. Les subventions inscrites au compte 13. Subventions d'investissement sont virées progressivement au compte de résultat en retenant la durée d'amortissement des immobilisations qu'elles ont financées.

Exemple

- Encaissement fin N d'une subvention d'investissement de 50 000 € dont l'imposition est étalée sur 5 ans :

			Fin N		
Encaissement de la subvention	512		Banque	50 000	
		13	Subvention d'investissement		50 000
			Fin N+1		
Imposition de la subvention[1]	13		Subvention d'investissement	10 000	
		777	Quote-part de subvention virée au compte de résultat		10 000

[1] La même écriture sera passée chaque année jusqu'en fin N+5, date à laquelle le compte « Subvention d'investissement » sera soldé.

Seule la première écriture s'accompagne d'un flux monétaire (encaissement de la subvention) ; les écritures de virement au compte de résultat n'ont aucune conséquence sur la trésorerie. Le compte 777 correspond à un produit calculé (qui ne sera jamais encaissé) qu'il faudra éliminer pour calculer la capacité d'autofinancement (CAF).

3 Soldes intermédiaires de gestion (SIG)

A) SIG du plan comptable général (PCG)

Définition

Les **soldes intermédiaires de gestion** permettent d'analyser la formation du résultat de l'exercice.

Il s'agit, à partir des ventes de l'entreprise, de descendre progressivement jusqu'au résultat de l'exercice en faisant apparaître des soldes intermédiaires pertinents pour l'analyse financière. Le PCG propose un calcul de ces soldes.

Les calculs peuvent être présentés en colonne (tab. 1.4) ou en utilisant le tableau des SIG du PCG.

Tableau 1.4. Tableau des SIG en colonne

Tableau des SIG	Interprétation et commentaires
Ventes de marchandises – Coût d'achat des marchandises vendues (Achats de march. + Δ Stocks de march.)	(1) Indicateur de performance commerciale permettant de calculer le taux de marge commerciale : $\frac{\text{Marge commerciale}}{\text{Vente de marchandise}}$
= Marge commerciale (1) (entreprises commerciales)	
Production vendue + Production stockée + Production immobilisée	
= Production de l'exercice (2) (entreprises industrielles et entreprises de services)	(2) Indicateur de production
Marge commerciale + Production de l'exercice – Consommations en provenance des tiers (Achats de MP... + Δ Stocks de MP... + Autres achats et charges externes)	(3) Richesse créée par les opérations d'exploitation. Mesure du « poids économique » de l'entreprise donc critère de taille le plus pertinent
= Valeur ajoutée (VA) (3)	
+ Subvention d'exploitation – Impôts, taxes et versements assimilés – Charges de personnel (Salaires et traitements + Charges sociales)	(4) Indicateur de la performance commerciale et industrielle de l'entreprise. Trésorerie potentielle issue des opérations d'exploitation au sens strict. Excédent « brut » car calculé avant amortissements, dépréciations et provisions (dotations et reprises exclues)
= Excédent brut d'exploitation (EBE) (4)	
+ Reprises et transferts de charges (d'exploitation) + Autres produits (d'exploitation) – Dotations (d'exploitation) – Autres charges (d'exploitation)	Vérification : Résultat d'exploitation = Total des produits d'exploitation – Total des charges d'exploitation
= Résultat d'exploitation	
± Quotes-parts de résultat sur opérations faites en commun + Produits financiers – Charges financières	Résultat courant avant impôts = Résultat d'exploitation + Résultat financier Il s'agit du résultat dégagé par les activités normales de l'entreprise.
= Résultat courant avant impôts	

NOTRE CONSEIL

Contrôlez vos calculs dès que possible :
- EBE = Total des produits d'exploitation *sauf* Reprises et Autres produits (d'exploitation) – Total des charges d'exploitation. *sauf* Dotations et Autres charges (d'exploitation.)
- Résultat d'exploitation = Total des produits d'exploitation – Total des charges d'exploitation
- Résultat de l'exercice = Résultat indiqué dans le compte de résultat de l'énoncé

Tableau des SIG	Interprétation et commentaires
+ Résultat exceptionnel – Participation des salariés – Impôt sur les bénéfices	Augmentation ou diminution du patrimoine de l'entreprise au cours d'un exercice comptable, non synonyme de trésorerie dégagée (ou consommée). Résultat de l'exercice = Enrichissements – Appauvrissements ≠ Encaissements – Décaissements
= Résultat de l'exercice	

→ MINI-CAS 3

B) Partage de la valeur ajoutée

La **valeur ajoutée** (VA) correspond au surplus de valeur apportée par l'entreprise aux biens et services acquis à l'extérieur :

> VA = CAHT + Production stockée + Production immobilisée
> – Coût d'achat des marchandises revendues – Coût d'achat des MP consommées
> – Autres achats et charges externes

Elle est répartie entre plusieurs bénéficiaires (fig. 1.1).

La CAF est définie dans les pages suivantes.

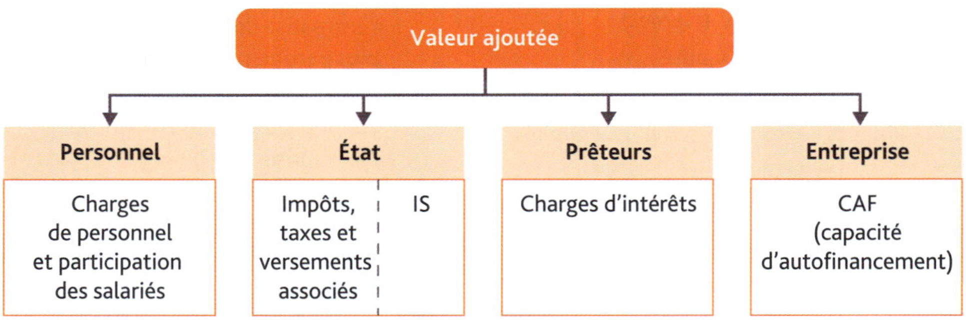

Figure 1.1. Décomposition de la valeur ajoutée

C) SIG retraités

De nombreux analystes financiers pratiquent des **retraitements** afin de rendre comparables les comptes de résultat des entreprises ayant fait des choix de gestion différents.

Exemples

- Certaines entreprises ont opté pour l'embauche de nouveaux salariés alors que d'autres ont choisi de faire appel à du personnel intérimaire. De la même façon, des sociétés recourent au crédit-bail quand d'autres préfèrent acquérir leurs immobilisations.

Le retraitement des SIG permet de dépeindre l'entreprise d'un point de vue économique plus que juridique (tab. 1.5).

Tableau 1.5. Retraitements des SIG

Redevance de crédit-bail (compte 612)	Hypothèse : acquisition du bien à l'aide d'un emprunt. À exclure du poste « Autres achats et charges externes » et donc des consommations en provenance des tiers. À reclasser en dotations aux amortissements et en charges d'intérêts : • calcul de la dotation aux amortissements du bien. On a : $\text{Dotation crédit-bail} = \dfrac{\text{Valeur du bien}}{\text{Durée d'amortissement}}$ • le reste (Redevance – Dotation de crédit-bail) est considéré comme des charges d'intérêts.
Personnel extérieur à l'entreprise (compte 621)	• À exclure des « Autres achats et charges externes » et donc des consommations en provenance des tiers. • À rattacher aux charges de personnel.
Participation des salariés aux résultats (compte 691)	À rattacher aux charges de personnel.

Le retraitement du **crédit-bail** implique de partager la redevance en deux parties.

Les SIG modifiés par le retraitement du crédit-bail sont la valeur ajoutée, l'EBE et le résultat d'exploitation.

Exemple

Soit un matériel d'une valeur de 10 000 € pris en crédit-bail sur une durée de 4 ans. La redevance annuelle s'élève à 3 200 €.
Dotation aux amortissements crédit-bail = 10 000 / 4 = 2 500 €
Charges financières = 3 200 – 2 500 = 700 €

→ APPLICATION 2 • MINI-CAS 4 • CAS PRATIQUE 6 • CAS PRATIQUE 7 • CAS PRATIQUE 8

4 Capacité d'autofinancement (CAF)

Définition

La capacité d'autofinancement est la trésorerie potentielle dégagée par l'activité courante de l'entreprise au cours d'un exercice.

La trésorerie n'est que potentielle car la CAF ne tient pas compte du financement des nouveaux stocks et des nouveaux décalages de paiement.

Les **produits des cessions d'éléments d'actif** (PCEA) sont exclus du calcul de la CAF car ils ne relèvent pas de l'activité courante de l'entreprise (ils sont rattachés au cycle d'investissement relevant d'un horizon de long terme).

Les PCEA font partie des produits exceptionnels sur opérations en capital.

A) Calcul de la CAF

1. À partir de l'EBE (méthode soustractive)

CAF = Produits encaissables (sauf PCEA) – Charges décaissables

encaissés ou décaissées au cours de l'exercice ou du suivant

L'excédent brut d'exploitation (EBE) n'étant constitué que d'éléments encaissables ou décaissables, ce SIG peut servir de base de calcul à la CAF :

CAF = EBE + Autres produits encaissables (*sauf* PCEA)
– Autres charges décaissables

CAF = EBE + Transferts de charges (d'exploitation)
+ Autres produits d'exploitation
– Autres charges d'exploitation
± QP de résultat sur opérations faites en commun
+ Produits financiers *sauf* Reprises financières
– Charges financières *sauf* Dotations financières
+ Produits exceptionnels *sauf* Reprises exceptionnelles, PCEA et QP des SI virée au résultat de l'exercice
– Charges exceptionnelles *sauf* Dotations exceptionnelles et VCEAC
– Participation des salariés au résultat de l'exercice
– Impôts sur les bénéfices

NOTRE CONSEIL

Veillez à bien récupérer les DADP et les RADP dans chaque rubrique (exploitation, financier et exceptionnel) :
– les VCEAC (compte 675) se trouvent dans les charges exceptionnelles sur opérations en capital ;
– les PCEA (compte 775) et les QP de SI virée au résultat (compte 777) se trouvent dans les produits exceptionnels sur opérations en capital.

FOCUS Les transferts de charges

Les postes de Reprises comprennent les comptes 78. Reprises sur amortissements, dépréciations et provisions (RADP) ainsi que les comptes 79. Transferts de charges. Lors du calcul de la CAF, les transferts de charges doivent être séparés des reprises car ils constituent des produits encaissables ou assimilés.
Ex. : une indemnité versée par une compagnie d'assurance s'enregistre au compte 791. Transferts de charges d'exploitation.

2. À partir du résultat de l'exercice (méthode additive)

En partant du résultat de l'exercice, il faut annuler :
- les charges calculées (qui ne seront jamais décaissées) : dotations aux amortissements, dépréciations et provisions (DADP) et valeurs comptables des éléments d'actif cédés (VCEAC) ;
- les produits calculés (qui ne seront jamais encaissés) : reprises sur amortissements, dépréciations et provisions (RADP) et quote-part des subventions d'investissement virée au résultat de l'exercice (QP des SI) ;

– les produits des cessions d'éléments d'actif (PCEA) : produit encaissable mais ne relevant pas de l'activité courante.

CAF = Résultat de l'exercice + Charges calculées – Produits calculés – PCEA

CAF = Résultat de l'exercice + DADP + VCEAC – RADP – QP des SI – PCEA

Rendez-vous

MÉTHODE

Les différentes façons de calculer la CAF

La CAF peut se calculer à partir du résultat de l'exercice (méthode additive) ou à partir de l'EBE (méthode soustractive) :

- La méthode additive est celle qui permet d'obtenir la CAF le plus vite.
- Si le calcul de la CAF est demandé à partir de l'EBE :
  - si le tableau des SIG a été présenté, il suffit de repartir du montant de l'EBE y figurant ;
  - si l'EBE n'a pas encore été calculé, il faut déterminer son montant à partir de la formule directe :

EBE = Total des produits d'exploitation sauf Reprises et Autres produits
– Total des charges d'exploitation sauf Dotations et Autres charges

B) Calcul de la CAF retraitée

Lorsque les redevances de crédit-bail sont retraitées, le montant de la capacité d'autofinancement s'en trouve modifié car une partie des redevances est assimilée à des **dotations aux amortissements**.

CAF retraitée = CAF (PCG) + Dotations aux amortissements crédit-bail

C) Utilité de la CAF

La capacité d'autofinancement constitue une ressource vitale (fig. 1.2).

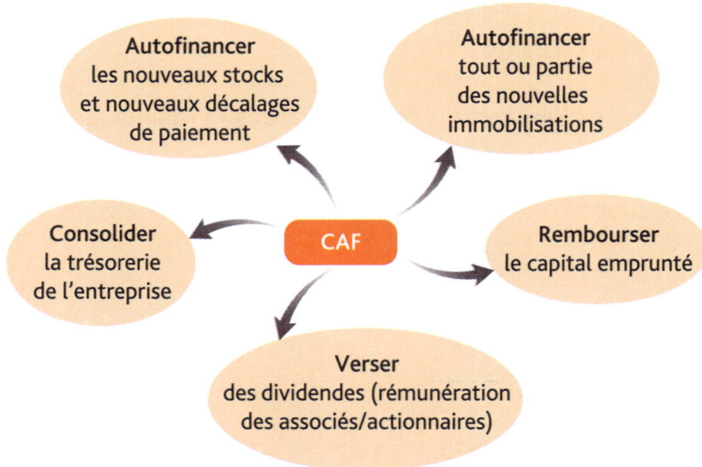

Figure 1.2. Utilité de la CAF

D) CAF et autofinancement

La part de la CAF revenant à 100 % à l'entreprise est appelée **autofinancement** :

Autofinancement (N) = CAF(N) – Dividendes distribués en N

La capacité d'autofinancement est un concept central en finance d'entreprise ; il est indispensable d'en maîtriser le calcul. On mobilise la CAF dans :

- le calcul de certains ratios (capacité de remboursement des emprunts notamment) ;
- la première partie du tableau de financement (↪ chapitre 5) ;
- le tableau des flux de trésorerie (↪ chapitre 6) ;
- les calculs prévisionnels : analyse des projets d'investissement (↪ chapitre 9) et plan de financement (↪ chapitre 15).

Rendez-vous

MÉTHODE

Évaluer les achats consommés

Les achats de matières premières – MP (et autres approvisionnements) et les achats de marchandises correspondent aux achats livrés à l'entreprise quelle que soit la date de paiement.

Pour obtenir le montant des achats consommés (MP et autres approvisionnements) ou revendus (marchandises), il faut tenir compte de la variation des stocks. Les variations de stocks sont les seuls postes du compte de résultat dont le montant peut être positif ou négatif :

- Du côté des charges, ΔStocks = SI – SF ;
- Si ΔStocks > 0, il y a eu déstockage ;
- Si ΔStocks < 0, il y a eu stockage.

Exemple

- En N, tous les achats de matières premières ont été consommés ainsi que 200 de matières premières qu'il a fallu prélever dans le stock. Au final, l'entreprise s'est appauvrie de 15 200. Le déstockage entraîne une diminution du résultat de 200.
- En N+1, l'entreprise n'a pas consommé toutes les matières premières achetées ; 300 de matières premières sont venus gonfler le stock. Au final, l'entreprise s'est appauvrie de 14 700. Par ailleurs, le stockage de matières premières n'a pas d'impact sur le résultat car la variation de stock négative vient neutraliser l'achat du stock qui est comptabilisé dans les « Achats de matières premières ».
- Du côté des produits, on a : Production stockée = ΔStocks des produits et en-cours = SF – SI :
  - si Production stockée > 0, il y a eu stockage ;
  - si Production stockée < 0, il y a eu déstockage.

Exemple

Soit une entreprise présentant les caractéristiques suivantes :

- Stock de produits finis fin N–1 : 1 500
- Stock de produits finis fin N : 1 900
- Stock de produits finis fin N+1 : 1 200
- Ventes de produits finis en N : 18 000
- Ventes de produits finis en N+1 : 18 000

Pour présenter schématiquement les comptes annuels, il convient de déterminer :

- En N : Δ stocks de PF = SF – SI = 1 900 – 1 500 = 400
- En N+1 : Δ stocks de PF = 1 200 – 1 900 = – 700

Compte de résultat de l'exercice N		
Achats de MP	15 000	
Δ stocks de MP	200	

Compte de résultat de l'exercice N+1		
Achats de MP	15 000	
Δ stocks de MP	–300	

Bilan fin N–1	
Stocks : 1 000	

Bilan fin N	
Stocks : 800	

Bilan fin N+1	
Stocks : 1 100	

- En N, l'entreprise n'a pas vendu tous les produits qu'elle a fabriqués au cours de l'exercice. Le stock de produits finis augmente de 400. Le stockage de produits finis n'a en revanche aucun impact sur le résultat car le montant inscrit en production stockée compense les charges enregistrées au cours de l'exercice pour permettre la fabrication du stock.
- En N+1, l'entreprise a puisé dans son stock de produits finis pour satisfaire la demande. Le déstockage est évalué à 700 (coût de production) mais en contrepartie, on retrouve en production vendue le montant de la vente du stock (coût de production + marge). L'impact sur le résultat est donc positif : celui-ci augmente du montant de la marge réalisée sur la vente du stock.

Les stocks de produits finis et d'en-cours sont évalués au coût de production (la marge n'est comptabilisée qu'au moment de la vente).

→ MINI-CAS 5 • CAS PRATIQUE 6 • CAS PRATIQUE 7

1 Quiz

Vérifiez l'exactitude des propositions ci-après et justifiez-les.

	Vrai	Faux
1. La marge commerciale représente la différence entre les ventes de marchandises et les achats de marchandises.	☐	☐
2. La valeur ajoutée est la différence entre la marge commerciale et les consommations en provenance des tiers.	☐	☐
3. L'excédent brut d'exploitation (EBE) mesure la performance de l'entreprise indépendamment de sa politique de financement, de sa politique d'investissement et des éléments exceptionnels.	☐	☐
4. L'EBE est la trésorerie potentielle découlant de l'activité courante de l'entreprise.	☐	☐
5. La CAF est la différence entre les produits encaissés (sauf PCEA) et les charges décaissées.	☐	☐
6. La CAF tient compte des remboursements d'emprunt.	☐	☐
7. On lit dans le compte de résultat : variation des stocks de matières premières = –25 000 €. Cela signifie que le stock de matières premières a diminué.	☐	☐
8. Le déstockage de produits finis se traduit par une production stockée négative.	☐	☐
9. Le déstockage de produits finis entraîne une baisse du résultat de l'exercice.	☐	☐

2 Crédit-bail & Co ★★★

Justifiez et présentez le retraitement des redevances de crédit-bail ci-dessous :

- Redevances comptabilisées : 48 000 €
- Valeur du bien : 200 000 € HT
- Durée d'utilisation : 5 ans

3 Mini-cas Javax : SIG ★★★

Compétences attendues

- **Interpréter** les documents de synthèse
- **Analyser** le compte de résultat
- **Déterminer** les différents soldes intermédiaires de gestion

Le compte de résultat en liste de l'exercice N de la société Javax vous est communiqué (en k€) :

	Exercice N
Produits d'exploitation	
Ventes de marchandises	11 820
Production vendue	96 120
Production stockée	6 600
Production immobilisée	1 200
Subventions d'exploitation	2 400
Reprises sur amortissements, dépréciations et provisions	11 100
Autres produits d'exploitation	1 440
Total des produits d'exploitation	**130 680**
Charges d'exploitation	
Achats de marchandises	6 840
Variation de stocks de marchandises	– 240
Achat de matières premières et autres approvisionnements	39 360
Variation de stocks de matières premières et autres approvisionnements	1 200
Autres achats et charges externes	14 400
Impôts, taxes et versements assimilés	6 000
Salaires et traitements	18 000
Charges sociales	6 000
Dotations aux amortissements sur immobilisations	11 900
Dotations aux dépréciations sur actif circulant	1 600
Autres charges	720
Total des charges d'exploitation	**105 780**
RÉSULTAT D'EXPLOITATION	**24 900**
Produits financiers	
Autres intérêts et produits assimilés	840
Reprises sur dépréciations et provisions	2 640
Produits nets sur cessions de VMP	200
Total des produits financiers	**3 680**

	Exercice N
Charges financières	
Dotations aux amortissements, dépréciations et provisions	480
Intérêts et charges assimilées	3 180
Charges nettes sur cessions de VMP	500
Total des charges financières	**4 160**
RÉSULTAT FINANCIER	**– 480**
RÉSULTAT COURANT AVANT IMPÔTS	**24 420**
Produits exceptionnels	
Produits exceptionnels sur opérations de gestion	480
Produits exceptionnels sur opérations en capital (PCEA)	14 400
Reprises sur amortissements dépréciations et provisions	720
Total des produits exceptionnels	**15 600**
Charges exceptionnelles	
Charges exceptionnelles sur opérations de gestion	2 640
Charges exceptionnelles sur opérations en capital (VCEAC)	6 000
Dotations aux amortissements, dépréciations et provisions	3 000
Total des charges exceptionnelles	**11 640**
RÉSULTAT EXCEPTIONNEL	**3 960**
Participation des salariés aux résultats	1 200
Impôt sur les bénéfices	4 500
RÉSULTAT DE L'EXERCICE	**22 680**

Pensez à contrôler vos calculs dès le résultat d'exploitation. Il apparaît noir sur blanc dans le compte de résultat présenté en liste.

1. *Précisez la nature de l'activité exercée par cette entreprise.*
2. *Indiquez de quelle manière les stocks ont évolué au cours de l'exercice N.*
3. *Présentez, dans un tableau, les soldes intermédiaires de gestion (SIG).*

4 Mini-cas Javax : SIG retraités ★★★

Compétences attendues

- **Analyser** le compte de résultat
- **Déterminer** les différents soldes intermédiaires de gestion
- **Justifier** les retraitements du tableau des soldes intermédiaires de gestion

Les frais de personnel extérieur s'élèvent à 70 k€. L'entreprise a recours au crédit-bail (redevances versées : 80 k€, coût d'acquisition du bien : 300 k€ ; durée d'utilisation du bien : 5 ans).

1. *Justifiez le retraitement des frais de personnel extérieur.*
2. *À partir des SIG du PCG de la société Javax* (mini-cas 3) *et des informations ci-avant, calculez les SIG retraités pour l'exercice N (la participation des salariés aux résultats sera également retraitée).*

5 Mini-cas Javax : capacité d'autofinancement ★★★

Compétences attendues

- **Expliciter** le caractère multidimensionnel du diagnostic d'entreprise
- **Identifier** les limites de l'information comptable
- **Analyser** le compte de résultat
- **Déterminer** la capacité d'autofinancement selon les méthodes additive et soustractive

1. *À partir du compte de résultat de la société Javax* (mini-cas 3)*, calculez la capacité d'autofinancement de deux façons différentes.*
2. *Identifiez les informations manquantes pour réaliser un commentaire pertinent.*

Évaluer les savoirs | Maîtriser les compétences | Préparer l'épreuve

6 Cas pratique : Société Sigcaf ★★★

30 min

Compétences attendues

- **Analyser** le compte de résultat
- **Déterminer** les différents soldes intermédiaires de gestion
- **Déterminer** la capacité d'autofinancement selon les méthodes additive et soustractive

À partir du document ci-après, répondez aux questions suivantes.

Missions

1. *Établissez les soldes intermédiaires de gestion du PCG.*
2. *Calculez la CAF du PCG de deux façons différentes.*
3. *Calculez la CAF retraitée.*

Document

Compte de résultat en liste de l'exercice N

	France	Export	Exercice N
Produits d'exploitation			
Ventes de marchandises	59 620	175 607	235 227
Production vendue	1 360 374	2 528 173	3 888 547
Chiffre d'affaires net	*1 419 994*	*2 703 780*	*4 123 774*
Production stockée			71 935
Production immobilisée			47 364
Reprises sur amortissements, dépréciations et provisions, transferts de charges			18 253
Autres produits			5 146
Total des produits d'exploitation			**4 266 472**
Charges d'exploitation			
Achats de marchandises			206 933
Variation du stock de marchandises			(17 281)
Achats de matières premières et autres approvisionnements			1 506 316
Variation du stock de matières premières et autres approvisionnements			(11 271)
Autres achats et charges externes (1)			925 800
Impôts, taxes et versements assimilés			94 978
Salaires et traitements			866 212
Charges sociales			359 716
Dotations aux amortissements des immobilisations			187 835
Dotations aux dépréciations sur actif circulant			705
Autres charges			2 902
Total de charges d'exploitation			**4 122 845**
RÉSULTAT D'EXPLOITATION			**143 627**
Produits financiers			
De participation et de valeurs mobilières et créances de l'actif			10 385
Autres intérêts et produits assimilés			15 336
Reprises sur dépréciations, provisions et transferts de charges			4 458
Produits nets sur cessions de VMP			7 935
Total des produits financiers			**38 114**

•••

•••

	France	Export	Exercice N
Charges financières			
Dotations aux amortissements, dépréciations et provisions			18 937
Intérêts et charges assimilées			68 834
Différences négatives de change			2 980
Total des charges financières			**90 751**
RÉSULTAT FINANCIER			**(52 637)**
RÉSULTAT COURANT AVANT IMPÔTS			**90 990**
Produits exceptionnels			
Sur opérations de gestion			733
Sur opérations en capital (produits des cessions d'éléments d'actif)			32 832
Reprises sur dépréciations, provisions et transferts de charges			24 792
Total des produits exceptionnels			**58 357**
Charges exceptionnelles			
Sur opérations de gestion			10 721
Sur opérations en capital (valeurs comptables des éléments d'actif cédés)			12 088
Dotations aux amortissements, dépréciations et provisions			18 130
Total des charges exceptionnelles			**40 939**
RÉSULTAT EXCEPTIONNEL			**17 418**
Impôt sur les bénéfices			41 992
RÉSULTAT			**66 416**

(1) dont 52 800 € de redevances de crédit-bail : à reclasser en charges d'intérêts pour 3 800 € et dotations aux amortissements pour 49 000 €.

Précision : un transfert de charges exceptionnelles a été enregistré en N pour 2 300 € (indemnité d'assurance faisant suite à un sinistre).

7 Cas pratique : Société Bab ★★★

30 min

Compétences attendues

- **Analyser** le compte de résultat
- **Déterminer** les différents SIG
- **Commenter** et **interpréter** les différents SIG
- **Déterminer** la CAF selon les méthodes additive et soustractive
- **Commenter** et **interpréter** la CAF

La société Bab vous communique son dernier compte de résultat (en k€) :

Charges d'exploitation		Produits d'exploitation	
Achats de marchandises	1 100	Ventes de marchandises	2 840
Variation des stocks de marchandises	– 100	Production vendue	2 160
Achats de matières et approvisionnements	200	*Chiffre d'affaires net*	*5 000*
Variations des stocks de matières	– 40	Production stockée	48
Autres achats et charges externes	250	Subventions d'exploitation	10
Impôts, taxes et versements assimilés	58	Reprises sur amortissements, dépréciations et provisions	200
Charges de personnel	2 500		
Dotations aux amortissements, dépréciations et provisions	732		
Total	**4 700**	**Total**	**5 258**
Charges financières		**Produits financiers**	
Intérêts et charges assimilées	320	Différences positives de change	22
Charges exceptionnelles		**Produits exceptionnels**	
Sur opérations de gestion	20	Sur opérations en capital (1)	70
Sur opérations en capital (VCEAC)	50		
Participation des salariés	15		
Impôts sur les bénéfices	80		
Résultat de l'exercice	165		
Total général	**5 350**	**Total général**	**5 350**

(1) Produits des cessions d'éléments d'actif : 60. Quote-part de subvention virée au résultat : 10.

Informations complémentaires :

- La société a pris un matériel en location-financement : montant : 400 k€ ; amortissement sur 5 ans ; redevance annuelle : 120 k€.
- Les frais de personnel intérimaire s'élèvent à 50 k€.

Missions

1. *Calculez les SIG du PCG.*
2. *Calculez les SIG en retraitant les redevances de crédit-bail, les frais de personnel extérieur et la participation.*

3. *Calculez la CAF du PCG de deux façons différentes puis la CAF retraitée.*
4. *Indiquez la différence entre l'EBE et la CAF.*

8 Cas pratique : Société BBX ★★★

30 min

Compétences attendues

- **Identifier** les destinataires du diagnostic financier d'entreprise
- **Discuter** de l'intérêt et des limites de l'information sectorielle
- **Analyser** le compte de résultat
- **Déterminer** les différents soldes intermédiaires de gestion

L'expert-comptable de la société BBX a transmis au directeur financier la liste des soldes intermédiaires (PCG) calculés à partir du dernier compte de résultat (en k€) :

SIG (PCG)	Exercice N
Marge commerciale	12 840
Production de l'exercice	28 500
Valeur ajoutée	18 710
Excédent brut d'exploitation (EBE)	9 220
Résultat d'exploitation	4 980
Résultat courant avant impôt	3 550
Résultat exceptionnel	220
Résultat de l'exercice	2 410

On sait par ailleurs que :

- La société a souscrit un contrat de crédit-bail. Valeur de l'équipement : 15 000 k€ ; durée d'amortissement : 5 ans ; redevance annuelle : 4 400 k€.
- Il a été fait appel à du personnel intérimaire pour un montant de 610 k€.
- La participation s'est élevée à 90 k€.

Le directeur financier de la société souhaiterait disposer des soldes retraités correspondants.

Missions

1. *Listez les SIG directement affectés par les retraitements (y compris la participation).*
2. *Calculez les SIG retraités à partir des SIG du PCG.*
3. *Déterminez si le dirigeant est la seule personne à se servir du diagnostic financier comme outil d'aide à la décision.*
4. *Présentez l'intérêt et les limites de l'information sectorielle.*

SYNTHÈSE

L'analyse de l'activité

Le **diagnostic financier** d'une entreprise porte sur :

- l'analyse de son activité (à partir du compte de résultat)
- l'examen de l'équilibre de son bilan
- l'étude de ses flux de trésorerie (origine de l'augmentation ou de la diminution de la trésorerie)

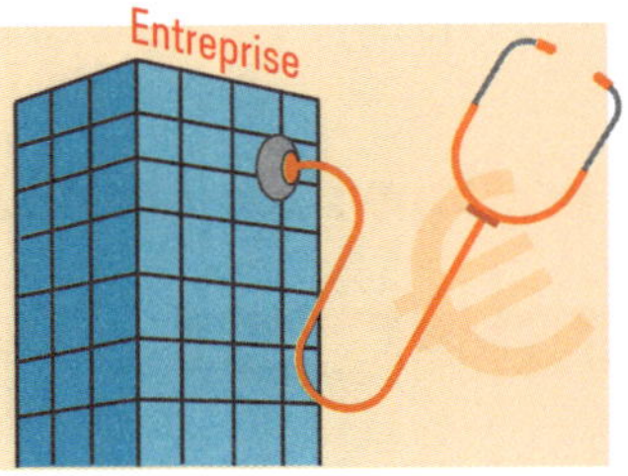

Les **SIG** permettent de comprendre la formation du résultat de l'exercice :

- marge commerciale • production de l'exercice • valeur ajoutée • excédent brut d'exploitation (EBE) • résultat d'exploitation • résultat courant avant impôts
- résultat de l'exercice

Les **retraitements** opérés sur les SIG facilitent les comparaisons entre les entreprises en adoptant un point de vue économique plutôt que juridique.

Les principaux retraitements concernent :

- le personnel extérieur ;
- les contrats de crédit-bail ;
- la participation des salariés aux résultats.

La **capacité d'autofinancement (CAF)** représente la trésorerie potentielle dégagée par l'activité courante.

CAF = EBE + Autres produits encaissables (sauf PCEA) – Autres charges décaissables

ou

CAF = Résultat + DADP + VCEAC – RADP – QP de SI – PCEA

L' **autofinancement** est la part de la CAF qui revient exclusivement à l'entreprise :

Autofinancement (N) = CAF (N) – Dividendes distribués en N

La **CAF retraitée** est toujours supérieure à la CAF du PCG.

CAF retraitée = CAF (PCG) + Dotations aux amortissements liées au retraitement du crédit-bail

CHAPITRE 2 L'analyse fonctionnelle du bilan

PROGRAMME

Compétences attendues

- **Expliquer** la logique fonctionnelle « emplois/ressources »
- **Différencier** les différents cycles d'opérations (investissement, financement, exploitation)
- **Construire** un bilan fonctionnel
- **Calculer** le fonds de roulement net global, le besoin en fonds de roulement et la trésorerie nette
- **Caractériser** l'évolution dans le temps de la structure financière d'une entreprise

Savoirs associés

- L'équilibre fonctionnel du bilan
- Le fonds de roulement net global
- Le besoin en fonds de roulement (exploitation et hors exploitation)
- La trésorerie nette
- Les retraitements du bilan fonctionnel

PRÉREQUIS

Documents de synthèse (DCG 9)

LIEN AVEC LE DCG 9

§6. Documents de synthèse

PLAN DU CHAPITRE

Cours : 1. Rappels sur le bilan comptable • 2. Bilan fonctionnel • 3. Fonds de roulement net global, besoin en fonds de roulement et trésorerie nette

Des savoirs aux compétences : Évaluer les savoirs • Maîtriser les compétences • Préparer l'épreuve

Synthèse

L'analyse fonctionnelle du bilan est une méthode permettant, à partir d'un bilan dit fonctionnel, d'analyser l'équilibre financier d'une entreprise *via* le calcul du fonds de roulement net global (FRNG), du besoin en fonds de roulement (BFR) et de la trésorerie nette (T).

L'équilibre financier est primordial pour assurer la pérennité et le développement de l'activité de l'entreprise. Le non-respect de l'équilibre financier entraîne des problèmes de trésorerie qui peuvent conduire à la faillite de l'entreprise.

MOTS-CLÉS

Besoin en fonds de roulement (BFR) • Bilan fonctionnel • Fonds de roulement net global (FRNG) • Retraitements • Trésorerie nette (T)

1 Rappels sur le bilan comptable

A) Description du bilan comptable

Modèles de bilan (système abrégé, de base ou développé) sur le site de l'Autorité des normes comptables : http://dunod.link/s0djw98

Définitions

- Approche patrimoniale : le bilan est un document de synthèse présentant le patrimoine de l'entreprise à une date donnée (actif = ce qu'elle possède et passif = ce qu'elle doit).
- Approche financière : le bilan est un document de synthèse présentant l'ensemble des ressources dont a disposé l'entreprise et l'ensemble des emplois qu'elle en a fait.

Tout emploi est financé par une ressource et toute ressource finance un emploi. Le bilan est donc toujours équilibré (fig. 2.1).

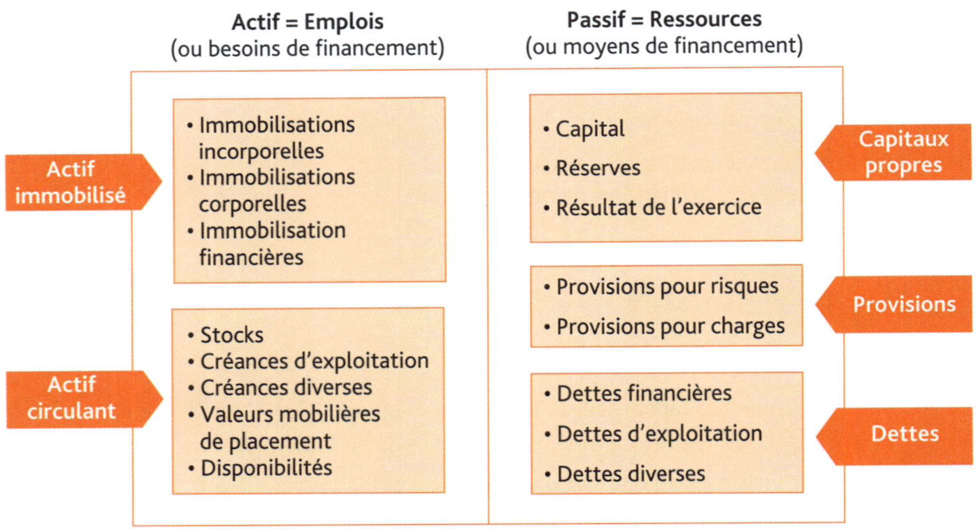

Figure 2.1. Bilan à la clôture de l'exercice N

L'actif du bilan. Il comprend trois colonnes de chiffres :

- « Brut » = valeur d'origine
- « Amortissements et dépréciations » = pertes de valeur irréversibles (amortissements) ou réversibles (dépréciations)
- « Net » = « Brut » – « Amortissements et dépréciations »

L'actif du bilan est classé par ordre de liquidité croissante (capacité d'un actif à être transformé rapidement en monnaie) :

- Les immobilisations sont des bien détenus de façon durable.
- L'actif circulant regroupe les éléments se renouvelant tout au long de l'exercice.

Le passif du bilan. Il ne comprend qu'une colonne de données chiffrées :

- Les capitaux propres correspondent à des dettes à long terme vis-à-vis des associés ou actionnaires. Il s'agit de façon simplifiée des apports effectués par les associés ou actionnaires (en fonction de la forme juridique) et des résultats cumulés de l'entreprise qui n'ont pas été distribués. Ces ressources ont permis de financer des emplois (immobilisations, stocks, décalages de paiement et disponibilités).

- Les emprunts correspondent aux dettes à moyen terme mais comprennent aussi des sommes dues à court terme (intérêts courus sur emprunts, concours bancaires courants et soldes créditeurs de banque).
- Les dettes représentent les sommes dues à court terme. Elles proviennent des délais de paiement accordés à l'entreprise par ses partenaires (fournisseurs pour les achats, État pour les impôts et taxes, organismes sociaux pour les cotisations sociales, etc.).

B) Précisions relatives à certains postes

1. Immobilisations financières

Certaines immobilisations financières (notamment les prêts accordés par l'entreprise sur un horizon supérieur à un an) peuvent contenir des intérêts courus. Il s'agit d'intérêts se rattachant à l'exercice en cours mais non encore encaissés. L'encaissement des intérêts courus aura lieu au début de l'exercice suivant.

➔ Les intérêts courus sur immobilisations financières seront reclassés dans la partie du bilan fonctionnel relevant d'un horizon de court terme (actif circulant).

2. Charges à répartir sur plusieurs exercices (en bas de l'actif)

Seuls les frais d'émission des emprunts peuvent être comptabilisés dans un compte de charges à répartir (compte 4816). L'étalement de cette charge s'effectue au moyen d'un amortissement direct sur la durée de l'emprunt, pour une fraction égale chaque année.

➔ Seule leur valeur nette des frais d'émission d'emprunts apparaît au bilan.

L'entreprise peut préférer comptabiliser les frais d'émission des emprunts en charges et ainsi renoncer à leur étalement sur plusieurs exercices.

3. Primes de remboursement des obligations (en bas de l'actif)

Lorsque les entreprises émettent des obligations pour se financer, le prix de remboursement est parfois supérieur au prix d'émission. C'est ce qu'on appelle une prime de remboursement.

Prime de remboursement = Prix de remboursement – Prix d'émission

L'emprunt obligataire est comptabilisé au passif pour sa valeur de remboursement tandis que les primes de remboursement sont enregistrées à l'actif. Les primes de remboursement des obligations (compte 169) font l'objet d'un amortissement direct en retenant la durée de l'emprunt obligataire (↪ chapitre 11).

➔ Seule la valeur nette des primes de remboursement des obligations apparaît au bilan.

4. Écarts de conversion (en bas de l'actif et du passif)

À la clôture de l'exercice, toutes les créances et dettes en monnaies étrangères sont évaluées en euros sur la base du dernier cours de change connu (fig. 2.2).

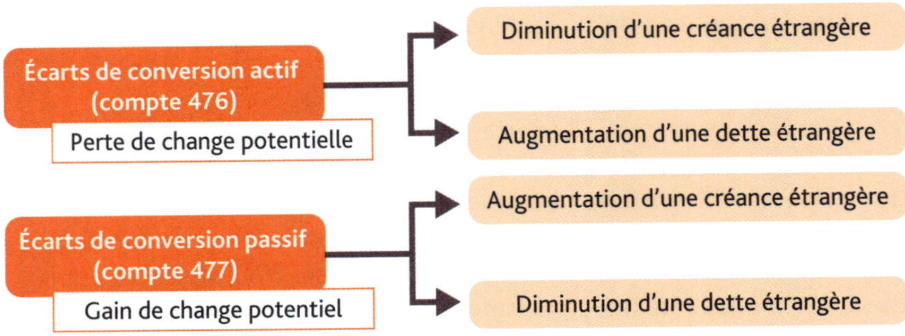

Figure 2.2. Gain ou perte de change potentiel

➔ Pour établir le bilan fonctionnel, il faut éliminer les écarts de conversion afin de reconstituer le montant d'origine des dettes et créances en devises.

Exemple

Une entreprise a une dette de 1 000 $, inscrite en comptabilité pour un montant de 1 150 €. À la fin de l'exercice, cette entreprise se trouve dans l'un des trois cas suivants :

	① Cours du $ < 1,1500 € Par ex. 1 $ = 1,1400 €	② Cours du $ = 1,1500 €	③ Cours du $ > 1,1500 € Par ex. 1 $ = 1,1610 €
Dette au 31/12	1 000 × 1,1400 = 1 140 € (Gain latent : 10 €)	1 150 € (inchangée)	1 161 € (Perte latente : 11 €)
Écriture à passer	Dette — 10 477 Écarts de conversion – Passif — 10	Néant	476 Écarts de conversion – Actif — 11 Dette — 11

5. Amortissements, dépréciations et provisions

Les amortissements, dépréciations et provisions correspondent à un cumul de charges calculées. Ces charges calculées sont venues en déduction des résultats des exercices passés et de l'exercice en cours, donc ont été déduites des capitaux propres. Cependant, ces charges ne seront jamais décaissées.

➔ Les amortissements, dépréciations et provisions constituent des ressources stables pour l'entreprise. Elles ne peuvent pas être distribuées aux associés/actionnaires et restent donc à la disposition de l'entreprise.

6. Emprunts

Les quatre postes d'emprunts (emprunts obligataires convertibles, autres emprunts obligataires, emprunts et dettes auprès des établissements de crédit, emprunts et dettes financières divers) peuvent inclure des intérêts courus (intérêts dus à brève échéance).

➔ Les intérêts courus sur emprunts doivent être reclassés dans la partie du bilan fonctionnel qui relève d'un horizon de court terme (dettes circulantes).

Le poste « Emprunts et dettes auprès des établissements de crédit » peut également inclure des concours bancaires courants (compte 519 : avance de trésorerie à rembourser rapidement) et soldes créditeurs de banques (compte 512 créditeur = découvert bancaire).

➔ Les concours bancaires courants et soldes créditeurs de banque doivent être reclassés dans la partie du bilan fonctionnel qui relève d'un horizon de court terme (trésorerie passive).

2 Bilan fonctionnel

A) Présentation générale

Le **bilan fonctionnel** est un bilan reflétant les trois grandes fonctions de l'entreprise : fonction d'investissement, fonction de financement et fonction d'exploitation (fig. 2.3).

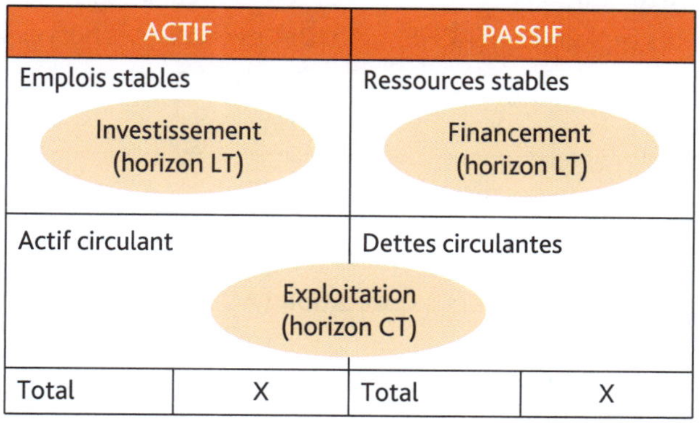

Figure 2.3. Structure du bilan fonctionnel

Les fonctions d'investissement (immobilisations brutes) et de financement (fonds propres et dettes financières) relèvent d'un horizon de long terme.

La fonction d'exploitation s'inscrit dans un horizon de court terme. Il s'agit de l'exploitation au sens large (éléments cycliques) :

- à l'actif : stocks, créances à court terme, disponibilités ;
- au passif : dettes à court terme, CBC et soldes créditeurs de banque.

Le bilan fonctionnel est toujours équilibré (total de l'actif = total du passif) car tout emploi est financé par une ressource et inversement.

Les postes de l'actif sont considérés pour leur montant brut (valeur d'origine à financer). Les dettes et créances en devises sont considérées pour leur montant d'origine. En présence d'écarts de conversion (perte ou gain de change potentiel), il convient de reconstituer la valeur d'origine (fig. 2.4).

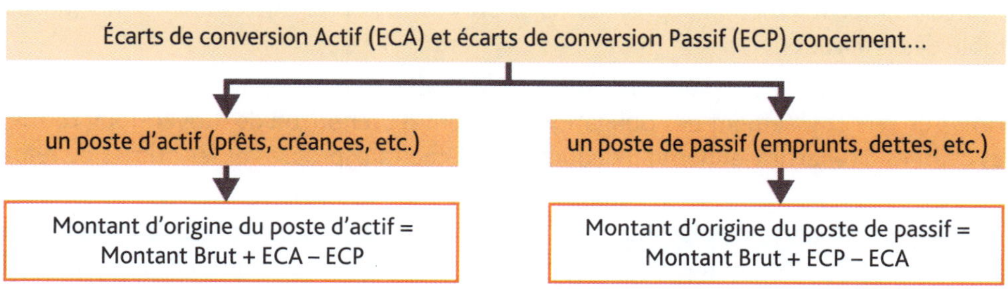

Figure 2.4. Reconstitution du montant d'origine des dettes et créances étrangères

La fonction d'exploitation (au sens large) est représentée à l'actif et au passif par trois rubriques (tab. 2.1).

Tableau 2.1. Présentation schématique du bilan fonctionnel

Bilan fonctionnel au 31/12/N			
Actif		**Passif**	
Emplois stables		Ressources stables	
Actif circulant • Actif circulant d'exploitation (ACE) • Actif circulant hors exploitation (ACHE) • Trésorerie active		Dettes circulantes • Dettes circulantes d'exploitation (DCE) • Dettes circulantes hors exploitation (DCHE) • Trésorerie passive	
TOTAL	X	TOTAL	X

L'actif circulant d'exploitation et les dettes circulantes d'exploitation relèvent de l'exploitation au sens strict, c'est-à-dire du cœur de métier.

Dans la partie à court terme et hors exploitation (ACHE ou DCHE), on retrouvera systématiquement :
– les intérêts courus (à l'actif s'ils concernent les immobilisations financières, au passif s'ils concernent les emprunts) ;
– les décalages de paiement concernant l'IS (à l'actif pour une créance sur IS, au passif pour une dette d'IS). En effet, l'IS est calculé sur l'ensemble des opérations réalisées par l'entreprise (et pas seulement les opérations d'exploitation) ;
– les décalages de paiement liés aux cessions d'immobilisation (à l'actif pour une créance sur cession d'immobilisation, au passif pour une dette sur immobilisations).

La trésorerie est isolée dans une troisième rubrique, qu'elle soit positive (trésorerie active) ou négative (trésorerie passive = concours bancaires courants et découverts).

B) Élaboration du bilan fonctionnel

Il s'agit de reprendre tous les postes du bilan comptable en les reclassant en fonction du cycle auquel ils se rattachent (investissement, financement ou exploitation au sens large) (tab. 2.2).

Les ressources stables comprennent les ressources propres de l'entreprise (capitaux propres + amortissements, dépréciations et provisions) et les dettes financières (partie stable des emprunts).

NOTRE CONSEIL

À l'examen, sans précision dans l'énoncé, les VMP seront classées dans l'actif circulant hors exploitation (optique du PCG).

Les charges à répartir sur plusieurs exercices (frais d'émission d'emprunt à étaler) et les primes de remboursement des obligations relèvent d'un horizon de moyen-long terme. Les charges à répartir viennent en déduction des capitaux propres et les primes de remboursement en moins des emprunts obligataires.

Les valeurs mobilières de placement (VMP) sont parfois assimilées à de la trésorerie si elles peuvent être revendues rapidement et sans risque de perte (on dit alors qu'elles sont « liquides »).

Tableau 2.2. Présentation détaillée du bilan fonctionnel

Bilan fonctionnel au 31/12/N	
Actif	**Passif**
Emplois stables • Immobilisations brutes *(sauf intérêts courus sur immobilisations financières)*	Ressources stables • Capitaux propres (**total I du passif**) – Capital souscrit non appelé (actif) – Charges à répartir sur plusieurs exercices (actif) • Amortissements et dépréciations (**colonne 2 de l'actif**) • Provisions • Dettes financières : Total des emprunts – Intérêts courus sur emprunts – CBC et soldes créditeurs de banques – Primes de remboursement des obligations (actif)
Actif circulant d'exploitation (ACE) • Stocks • Avances et acomptes versés • Créances clients • Autres créances d'exploitation • Charges constatées d'avance	Dettes circulantes d'exploitation (DCE) • Avances et acomptes reçus • Dettes fournisseurs • Dettes fiscales et sociales *(sauf dettes d'IS)* • Autres dettes d'exploitation • Produits constatés d'avance
Actif circulant hors exploitation (ACHE) • Autres créances hors exploitation (dont créances sur cessions d'immobilisation et créances d'IS) • Intérêts courus sur immobilisations financières • Capital souscrit, appelé, non versé • VMP	Dettes circulantes hors exploitation (DCHE) • Autres dettes hors exploitation • Dettes sur immobilisations • Dettes d'IS • Intérêts courus sur dettes financières
Trésorerie active • Disponibilités	Trésorerie passive • CBC et soldes créditeurs de banques

NOTRE CONSEIL

Attention au calcul des ressources stables :

• Il faut récupérer le total des capitaux propres et pas seulement le poste « Capital ». Les bénéfices mis en réserves constituent également des ressources stables, ainsi que les subventions d'investissement.

• Il faut récupérer le total de la colonne « Amortissements et dépréciations » située à l'actif du bilan.

• Les dettes financières se calculent à partir du total des postes dont l'intitulé commence par « Emprunts ».

C) Retraitements extra-comptables

Les analystes financiers effectuent des retraitements extra-comptables (ou hors bilan) afin de comparer de façon objective des entreprises ayant fait des choix de gestion différents.

Ces retraitements ne modifient pas les documents comptables (résultat de l'exercice inchangé). Le bilan fonctionnel reste équilibré (total de l'actif = total du passif).

1. Retraitement du crédit-bail

Ce retraitement revient à considérer que l'entreprise est propriétaire du bien concerné, l'acquisition de celui-ci ayant été financée par emprunt (tab. 2.3).

Tableau 2.3. Retraitement du crédit-bail dans le bilan fonctionnel

	À l'actif	Au passif
À la signature du contrat	La valeur brute de l'immobilisation est rajoutée à l'actif immobilisé brut.	Le même montant est rajouté aux dettes financières.
En cours de contrat	La valeur brute de l'immobilisation est rajoutée à l'actif immobilisé brut.	• L'immobilisation est amortie en linéaire sur la durée du contrat ; l'amortissement correspondant vient augmenter les ressources stables. • La dette financière crédit-bail diminue en supposant un remboursement par fractions égales sur la durée du contrat.

2. Retraitement des effets escomptés et non échus (EENE)

Parmi les entreprises ayant des problèmes de trésorerie, certaines ont recours au découvert bancaire tandis que d'autres choisissent d'escompter leurs effets de commerce. L'escompte des effets de commerce procure des liquidités à l'entreprise et fait disparaître du bilan les créances clients qui ont été cédées à la banque. L'entreprise reste toutefois responsable du bon paiement du client.

Afin de rendre les bilans comparables, les analystes financiers retraitent les effets escomptés et non échus (EENE) en supposant à la place un financement par découvert bancaire (tab. 2.4).

Tableau 2.4. Retraitement des EENE au bilan fonctionnel

À l'actif	Au passif
Les EENE sont réintégrés dans les créances d'exploitation (ACE).	Les EENE sont ajoutés aux CBC et soldes créditeurs de banque (trésorerie passive).

Seul l'escompte des effets de commerce papier entraîne une diminution des créances clients (l'escompte des effets de commerce dématérialisés s'enregistre comme l'octroi d'un concours bancaire courant). Les effets papier sont en voie de disparition. En revanche, le raisonnement présenté s'applique également à l'affacturage. Dans ce cas de figure, les créances clients sont cédées à une société d'affacturage qui assume également la gestion du poste clients (relances en cas de retard de paiement et risque d'impayé à sa charge).

➜ APPLICATION 2 • MINI-CAS 3 • MINI-CAS 4 • CAS PRATIQUE 6 • CAS PRATIQUE 7

3 Fonds de roulement net global, besoin en fonds de roulement et trésorerie nette

A) Fonds de roulement net global (FRNG)

Définition

Le **fonds de roulement net global** (FRNG) est l'excédent de ressources stables après financement des emplois stables (immobilisations brutes).

Le FRNG est parfois appelé plus simplement « fonds de roulement » (FR).

1. Calcul

Le FRNG peut être calculé de deux façons à partir du bilan fonctionnel (tab. 2.5).

- À partir du haut du bilan :

FRNG = Ressources stables – Emplois stables

- À partir du bas du bilan :

FRNG = (ACE + ACHE + TA) – (DCE + DCHE + TP)

Tableau 2.5. Bilan fonctionnel fin N

Emplois stables		Ressources stables
ACE	FRNG	Ressources stables
ACE		DCE
ACHE		DCHE
TA		TP

2. Interprétation

Le FRNG peut être positif ou négatif (tab. 2.6).

Tableau 2.6. Interprétation du FRNG

FRNG > 0	Les ressources stables permettent de financer l'intégralité des immobilisations. L'équilibre financier minimal est atteint. L'excédent de ressources stables permettra de financer tout ou partie du cycle d'exploitation (stocks et décalages de paiement). Le FRNG ne se retrouve donc pas automatiquement en trésorerie mais constitue un indicateur de stabilité financière.
FRNG < 0	• Les ressources stables sont insuffisantes pour financer l'intégralité des immobilisations. Un financement sur un horizon de court terme devra être obtenu en complément. • Les fournisseurs financent indirectement l'entreprise du fait des délais de paiement consentis. • L'équilibre financier minimal n'est pas atteint. L'entreprise est sous-capitalisée.

B) Besoin en fonds de roulement (BFR)

Le cycle d'exploitation (au sens large) génère :
- des besoins de financement (stocks, créances à court terme) ;
- des ressources de financement (dettes à court terme).

La plupart du temps, les besoins de financement excèdent les ressources.

Les faillites d'entreprise sont souvent liées à un financement insuffisant du BFR.

Définition

On appelle **besoin en fonds de roulement** (BFR) le besoin de financement engendré par le cycle d'exploitation.

1. Calcul

Le BFR se calcule à partir de l'actif circulant et des dettes circulantes en excluant la trésorerie active et la trésorerie passive (fig. 2.5).

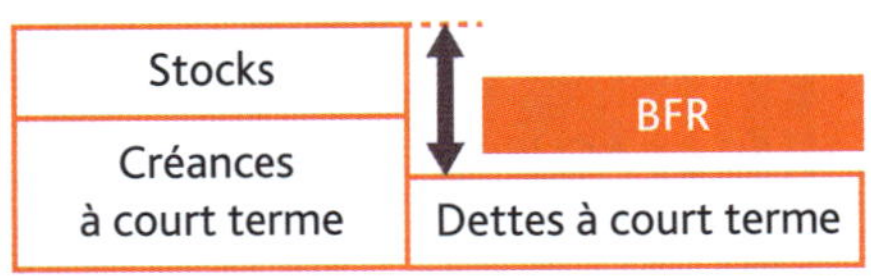

Figure 2.5. Calcul du BFR

BFR = Stocks + Décalages de paiement
= Stocks + Créances à court terme – Dettes à court terme

Il en résulte que :

BFR = ACE + ACHE – (DCE + DCHE)

NOTRE CONSEIL

Par définition, le BFR n'inclut pas la trésorerie. La trésorerie est une variable résiduelle (il s'agit de ce qui reste une fois que tout a été financé). Vous ne devez surtout pas inclure la trésorerie active et la trésorerie passive dans vos calculs de BFR.

Le BFR peut être décomposé en BFR d'exploitation (BFRE ↪chapitre 8) et BFR hors exploitation (BFRHE), ce qui permet d'isoler le BFR lié au cœur de métier de l'entreprise :

BFR = BFRE + BFRHE
↙ ↘
BFR = (ACE – DCE) + (ACHE – DCHE)

- Le BFRE représente la composante la plus importante du BFR. Supposé directement lié au chiffre d'affaires, le BFRE est une variable de gestion primordiale.
- Composante généralement mineure du BFR, le BFRHE peut être très fluctuant d'un exercice à l'autre (il est notamment impacté par les acquisitions et cessions d'immobilisations lorsqu'il existe un décalage de paiement).

2. Interprétation

Le BFR peut être positif ou négatif (tab. 2.7).

Tableau 2.7. Interprétation du BFR

BFR > 0	Le cycle d'exploitation est à l'origine d'un besoin de financement (cas le plus fréquent).
BFR < 0	• Le cycle d'exploitation génère une ressource de financement. • Les fournisseurs financent indirectement l'entreprise du fait des délais de paiement consentis. • C'est notamment le cas dans le secteur de la grande distribution en raison du paiement comptant des clients et des dettes fournisseurs importantes.

Le niveau du BFR dépend de plusieurs facteurs.

- Les facteurs temps : la durée du cycle de production ; la vitesse de rotation des stocks ; les délais de paiement consentis par les partenaires de l'entreprise (fournisseurs, État, organismes sociaux) et ceux qui sont accordés aux clients.
- Le facteur volume : le niveau de l'activité (plus le chiffre d'affaires progresse et plus les créances clients sont élevées).

Les dettes fournisseurs, qui s'expriment en coût d'achat, ne compensent que partiellement les créances clients (exprimées en prix de vente).

C) Trésorerie nette (T)

Définition

La **trésorerie nette** (T) correspond à la trésorerie disponible une fois les immobilisations et le cycle d'exploitation financés.

1. Calcul

- Premier calcul T = Trésorerie active (TA) – Trésorerie passive (TP)
- Second calcul T = FRNG – BFR

NOTRE CONSEIL

Utilisez systématiquement les deux formules de calcul pour contrôler vos résultats.

2. Interprétation

La trésorerie peut être positive ou négative, selon que le FRNG est supérieur ou inférieur au BFR (fig. 2.6).

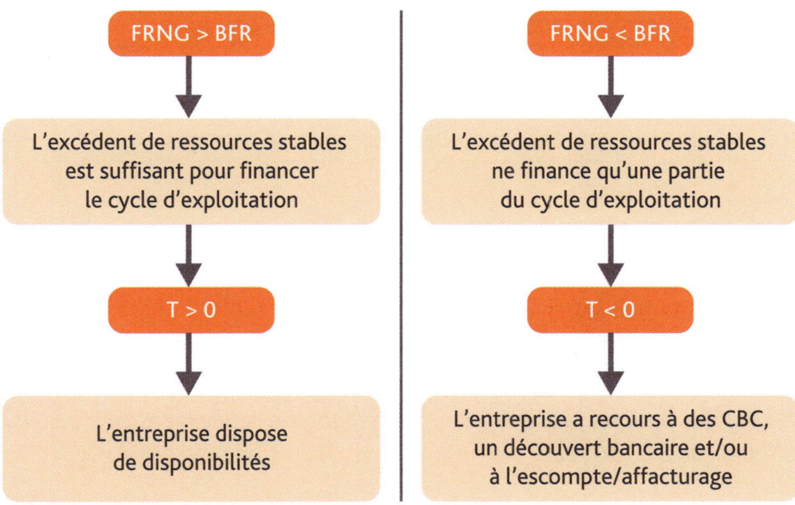

Figure 2.6. Interprétation de la trésorerie

➔ MINI-CAS 5 • CAS PRATIQUE 6 • CAS PRATIQUE 7 • CAS PRATIQUE 8

1 Quiz

Vérifiez l'exactitude des propositions ci-après et justifiez-les.

	Vrai	Faux
1. Pour établir le bilan fonctionnel, les postes de l'actif sont considérés pour leur montant net.	☐	☐
2. Dans le bilan fonctionnel, les dettes et créances en devises apparaissent pour leur valeur d'origine, ce qui implique une élimination des écarts de conversion.	☐	☐
3. Le FRNG est l'excédent de ressources stables qui se retrouve en trésorerie.	☐	☐
4. Le besoin en fonds de roulement (BFR) est le montant des capitaux nécessaires au financement du cycle d'exploitation.	☐	☐
5. Le BFR constitue toujours un besoin de financement.	☐	☐
6. La trésorerie nette peut se calculer de deux façons.	☐	☐
7. L'équilibre financier minimal est atteint lorsque le FRNG est positif.	☐	☐
8. Si FRNG < BFR de façon ponctuelle, l'entreprise peut se contenter d'escompter des effets de commerce ou de recourir à des concours bancaires courants et soldes créditeurs de banques.	☐	☐
9. Si FRNG < BFR de façon récurrente, l'entreprise peut se contenter d'escompter des effets de commerce ou de recourir à des concours bancaires courants et soldes créditeurs de banques.	☐	☐

2 Crédit-bail & Co (suite) ★★★

Un contrat de crédit-bail est signé le 01/01/N :

- Redevances comptabilisées : 48 000 €
- Durée d'utilisation : 5 ans
- Valeur du bien : 200 000 € HT

À partir de ces informations, présentez le retraitement des redevances de crédit-bail dans le bilan fonctionnel au 31/12/N+2.

Évaluer les savoirs | Maîtriser les compétences | Préparer l'épreuve

3 Mini-cas Levim : bilan fonctionnel ★★★

Compétence attendue **Construire** un bilan fonctionnel

Le directeur financier de la société Levim vous confie, dans le document ci-après, son dernier bilan ainsi que les informations complémentaires suivantes :

Les Autres créances et Autres dettes relèvent de l'exploitation.

- Les écarts de conversion Actif sont relatifs aux fournisseurs.
- Les intérêts courus relatifs aux emprunts sont de 200 k€.

Présentez le bilan fonctionnel au 31/12/N.

Document

Bilan au 31/12/N (montants en k€)

ACTIF	Brut	A. et D.	Net	PASSIF	
Actif immobilisé				**Capitaux propres**	
Immobilisations incorporelles	3 400	800	2 600	Capital	2 200
Immobilisations corporelles	9 600	1 800	7 800	Réserves	5 200
Immobilisations financières	700	–	700	Résultat de l'exercice	1 800
				Provisions réglementées	300
Total I	13 700	2 600	11 100	**Total I**	9 500
Actif circulant				**Provisions**	
Stocks	2 000	200	1 800	Provisions pour risques	400
Créances clients	4 500	300	4 200	**Total II**	400
Autres créances	900	–	900	**Dettes**	
VMP	800	–	800	Emprunts auprès des EC (1)	8 200
Disponibilités	1 000	–	1 000	Dettes fournisseurs	1 900
Charges constatées d'avance	200	–	200	Dettes fiscales et sociales	300
Total II	9 400	500	8 900	Autres dettes	100
Écarts de conversion Actif	500	–	500	Produits constatés d'avance	100
				Total III	10 600
				Écarts de conversion Passif	–
Total général	**23 600**	**3 100**	**20 500**	**Total général**	**20 500**

(1) Dont CBC et soldes créditeurs de banques : 400.

A. et D. : amortissements et dépréciations

4 Mini-cas Levim : retraitements ★★★

Compétence attendue **Construire** un bilan fonctionnel

- Les effets escomptés non échus s'élèvent à 200 k€ à la fin de l'exercice N.
- Un contrat de crédit-bail a été conclu le 01/01/N. Valeur du matériel : 100 k€. Durée du contrat : 4 ans.

D'après le bilan de la société Levim (mini-cas 3)*, présentez le bilan fonctionnel fin N après avoir procédé au retraitement des EENE et du crédit-bail.*

5 Mini-cas Levim : FRNG, BFR et trésorerie ★★★

Compétence attendue **Calculer** le fonds de roulement net global, le besoin en fonds de roulement et la trésorerie nette

À partir du bilan fonctionnel après retraitements de la société Levim (mini-cas 4)*, calculez, à la fin N, le FRNG (de deux façons différentes), le BFRE, le BFRHE et la trésorerie nette. Commentez les résultats obtenus.*

Évaluer les savoirs | Maîtriser les compétences | Préparer l'épreuve

6 Cas pratique : Société Ara ★★★

30 min

Compétences attendues
- **Construire** un bilan fonctionnel
- **Calculer** le fonds de roulement net global, le besoin en fonds de roulement et la trésorerie nette

Le bilan au 31/12/N de l'entreprise Ara est présenté dans le document ci-après. Les intérêts courus sur emprunts sont de 3 k€. Les Autres créances et Autres dettes relèvent de l'exploitation.

Missions

1. *Présentez le bilan fonctionnel de la société Ara au 31/12/N.*
2. *Calculez le fonds de roulement net global, le besoin en fonds de roulement et la trésorerie nette au 31/12/N. Commentez les résultats obtenus.*

Document

Bilan au 31/12/N (montants en k€)

ACTIF	Brut	A. et D.	Net	PASSIF	
Actif immobilisé				**Capitaux propres**	
Immobilisations incorporelles	40	20	20	Capital	200
Immobilisations corporelles	500	100	400	Réserves	20
Immobilisations financières	60	15	45	Résultat de l'exercice	10
Total I	600	135	465	**Total I**	230
Actif circulant				**Provisions**	
Stocks	500	40	460	Provisions pour risques	4
Créances clients	60	10	50	Provisions pour charges	6
Autres créances	10	–	10	**Total II**	10
VMP	3	–	3	**Dettes**	
Disponibilités	10	–	10	Emprunts auprès des EC[1]	75
Charges constatées d'avance	2	–	2	Dettes fournisseurs	650
Total II	585	50	535	Dettes fiscales et sociales	23
Écarts de conversion Actif	–	–	–	Dettes sur immobilisations	4
				Autres dettes	5
				Produits constatés d'avance	3
				Total III	760
				Écarts de conversion Passif	–
Total général	**1 185**	**185**	**1 000**	**Total général**	**1 000**

[1] Dont CBC et soldes créditeurs de banques nuls.

7 Cas pratique : Société Tanguy ★★★

30 min

Compétences attendues

- **Construire** un bilan fonctionnel
- **Différencier** les différents cycles d'opérations (investissement, financement, exploitation)
- **Calculer** le fonds de roulement net global, le besoin en fonds de roulement et la trésorerie nette

Les dirigeants de la société Tanguy souhaitent procéder à un diagnostic de la situation avant de prendre certaines décisions relatives au développement. Ils vous communiquent le bilan comptable à la clôture de l'exercice N et quelques informations complémentaires dans les documents ci-après.

L'analyse tiendra compte du retraitement des effets escomptés non échus.

Missions

1. *Présentez le bilan fonctionnel fin N.*
2. *Établissez un lien entre les différentes rubriques du bilan fonctionnel et les différents cycles d'opérations.*
3. *Calculez le FRNG, le BFRE et le BFRHE.*
4. *Commentez les résultats obtenus.*

Document 1

Bilan au 31/12/N (système développé)

ACTIF	Brut	A. et D.	Net	PASSIF	
Actif immobilisé				**Capitaux propres**	
Immobilisations incorporelles				Capital	200 000
Frais d'établissement	10 000	8 000	2 000	Primes d'émission	28 000
Brevets, licences	40 000	–	40 000	Réserves	26 000
Immobilisations corporelles				Report à nouveau	14 000
Terrains	170 000	–	170 000	Résultat de l'exercice	60 000
Constructions	340 000	260 000	80 000	Provisions réglementées	3 000
Installations techniques, matériels	108 000	61 000	47 000	**Total I**	331 000
Autres immobilisations corporelles	32 000	21 000	11 000	**Provisions**	
				Provisions pour risques	38 000
Immobilisations financières				**Total II**	38 000
Autres titres immobilisés	12 000	1 000	11 000	**Dettes**	
Total I	712 000	351 000	361 000		
Actif circulant					
Stocks				Emprunts et dettes financières(1)(2)	289 000
Matières premières et autres approvisionnements	28 000	2 000	26 000	Avances et acomptes reçus…	10 000
Produits finis	171 000	27 000	144 000		
Créances d'exploitation				Dettes d'exploitation	
Créances clients	170 000	14 000	156 000	Dettes fournisseurs	48 000
Autres créances d'exploitation	28 000	–	28 000	Dettes fiscales et sociales	20 000

•••

•••

ACTIF	Brut	A. et D.	Net	PASSIF	
Créances diverses VMP Disponibilités Charges constatées d'avance	46 000 17 000 9 000 5 000	4 000 – – –	42 000 17 000 9 000 5 000	Dettes diverses Dettes sur immobilisations Dettes fiscales (impôts sur les bénéfices) Produits constatés d'avance	 13 000 23 000 24 000
Total II	474 000	47 000	427 000	**Total III**	427 000
Écarts de conversion Actif	12 000	–	12 000	Écarts de conversion Passif	4 000
Total général	**1 198 000**	**398 000**	**800 000**	**Total général**	**800 000**

(1) Dont CBC : 50 000. (2) Intérêts courus : 14 000.

Document 2

Informations complémentaires

- Les charges et produits constatés d'avance relèvent de l'exploitation.
- Écarts de conversion Actif : 7 000 sont relatifs à un emprunt; 5 000 concernent le poste Fournisseurs.
- Écarts de conversion Passif : 4 000 concernent le poste Clients.
- Les valeurs mobilières de placement sont assimilées à de la trésorerie.
- EENE : leur montant est de 12 000 à la fin de l'exercice.

8 Cas pratique : Société Ecoly ★★★

30 min

Compétences attendues

- **Expliquer** la logique fonctionnelle « emplois/ressources »
- **Calculer** le fonds de roulement net global, le besoin en fonds de roulement et la trésorerie nette
- **Caractériser** l'évolution dans le temps de la structure financière d'une entreprise

L'entreprise Ecoly a connu au cours de l'exercice N une nette progression de son activité. Elle dégage un bénéfice mais rencontre des difficultés de trésorerie depuis quelques mois. Elle vous communique le bilan ci-après (*cf* le document ci-après) et les informations complémentaires suivantes :

- Les écarts de conversion Actif sont relatifs aux créances clients.
- Les écarts de conversion Passif sont relatifs aux fournisseurs.
- Intérêts courus :
  - relatifs aux prêts : 250
  - relatifs aux dettes financières : 2 800
- Valeurs mobilières de placement : elles sont assimilables à de la trésorerie pour 600.

- Un contrat de crédit-bail a été conclu le 01/01/N–1. Valeur du matériel : 2 000. Durée du contrat : 5 ans.

Missions

1. *Expliquez la logique fonctionnelle « emplois/ressources ».*
2. *Après avoir retraité le crédit-bail, déterminez au 31/12/N le FRNG, le BFR et la trésorerie nette. L'établissement du bilan fonctionnel n'est pas demandé.*
3. *Le FRNG s'élevait à 14 000 et le BFR à 13 200 fin N–1. Caractérisez l'évolution de l'équilibre financier de l'entreprise Ecoly au cours de l'exercice N.*
4. *Proposez des solutions pour améliorer la situation de l'entreprise.*

Rendez-vous

MÉTHODE

Évaluer l'équilibre financier d'une entreprise

Les besoins de financement de l'entreprise sont issus à la fois :
– du cycle d'investissement (acquisition d'immobilisations) ;
– du cycle d'exploitation (stocks et décalages de paiement).

L'équilibre financier s'apprécie d'abord à partir du haut du bilan fonctionnel :

- **Première étape.** Le besoin de financement issu du cycle d'investissement doit être couvert par des ressources durables. C'est le cas si le FRNG est positif (équilibre financier minimal).
- **Deuxième étape.** Le besoin de financement issu du cycle d'exploitation est financé par les ressources durables restantes et éventuellement des ressources obtenues sur un horizon de court terme (escompte, concours bancaires courants et découverts bancaires).

Document

Bilan de l'entreprise Ecoly au 31/12/N

ACTIF	Brut	A. et D.	Net
Actif immobilisé			
Immobilisations incorporelles :			
Frais d'établissement	90	60	30
Frais de recherche et de développement	120	80	40
Concessions, brevets, licences, marques	–	–	–
Procédés, droits et valeurs similaires	500	200	300
Fonds commercial	930	–	930
Autres	–	–	–
Avances et acomptes	–	–	–
Immobilisations corporelles :			
Terrains	22 800	–	22 800
Constructions	35 000	10 000	25 000
Installations techniques, matériel et outillage industriel	45 500	12 500	33 000
Autres	2 700	1 300	1 400
Immobilisations corporelles en cours	–	–	–
Avances et acomptes	–	–	–
Immobilisations financières :			
Participations	19 000	3 000	16 000
Créances rattachées à des participations	–	–	–
Autres titres immobilisés	9 000	1 000	8 000
Prêts	5 000		5 000
Total I	**140 640**	**28 140**	**112 500**
Actif circulant			
Stocks et en-cours :			
Matières premières et autres approvisionnements	10 000	4 000	6 000
En-cours de production (biens et services)	–	–	–
Produits intermédiaires et finis	15 000	3 000	12 000
Marchandises	1 800	300	1 500
Avances et acomptes versés sur commandes	500	–	500
Créances :			
Créances clients et comptes rattachés	95 000	10 000	85 000
Autres	2 000	–	2 000
Capital souscrit-appelé, non versé	–	–	–
Valeurs mobilières de placement :			
Actions propres	–	–	–
Autres titres	800	100	700
Disponibilités	200	–	200
Charges constatées d'avance	1 800	–	1 800
Total II	**127 100**	**17 400**	**109 700**
Charges à répartir sur plusieurs exercices (III)	1 200		1 200
Primes de remboursement des obligations (IV)	750		750
Écarts de conversion Actif (V)	800		800
Total général (I + II + III + IV +V)	**270 490**	**45 540**	**224 950**

...

•••

PASSIF	
Capitaux propres	
Capital	40 000
Primes d'émission, de fusion, d'apport	4 000
Écart de réévaluation	
Réserves :	
Réserve légale	2 500
Réserves statutaires ou contractuelles	1 200
Réserves réglementées	4 600
Autres	–
Report à nouveau	–
Résultat de l'exercice (bénéfice ou perte)	18 500
Subventions d'investissement	800
Provisions réglementées	2 400
Total I	**74 000**
Provisions pour risques et charges	
Provisions pour risques	700
Provisions pour charges	1 300
Total II	**2 000**
Dettes	
Emprunts obligataires convertibles	–
Autres emprunts obligataires	18 000
Emprunts et dettes auprès des établissements de crédit (1)	19 000
Emprunts et dettes financiers divers	3 000
Avances et acomptes reçus sur commandes en cours	1 000
Dettes fournisseurs et comptes rattachés	83 500
Dettes fiscales et sociales	20 800
Dettes sur immobilisations et comptes rattachés	–
Autres dettes	1 650
Produits constatés d'avance	700
Total III	**147 650**
Écarts de conversion Passif (IV)	1 300
Total général (I + II + III + IV + V)	**224 950**

(1) Dont CBC et solde créditeur de la banque : 1 400.

SYNTHÈSE

L'analyse fonctionnelle du bilan

L'établissement du **bilan fonctionnel** met en évidence les grands cycles d'opérations (investissement, financement et exploitation) et facilite le diagnostic des difficultés des entreprises.

Pour obtenir des rubriques homogènes (ressources stables, emplois stables…), il convient de reclasser certains postes (intérêts courus, CBC et soldes créditeurs de banques, dettes d'IS…).
Les analystes financiers pratiquent également des **retraitements** de certains engagements hors bilan (crédit-bail, effets escomptés non échus).

Le **FRNG** est l'excédent de ressources stables après financement des immobilisations brutes.

FRNG = Ressources stables – Emplois stables

S'il est positif, cela signifie que l'intégralité des immobilisations est financée par des ressources stables et que l'excédent permettra de financer tout ou partie du cycle d'exploitation.

Le **BFR** représente le besoin de financement engendré par le cycle d'exploitation (postes relevant d'un horizon de court terme sauf trésorerie).

BFR = Stocks + Créances à court terme – Dettes à court terme

Le BFR se décompose en BFR d'exploitation et BFR hors exploitation

BFR = BFRE + BFRHE

La **trésorerie nette** correspond aux ressources à la disposition de l'entreprise une fois les immobilisations et le cycle d'exploitation financés.

T = TA – TP ou **T = FRNG – BFR**

Situation	Niveau de la trésorerie nette
FR > BFR	T > 0
FR = BFR	T = 0
FR < BFR	T < 0

CHAPITRE 3 L'analyse par les ratios

PROGRAMME

Compétences attendues

- **Distinguer** les ratios relatifs à l'activité générale et ceux relatifs à la structure financière
- **Distinguer** les ratios de stock et de flux, en niveau ou en taux de croissance
- **Analyser** les ratios de l'entreprise et les **mettre en relation** avec ceux du secteur
- **Réaliser** un diagnostic à partir d'un ensemble de ratios pertinents
- **Identifier** les limites d'une analyse basée uniquement sur les ratios

Savoirs associés

- Les ratios d'activité
- Les ratios de profitabilité
- Les ratios de rotation
- Les ratios d'investissement
- Les ratios d'endettement
- Les ratios de structure

PRÉREQUIS

SIG, CAF (chapitre 1) • Analyse fonctionnelle du bilan (chapitre 2)

PLAN DU CHAPITRE

COURS : 1. Généralités • 2. Ratios analysant l'activité et la profitabilité • 3. Ratios analysant l'équilibre financier et l'endettement • 4. Ratios de rotation • 5. Ratios d'investissement

DES SAVOIRS AUX COMPÉTENCES : Évaluer les savoirs • Maîtriser les compétences • Préparer l'épreuve

SYNTHÈSE

L'analyse par les ratios vient compléter l'analyse du compte de résultat et du bilan. Un bon diagnostic financier nécessite de choisir des ratios pertinents (permettant de répondre aux questions que l'on se pose). Les calculs seront complétés par une comparaison dans le temps (sur 3 à 4 ans par exemple) et/ou dans l'espace (moyenne du secteur d'activité par exemple).

MOTS-CLÉS

Activité • Endettement • Équilibre financier • Flux • Profitabilité • Ratio • Rotation • Stock • Structure financière

1 Généralités

Définition

On appelle **ratio** le rapport entre deux grandeurs.

L'analyse par les ratios présente des avantages :
- suivi de l'évolution dans le temps des ratios calculés pour une entreprise (établissement d'un tableau de bord présentant des informations synthétiques) ;
- comparaison des ratios de l'entreprise à la moyenne du secteur d'activité ou à la moyenne d'un échantillon pertinent d'entreprises (activité identique, taille identique...) ;
- comparaison à des normes bancaires (capacité de remboursement des emprunts...).

Elle présente aussi des inconvénients :
- les ratios de référence retenus pour les comparaisons peuvent être obtenus en utilisant des méthodes de calcul légèrement différentes (calculs non normalisés) ;
- dans les entreprises soumises à une activité saisonnière, les ratios calculés à la clôture de l'exercice comptable peuvent être difficiles à interpréter.

Les ratios se calculent à partir de **stocks** (grandeur mesurée à un instant *t* = informations du bilan) et/ou à partir de **flux** (différence entre deux stocks = information contenue dans le compte de résultat). On appelle « ratios de stock » les ratios calculés à partir du bilan et « ratios de flux » les ratios calculés à partir du compte de résultat.

→ CAS PRATIQUE 7

2 Ratios analysant l'activité et la profitabilité

Les principaux ratios analysant l'**activité** et la **profitabilité** sont calculés à partir du compte de résultat et des soldes intermédiaires de gestion (SIG) (tab. 3.1.).

Tableau 3.1. Ratios analysant l'activité et la profitabilité

Ratio	Calcul	Précisions
Taux de variation du chiffre d'affaires HT (CAHT)	$\frac{\text{CAHT(N)} - \text{CAHT(N–1)}}{\text{CAHT(N–1)}}$	Permet de suivre l'évolution du niveau d'activité (le taux de variation de la valeur ajoutée ou de EBE peut également être calculé)
Taux de marge commerciale	$\frac{\text{Marge commerciale}}{\text{Ventes de marchandises}}$	Mesure la performance commerciale de l'entreprise
Taux de profitabilité brute (ou taux de marge brute)	$\frac{\text{EBE}}{\text{CAHT}}$	EBE dégagé pour 100 € de CAHT
Taux de profitabilité (ou taux de marge bénéficiaire)	$\frac{\text{Résultat de l'exercice}}{\text{CAHT}}$	Aptitude de l'entreprise à générer un résultat (résultat dégagé pour 100 € de CAHT)

Ratio	Calcul	Précisions
Répartition de la valeur ajoutée (VA) entre ses bénéficiaires	• $\frac{\text{Charges de personnel + Participation}}{\text{VA}}$ • $\frac{\text{Charges d'intérêts}}{\text{VA}}$ • $\frac{\text{Impôts et taxes + Impôts sur les bénéfices}}{\text{VA}}$	• Part de la VA qui revient aux salariés • Part de la VA qui revient aux prêteurs (banques, autres entreprises, particuliers) • Part de la VA qui revient à l'État
Ratio de couverture des frais financiers	$\frac{\text{Charges d'intérêts}}{\text{EBE}}$	Une dégradation de ce ratio sur deux ou trois exercices indique une augmentation du risque de défaillance de l'entreprise

➜ APPLICATION 2 • MINI-CAS 3

3 Ratios analysant l'équilibre financier et l'endettement

Les ratios analysant l'**équilibre financier** et l'**endettement** sont essentiellement calculés à partir du bilan fonctionnel (↪ chapitre 2).

A) Ratios analysant l'équilibre financier

1. Notion d'équilibre financier

L'équilibre financier se calcule à partir du fonds de roulement net global (FRNG) et du besoin en fonds de roulement (BFR) (↪ chapitre 2).

Règle n° 1

> L'équilibre financier minimal est atteint lorsque les emplois stables sont intégralement financés par des ressources stables (FRNG > 0).

Le respect de l'équilibre financier minimal ne garantit pas l'absence de problèmes de trésorerie car il faut encore financer le cycle d'exploitation (BFR). Le BFR varie en permanence en fonction :

- de la durée du processus de production (étapes de production nécessitant des phases de stockage plus ou moins nombreuses et longues) ;
- du niveau de l'activité (entreprises en croissance, activité cyclique) : le BFRE a tendance à augmenter quand l'activité croît (stocks plus élevés et augmentation des créances clients notamment). À l'inverse, les périodes creuses s'accompagnent d'un BFRE plus faible (ajustement des stocks à la baisse et diminution des créances clients notamment) ;
- des délais de paiement accordés et obtenus.

Parallèlement, le FRNG évolue :

- de manière continue tout au long de l'exercice comptable, du fait des amortissements et du résultat qui viennent augmenter les ressources stables ;
- de manière discontinue à la suite d'opérations d'investissement ou de financement (augmentation de capital, souscription d'un emprunt, acquisition d'immobilisations, etc.).

Il est possible de représenter graphiquement les variations du FRNG et du BFR et de mettre en évidence les situations de trésorerie correspondantes (fig. 3.1).

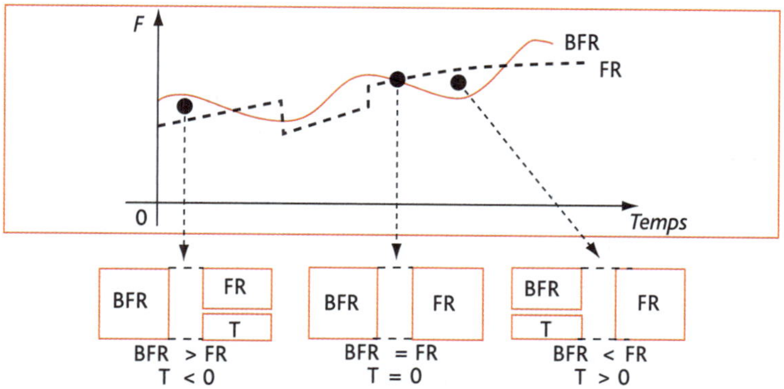

Figure 3.1. Variations du fonds de roulement et du besoin en fonds de roulement dans le temps

Exemples

- Plusieurs situations sont susceptibles de se présenter (fig. 3.2).

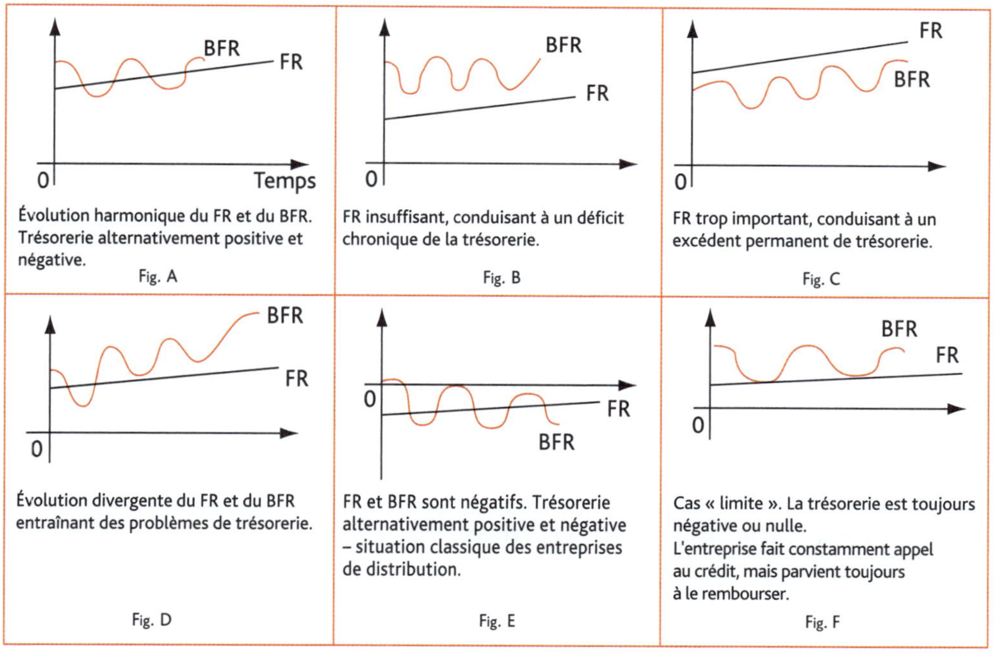

Figure 3.2. Variations du fonds de roulement et du besoin en fonds de roulement dans le temps

Les schémas ci-avant montrent que le BFR se compose d'une partie structurelle et d'une partie conjoncturelle. Seule la partie structurelle devrait être financée par des ressources stables. Le FRNG devrait donc permettre de financer le BFR moyen (cas des figures A et E). La trésorerie est alors nulle en moyenne, avec une alternance de trésorerie positive et négative. Le financement du BFR moyen par des ressources stables permet d'éviter une surcapitalisation de l'entreprise (les ressources stables ayant un coût élevé pour l'entreprise).

La comparaison du FR et du BFR, à une date donnée, doit être relativisée dans la mesure où on ne sait pas si, à cette date, le BFR se trouve à son niveau le plus élevé, le plus bas ou moyen. Cependant, la date de clôture d'un exercice comptable correspond souvent à une période de faible activité. Une trésorerie nette négative (FR < BFR) serait alors inquiétante.

Règle n° 2

> Les emplois stables et la composante stable du BFR doivent être financés par des ressources stables (FRNG > BFRE moyen)

Il n'est pas nécessaire que le FRNG couvre le BFRHE car celui-ci est le plus souvent transitoire (il est notamment impacté par les acquisitions et cessions d'immobilisations avec décalage de paiement).

- L'équilibre financier (ou fonctionnel) n'est pas atteint si la trésorerie nette est structurellement négative. La bonne marche de l'entreprise est alors entravée.
- Le respect de l'équilibre financier n'implique pas une trésorerie nette systématiquement positive. La trésorerie nette doit être en moyenne proche de 0.

2. Ratios permettant d'analyser l'équilibre financier

Degré de couverture des emplois stables. L'équilibre financier minimal est respecté si :

$$\frac{\text{Ressource stables}}{\text{Emplois stables}} > 1$$

Degré de couverture du BFRE par le FRNG

$$\frac{\text{FRNG}}{\text{BFRE}} > 50\ \%$$

Ce ratio indique le degré d'indépendance de l'entreprise par rapport aux banques concernant les financements à court terme (CBC et soldes créditeurs de banque, escompte). Sa dégradation appelle à la vigilance car les financements à court terme peuvent être remis en cause à tout moment par les banquiers.

B) Ratios analysant l'endettement

Les ratios analysant l'équilibre financier doivent être complétés par des ratios analysant la **structure financière** et l'endettement.

1. Ratio d'autonomie financière

On peut aussi calculer la capacité théorique d'endettement :
Capacité théorique d'endettement (en €) = Capitaux propres – Dettes financières

Le calcul du FRNG met seulement l'accent sur les ressources disponibles sur un horizon de long terme. Cette analyse doit être complétée par l'étude de la structure financière.

Analyser la structure financière consiste à examiner la part respective des capitaux propres et des dettes financières au sein des ressources stables.

En pratique, il est difficile d'obtenir un emprunt bancaire lorsque les dettes financières deviennent supérieures au montant des capitaux propres. Les banques estiment alors que le risque de non-remboursement devient trop important. On peut donc définir ainsi le ratio d'autonomie financière :

$$\frac{\text{Dettes financières}}{\text{Capitaux propres}} \leq 1$$

2. Part des concours bancaires courants (CBC) dans l'endettement financier

L'endettement financier regroupe l'ensemble des dettes obtenues auprès des prêteurs :

$$\begin{aligned}\text{Endettement financier} &= \text{Dettes financières} + \text{Trésorerie passive}\\ &= \text{Dettes financières} + \text{CBC} + \text{EENE}\end{aligned}$$

La part des CBC dans l'endettement financier se calcule grâce au ratio suivant :

$$\frac{\text{CBC}}{\text{Endettement financier}} = \frac{\text{CBC}}{\text{Dettes financières} + \text{CBC} + \text{EENE}}$$

Une forte proportion de CBC dans l'endettement peut signifier une situation de vulnérabilité liée à la précarité des financements à court terme ainsi qu'à leur coût.

3. Capacité de remboursement

La capacité de remboursement mesure l'aptitude de l'entreprise à rembourser ses dettes. Il est possible de l'appréhender à partir du ratio suivant :

$$\frac{\text{Dettes financières}}{\text{CAF}} \leq 3 \text{ ou } 4 \text{ selon le secteur d'activité}$$

On peut aussi calculer ce ratio en considérant l'endettement financier au lieu des dettes financières.

En général, on considère que les dettes financières doivent pouvoir être remboursées en mobilisant la CAF à 100 % pendant 3 ou 4 ans.

Au-delà, les prêteurs estiment qu'il existe un risque de non-remboursement.

→ MINI-CAS 4 • CAS PRATIQUE 8

4 Ratios de rotation

Les ratios de **rotation** permettent d'analyser et de suivre plus précisément les principaux postes entrant dans le calcul du BFRE (postes cycliques) (tab. 3.2).

Les ratios de rotation s'expriment en jours (sur la base d'une année de 360 jours) :

$$\text{Ratio de rotation (en jours)} = \frac{\text{Poste du BFRE}}{\text{Flux annuel correspondant}} \times 360$$

Il s'agit de calculer :

- les durées moyennes d'écoulement des stocks ;
- les durées moyennes de crédit obtenues ou accordées.

Tableau 3.2. Calcul des ratios de rotation

Ratio	Calcul	
Durée de stockage des marchandises	$\frac{\text{Stock moyen de marchandises}}{\text{Coût d'achat des marchandise vendues}} \times 360$	Stock moyen = (Stock en début d'exercice + Stock en fin d'exercice) / 2 Coût d'achat des marchandises vendues = Achats de marchandises + Δ Stocks de marchandises (SI – SF)
Durée de stockage des matières premières	$\frac{\text{Stock moyen de matières premières}}{\text{Coût d'achat des matières premières consommées}} \times 360$	Coût d'achat des matières premières consommées = Achats de matières premières + Δ Stocks de matières premières (SI – SF)
Durée de stockage des produits finis	$\frac{\text{Stock moyen de produits finis}}{\text{Coût de production des produits finis vendus}} \times 360$	Coût de production des produits finis vendus = Coût de production des PF – Production stockée (SF – SI)
Durée du crédit clients	$\frac{\text{Créances clients + EENE}}{\text{CA TTC}} \times 360$	
Durée du crédit fournisseurs	$\frac{\text{Dettes fournisseurs}}{\text{Achats TTC + Services extérieurs TTC}} \times 360$	

→ APPLICATION 2 • CAS PRATIQUE 6

5 Ratios d'investissement

Les ratios d'investissement permettent d'affiner la stratégie d'investissement du dirigeant (tab. 3.3).

Tableau 3.3. Calcul des ratios d'investissement

Ratio	Calcul	Précisions
Intensité capitalistique	$\frac{\text{Actif immobilisé brut}}{\text{Total de l'actif brut}}$	Mesure le poids des immobilisations
Taux de vétusté	$\frac{\text{Imobilisations corporelles nettes}}{\text{Imobilisations corporelles brutes}}$	Mesure le degré d'usure des immobilisations

Les ratios analysant la rentabilité sont présentés dans le chapitre suivant.

→ MINI-CAS 5

1 Quiz

Vérifiez l'exactitude des propositions ci-après et justifiez-les.

	Vrai	Faux
1. Les ratios s'expriment toujours sous forme de pourcentage.	☐	☐
2. L'EBE de l'exercice N s'élève à 285 000 € et l'EBE de l'exercice N–1 à 298 500 €. Le taux de variation de l'EBE est de – 4,74 %.	☐	☐
3. Taux de profitabilité et taux de rentabilité ne sont pas synonymes.	☐	☐
4. Les créances et dettes correspondent à des montants TTC.	☐	☐
5. Les ratios de rotation doivent être les plus faibles possible.	☐	☐

2 To & Co ★★★

Le dirigeant de To & Co vous remet le compte de résultat de l'exercice N :

Charges d'exploitation		Produits d'exploitation	
Achats de marchandises	3 500	Ventes de marchandises	6 000
Variation du stock de marchandises	– 200	Production vendue	3 000
Achats stockés de MP et approvisionnements	1 900	*Montant net du chiffre d'affaires*	*9 000*
		Production stockée	100
Variation des stocks de MP	50	Production immobilisée	–
Autres achats et charges externes	600	Subventions d'exploitation	50
Impôts, taxes et versements assimilés	200	Reprises sur amortissements, dépréciations et provisions	100
Charges de personnel	1 700		
Dotations aux amortissements, dépréciations et provisions	600	Autres produits	10
Autres charges	–		
Total	**8 350**	**Total**	**9 260**

Charges financières		Produits financiers	
Dotations aux amortissements, dépréciations et provisions	30	De participation et autres immobilisations financières	–
Intérêts et charges assimilées	220	Autres intérêts	20
Différences négatives de change	–	Reprises sur dépréciations et provisions	30
Charges nettes sur cessions de VMP	50	Différences positives de change	–
		Produits nets sur cessions de VMP	10
Total	**300**	**Total**	**60**
Charges exceptionnelles		**Produits exceptionnels**	
Sur opérations de gestion	20	Sur opérations de gestion	5
Sur opérations en capital	180	Sur opérations en capital	75
Dotations aux amortissements, dépréciations et provisions	–	Reprises sur dépréciations et provisions	–
Total	**200**	**Total**	**80**
Participation des salariés aux résultats	10		
Impôts sur les bénéfices	180		
Résultat de l'exercice (bénéfice)	360		
Total général	**9 400**	**Total général**	**9 400**

1. *Calculez le taux de marge commerciale.*
2. *Calculez le taux de profitabilité (ou taux de marge bénéficiaire).*
3. *Calculez le taux de rotation des stocks de marchandises sachant que le stock de marchandises à l'ouverture de l'exercice N s'élevait à 500 k€.*

Évaluer les savoirs | **Maîtriser les compétences** | Préparer l'épreuve

3 Mini-cas Quo : activité et profitabilité ★★★

Compétence attendue **Réaliser** un diagnostic à partir d'un ensemble de ratios pertinents : **calculer** les ratios d'activité et de profitabilité

Malgré quelques investissements, l'entreprise Quo n'a pas vu son résultat progresser autant qu'elle l'espérait et a subi une forte dégradation de sa trésorerie. Elle vous demande d'examiner ses bilans (document 1) et comptes de résultat (document 2) des deux derniers exercices et de lui communiquer votre analyse de la situation.

À partir des documents 1 et 2 :

1. *Calculez le taux de variation du chiffre d'affaires, de la valeur ajoutée et de l'EBE en N. Commentez les résultats obtenus.*
2. *Calculez la part de la valeur ajoutée revenant à chaque bénéficiaire en N.*
3. *Calculez le taux de profitabilité brut puis le taux de profitabilité en N.*

Document 1

Bilans de la société Quo

ACTIF	N	N–1	PASSIF	N	N–1
Actif immobilisé			**Capitaux propres**		
Immobilisations corporelles	4 300 000	4 043 330	Capital	1 800 000	1 800 000
– Amortissements	– 2 187 334	– 1 890 000	Réserves	400 000	400 000
Immobilisations financières	423 700	423 700	Résultat	167 000	161 190
– Dépréciations	– 90 000	– 90 000			
Total I	**2 446 366**	**2 487 030**	**Total I**	**2 367 000**	**2 361 190**
Actif circulant			**Dettes**		
Stock de matières	523 666	454 000	Emprunts auprès des établissements de crédit [(1)(2)]	1 800 720	1 802 000
Stock d'en-cours de production	788 334	632 667	Dettes fournisseurs	1 553 200	1 354 000
Produits finis	1 065 333	799 000	Dettes fiscales et sociales	67 250	52 000
Créances clients	1 797 365	1 755 000	Autres dettes (relevant de l'exploitation)	613 730	623 664
– Dépréciations	– 198 665	– 131 650	Produits constatés d'avance	113 500	7 000
Valeurs mobilières de placement	45 002	149 000			
– Dépréciations	– 33 002	– 25 016			
Disponibilités	9 000	19 720			
Total II	**3 997 033**	**3 652 721**	**Total II**	**4 148 400**	**3 838 664**
Charges constatées d'avance	72 001	60 103			
Total général	**6 515 400**	**6 199 854**	**Total général**	**6 515 400**	**6 199 854**

(1) Dont à plus d'un an : 1 300 000 en N ; 1 465 000 en N–1.

(2) Dont concours bancaires courants : 501 300 en N–2 ; 319 815 en N–1.

Document 2

Comptes de résultat de la société Quo

Charges (HT)	N	N–1	Produits (HT)	N	N–1
Charges d'exploitation			**Produits d'exploitation**		
Achats de marchandises	–	–	Ventes de marchandises		
Variation des stocks de marchandises	–	–	Production vendue (biens et services)	13 312 000	12 327 410
Achats de matières premières et approvisionnements	6 377 666	6 049 000	Sous-total A (Montant net du CA)	13 312 000	12 327 410
Variation des stocks de matières…	– 69 666	– 69 333	Production stockée	422 000	392 335
Autres achats et charges externes	1 277 000	1 154 000	Production immobilisée	–	–
Impôts, taxes et versements assimilés	200 000	180 000	Subventions d'exploitation	–	–
Salaires et traitements	3 041 600	2 720 000	Reprises sur dépréciations et provisions	1 600	4 180
Charges sociales	2 146 067	1 923 334	Autres produits	–	–
Dotations aux amortissements, dépréciations et provisions :			Sous-total B	423 600	396 515
sur immobilisations : dotations aux amortissements	412 334	363 337			
sur immobilisations : dotations aux dépréciations	–	–			
sur actif circulant : dotations aux dépréciations	68 615	75 830			
pour risques et charges : dotations aux provisions	–	–			
Autres charges	–	–			
Total I	**13 453 616**	**12 396 168**	**Total I (A+B)**	**13 735 600**	**12 723 925**

•••

•••

Charges (HT)	N	N-1	Produits (HT)	N	N-1
QP de résultat sur opérations faites en commun	–	–	QP de résultat sur opérations faites en commun	–	–
Total II		**0**	**Total II**		**0**
Charges financières			**Produits financiers**		
Dotations aux amortissements, dépréciations et provisions	11 386	–	De participation	–	–
Intérêts et charges assimilées	245 000	194 412	D'autres valeurs mobilières et créances de l'actif immobilisé	60 606	100 360
Différences négatives de change	–	–	Autres intérêts et produits assimilés	13 060	13 305
Charges nettes sur cessions de VMP	–	–	Reprises sur dépréciations et provisions	3 400	8 317
			Différences positives de change	–	–
			Produits nets sur cessions de VMP	16 864	27 000
Total III	**256 386**	**194 412**	**Total III**	**193 930**	**148 982**
Charges exceptionnelles			**Produits exceptionnels**		
Sur opérations de gestion	–	–	Sur opérations de gestion	–	5 404
Sur opérations de capital	–	–	Sur opérations de capital (PCEA)	44 200	–
Dotations aux amortissements, dépréciations et provisions	–	–	Reprises sur dépréciations et provisions	–	–
Total IV	**0**	**0**	**Total IV**	**44 200**	**5 404**
Participation des salariés aux résultats **V**	–	–			
Impôts sur les bénéfices **VI**	96 728	126 541			
Total des charges (I + II + III + IV + V + VI)	**13 806 730**	**12 717 121**	**Total des produits (I + II + III + IV)**	**13 973 730**	**12 878 311**
Solde créditeur = bénéfice	167 000	161 190	Solde débiteur = perte	–	–
Total général	**13 973 730**	**12 878 311**	**Total général**	**13 973 730**	**12 878 311**

4 Mini-cas Quo : équilibre financier et endettement ★★★

Compétence attendue **Réaliser** un diagnostic à partir d'un ensemble de ratios pertinents : **calculer** les ratios relatifs à l'équilibre financier et à l'endettement

À partir des bilans et des comptes de résultat de la société Quo fournis dans le dossier documentaire du mini-cas 3 :

1. *Calculez les ratios relatifs à l'équilibre financier fin N–1 et fin N. Commentez les résultats obtenus.*
2. *Calculez les ratios relatifs à l'endettement fin N–1 et fin N. Commentez les résultats obtenus.*

5 Mini-cas Quo : rotation et investissement ★★★

Compétence attendue **Réaliser** un diagnostic à partir d'un ensemble de ratios pertinents : **calculer** les ratios de rotation et les ratios d'investissement

À partir des bilans et des comptes de résultat de la société Quo fournis dans le dossier documentaire du mini-cas 3 :

1. *Calculez les ratios de rotation des stocks de matières premières, des créances clients et des dettes fournisseurs fin N.*

On précise que le taux de TVA normal à 20 % s'applique sur les achats de matières, les autres achats et les ventes de produits finis.

2. *Calculez les ratios d'investissement fin N. Commentez les résultats obtenus.*

Évaluer les savoirs | Maîtriser les compétences | Préparer l'épreuve

6 Cas pratique : Société Prolac ★★★

20 min

Compétence attendue **Réaliser** un diagnostic à partir d'un ensemble de ratios pertinents : **calculer** les ratios de rotation

La société anonyme Prolac a une activité industrielle qui génère un BFRE conséquent. Afin de surveiller les postes à l'origine de ce BFRE, elle vous communique des informations issues des documents comptables (document 1) relatifs à l'exercice N et les résultats obtenus en N–1 (document 2).

Missions

1. *Calculez les ratios de rotation relatifs aux postes stocks, clients et fournisseurs pour l'exercice N.*
2. *Commentez les résultats.*

Document 1

Informations concernant l'exercice N

Services extérieurs : 180 400 €
Stock initial de matières et approvisionnements : 24 000 €
Stock final de matières et approvisionnements : 32 000 €
Stock initial de produits finis : 226 000 €
Stock final de produits finis : 240 000 €
Achats nets de matières et approvisionnements : 252 600 €
Coût de production des produits finis fabriqués : 1 242 000 €
CAHT : 2 040 000 €
Créances clients : 208 300 €
Dettes fournisseurs : 59 800 €
Effets escomptés et non échus (EENE) : 39 500 €
Taux de TVA : 20 %

Document 2

Résultats N–1

Ratios	Stock matières	Stock produits finis	Clients	Fournisseurs
Délais (en jours)	38,4	62,5	34	43,9

7 Cas pratique : Société Grac ★★★

25 min

Compétences attendues

- **Distinguer** les ratios relatifs à l'activité générale et ceux relatifs à la structure financière
- **Distinguer** les ratios de stock et de flux, en niveau et en taux de croissance
- **Analyser** les ratios de l'entreprise et les **mettre en relation** avec ceux du secteur
- **Identifier** les limites d'une analyse basée uniquement sur les ratios

Le directeur financier de la société Grac, dont l'activité s'est considérablement dégradée ces dernières années, a calculé et regroupé quelques ratios et obtenu leur niveau moyen pour le secteur d'activité auquel appartient la société (voir document ci-après).

Missions

1. *Précisez si chacun des ratios proposés dans le document ci-après a trait à l'activité ou à la structure financière et s'il s'agit d'un ratio de stock ou de flux.*
2. *Présentez un commentaire détaillé (activité ; résultats ; structure financière) de la situation de l'entreprise.*
3. *Précisez s'il est possible de se satisfaire d'une analyse basée uniquement sur des ratios.*

Document

Ratios de la société Grac (sommes en millions d'euros)

Ratio	Calcul	Ratio N	Ratio N–1	Ratio du secteur d'activité
Taux de VA = VA / Ventes de marchandises	$\frac{4\,990}{21\,197}$	23,5 %	15 %	20 %
Délai moyen de rotation des stocks de marchandises	$\frac{3\,046 \times 360}{14\,094}$	78 j	50 j	94 j
Délai moyen de règlement des clients	$\frac{6\,199 \times 360}{21\,197 \times 1{,}196}$	88 j	126 j	65 j
Délai de règlement aux fournisseurs	$\frac{5\,237 \times 360}{17\,194 \times 1{,}196}$	92 j	107 j	73 j
Poids du BFRE = (BFRE × 360) / CAHT	$\frac{2\,829 \times 360}{21\,197}$	48 j	62 j	57 j
Taux de variation du CAHT	$\frac{21\,197 - 25\,330}{25\,330}$	– 16 %	– 58 %	– 5 %
Taux de variation de la VA	$\frac{4\,990 - 3\,727}{3\,727}$	+ 34 %	– 60 %	– 3 %
Taux de marge commerciale	$\frac{17\,453 - 14\,094}{14\,094}$	24 %	12 %	27 %
Taux d'endettement financier = Endettement / Capitaux propres	$\frac{1\,640}{4\,985}$	33 %	67 %	60 %
Financement courant du BFRE = CBC / BFRE	$\frac{409}{2\,829}$	14,5 %	33 %	24 %

8 Cas pratique : Société Androuet ★★★

40 min

Compétence attendue **Réaliser** un diagnostic à partir d'un ensemble de ratios pertinents : **calculer** les ratios analysant l'équilibre financier et l'endettement

On donne dans les documents ci-après : bilans, comptes de résultat et tableaux des amortissements, des dépréciations et des provisions relatifs à la société Androuet.
On précise que la société a souscrit un contrat de crédit-bail, d'une durée de 4 ans, à la fin de l'exercice N (valeur HT du matériel : 28 000 € ; amortissement linéaire sur la durée du contrat).
Les effets escomptés non échus s'élèvent à 18 260 € fin N et à 19 350 € fin N+1.

Missions

1. *Déterminez les fonds de roulement (nets globaux) et les besoins en fonds de roulement pour les exercices N et N+1.*
2. *Calculez les ratios d'autonomie financière pour N et N+1 (sans procéder aux retraitements).*
3. *Analysez l'endettement financier.*
4. *Commentez la situation financière de la société.*

Document 1

Bilan au 31 décembre

ACTIF	N+1 net	N net
Actif immobilisé		
Immobilisations incorporelles		
Frais d'établissement	342	2 759
Frais de recherche et de développement	58	117
Concessions, brevets, licences, marques, procédés, droits et valeurs similaires	78 264	79 886
Fonds commercial	10 356	9 856
Avances et acomptes	1 000	800
Total immobilisations incorporelles	90 020	93 418
Immobilisations corporelles		
Terrains	19 294	19 894
Constructions	33 586	35 098
Installations techniques, matériel et outillage industriels	11 708	13 550
Autres immobilisations corporelles	80 720	97 229
Immobilisations corporelles en cours	4 791	860
Avances et acomptes	1 360	9 193
Total immobilisations corporelles	151 459	175 824

•••

ACTIF	N+1 net	N net
Immobilisations financières		
Participations	2 466 390	2 082 201
Créances rattachées à des participations	458 410	407 858
Autres titres immobilisés	2 928	2 431
Prêts	14 160	14 736
Autres	8 057	9 057
Total immobilisations financières	2 949 945	2 516 283
Total actif immobilisé	**3 191 424**	**2 785 525**
Actif circulant		
Stock et en-cours		
Matières premières et autres approvisionnements	4 991	5 365
Marchandises	356	
Avances et acomptes versés sur commandes	813	52
Créances		
Créances clients et comptes rattachés	179 684	173 756
Autres	1 542 751	1 372 437
Divers		
Valeurs mobilières de placement	788 046	889 667
Disponibilités	150 718	339 260
Fonds réservés (1)	586 338	533 596
Total actif circulant	**3 253 697**	**3 314 133**
Charges constatées d'avance	4 410	5 276
Frais d'émission d'emprunt à étaler	8 267	13 227
Écarts de conversion actif (2)	16 027	45 082
Total des comptes de régularisation	**28 704**	**63 585**
Total général	**6 473 825**	**6 163 243**

(1) Trésorerie non disponible, à rattacher à l'actif circulant hors exploitation. (2) Se rapportant aux « Autres créances ».

PASSIF	N+1 net	N net
Capitaux propres		
Capital	1 650 476	1 562 660
Primes d'émission, de fusion, d'apport	1 763 107	1 698 702
Écarts de réévaluation	3 971	2 430
Réserve légale	128 492	118 639
Réserves réglementées	8 649	8 649
Autres réserves	145 307	115 307
Report à nouveau	49 842	46 843
Résultat de l'exercice (bénéfice ou perte)	331 878	197 051
Provisions réglementées	–	–
Total capitaux propres	**4 081 722**	**3 750 281**

...

PASSIF	N+1 net	N net
Provisions pour risques et charges		
Provisions pour risques	40 199	21 543
Provisions pour charges	9 056	4 679
Total provisions pour risques et charges	**49 255**	**26 222**
Dettes		
Emprunts obligataires convertibles	192 853	304 614
Autres emprunts obligataires	464 273	510 431
Emprunts et dettes auprès des établissements de crédit [1]	185 783	110 485
Emprunts et dettes financières divers	474 775	564 496
Avances et acomptes reçus sur commandes en cours	–	–
Dettes fournisseurs et comptes rattachés	179 856	165 285
Dettes fiscales et sociales	319 359	273 730
Dettes sur immobilisations et comptes rattachés	20 920	20 919
Autres dettes	488 243	392 899
Total dettes	**2 326 062**	**2 342 859**
Produits constatés d'avance	802	–
Écarts de conversion Passif [2]	15 984	43 881
Total général	**6 473 825**	**6 163 243**

(1) Dont concours bancaires courants : N : 75 000 ; N+1 : 89 000. (2) Sont relatifs aux « Emprunts et dettes financières divers ».

Document 2

Comptes de résultat

	N+1	N
Produits d'exploitation		
Ventes de marchandises	3 778	3 676
Production vendue (biens et services)	1 225 063	1 134 842
Montant net du chiffre d'affaires	1 228 841	1 138 518
Production immobilisée	–	8
Subventions d'exploitation	–	9
Reprises sur amortissements, dépréciations et provisions	4 774	3 797
Autres produits	17 123	10 529
Total des produits d'exploitation	**1 250 738**	**1 152 861**
Charges d'exploitation		
Achats de marchandises	2 866	2 604
Variation de stock	(147)	333
Achats de matières premières et autres approvisionnements	128 083	122 235
Variation de stock	(474)	(652)

...

•••

	N+1	N
Autres achats et charges externes	366 307	343 676
Impôts, taxes et versements assimilés	34 367	29 958
Salaires et traitements	387 302	379 145
Charges sociales	182 701	177 245
Dotations aux amortissements et aux provisions		
Sur immobilisations : dotations aux amortissements	40 871	40 230
Sur immobilisations : dotations aux dépréciations	–	–
Sur actif circulant : dotations aux dépréciations	12 497	6 118
Pour risques et charges : dotations aux provisions	958	673
Autres charges	11 475	11 029
Total des charges d'exploitation	**1 166 806**	**1 112 594**
RÉSULTAT D'EXPLOITATION	**83 932**	**40 267**
Produits financiers		
De participations	140 508	106 040
D'autres valeurs mobilières et créances de l'actif immobilisé	828	11 234
Autres intérêts et produits assimilés	244 085	193 979
Reprises sur dépréciations	122 669	62 751
Différences positives de change	25 394	24 430
Produits nets sur cessions de valeurs mobilières de placement	15 058	5 489
Total des produits financiers	**548 542**	**403 923**
Charges financières		
Dotations aux amortissements et aux dépréciations	75 638	36 218
Intérêts et charges assimilés	107 933	181 627
Différences négatives de change	22 415	22 198
Charges nettes sur cessions de valeurs mobilières	341	–
Total des charges financières	**206 327**	**240 043**
RÉSULTAT FINANCIER	**342 215**	**163 880**
RÉSULTAT COURANT AVANT IMPÔTS	**426 147**	**204 147**
Produits exceptionnels		
Sur opérations de gestion	3 469	3 988
Sur opérations en capital (produits des cessions d'éléments d'actif)	95 589	133 887
Reprises sur dépréciations et provisions	3	3 259
Total des produits exceptionnels	**99 061**	**141 134**

•••

•••

	N+1	N
Charges exceptionnelles		
Sur opérations de gestion	7 693	4 746
Sur opérations en capital (VCEAC)	80 197	113 438
Dotations aux amortissements, dépréciations et provisions	23 667	1 130
Total des charges exceptionnelles	**111 557**	**119 314**
RÉSULTAT EXCEPTIONNEL	**(12 496)**	**21 820**
Participation des salariés aux fruits de l'expansion	81 773	28 916
Impôt sur les bénéfices	–	–
TOTAL DES PRODUITS	**1 898 341**	**1 697 918**
TOTAL DES CHARGES	**1 566 463**	**1 500 867**
BÉNÉFICE	**331 878**	**197 051**

Document 3

Tableau des amortissements au 31/12/N+1

Rubriques et postes	Cumulés au début de l'exercice	Augmentations	Diminutions	Cumulés à la fin de l'exercice
Immobilisations incorporelles				
Frais d'établissement	10 876	2 457	1 549	11 784
Frais de recherche et de développement	175	59	–	234
Concessions, brevets…	2 796	1 618	491	3 923
Fonds commercial	2 828	–	–	2 828
Avances et acomptes	–	–	–	–
Total	**16 675**	**4 134**	**2 040**	**18 769**
Immobilisations corporelles				
Terrains	–	–	–	–
Constructions	11 307	2 252	625	12 934
Installations techniques, matériel et outillage industriels	15 825	5 262	1 485	19 602
Autres immobilisations corporelles	57 800	25 053	19 521	63 332
Immobilisations corporelles en cours	–	–	–	–
Avances et acomptes	–	–	–	–
Total	**84 932**	**32 567**	**21 631**	**95 868**
Total actif immobilisé	**101 607**	**36 701**	**23 671**	**114 637**

Document 4

Tableau des dépréciations au 31/12/N+1

Rubriques et postes	Montant au début de l'exercice	Augmentations	Diminutions	Montant à la fin de l'exercice
Sur immobilisations incorporelles	1 500	–	–	1 500
Sur immobilisations financières	194 557	39 660	108 721	125 496
Sur stocks	41	–	41	–
Sur comptes clients	9 378	8 543	3 238	14 683
Sur autres créances	45 119	33 930	13 173	65 876
Sur valeurs mobilières	6	5 000	6	5 000
Sur disponibilités	–	–	–	–
Total	**250 601**	**87 133**	**125 179**	**212 555**

Document 5

Tableau des provisions au 31/12/N+1

Rubriques et postes	Montant au début de l'exercice	Augmentations	Diminutions	Montant à la fin de l'exercice
Provisions pour risques				
Pour litiges	856	17 201	183	17 874
Pour prime emprunt obligataire	19 166	–	2 764	16 402
Pour amendes et pénalités	3	372	3	–
Pour pertes de change	1 374	5 416	1 239	507
Autres provisions pour risques	144	–	144	5 416
Total	**21 543**	**22 989**	**4 333**	**40 199**
Provisions pour charges				
Pour pensions et obligations similaires	811	490	446	855
Pour impôts	3 548	5 847	2 475	6 920
Autres provisions pour charges	320	1 281	320	1 281
Total	**4 679**	**7 618**	**3 241**	**9 056**

SYNTHÈSE

L'analyse par les ratios

Les **ratios** constituent de précieux outils d'analyse venant enrichir l'analyse du compte de résultat et du bilan.

Les ratios permettent d'effectuer des comparaisons dans le temps (pour une même entreprise) et dans l'espace (par rapport à la moyenne du secteur d'activité ou par rapport aux principaux concurrents).

Pour réaliser un bon diagnostic financier, il convient de sélectionner quelques ratios pertinents parmi les suivants :

Ratios relatifs à l'activité et à la profitabilité

Calculés à partir du compte de résultat Flux/Flux

Ratios

- ➡ Ratios analysant l'activité
- ➡ Ratios de profitabilité

Ratios relatifs à la structure financière

Calculés à partir du bilan

Stock/Stock (décrit la structure du patrimoine)

- ➡ Ratios analysant l'équilibre financier et l'endettement
- ➡ Ratios d'investissement

Stock/Flux (exprime une durée)

- ➡ Ratios de rotation (suivi des postes du BFRE)

L'objectif de l'analyse par les ratios n'est pas de calculer une batterie de ratios, mais de répondre à des questions ou de mettre en évidence des points à surveiller pour garantir le bon fonctionnement de l'entreprise.

CHAPITRE 4 L'analyse de la rentabilité

PROGRAMME

Compétences attendues

- **Différencier** charges variables et charges fixes
- **Calculer** et **distinguer** la rentabilité économique de la rentabilité financière
- **Mettre en évidence** l'effet de levier
- **Caractériser** la problématique rentabilité/risque liée à l'endettement
- **Analyser** la rentabilité d'une activité ou d'une entreprise dans une situation donnée

Savoirs associés

- Les charges variables, les charges fixes
- La rentabilité économique
- Le levier opérationnel (ou d'exploitation)
- La rentabilité financière
- L'effet de levier financier

PRÉREQUIS

Bilan fonctionnel (chapitre 2)

PLAN DU CHAPITRE

Cours : 1. Rentabilité économique et rentabilité financière • 2. Effet de levier financier • 3. Risque d'exploitation et risque financier

Des savoirs aux compétences : Évaluer les savoirs • Maîtriser les compétences • Préparer l'épreuve

Synthèse

La rentabilité est une préoccupation fondamentale pour les investisseurs (actionnaires et prêteurs).

La connaissance du résultat est insuffisante car une entreprise peut être profitable (c'est-à-dire dégager un bénéfice) tout en étant peu rentable. La rentabilité s'obtient en comparant le résultat aux capitaux investis. Elle s'exprime sous forme de taux et permet de mieux évaluer la performance de l'entreprise.

L'étude de la rentabilité est indissociable de l'étude du risque. Le couple rentabilité/risque est un concept fondamental en finance.

MOTS-CLÉS

Effet de levier financier • Levier d'exploitation • Rentabilité économique • Rentabilité financière • Risque d'exploitation • Risque financier • Seuil de rentabilité d'exploitation

1 Rentabilité économique et rentabilité financière

A) Rentabilité économique (r_e)

1. Calcul

La **rentabilité économique** mesure la performance globale d'une entreprise.

Elle reflète la capacité de l'entreprise à rémunérer ses investisseurs (prêteurs et actionnaires).

Elle présente un intérêt pour les prêteurs (banques en particulier) mais aussi pour les dirigeants (maximisation de la rentabilité économique).

La rentabilité des capitaux investis se calcule de la façon suivante :

$$r_e = \frac{\text{Résultat économique net d'IS}}{\text{Capitaux investis}}$$

Il n'existe pas de consensus concernant le mode de calcul du résultat économique et des capitaux investis.

- Pour le résultat économique net d'IS, on retient généralement le résultat d'exploitation net d'IS, parfois le résultat courant net d'IS hors intérêts de la dette financière (résultat courant net d'IS + charges d'intérêt nettes d'IS). Dans tous les cas, il s'agit d'un résultat avant prise en compte du coût de la dette.
- Au dénominateur, il existe deux modes de calcul des capitaux investis :
  - Capitaux investis = Capitaux propres + Dettes financières (y compris CBC)
    Les dettes financières représentent les capitaux ne supportant pas le risque résiduel. Elles doivent normalement inclure les CBC, donc elles correspondent à la notion d'endettement financier.
  - Capitaux investis = Actif économique = Immobilisations nettes + BFR + Disponibilités
    L'actif économique représente la contrepartie des capitaux investis. Il y a donc égalité entre les capitaux investis et l'actif économique (tab. 4.1).

Tableau 4.1. Égalité entre actif économique et capitaux investis

Immobilisations nettes	Capitaux propres
BFR	Dettes financières (y compris CBC)
Disponibilités	

Le plus souvent, on utilisera la formule suivante :

$$r_e = \frac{\text{Résultat d'exploitation net d'IS}}{\text{Capitaux propres + Dettes financières (hors résultat de l'exercice)}}$$

Le résultat de l'exercice est souvent retiré des capitaux propres afin d'obtenir le montant investi au début de l'exercice comptable.

Ce taux de rentabilité est également appelé ROCE (*return on capital employed*).

Exemple

- Fin N, on a :
  - Produits d'exploitation = 30 000 €
  - Charges d'exploitation = 22 000 €
  - Charges d'intérêts = 2 000 €
  - Capitaux propres = 45 000 € (dont Résultat de l'exercice : 5 100 €)
  - Dettes financières = 30 000 €

  L'IS s'applique au taux réduit de 15 %.
  Résultat d'exploitation après IS = (30 000 – 22 000) × (1 – 15 %) = 8 000 × 85 % = 6 800 €
  Capitaux investis = 45 000 – 5 100 + 30 000 = 69 900 €
  r_e = 6 800 / 69 900 = **9,73 %**
  L'entreprise peut rémunérer ses investisseurs (actionnaires et prêteurs) à hauteur de 9,73 %.

2. Comment augmenter la rentabilité économique ?

La rentabilité économique est indépendante de la structure financière (part respective des capitaux propres et des dettes financières). Il s'agit d'un indicateur de performance.

Une entreprise peut améliorer sa rentabilité économique de deux manières :
- en augmentant son résultat d'exploitation (profitabilité) tout en maîtrisant ses investissements (immobilisations) et en surveillant son BFR (stocks et crédit client notamment) ;
- ou en diminuant les capitaux investis avec un résultat d'exploitation inchangé : diminution des immobilisations et/ou diminution du BFR.

B) Rentabilité financière (r_f)

1. Calcul

La **rentabilité financière** mesure la rentabilité des capitaux propres. Elle intéresse exclusivement les actionnaires, qui peuvent porter un jugement sur leur investissement dans le capital d'une entreprise. Elle reflète la capacité de l'entreprise à rémunérer ses actionnaires : plus elle est élevée, plus les dividendes distribués pourront être confortables.

Attention, le résultat de l'exercice est toujours net d'IS donc la rentabilité financière calculée est automatiquement nette d'IS.

La rentabilité des capitaux propres se calcule de la façon suivante :

$$r_f = \frac{\text{Résultat de l'exercice}}{\text{Capitaux propres (hors résultat de l'exercice)}}$$

Ce taux est également appelé ROE (*return on equity*).

Exemple (suite)

- D'après les données précédentes, on a : Capitaux propres = 45 000 € (dont Résultat de l'exercice = 5 100 €).
  r_f = 5 100 / (45 000 – 5 100) **= 12,78 %**
  L'entreprise peut rémunérer ses actionnaires à hauteur de 12,78 %.

2. Comment augmenter la rentabilité financière ?

Une entreprise peut améliorer sa rentabilité financière :
- en augmentant sa rentabilité économique ;
- en diminuant le coût des dettes financières (r_f tient compte des charges d'intérêts) ;
- en augmentant le niveau de son endettement dans le cas où l'endettement a un effet positif sur la rentabilité des capitaux propres.

➜ APPLICATION 2 • MINI-CAS 3 • CAS PRATIQUE 6 • CAS PRATIQUE 7

2 Effet de levier financier

Définition

On appelle **effet de levier financier** le supplément (ou la dégradation) de la rentabilité financière imputable à l'endettement.

Lorsque l'entreprise souscrit un emprunt et que l'argent emprunté rapporte plus qu'il ne coûte, les actionnaires s'enrichissent en tant que créanciers résiduels. L'effet inverse peut également se produire : quand l'argent emprunté rapporte moins qu'il ne coûte, les actionnaires s'appauvrissent car la rémunération des prêteurs est obligatoire.

L'endettement peut donc avoir un effet positif ou négatif sur la rentabilité des capitaux propres. La rentabilité financière est donc dépendante de la structure financière de l'entreprise.

A) Calcul de l'effet de levier financier

Notations :
- K : capitaux propres (hors résultat de l'exercice)
- D : dettes financières
- i : taux de la dette après IS
- r_e : rentabilité économique après IS
- r_f : rentabilité financière

- $r_e = \dfrac{\text{Résultat économique net d'IS}}{K + D}$ donc Résultat économique net d'IS $= r_e \times (K + D)$
- Pour obtenir le résultat de l'exercice, il faut retirer les charges d'intérêts nettes d'IS d'où Résultat de l'exercice $= r_e \times (K + D) - D \times i = r_e K + r_e D - Di = r_e K + D\,(r_e - i)$

Or $r_f = \dfrac{\text{Résultat de l'exercice}}{K}$, d'où $r_f = \dfrac{r_e K + D(r_e - i)}{K}$

Finalement, on aboutit à la relation suivante :

$$r_f = r_e + \frac{D}{K}(r_e - i)$$

$$\text{où effet de levier financier} = r_f - r_e = \frac{D}{K}(r_e - i)$$

La rentabilité financière est donc liée à la rentabilité économique par une relation faisant intervenir le poids de la dette (D/K) et le coût de la dette (i).

L'effet de levier financier est la différence entre la rentabilité financière et la rentabilité économique.

Attention, la rentabilité financière étant calculée après IS, il faut utiliser une rentabilité économique nette d'IS ainsi qu'un taux d'intérêt net d'IS (les charges d'intérêts étant déductibles fiscalement).

Exemple (suite)

- Reprenons les données des exemples précédents :
  - Capitaux propres = 45 000 € (dont Résultat de l'exercice : 5 100 €)
  - Dettes financières = 30 000 €
  - Charges d'intérêts = 2 000 €
  - r_e = 9,73 % après IS

  Taux de la dette avant IS = 2 000 / 30 000 = 6,67 %

  Taux de la dette après IS = i = 6,67 % × (1 – 15 %) = 6,67 % × 0,85 = 5,67 %

  En appliquant la formule de l'effet de levier financier, on a :

$$r_f = 9{,}73\ \% + \frac{30\ 000}{45\ 000 - 5\ 100} \times (9{,}73\ \% - 5{,}67\ \%)$$

  r_f = 9,73 % + 3,05 % = **12,78 %**, ce qui correspond à la rentabilité financière trouvée précédemment en utilisant le calcul direct.

  L'effet de levier financier est positif car le coût de la dette (5,67 % après IS) est inférieur à la rentabilité économique (9,73 % après IS). L'endettement permet d'augmenter la rentabilité des capitaux propres.

B) Analyse de la formule de l'effet de levier financier

$$\text{Effet de levier financier} = \frac{D}{K}(r_e - i)$$

Cette formule nous montre que l'effet de levier financier dépend du poids de l'endettement (D/K) et de l'écart entre la rentabilité économique et le coût de la dette ($r_e - i$) (tab. 4.2).

Tableau 4.2. Endettement et effet de levier financier

Situation	Impact sur la rentabilité financière	Effet de levier financier
$D = 0$	$r_f = r_e$	Absence d'effet de levier si l'entreprise n'est pas endettée
$D > 0$ et $r_e > i$	$r_f = r_e$ + un complément	Effet de levier positif : les actionnaires s'enrichissent grâce à l'endettement (l'argent emprunté rapporte r_e et ne coûte que i)
$D > 0$ et $r_e < i$	$r_f = r_e$ – un complément	Effet de levier négatif (ou « effet de massue ») : les actionnaires s'appauvrissent à cause de l'endettement (l'argent emprunté rapporte r_e qui ne suffit pas à couvrir i).

La rentabilité des capitaux propres peut donc augmenter grâce à l'endettement. Cependant, ce supplément de rentabilité s'accompagne d'un accroissement du risque financier.

→ MINI-CAS 4 • CAS PRATIQUE 7 • CAS PRATIQUE 8

3 Risque d'exploitation et risque financier

A) Risque d'exploitation (ou risque économique)

Toutes choses égales par ailleurs, une baisse du CAHT entraîne celle de la rentabilité économique. L'importance de cette baisse n'est pas la même pour toutes les entreprises : certaines connaîtront une baisse de la rentabilité économique plus marquée que d'autres pour une même variation du CAHT. Le risque d'exploitation est très dépendant de la structure des charges d'exploitation.

Définition

Le **risque d'exploitation** (ou risque économique) est le risque de variation de la rentabilité économique suite à une variation du chiffre d'affaires.

Sur un plan mathématique, le risque d'exploitation correspond à l'écart-type du taux de rentabilité économique notée $\sigma(r_e)$.

Il existe deux indicateurs du risque d'exploitation (ou économique) :
- le seuil de rentabilité d'exploitation ;
- le levier d'exploitation (ou levier opérationnel) ;

1. Seuil de rentabilité d'exploitation (SR_e)

Définition

Le **seuil de rentabilité d'exploitation** (SR_e) correspond au chiffre d'affaires HT pour lequel le résultat d'exploitation de l'entreprise est nul.

Le seuil de rentabilité est également appelé « point mort » ou « seuil de profitabilité ».

Pour le calculer, il convient de décomposer les charges d'exploitation en retenant la classification charges variables / charges fixes :
- les charges variables (CV) évoluent proportionnellement au niveau de l'activité ;
- les charges fixes (CF) évoluent par palier. Si le chiffre d'affaires progresse, elles demeurent fixes pendant un certain laps de temps puis augmentent par étape.

Le compte de résultat peut alors se présenter de façon différentielle :

	CAHT
–	Charges variables d'exploitation (CV_e)
	Marge sur coûts variables (MCV)
–	Charges fixes d'exploitation (CF_e)
	Résultat d'exploitation

On a donc :

$$\text{Résultat d'exploitation} = \text{CAHT} - CV_e - CF_e$$
$$= \text{MCV} - CF_e$$

Si Résultat d'exploitation = 0, alors $\text{MCV} - CF_e = 0$ d'où $\text{MCV} = CF_e$

Le seuil de rentabilité d'exploitation correspond au chiffre d'affaires pour lequel la marge sur coûts variables (MCV) est égale aux charges fixes d'exploitation (CF_e) (fig. 4.1).

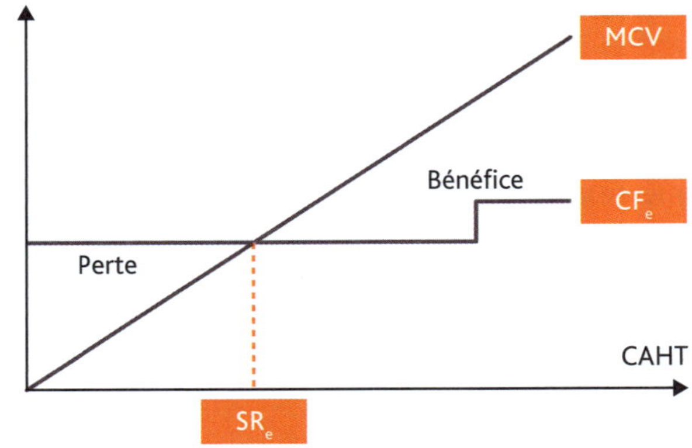

Figure 4.1. Représentation graphique du seuil de rentabilité d'exploitation

On cherche le CAHT tel que $\text{MCV} - CF_e = 0$

On sait que $\text{MCV} = \text{CAHT} \times \frac{\text{CAHT} - \text{CV}}{\text{CAHT}}$ (avec $\frac{\text{CAHT} - \text{CV}}{\text{CAHT}}$ = taux de MCV)

$$\text{MCV} - CF_e = 0 \Leftrightarrow \text{CAHT} \times \text{taux de MCV} = CF_e$$
$$\Leftrightarrow \text{CAHT} = \frac{CF_e}{\text{taux de MCV}}$$

On retient donc cette dernière formule pour le calcul du seuil de rentabilité d'exploitation :

$$SR_e = \frac{CF_e}{\text{Taux de MCV}}$$
$$\text{avec Taux de MCV} = \frac{\text{MCV}}{\text{CAHT}} = \frac{\text{CAHT} - CV_e}{\text{CAHT}}$$

La formule du seuil de rentabilité d'exploitation nous montre que le risque d'exploitation est d'autant plus élevé que :
- les charges fixes sont importantes;
- le taux de marge sur coût variable est faible.

2. Levier d'exploitation (L_e)

Le levier d'exploitation (ou levier opérationnel) constitue un autre indicateur du risque d'exploitation.

Définition

Le **levier d'exploitation** mesure l'impact d'une variation du chiffre d'affaires HT sur le résultat économique (résultat d'exploitation le plus souvent).

Toute variation d'activité impacte la rentabilité économique *via* la variation du résultat économique. Il s'agit donc de mesurer l'élasticité du résultat économique par rapport au niveau d'activité. Le plus souvent, on calculera la sensibilité du résultat d'exploitation (RE) à une variation du chiffre d'affaires HT (CAHT) :

$$L_e = \frac{\text{\% de variation du RE}}{\text{\% de variation du CAHT}} = \frac{\dfrac{\Delta \text{RE}}{\text{RE}}}{\dfrac{\Delta \text{CAHT}}{\text{CAHT}}}$$

Le coefficient obtenu est un coefficient multiplicateur. Ainsi, si $L_e = 2$, cela signifie qu'en cas d'augmentation de 10 % du CAHT, le résultat d'exploitation augmentera de : 10 % × 2 = 20 % (et inversement en cas de diminution).

Le levier d'exploitation est indépendant du taux d'IS. Par conséquent, le résultat d'exploitation peut être retenu avant IS pour effectuer les calculs.

Le levier d'exploitation peut également être calculé à partir de la marge sur coûts variables (MCV).

On sait que $\text{RE} = \text{CAHT} \times \text{Taux de MCV} - \text{CF}_e$

$\Delta\text{RE} = \Delta\text{CAHT} \times \text{Taux de MCV} - 0$

On a donc : $L_e = \dfrac{\dfrac{\Delta \text{RE}}{\text{RE}}}{\dfrac{\Delta \text{CAHT}}{\text{CAHT}}} = \dfrac{\dfrac{\Delta \text{CAHT} \times \text{Taux de MCV}}{\text{RE}}}{\dfrac{\Delta \text{CAHT}}{\text{CAHT}}} = \dfrac{\text{Taux de MCV}}{\text{RE}} \times \text{CAHT}$

D'où :

$$L_e = \frac{\text{MCV}}{\text{RE}}$$

Le levier d'exploitation (L_e) peut enfin être calculé à partir du seuil de rentabilité d'exploitation (SR_e).

On sait que $L_e = \dfrac{\text{MCV}}{\text{RE}}$ donc $L_e = \dfrac{\text{Taux de MCV} \times \text{CAHT}}{\text{Taux de MCV} \times \text{CAHT} - \text{CF}_e} = \dfrac{\text{CAHT}}{\text{CAHT} - \dfrac{\text{CF}_e}{\text{Taux de MCV}}}$

D'où :

$$L_e = \frac{\text{CAHT}}{\text{CAHT} - SR_e} = \frac{\text{CAHT}}{\text{Marge de sécurité}}$$

Plus le levier d'exploitation est élevé plus le risque d'exploitation est important. Par conséquent :

- Pour un même chiffre d'affaires, le risque d'exploitation dépend de la structure des charges (part des charges fixes et des charges variables). Plus la part des charges fixes est importante et plus le seuil de rentabilité d'exploitation est élevé.
- Pour un même seuil de rentabilité d'exploitation, le risque d'exploitation sera d'autant plus élevé que le chiffre d'affaires est proche du seuil de rentabilité d'exploitation.

En conclusion, le résultat d'exploitation est d'autant plus sensible à une variation du niveau d'activité que :

- la proportion des charges fixes est élevée ;
- la marge de sécurité de l'entreprise est faible.

B) Risque financier

Définition

Le **risque financier** est le risque de variation de la rentabilité financière suite à une variation du chiffre d'affaires.

Sur un plan mathématique, le risque financier correspond à l'écart-type du taux de rentabilité financière notée $\sigma(r_f)$.

Le levier financier constitue un indicateur du risque financier. Il peut se calculer à partir du seuil de rentabilité global.

1. Risque financier et endettement

La relation de l'effet de levier financier $r_f = r_e + \frac{D}{K}(r_e - i)$ permet d'évaluer le niveau du risque financier (tab. 4.3).

Tableau 4.3. Endettement et risque financier

Entreprise non endettée ($D = 0$)	Risque financier = risque économique (ou risque d'exploitation)	$\sigma(r_f) = \sigma(r_e)$
Entreprise endettée ($D \neq 0$)	Risque financier = risque économique + risque lié à la structure financière (D/K)	$\sigma(r_f) = \sigma(r_e) \times (1 + D/K)$

Le risque financier supporté par les actionnaires est d'autant plus élevé que le poids de l'endettement est important. Le risque financier dépend donc du « bras de levier » D/K.

Exemple

Si les dettes financières sont égales aux capitaux propres ($D/K = 1$), la rentabilité financière sera deux fois plus volatile que la rentabilité économique ($\sigma(r_f) = \sigma(r_e) \times 2$).

À risque d'exploitation égal, la rentabilité financière est donc d'autant plus fluctuante que l'entreprise est endettée.

L'effet de levier financier positif se traduit par un supplément de rentabilité pour les actionnaires mais également par un risque financier supérieur. La notion de rentabilité ne peut être considérée indépendamment de la notion de risque.

2. Levier financier (L_f)

Le risque financier subi par les actionnaires peut être mesuré par l'élasticité du résultat de l'exercice (ou du résultat courant) par rapport au chiffre d'affaires HT :

$$L_f = \frac{\text{\% de variation du résultat}}{\text{\% de variation du CAHT}} = \frac{\dfrac{\Delta\text{résultat}}{\text{Résultat}}}{\dfrac{\Delta\text{CAHT}}{\text{CAHT}}}$$

ou

$$L_f = \frac{\text{MCV}}{\text{Résultat}}$$

À partir du seuil de rentabilité global, on a :

$$L_f = \frac{\text{CAHT}}{\text{CAHT} - \text{SR}} = \frac{\text{CAHT}}{\text{Marge de sécurité}}$$

$$\text{avec SR} = \frac{\text{CF}}{\text{Taux de MCV}}$$

Les charges fixes comprennent les charges fixes d'exploitation ainsi que les charges financières diminuées des produits financiers.

→ MINI-CAS 5 • CAS PRATIQUE 8

1 Quiz

Vérifiez l'exactitude des propositions ci-après et justifiez-les.

	Vrai	Faux
1. La rentabilité économique mesure la performance économique d'une entreprise après prise en compte du coût de la dette.	☐	☐
2. La rentabilité financière correspond à la rentabilité des capitaux propres.	☐	☐
3. L'effet de levier financier est négatif lorsque la rentabilité économique est supérieure au taux des dettes financières après impôt sur les sociétés (IS).	☐	☐
4. Dans une entreprise non endettée, la rentabilité financière est toujours égale à la rentabilité économique.	☐	☐
5. L'effet de levier financier est d'autant plus fort que l'entreprise est endettée.	☐	☐
6. Lorsque le ratio Dettes financières/Capitaux propres (D/K) d'une entreprise est inférieur à 1 et que l'effet de levier financier est positif, l'entreprise a intérêt à s'endetter.	☐	☐

2 Choix entre deux entreprises ★★★

Soient deux entreprises identiques dont les capitaux investis sont de 4 000 k€. L'une est endettée pour un montant de 2 000 k€ au taux de 4,5 % ; l'autre est entièrement financée par des capitaux propres. Taux de l'IS = 28 %.

Entreprise endettée		Entreprise non endettée	
Chiffre d'affaires	1 000	Chiffre d'affaires	1 000
– Charges d'exploitation	– 670	– Charges d'exploitation	– 670
Résultat d'exploitation		Résultat d'exploitation	
– Charges financières		– Charges financières	
Résultat avant IS		Résultat avant IS	
Résultat net d'IS		Résultat net d'IS	

1. *Calculez la rentabilité économique et la rentabilité financière pour chacune des deux entreprises.*
2. *Quelle est l'entreprise la plus intéressante pour de futurs associés ?*

3 Mini-cas : Taux de rentabilité ★★★

Compétence attendue — **Calculer** et **distinguer** la rentabilité économique de la rentabilité financière

On donne le compte de résultat simplifié de l'entreprise Rent :

Charges		Produits	
Charges d'exploitation :		Chiffre d'affaires	1 000
variables	285		
fixes	310		
Charges d'intérêt	90		
IS	88,2		
Résultat net	226,8		
Total	**1 000**	**Total**	**1 000**

- Capitaux propres : 2 000.
- Dettes financières : 1 500.
- Coût moyen des dettes financières avant impôt : 6 %.
- Taux d'IS : 28 %.

Vous retiendrez les capitaux propres hors résultat de l'exercice pour effectuer vos calculs.

1. *Calculez le taux de rentabilité économique (avant et après IS).*
2. *Calculez le taux de rentabilité financière.*

4 Mini-cas : Effet de levier ★★★

Compétence attendue — **Mettre en évidence** l'effet de levier

À partir des données du mini-cas 3 :

1. *Retrouvez la rentabilité financière à partir de la formule de l'effet de levier.*
2. *Calculez l'effet de levier financier et interprétez le résultat.*

5 Mini-cas : Seuils de rentabilité et levier d'exploitation ★★★

Compétence attendue **Différencier** charges variables et charges fixes : **calculer** le levier opérationnel (ou d'exploitation)

À partir des données du mini-cas 3 :

1. *Calculez le seuil de rentabilité global et le seuil de rentabilité d'exploitation.*
2. *Déterminez le levier d'exploitation de trois façons différentes. Commentez les résultats obtenus.*

Évaluer les savoirs — Maîtriser les compétences — **Préparer l'épreuve**

6 Cas pratique : Société Rentaz ★★★

25 min

Compétences attendues
- **Calculer** et **distinguer** la rentabilité économique de la rentabilité financière
- **Mettre en évidence** l'effet de levier

Fin N, le responsable de la société anonyme Rentaz vous demande de procéder à l'analyse de la rentabilité de son entreprise à partir des informations suivantes :

	Sommes en euros
Capitaux propres (total I du bilan)	524 000
Résultat de l'exercice	167 000
Dettes financières	283 000
Charges d'intérêt	21 000

Précisions :

- Les capitaux investis sont appréhendés à partir du total : Capitaux propres + Dettes financières.
- Les capitaux propres à retenir sont les capitaux propres hors résultat, pour le calcul des deux taux de rentabilité demandés.
- Taux d'IS : 28 %.

Missions

1. *Définissez les notions de rentabilité économique et de rentabilité financière.*
2. *Calculez la rentabilité économique après impôt et la rentabilité financière.*
3. *Expliquez l'écart entre les deux rentabilités, d'abord de manière rédactionnelle puis à l'aide d'un calcul précis.*

7 Cas pratique : Société Sawa ★★★

25 min

Compétences attendues

- **Calculer** et **distinguer** la rentabilité économique de la rentabilité financière
- **Mettre en évidence** l'effet de levier

Vous disposez des informations suivantes sur la société Sawa :

- Taux de rentabilité économique (après IS) : 10 %.
- Capitaux propres hors résultat de l'exercice : 10 000 k€.
- Dettes financières : 8 000 k€.
- Taux d'intérêt : 6 % (avant IS).
- Taux d'IS : 28 %.

Missions

1. *Calculez le résultat économique net d'IS, le résultat économique avant IS et le résultat net d'IS (ce dernier de deux façons différentes).*
2. *Calculez le taux de rentabilité financière. Précisez ce qu'il serait dans l'hypothèse où* D = *0.*
3. *Précisez si l'effet de levier est positif ; calculez le levier et retrouvez le taux de rentabilité financière.*
4. *La société bénéficie d'une bonne réputation et d'une solide situation financière. Elle peut obtenir un endettement complémentaire portant le levier à 1,5. Calculez le montant de cet endettement complémentaire et l'effet de levier pour ce niveau. Déduisez-en le taux de rentabilité financière correspondant.*

8 Cas pratique : Société Level ★★★

40 min

Compétences attendues

- **Différencier** charges variables et charges fixes : **calculer** le levier opérationnel (ou d'exploitation)
- **Caractériser** la problématique rentabilité/risque liée à l'endettement

On vous communique le compte de résultat de la société Level :

Charges		Produits	
Achats de marchandises	358 000	Ventes de marchandises	1 420 000
Variation des stocks de marchandises	3 000	Produits financiers	1 500
Autres achats et charges externes	232 000	PCEA	2 500
Impôts, taxes…	27 500		
Charges de personnel	422 600		
Dotations d'exploitation	85 900		
Charges d'intérêts	9 500		
VCEAC	4 000		
Impôts sur les bénéfices	72 200		
Résultat de l'exercice	209 300		
Total	**1 424 000**	**Total**	**1 424 000**

Le coût d'achat des marchandises vendues, 80 % des autres achats et charges externes et 80 % des charges de personnel sont des charges variables.

Missions

1. *Calculez le levier d'exploitation de l'entreprise en considérant les hypothèses suivantes :*
   - Augmentation de 20 % du CAHT ;
   - Diminution de 10 % du CAHT.
2. *Retrouvez le levier à partir du seuil de rentabilité.*
3. *Calculez le levier d'exploitation dans l'hypothèse où le coût d'achat des marchandises vendues est la seule charge variable, les autres charges étant fixes. Commentez le résultat obtenu.*
4. *Calculez le levier d'exploitation en N+1, sachant que le chiffre d'affaires a baissé de 15 % et que la structure des charges est inchangée par rapport à la troisième question. Vous présenterez, à cette fin, le compte de résultat différentiel de N+1. Commentez le résultat obtenu.*
5. *Déterminez si le risque supporté par les actionnaires se limite au risque d'exploitation.*

SYNTHÈSE

L'analyse de la rentabilité

	Rentabilité économique	Rentabilité financière
Définition	Mesure la rentabilité globale de l'entreprise (rémunération maximale des prêteurs et actionnaires)	Mesure la rentabilité des capitaux propres (rémunération maximale des actionnaires)
Calcul	$r_e = \dfrac{\text{Résultat économique net d'IS}}{\text{Capitaux propres + Dettes financières (hors résultat de l'exercice)}}$	$r_f = \dfrac{\text{Résultat (rés.) de l'exercice}}{\text{Capitaux propres (hors résultat de l'exercice)}}$

Effet de levier financier

Définition

Mesure le complément ou la dégradation de la rentabilité financière imputable à l'endettement

Calcul

$$r_f = r_e + \frac{D}{K}(r_e - i)$$

Utilité

L'endettement, réalisé dans des conditions favorables ($r_e > i$), permet d'augmenter la rentabilité des capitaux propres mais accroît simultanément le risque financier (rentabilité financière plus volatile). La rentabilité ne peut être dissociée du risque.

	Risque d'exploitation	Risque financier
Définition	Dispersion de la rentabilité économique	Dispersion de la rentabilité financière
Calcul	Par le **levier d'exploitation** : $L_e = \dfrac{\frac{\Delta RE}{RE}}{\frac{\Delta CAHT}{CAHT}} = \dfrac{MCV}{RE} = \dfrac{CAHT}{CAHT - SR_e}$	Par le **levier financier** : $L_f = \dfrac{\frac{\Delta_{rés.}}{rés.}}{\frac{\Delta CAHT}{CAHT}} = \dfrac{MCV}{rés.} = \dfrac{CAHT}{CAHT - SR}$
Paramètres d'influence	• Augmente sous le poids des charges fixes • Augmente quand la marge de sécurité de l'entreprise est faible	Augmente par le recours à l'endettement

CHAPITRE 5

Le tableau de financement

PROGRAMME

Compétences attendues

- **Construire** le tableau de financement du Plan comptable général
- **Justifier** les retraitements des tableaux de flux
- **Conduire** un diagnostic à partir des tableaux de flux

Savoirs associés

- Le tableau de financement (tableau de flux de fonds)
- Les retraitements pour l'élaboration des tableaux de flux (de fonds)

PRÉREQUIS

Bilan fonctionnel (chapitre 2)

PLAN DU CHAPITRE

COURS : 1. Principes généraux • 2. Première partie du tableau de financement • 3. Deuxième partie du tableau de financement

DES SAVOIRS AUX COMPÉTENCES : Évaluer les savoirs • Maîtriser les compétences • Préparer l'épreuve

SYNTHÈSE

L'établissement du tableau de financement permet de compléter l'analyse statique fondée sur le bilan fonctionnel. Cette analyse dynamique est axée sur l'évolution de l'équilibre financier et met en avant la variation du FRNG, du BFR et de la trésorerie nette. Le tableau de financement permet de comprendre pourquoi l'équilibre financier s'est amélioré ou dégradé.

MOTS-CLÉS

BFR • Emplois • Équilibre financier • FRNG • Ressources • Tableau de financement • Trésorerie nette

1 Principes généraux

A) Présentation du tableau de financement du PCG

Définition

Le **tableau de financement** est un tableau expliquant les variations du patrimoine comptable de l'entreprise au cours d'un exercice.

Son établissement est obligatoire dans les sociétés commerciales qui comptent plus de 300 salariés ou dont le montant net du chiffre d'affaires dépasse 18 000 000 € (article R. 232-2 du Code de commerce). Il vient compléter les comptes annuels et permet de comprendre l'évolution de l'entreprise au cours de l'exercice écoulé (investissements réalisés, montant des dividendes distribués, emprunts contractés ou remboursés...).

Le tableau de financement défini par le PCG se base sur l'analyse fonctionnelle du bilan (↪ **chapitre 2**) mais s'inscrit dans une démarche dynamique et non statique. Le tableau de financement fait donc apparaître l'évolution du fonds de roulement net global, l'évolution du besoin en fonds de roulement et l'évolution de la **trésorerie nette**.

FOCUS **Différences entre le bilan fonctionnel et le tableau de financement**

Le bilan fonctionnel et le tableau de financement présentent des caractéristiques différentes.

Bilan fonctionnel	Tableau de financement
Vision statique (à un instant donné)	Vision dynamique (au cours d'une période = exercice comptable le plus souvent)
Calcul du FRNG, BFR et T	Calcul de Δ FRNG, Δ BFR, Δ T
Analyse de l'équilibre financier à un instant *t*	Analyse de l'évolution de l'équilibre financier au cours d'un exercice comptable

B) Construction du tableau de financement

1. Principe de construction

Le tableau de financement est établi en comparant deux bilans avant répartition du résultat (fig. 5.1).

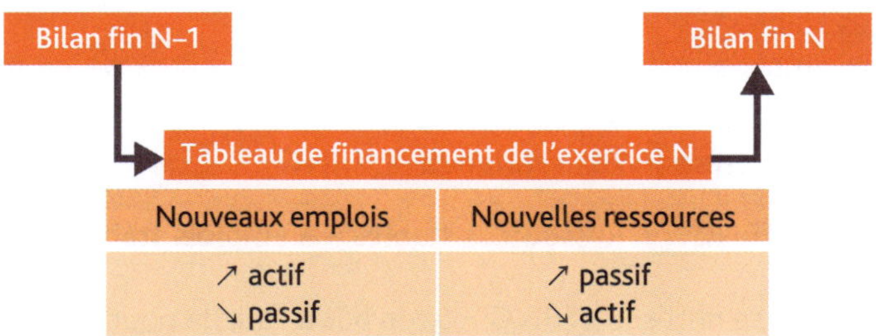

Figure 5.1. **Principe de construction du tableau de financement**

Il s'agit de dégager les nouvelles **ressources** (financements) et les nouveaux emplois (éléments à financer) de l'entreprise au cours de l'exercice écoulé. De ce fait, il est également appelé « tableau des emplois et des ressources ».

Les nouvelles ressources proviennent :
- des augmentations de passif (augmentation de capital, nouvel emprunt...) ;
- mais aussi des diminutions d'actif (cessions d'immobilisations, baisse des stocks...).

Les nouveaux emplois proviennent :
- des augmentations d'actif (acquisition d'immobilisations, augmentation des créances clients...) ;
- mais aussi des diminutions de passif (remboursement d'emprunt, diminution des dettes fournisseurs...).

2. Structure du tableau de financement

Le tableau de financement se présente en deux parties :
- la 1re partie, axée sur un horizon de long terme, est consacrée aux nouveaux **emplois** stables et aux nouvelles ressources durables. Elle permet de calculer l'évolution du **FRNG** :

$$\Delta \text{ FRNG} = \Delta \text{ Ressources stables} - \Delta \text{ Emplois stables}$$

- la 2e partie, axée sur un horizon de court terme (CT), met en avant l'évolution du **BFR** (décomposé en BFRE et BFRHE) et l'évolution de la trésorerie nette :

$$\Delta \text{ BFRE} = \Delta \text{ Stocks} + \Delta \text{ Créances d'exploitation à CT} - \Delta \text{ Dettes d'exploitation à CT}$$
$$\Delta \text{ BFRHE} = \Delta \text{ Créances hors exploitation à CT} - \Delta \text{ Dettes hors exploitation à CT}$$
$$\Delta \text{ T} = \Delta \text{ Trésorerie active} - \Delta \text{ Trésorerie passive}$$

→ MINI-CAS 3

2 Première partie du tableau de financement

A) Présentation

La première partie du tableau de financement permet de calculer la variation du fonds de roulement net global (tab. 5.1).

La première partie du tableau de financement fait apparaître :
- les nouvelles ressources stables dont a disposé l'entreprise au cours de l'exercice (Δ Ressources stables) ;
- les nouveaux emplois stables qui ont été financés au cours de ce même exercice (Δ Emplois stables).

On peut retrouver la variation du FRNG obtenue en solde de la première partie du tableau à partir de la relation suivante : Δ FRNG = FRNG (N) – FRNG (N–1).

Le solde du tableau correspond à la variation du FRNG :

$$\Delta \text{ FRNG} = \Delta \text{ Ressources stables} - \Delta \text{ Emplois stables}$$

Il s'agit d'une ressource nette si Δ FRNG > 0 (en bas à gauche pour équilibrer le tableau) ou d'un emploi net si Δ FRNG < 0 (en bas à droite).

Tableau 5.1. Première partie du tableau de financement

Emplois	Exercice N	Ressources	Exercice N
Distribution mises en paiement au cours de l'exercice Acquisition d'éléments de l'actif immobilisé Immobilisations incorporelles Immobilisations corporelles Immobilisations financières Charges à répartir sur plusieurs exercices Réduction des capitaux propres Remboursements de dettes financières		Capacité d'autofinancement de l'exercice Cessions ou réductions d'éléments de l'actif immobilisé Cessions d'immobilisations – incorporelles – corporelles Cessions ou réduction d'immobilisations financières Augmentation des capitaux propres Augmentation de capital ou apports Augmentation des autres capitaux propres Augmentation des dettes financières	
Total des emplois		**Total des ressources**	
Variation du FRNG (ressource nette)		Variation du FRNG (emploi net)	

B) Précisions concernant les nouvelles ressources

1. Capacité d'autofinancement

On détermine la capacité d'autofinancement (CAF) à partir du compte de résultat (chapitre 1) :

CAF = Résultat de l'exercice + DADP + VCEAC – RADP – PCEA – QP de SI virée au résultat

2. Cessions ou réductions d'éléments de l'actif immobilisé

Il s'agit :
- des produits de cession pour les immobilisations incorporelles, corporelles et les titres (prix de cession enregistré dans le compte 775) ;
- des remboursements pour les autres immobilisations financières (prêts, dépôts et cautionnements). Cette information se trouve dans le tableau des immobilisations.

Exemple

	Valeur brute au début de l'exercice	Augmentation	Diminution	Valeur brute à la fin de l'exercice
Immobilisations financières				
• Prêts	100	40	30	110
• Autres	50	–	20	30

Réductions des immobilisations financières : 30 + 20 = 50.

3. Augmentation des capitaux propres

NOTRE CONSEIL

Les augmentations de capital par incorporation de réserves n'apportent pas de nouvelles ressources à l'entreprise (il s'agit d'un transfert de poste à poste).

Lors d'une augmentation de capital ou d'apports, seules les augmentations en numéraire (primes d'émission comprises) et en nature apportent de nouvelles ressources à l'entreprise. Le montant à faire figurer est le montant du capital appelé, augmenté de la prime d'émission. Celle-ci apparaît lorsque la valeur des actions est supérieure à leur valeur nominale. La prime d'émission est versée en totalité lors de la souscription à une augmentation de capital dans les sociétés par actions (SA et SAS notamment). Le versement de la prime d'émission peut être étalé dans une SARL.

Si une augmentation de capital apportant des ressources nouvelles a eu lieu au cours de l'exercice N, le montant devant figurer dans le tableau de financement en Augmentation de capital s'obtient de la façon suivante :

Augmentation du poste Capital
\+ Augmentation du poste Prime d'émission
– Capital souscrit non appelé (à l'actif)
– Réserves incorporées au compte Capital (s'il y a eu simultanément augmentation de capital par incorporation de réserves)

L'augmentation des autres capitaux propres concerne les nouvelles subventions d'investissement obtenues par l'entreprise au cours de l'exercice. Elles sont virées progressivement au résultat de l'exercice.

4. Augmentation des dettes financières

Dettes financières = ∑ Emprunts (obligataires, bancaires et divers). Sont exclus : intérêts courus sur emprunts, CBC et soldes crédits de banque. Les CBC sont rattachés au passif de trésorerie et les intérêts courus sont reclassés en dettes à court terme HE.

Doivent figurer dans ce poste les nouveaux emprunts contractés au cours de l'exercice (à l'exception des éléments relevant du court terme).

Quand il s'agit d'un emprunt obligataire, il faut indiquer la somme versée par les obligataires (prix d'émission × nombre d'obligations émises).

Si l'emprunt obligataire comporte une prime de remboursement, il faut indiquer en nouvelles ressources le montant de la dette diminué de la prime de remboursement des obligations. Les primes de remboursement (compte 169) sont amorties directement. Le bilan ne donne donc que la valeur nette.

S'il y a eu simultanément augmentation d'emprunts et remboursements d'emprunts au cours de l'exercice, il faut dissocier les deux informations et un calcul peut être nécessaire pour connaître l'un des deux montants :

$$DF_N = DF_{N-1} + A - D$$

Avec :
- DF_N : dettes financières fin N ; DF_{N-1} : dettes financières fin N–1
- A : augmentation des dettes financières (nouvelles ressources)
- D : diminution des dettes financières (remboursement d'emprunts = nouveaux emplois)

C) Précisions concernant les nouveaux emplois

1. Distributions mises en paiement au cours de l'exercice

Il s'agit des dividendes distribués au cours de l'exercice, calculés à partir du bénéfice distribuable de l'exercice précédent :

> Dividendes distribués en N = Résultat N–1 – Augmentation des réserves et du report à nouveau (RAN) en N
> = Résultat N–1 + Réserves et RAN de N–1 – Réserves et RAN de N

Si une partie des réserves a été incorporée au capital au cours de l'exercice, il faut reconstituer le montant des réserves avant augmentation de capital pour déterminer les dividendes distribués.

Exemple

Passif	N	N–1
Capitaux propres		
Capital social	21 000	21 000
Réserves	12 000	9 000
Report à nouveau	–	–
Résultat de l'exercice	7 531	6 460

Dividendes versés en N = 6 460 + 9 000 – 12 000 = 3 460 €

2. Acquisitions d'éléments de l'actif immobilisé

On retient le prix d'acquisition des immobilisations acquises au cours de l'exercice, c'est-à-dire les valeurs brutes.

Si le tableau des immobilisations est communiqué, on trouve les informations dans la colonne Augmentations. S'il y a eu acquisitions et cessions d'immobilisations au cours du même exercice, il faut utiliser la relation :

$$I_N = I_{N-1} + A - D$$

Avec :
- I_N : immobilisations brutes fin N ; I_{N-1} : immobilisations brutes fin N–1
- A : acquisitions (en valeur brute)
- D : cessions d'immobilisations (en valeur brute ≠ prix de cession)

3. Charges à répartir sur plusieurs exercices (compte 4816. Frais d'émission d'emprunt à étaler)

Il s'agit du montant brut des charges transférées à ce compte au cours de l'exercice (compte 4816 au débit et compte 79 au crédit). Ces charges font l'objet d'un amortissement direct (compte 6812 au débit et compte 4816 au crédit).

Le bilan ne donne que la valeur nette des charges à répartir.

Exemple

Les charges à répartir sur plusieurs exercices transférées au cours de l'exercice N sont amorties linéairement sur 5 ans. L'amortissement pratiqué en N ne concerne que 3 mois. L'extrait de bilan se présente ainsi :

	N	N–1
Charges à répartir sur plusieurs exercices	380	–

Soit X le montant des charges à répartir transférées au cours de l'exercice.

On a $X - (X/5 \times 3/12) = 380$, d'où $X = 400$

4. Réduction de capitaux propres

Seules sont à prendre en considération les réductions de capitaux propres se traduisant par des sorties de fonds (emplois). Les réductions de capital décidées en vue de résorber des pertes ne figurent donc pas dans le tableau de financement.

5. Remboursements des dettes financières

Il s'agit des amortissements des emprunts (hors concours bancaires courants et intérêts courus) pratiqués au cours de l'exercice. Il faut donc indiquer le montant du capital remboursé. Si le montant n'est pas communiqué, on peut retrouver le montant des remboursements effectués au cours de l'exercice à l'aide de la relation :

$$D_N = D_{N-1} + A - D$$

Avec :

- D_N : dettes financières fin N ; D_{N-1} : dettes financières fin N–1
- A : augmentations
- D : remboursements

D) Approches globale et analytique

1. Approche globale

C'est le solde du tableau, c'est-à-dire ΔFRNG, qui fait la synthèse des informations. Si la variation du fonds de roulement net global est positive, elle traduit une amélioration de l'**équilibre financier** de l'entreprise et inversement.

Toutefois, il y a lieu de confronter ΔFRNG à ΔBFR. En effet, l'augmentation du fonds de roulement peut être inférieure à l'augmentation du besoin en fonds de roulement, situation qui se concrétise par une dégradation de la trésorerie susceptible, à terme, d'engendrer des difficultés.

2. Approche analytique

Le tableau fait apparaître l'importance relative de chacune des quatre sources de financement auxquelles l'entreprise a eu recours : CAF, cessions d'éléments d'actif, augmentation de capital, augmentation des dettes financières. Il est intéressant :

- de comparer l'augmentation des ressources propres (CAF + cessions + augmentation de capital) à l'augmentation des dettes financières. En principe, la seconde ne saurait être durablement supérieure à la première ;
- de mesurer l'importance de la CAF par rapport à l'ensemble des ressources. Plus la CAF est importante, plus grande est l'autonomie financière de l'entreprise ;
- d'analyser le contenu de la rubrique Cessions d'éléments de l'actif immobilisé. En particulier, si de fortes sommes figurent dans cette rubrique, il est probable que l'entreprise mette en œuvre une stratégie de recentrage (cessions d'usines, de filiales).

L'examen des emplois stables (notamment sur plusieurs exercices) permet d'apprécier :
- la politique de distribution de dividendes et corrélativement la politique d'autofinancement (autofinancement = CAF – dividendes distribués) ;
- la stratégie de croissance. Si l'augmentation des immobilisations corporelles l'emporte largement sur l'augmentation des immobilisations financières, l'entreprise met en œuvre une stratégie de croissance interne ; dans le cas contraire, il s'agit d'une stratégie de croissance externe. Un relatif équilibre entre immobilisations corporelles et immobilisations financières exprime une stratégie de croissance mixte ;
- la politique d'endettement/désendettement. Si les remboursements de dettes sont supérieurs aux augmentations, l'entreprise se désendette et inversement.

→ APPLICATION 2 • MINI-CAS 4 • CAS PRATIQUE 6 • CAS PRATIQUE 7 • CAS PRATIQUE 8

3 Deuxième partie du tableau de financement

A) Présentation

La deuxième partie du tableau de financement montre l'utilisation de la variation du fonds de roulement net global (tab. 5.2).
Elle fait apparaître :
- les nouvelles ressources dégagées sur un horizon de court terme (dégagements) ;
- les nouveaux besoins à financer sur un horizon de court terme (besoins).

NOTRE CONSEIL

Nous restons dans une logique fonctionnelle ; les besoins et dégagements sont calculés à partir des montants bruts.

La convention adoptée pour calculer les soldes (Dégagements – Besoins) n'est pas habituelle. Ce calcul montre de quelle façon la variation du FRNG a été utilisée :

$$\text{Solde A} = -\Delta\ \text{BFRE}$$
$$\text{Solde B} = -\Delta\ \text{BFRHE}$$
$$\text{Total A + B} = -\Delta\ \text{BFR}$$
$$\text{Solde C} = -\Delta\ \text{T}$$
$$\text{Total A + B + C} = -\Delta\ \text{BFR} - \Delta\ \text{T} = -\Delta\ \text{FRNG}$$

Interprétation :
- Si le solde A ou B est négatif, l'entreprise a utilisé une partie de Δ FRNG pour financer le cycle d'exploitation.
- Si le solde C est négatif, l'entreprise a utilisé une partie de Δ FRNG pour consolider la trésorerie nette.

Les deux parties du tableau de financement permettent de retrouver et d'analyser la variation du FRNG :
- 1re partie : Δ Ressources stables – Δ Emplois stables = Δ FRNG
- 2e partie : – Δ BFR – Δ T = – Δ FRNG

Attention, si la variation du FRNG correspond à une ressource nette dans la 1re partie du tableau de financement, la variation du FRNG est un emploi net dans la 2e partie car les signes sont inversés.

Tableau 5.2. **Deuxième partie du tableau de financement**

Variation du fonds de roulement net global	Besoins (1)	Dégagements (2)	Solde (2 – 1)
Variations « Exploitation » Variation des actifs d'exploitation Stock et en-cours Avances et acomptes versés Créances clients, comptes rattachés et autres créances d'exploitation Variation des dettes d'exploitation Avances et acomptes reçus Dettes fournisseurs, comptes rattachés et autres dettes d'exploitation	↗ actif ↘ passif	↗ passif ↘ actif	
Totaux			
A. Variation nette « Exploitation »			– Δ BFRE
Variations « Hors exploitation » Variation des autres débiteurs Variation des autres créditeurs			
Totaux			
B. Variation nette « Hors exploitation »			– Δ BFRHE
TOTAL A + B **Besoin de l'exercice en fonds de roulement (–)** ou **Dégagement net de fonds de roulement (+)**			– Δ BFR
Variations « Trésorerie » Variation des disponibilités Variation des concours bancaires courants et soldes créditeurs de banque			
Totaux			
C. Variation nette « Trésorerie »			– Δ T
Variation du fonds de roulement net global **(TOTAL A + B + C)** **Emploi net (–)** ou **Ressource nette (+)**			– Δ FRNG

B) Reclassements à prévoir

Les reclassements de postes suivent la logique du bilan fonctionnel (tab. 5.3).

Tableau 5.3. Reclassements à prévoir pour établir le tableau de financement

VMP	Les VMP font généralement partie des Variations hors exploitation (variation des autres débiteurs). Cependant, les VMP sont parfois assimilées à des disponibilités.
Intérêts courus	Les intérêts courus inclus dans les immobilisations financières ou dans les dettes financières (haut de bilan donc) sont à transférer en bas du bilan et font partie des variations des autres débiteurs (Δ créances HE) ou des autres créditeurs (Δ dettes HE).
Écarts de conversion	On élimine les écarts de conversion pour ramener les postes concernés à leur valeur d'origine.

C) Retraitements préconisés

Les analystes financiers sont amenés à effectuer des retraitements concernant les engagements hors bilan (↪ chapitre 2).

Redevances de crédit-bail (ou location-financement). On considère que l'entreprise est propriétaire de l'immobilisation prise en crédit-bail (CB) et que l'acquisition a été financée par un emprunt.

Retraitement des effets escomptés et non échus (EENE). Les EENE sont réintégrés dans les créances d'exploitation et ajoutés aux CBC (passif de trésorerie).

D) Interprétation

Lors de l'interprétation des soldes de la deuxième partie du tableau de financement, les signes sont inversés (si total A < 0, le BFRE a augmenté).

Dans le cas d'une augmentation excessive du BFRE, le tableau permet de repérer les composantes problématiques et facilite ainsi la mise en œuvre de décisions correctives.

➜ MINI-CAS 5 • CAS PRATIQUE 6 • CAS PRATIQUE 7 • CAS PRATIQUE 8

NOTRE CONSEIL

À l'épreuve, la fin du commentaire est l'occasion de proposer des pistes pour améliorer l'équilibre fonctionnel de l'entreprise.

1 Quiz

Vérifiez l'exactitude des propositions ci-après et justifiez-les.

	Vrai	Faux
1. Les augmentations du poste « Réserves » figurent dans la première partie du tableau de financement dans la colonne « Ressources ».	☐	☐
2. Une diminution du poste « Dettes fournisseurs » correspond à un dégagement de ressources.	☐	☐
3. Une diminution du poste « Valeurs mobilières de placement » correspond à un besoin à financer.	☐	☐
4. Une variation nette exploitation (solde A) égale à – 20 000 € signifie que le BFRE a augmenté de 20 000 €.	☐	☐

5. On vous communique les informations suivantes (en k€) :

	Brut fin N	Brut fin N–1
Constructions	15 000	10 000
Installations techniques, matériel et outillage	10 000	6 000
Immobilisations en cours	1 000	2 000
Avances et acomptes	–	500
L'entreprise a cédé un matériel pour 300 k€ au cours de l'exercice N. La valeur brute du matériel cédé s'élève à 1 100 k€.		

Le montant des acquisitions d'immobilisations corporelles s'élève à 7 800 k€ en N. ☐ Vrai ☐ Faux

6. Extrait d'un bilan fin N (en k€) :

Exercice	N	N–1
Emprunts et dettes auprès des établissements de crédit	450	320
– dont intérêts courus sur emprunts	32	24
– dont CBC et soldes créditeurs de banques	84	56
Dettes diverses	90	110
En N, les dettes financières ont augmenté de 300 k€.		

Le remboursement des dettes financières s'élève à 206 k€ en N. ☐ Vrai ☐ Faux

2 Calculs préparatoires ★★★

La société Starter vous transmet son dernier bilan dans le document ci-après ainsi que les informations complémentaires suivantes :

- Les produits exceptionnels sur opérations en capital s'élèvent à 30 k€ en N et se décomposent en 10 k€ de quote-part de subvention virée au résultat et 20 k€ de produits de cessions d'actions (autres titres).
- Les charges exceptionnelles sur opération en capital s'élèvent à 15 k€ et correspondent en totalité à la valeur comptable des actions cédées.
- Montant brut fin N–1 des « Autres titres » : 120 k€.

1. *Calculez le montant de l'augmentation des capitaux propres.*
2. *Calculez le montant des cessions ou des réductions d'immobilisations en N.*
3. *Calculez le montant des acquisitions d'immobilisations financières en N.*

Document

Bilans N et N–1 simplifiés (en k€)

ACTIF	N Brut	N A. et P.	N Net	N–1 net	PASSIF	N	N–1
Immobilisations incorporelles	100	70	30	40	Capital	350	300
					Réserves	110	100
Immobilisations corporelles	980	320	660	585	Résultat de l'exercice	60	40
					Subventions d'investissement	55	50
Immobilisations financières					**Total I**	**575**	**490**
Autres titres	140	20	120	120	Provisions pour risques et charges	60	50
Prêts	50	–	50	85	**Total II**	**60**	**50**
Total I	**1 270**	**410**	**860**	**830**	Emprunts et dettes auprès des banques	296	330
Stocks	60	15	45	30			
Créances d'exploitation	80	10	70	50	Emprunts et dettes financiers divers	16	10
					Dettes fournisseurs	44	45
Créances diverses	15	–	15	10	Dettes fiscales	15	25
VMP	20	5	15	25	Dettes diverses	14	10
Disponibilités	5	–	5	15			
Total II	**180**	**30**	**150**	**130**			
Écarts de conversion	10	–	10	–			
Total général	**1 460**	**440**	**1 020**	**960**	**Total général**	**1 020**	**960**

Évaluer les savoirs | Maîtriser les compétences | Préparer l'épreuve

3 Mini-cas : Léger ★★★

Compétence attendue **Construire** le tableau de financement

La SARL Léger est une PME nantaise spécialisée dans la vente d'articles de lingerie auprès d'une clientèle de particuliers. Elle a souscrit un emprunt de 105 000 € le 01/04/N–3 au taux de 5 %, remboursable par amortissements constants sur 7 ans.

La société vous communique dans les documents ci-après ses trois derniers bilans (clôture des comptes au 31/03).

1. *Présentez le tableau de financement simplifié de l'exercice N en faisant apparaître la variation du FRNG, du BFR et de la trésorerie nette. Commentez le résultat obtenu.*
2. *Même question en N+1.*

Document 1

Bilan au 31/03/N–1

ACTIF	Brut	A. et D.	Net	PASSIF	
Actif immobilisé				**Capitaux propres**	
Droit au bail	160 000	–	160 000	Capital	120 000
Mobilier	30 000	10 000	20 000	Réserves	34 500
				Résultat de l'exercice	12 325
Actif circulant				**Dettes**	
Stocks : marchandises	65 000	–	65 000	Emprunts	75 000
Créances : clients	4 500	–	4 500	Dettes fournisseurs	12 000
Disponibilités	6 500	–	6 500	Dettes fiscales et sociales	2 175
Total général	**266 000**	**10 000**	**256 000**	**Total général**	**256 000**

Document 2

Bilan au 31/03/N

ACTIF	Brut	A. et D.	Net	PASSIF	
Actif immobilisé				**Capitaux propres**	
Droit au bail	160 000	–	160 000	Capital	120 000
Mobilier	30 000	15 000	15 000	Réserves	46 825
				Résultat de l'exercice	28 030
Actif circulant				**Dettes**	
Stocks : marchandises	70 000	–	70 000	Emprunts	60 000
Créances : clients	5 920	–	5 920	Dettes fournisseurs	15 787
Disponibilités	28 932	–	28 932	Dettes fiscales et sociales	9 210
Total général	**294 852**	**15 000**	**279 852**	**Total général**	**279 852**

Document 3

Bilan au 31/03/N+1

ACTIF	Brut	A. et D.	Net	PASSIF	
Actif immobilisé				**Capitaux propres**	
Droit au bail	160 000	–	160 000	Capital	120 000
Mobilier	30 000	20 000	10 000	Réserves	58 700
Matériel de transport	15 000	3 000	12 000	Résultat de l'exercice	17 510
Actif circulant				**Dettes**	
Stocks : marchandises	70 000	–	70 000	Emprunts	45 000
Créances : clients	4 800	–	4 800	Dettes fournisseurs	13 000
Disponibilités	500	–	500	Dettes fiscales et sociales	3 090
Total général	**280 300**	**23 000**	**257 300**	**Total général**	**257 300**

4 Mini-cas : SARL BF, première partie ★★★

Compétence attendue **Construire** le tableau de financement du plan comptable général

La SARL BF, ayant pour objet social la vente de jouets et d'articles de puériculture au détail, vous communique divers documents. Elle a décidé de renouveler son mobilier au cours de l'exercice clôturé le 31/03/N.

D'après les documents fournis ci-après, établissez la première partie du tableau de financement du PCG.

Document 1

Bilan simplifié au 31/03/N

ACTIF	N			N–1	PASSIF	N	N–1
	Brut	A. et D.	Net	Net			
Actif immobilisé					**Capitaux propres**		
Immobilisations incorporelles	199 500	4 727	194 773	196 130	Capital social	125 000	125 000
Immobilisations corporelles	77 357	31 338	46 019	44 938	Réserves	23 664	3 819
Immobilisations financières	30 000	–	30 000	30 000	Résultat de l'exercice	34 408	32 345
Actif circulant					**Provisions**	–	–
Stock de marchandises	35 050		35 050	30 104	**Dettes**		
Avances et acomptes versés	–			–	Emprunts et dettes assimilées(1)	108 730	141 983
Créances clients	–			–			
Autres créances (d'exploitation)	587		587	660	Dettes fournisseurs	15 199	15 560
					Autres dettes (d'exploitation)	18 006	18 108
VMP	–			–			
Disponibilités	18 578		18 578	34 983			
Charges constatées d'avance	–			–	Produits constatés d'avance	–	–
Total	**361 072**	**36 065**	**325 007**	**336 815**	**Total**	**325 007**	**336 815**

(1) Dont intérêts courus sur emprunts : 3 700 (en N) ; 6 200 (en N–1).

Document 2

Compte de résultat simplifié de l'exercice clos le 31/03/N

Charges		Produits	
Charges d'exploitation		**Produits d'exploitation**	
Achats de marchandises	176 941	Ventes de marchandises	377 745
Variation des stocks de marchandises	54	Autres produits	2 048
Autres achats et charges externes	44 381		
Impôts, taxes et versements assimilés	1 652		
Charges de personnel	76 513		
Dotations aux amortissements, dépréciations et provisions	11 026		
Autres charges	24 998		
Charges financières		**Produits financiers**	–
Intérêts sur emprunt	3 700		
Charges exceptionnelles		**Produits exceptionnels**	–
Impôts sur les bénéfices	6 120		
Résultat (bénéfice)	34 408		
Total	**379 793**	**Total**	**379 793**

Document 3

Tableau des immobilisations

	Valeurs brutes début exercice	Augmentations	Diminutions	Valeurs brutes fin exercice
Immobilisations incorporelles	199 500	–	–	199 500
Immobilisations corporelles	66 607	12 550	1 800	77 357
Immobilisations financières	30 000	–	–	30 000

Document 4

Tableau des amortissements

	Amortissements début exercice	Dotations	Diminutions	Amortissements fin exercice
Immobilisations incorporelles	3 370	1 357	–	4 727
Immobilisations corporelles	21 669	9 669	–	31 338

5 Mini-cas : SARL BF, deuxième partie ★★★

Compétence attendue — **Construire** le tableau de financement du plan comptable général

D'après les documents du minis-cas 4, établissez la deuxième partie du tableau de financement du PCG. Commentez le résultat obtenu.

Évaluer les savoirs | Maîtriser les compétences | Préparer l'épreuve

6 Cas pratique : Partty ★★★

30 min

Compétence attendue — **Construire** le tableau de financement du plan comptable général

La société Partty souhaiterait que vous analysiez l'évolution de son équilibre financier en N. Elle vous a transmis les documents ci-après (en k€).

On vous donne, de plus, les informations suivantes, concernant l'exercice N :

- Il y a eu une augmentation de capital en numéraire.
- Le prix de cession des immobilisations corporelles cédées a été de 80 k€.

- Le remboursement de dettes financières s'est élevé à 200 k€.
- Il y a eu distribution de dividendes.

Missions

1. *Calculez la capacité d'autofinancement de l'entreprise fin N.*
2. *Établissez le tableau de financement du PCG.*

Document 1

Bilans fin N–1 et fin N

ACTIF	N Brut	N–1 Brut	PASSIF	N–1	N
Actif immobilisé			**Capitaux propres**		
Immobilisations incorporelles	260	200	Capital	1 000	1 500
Immobilisations corporelles	2 400	1 800	Prime d'émission	–	200
Immobilisations financières	800	700	Réserves	400	500
Amortissements et dépréciations	– 1 140	– 1 020	Résultat de l'exercice	150	180
Actif circulant	980	800	**Provisions**	240	350
Stocks			Provisions pour risques		
Créances d'exploitation	1 320	900			
Créances diverses	390	500	**Dettes**		
Disponibilités	10	30	Emprunts et dettes auprès		
Dépréciations	– 160	– 190	des établissements de crédit[1]	1 200	1 500
			Dettes d'exploitation	400	500
			Dettes diverses	330	130
Total	**4 860**	**3 720**	**Total**	**3 720**	**4 860**

[1] Dont CBC et SCB : 200 (en N–1) ; 100 (en N).

Document 2

Tableau des immobilisations

	Valeurs brutes début exercice	Augmentations	Diminutions	Valeurs brutes fin exercice
Immobilisations incorporelles	200	60	–	260
Immobilisations corporelles	1 800	800	200	2 400
Immobilisations financières	–	–	–	–
Titres de participation	500	–	–	500
Prêts	200	200	100	300

Document 3

Tableau des amortissements

	Amortissements début exercice	Dotations	Diminutions	Amortissements fin exercice
Immobilisations incorporelles	120	50	–	170
Immobilisations corporelles	900	200	130	970

Document 4

Tableau des dépréciations

	Dépréciations début exercice	Dotations	Reprises	Dépréciations fin exercice
Immobilisations financières	100	–	40	60
Actif circulant	90	20	10	100
Total	190	20	50	160

Document 5

Tableau des provisions

	Provisions début exercice	Dotations	Reprises	Provisions fin exercice
Provisions pour risques et charges	240	160	50	350

7 Cas pratique : BX ★★★

40 min

Compétences attendues

- **Construire** le tableau de financement du plan comptable général
- **Conduire** un diagnostic à partir des tableaux de flux

Vous disposez dans les documents suivants :

- du bilan N–1 après répartition et du bilan N avant répartition (documents 1 et 2) ;
- des tableaux des immobilisations, des amortissements, des dépréciations et des provisions (document 3) ;
- de renseignements complémentaires sur l'exercice N (document 4).

Missions

1. *Calculez la capacité d'autofinancement de l'exercice N.*
2. *Établissez le tableau de financement du PCG.*
3. *Commentez l'évolution de la structure financière de la société.*

Rendez-vous MÉTHODE

Commenter un tableau de financement : les pièges à éviter

Les résultats obtenus dans le tableau de financement :

- ne correspondent pas au montant final du FRNG, du BFR et de la trésorerie nette (montants obtenus à partir du bilan fonctionnel) ;
- mais correspondent à l'augmentation ou à la diminution du FRNG, BFR et trésorerie nette.

Le tableau de financement met en avant l'amélioration ou la dégradation de l'équilibre financier au cours d'un exercice. Cette analyse doit être complétée par le calcul de la trésorerie nette finale pour porter un jugement éclairé (ex. : la dégradation de l'équilibre financier est moins préoccupante si la trésorerie nette finale reste positive).

Document 1

Bilans Actifs N–1 et N (en euros)

ACTIF	Exercice N			Exercice N–1		
	Brut	A. et D.	Net	Brut	A. et D.	Net
Actif immobilisé						
Capital souscrit non appelé	1 250 000		1 250 000			
Immobilisations incorporelles						
Frais d'établissement	800 000	420 000	380 000	600 000	300 000	300 000
Frais de recherche						
Concessions, brevets, licences						
Fonds commercial						
Autres						
Avances et acomptes						
Immobilisations corporelles						
Terrains	3 500 000		3 500 000	3 500 000		3 500 000
Constructions	5 650 000	1 588 000	4 062 000	4 200 000	1 356 000	2 844 000

•••

...

ACTIF	Exercice N			Exercice N–1		
	Brut	A. et D.	Net	Brut	A. et D.	Net
Installations techniques, matériel et outillage industriels	1 370 000	745 000	625 000	1 200 000	540 000	660 000
Autres	2 770 000	1 140 000	1 630 000	2 600 000	920 000	1 680 000
Immobilisations corporelles en cours						
Avances et acomptes						
Immobilisations financières						
Participations	260 000	35 000	225 000	120 000	22 000	98 000
Autres titres immobilisés						
Prêts (1)	70 000		70 000	58 000		58 000
Autres	88 000		88 000	40 000		40 000
Total I	**15 758 000**	**3 928 000**	**11 830 000**	**12 318 000**	**3 138 000**	**9 180 000**
Actif circulant						
Stocks et en-cours						
Matières premières et autres approvisionnements	2 120 000	110 000	2 010 000	1 850 000	95 000	1 755 000
Produits intermédiaires	1 790 000		1 790 000	1 610 000		1 610 000
Marchandises						
Avances et accomptes versés sur commandes	221 000		221 000	315 000		315 000
Créances d'exploitation						
Créances clients et comptes rattachés	2 470 000	108 000	2 362 000	2 312 000	72 000	2 240 000
Autres	60 000		60 000	85 000		85 000
Créances diverses	583 000		583 000	650 000		650 000
Valeurs mobilières de placement	57 000	7 300	49 700	42 000	9 800	32 200
Disponibilités	300 000		300 000	250 000		250 000
Charges constatées d'avance	12 000		12 000	35 000		35 000
Total II	**7 613 000**	**225 300**	**7 387 700**	**7 149 000**	**176 800**	**6 972 200**
Frais d'émission d'emprunt à étaler						
Total général I + II	**23 371 000**	**4 153 300**	**19 217 700**	**19 467 000**	**3 314 800**	**16 152 200**

(1) Dont à moins d'un an : 8 000.

Document 2

Bilans Passifs N et N–1 (en euros)

PASSIF	Exercice N avant répartition	Exercice N–1 après répartition
Capitaux propres		
Capital	7 000 000	4 000 000
Prime d'émission	550 000	–
Réserves		
Réserve légale	400 000	400 000
Autres	270 000	770 000
Report à nouveau	12 000	12 000
Résultat de l'exercice	670 000	–
Provisions réglementées	–	–
Subventions d'investissement	120 000	150 000
Total I	**9 022 000**	**5 332 000**
Provisions pour risques	–	–
Provisions pour charges	120 000	50 000
Total II	**120 000**	**50 000**
Dettes		
Dettes financières[1]		
Emprunts et dettes auprès des EC	3 131 700	3 878 200
Emprunts et dettes financières	1 820 000	1 752 000
Avances et acomptes reçus sur commandes en cours	225 000	260 000
Dettes d'exploitation		
Dettes fournisseurs et comptes rattachés	1 750 000	1 712 000
Dettes fiscales et sociales	1 243 000	1 096 000
Autres	156 000	129 000
Dettes diverses		
Dettes sur immobilisations	1 010 000	1 150 000
Dettes fiscales (IS)	722 000	480 000
Autres (dividendes)	–	290 000
Produits constatés d'avance	18 000	23 000
Total III	**10 075 700**	**10 770 200**
Total général I + II + III	**19 217 700**	**16 152 200**

[1] Exercice N : 1 411 700 à moins d'un an y compris 231 700 de concours bancaires courants.
Exercice N–1 : 2 728 200 à moins d'un an y compris 1 878 200 de concours bancaires courants.

Document 3

Tableaux des immobilisations, des amortissements, des dépréciations et des provisions (en euros)

Tableau des immobilisations

Éléments	Valeurs brutes fin N–1	Augmentations	Diminutions	Valeurs brutes fin N
Frais d'établissement	600 000	200 000	–	800 000
Terrains	3 500 000	–	–	3 500 000
Constructions	4 200 000	1 450 000	–	5 650 000
Installations techniques	1 200 000	420 000	250 000	1 370 000
Autres immobilisations corporelles	2 600 000	570 000	400 000	2 770 000
Participations	120 000	140 000	–	260 000
Prêts	58 000	20 000	8 000	70 000
Autres immobilisations financières	40 000	75 000	27 000	88 000
Total	**12 318 000**	**2 875 000**	**685 000**	**14 508 000**

Tableau des amortissements

Éléments	Amortissements fin N–1	Augmentations	Diminutions	Amortissements fin N
Frais d'établissement	300 000	120 000	–	420 000
Constructions	1 356 000	232 000	–	1 588 000
Installations techniques	540 000	380 000	175 000	745 000
Autres immobilisations corporelles	920 000	350 000	130 000	1 140 000
Total	**3 116 000**	**1 082 000**	**305 000**	**3 893 000**

Tableau des dépréciations

Éléments	Dépréciations fin N–1	Augmentations	Diminutions	Dépréciations fin N
Participations	22 000	13 000	–	35 000
Stocks matières	95 000	15 000	–	110 000
Clients	72 000	36 000	–	108 000
VMP	9 800	–	2 500	7 300
Total	**198 000**	**64 000**	**2 500**	**260 300**

Tableau des provisions

Éléments	Provisions fin N–1	Augmentations	Diminutions	Provisions fin N
Provisions pour risques	50 000	70 000	–	120 000

Document 4

Renseignements complémentaires

- L'accroissement des frais d'établissement en N correspond aux frais d'augmentation de capital. Celle-ci a eu lieu en numéraire et par incorporation de réserves.
- Un matériel dont la valeur d'origine est de 250 000 € hors taxes a été cédé le 1er septembre N au prix de 90 000 € [date d'acquisition : 1er septembre N–7 ; amortissement linéaire sur 10 ans].
- Un mobilier dont la valeur d'origine est de 400 000 € hors taxes a été cédé le 1er juillet N. Total des amortissements pratiqués : 130 000 € ; moins-value de cession : 20 000 €.
- Aucune autre cession d'immobilisation n'est intervenue durant l'exercice.
- Un nouveau dépôt de garantie a été effectué, le remboursement d'un dépôt de garantie antérieur de 27 000 € a été perçu dans son intégralité.
- L'entreprise n'a perçu aucune subvention d'investissement en N.
- Les charges et produits constatés d'avance sont considérés comme liés à l'exploitation.

8 Cas pratique : Bankiz ★★★

45 min

Compétences attendues

- **Construire** le tableau de financement du plan comptable général
- **Justifier** les retraitements des tableaux de flux
- **Conduire** un diagnostic à partir des tableaux de flux

On donne dans les documents ci-après les bilans au 31/12/N–1 et au 31/12/N, le compte de résultat et les tableaux des immobilisations, amortissements, dépréciations et provisions de l'exercice N.

Par ailleurs, on obtient les renseignements suivants :

- Au début de l'exercice N–1, l'entreprise a souscrit un contrat de crédit-bail portant sur un matériel dont la valeur est de 500 000 €. Ce matériel relève d'un amortissement linéaire sur 5 ans.
- Les redevances annuelles de crédit-bail, versées en fin d'année, s'élèvent à 140 000 €.
- Au 31/12/N, le montant des effets escomptés et non échus est de 80 000 € ; au 31/12/N–1, il était de 50 000 €.
- Les écarts de conversion Actif sont relatifs aux créances d'exploitation ; les écarts de conversion Passif sont relatifs aux dettes d'exploitation.
- Intérêts courus au 31/12/N :
  – inclus dans les emprunts et dettes financières divers : 4 000 € ;
  – inclus dans les prêts : 3 000 €.
- Il n'y avait pas d'intérêts courus au 31/12/N–1.
- Les charges et produits constatés d'avance relèvent de l'exploitation.

Missions

1. *Justifiez le retraitement du crédit-bail et des effets escomptés non échus (EENE).*
2. *Établissez le tableau de financement en procédant au retraitement du crédit-bail et des EENE.*

Document 1

Bilan au 31 décembre N–1 après répartition des résultats

ACTIF	Brut	A. et D.	Net
Actif immobilisé			
Capital souscrit – non appelé			
Immobilisations incorporelles			
Frais d'établissement	108 000	72 000	36 000
Brevets, licences	240 000	80 000	160 000
Fonds commercial	250 000		250 000
Immobilisations corporelles			
Terrains			
Constructions	940 000	305 000	635 000
Installations techniques, matériel et outillage industriels	2 860 000	840 000	2 020 000
Autres	415 000	110 000	305 000
Immobilisations corporelles en cours			
Avances et acomptes	150 000		150 000
Immobilisations financières			
Participations			
Créances rattachées à des participations			
Autres titres immobilisés	182 000	12 000	170 000
Prêts	90 000		90 000
Total I	**5 235 000**	**1 419 000**	**3 816 000**
Actif circulant			
Stocks et en-cours			
Matières premières et autres approvisionnements	172 000	10 000	162 000
Produits intermédiaires et finis	469 000	9 000	460 000
Avances et acomptes versés sur commandes	100 000		100 000
Créances d'exploitation			
Créances clients et comptes rattachés	982 000	42 000	940 000
Autres	135 000		135 000
Créances diverses			
Capital souscrit – appelé, non versé			
VMP	63 000	3 000	60 000
Disponibilités	208 500		208 500
Charges constatées d'avance	56 000		56 000
Total II	**2 185 500**	**64 000**	**2 121 500**
Frais d'émission d'emprunt à étaler **III**	90 000		90 000
Primes de remboursement des obligations **IV**			
Écarts de conversion Actif **V**			
Total général (I + II + III + IV + V)	**7 510 500**	**1 483 000**	**6 027 500**

...

•••

PASSIF	Après affectation
Capitaux propres	
Capital (dont versé : 15 000 actions de 200 €)	3 000 000
Réserve	
Réserve légale	300 000
Réserves stat ou contract	300 000
Autres	150 000
Report à nouveau	
Résultat net de l'exercice (bénéfice ou perte)	
Sous-total : situation nette	3 750 000
Subventions d'investissement	80 000
Total I	**3 830 000**
Provisions	
Provisions pour risques	32 000
Provisions pour charges	18 000
Total II	**50 000**
Dettes	
Dettes financières	
Emprunts et dettes auprès des établissements de crédit(1) (2)	520 000
Emprunts et dettes financières divers (2)	108 000
Avances et acomptes reçus sur commandes en cours	50 000
Dettes d'exploitation	
Dettes fournisseurs et comptes rattachés	802 000
Dettes fiscales et sociales	123 000
Autres	54 000
Dettes diverses	
Dettes sur immobilisations et comptes rattachés	110 000
Dettes fiscales (impôts sur les bénéfices)	147 000
Autres (3)	190 000
Produits constatés d'avance	43 500
Total III	**2 147 500**
Écarts de conversion Passif **IV**	
Total général (I + II + III + IV)	**6 027 500**

(1) Dont CBC et soldes créditeurs de banques : 80 000.

(2) Dont dettes à moins d'un an : 378 910 (CBC et intérêts courus exclus).

(3) Dont 180 000 de dividendes à payer.

Document 2

Bilan au 31 décembre N avant répartition des résultats

ACTIF	Brut	A. et D.	Net
Actif immobilisé			
Capital souscrit – non appelé			
Immobilisations incorporelles			
Frais d'établissement	156 000	124 000	32 000
Frais de recherche et de développement			
Brevets, licences	240 000	104 000	136 000
Fonds commercial	600 000		600 000
Immobilisations corporelles			
Terrains	154 000		154 000
Constructions	1 430 000	385 000	1 045 000
Installations techniques, matériel et outillage industriels	3 352 000	1 105 500	2 246 500
Autres	542 000	183 300	358 700
Immobilisations corporelles en cours			
Avances et acomptes	60 000		60 000
Immobilisations financières			
Participations			
Créances rattachées à des participations			
Autres titres immobilisés	142 000	4 000	138 000
Prêts	47 000		47 000
Total I	**6 723 000**	**1 905 800**	**4 817 200**
Actif circulant			
Stocks et en-cours			
Matières premières et autres approvisionnements	160 000	6 000	154 000
Produits intermédiaires et finis	554 000	17 000	537 000
Avances et acomptes versés sur commandes	270 000		270 000
Créances d'exploitation			
Créances clients et comptes rattachés	998 900	75 600	923 300
Autres	170 600		170 600
Créances diverses			
Capital souscrit – appelé, non versé			
VMP	30 000	1 000	29 000
Disponibilités	235 200		235 200
Charges constatées d'avance	49 300		49 300
Total II	**2 468 000**	**99 600**	**2 368 400**
Frais d'émission d'emprunt à étaler **III**	40 000		40 000
Primes de remboursement des obligations **IV**			
Écarts de conversion actif **V**	1 000		1 000
Total général (I + II + III + IV + V)	**9 232 000**	**2 005 400**	**7 226 600**

•••

…

PASSIF	Avant affectation
Capitaux propres	
Capital (dont versé : 15 650 actions de 200 €)	3 130 000
Primes d'émission, de fusion, d'apport	32 500
Réserves	
Réserve légale	300 000
Réserves statutaires ou contractuelles	300 000
Autres	150 000
Report à nouveau	
Résultat net de l'exercice (bénéfice ou perte)	207 980
Subventions d'investissement	60 000
Provisions réglementées	48 000
Total I	**4 228 480**
Provisions	
Provisions pour risques	25 000
Provisions pour charges	52 000
Total II	**77 000**
Dettes	
Dettes financières	
Emprunts et dettes auprès des établissements de crédit[1]	1 080 590
Emprunts et dettes financières divers	176 100
Avances et acomptes reçus sur commandes en cours	30 000
Dettes d'exploitation	
Dettes fournisseurs et comptes rattachés	931 900
Dettes fiscales et sociales	190 540
Autres	45 000
Dettes diverses	
Dettes sur immobilisations et comptes rattachés	273 480
Dettes fiscales (impôts sur les bénéfices)	136 510
Autres	24 000
Produits constatés d'avance	31 000
Total III	**2 919 120**
Écarts de conversion passif **IV**	2 000
Total général (I + II + III + IV)	**7 226 600**

(1) Dont concours bancaires courants et soldes créditeurs de banques : 138 000.

Document 3

Compte de résultat de l'exercice N

CHARGES (hors taxe)	Exercice N	
	Montants	Totaux partiels
Charges d'exploitation		
Coût d'achat des marchandises vendues dans l'exercice		
Achats de marchandises		
Variation de stock de marchandises		
Consommations de l'exercice en provenance des tiers		12 972 320
Achats stockés d'approvisionnements		
– matières premières	8 258 500	
– autres approvisionnements	1 938 300	
Variation des stocks d'approvisionnements	12 000	
Achats de sous-traitances	296 900	
Achats non stockés de matières et fournitures		
Services extérieurs	2 466 620	
Impôts, taxes et versements assimilés		200 100
Sur rémunérations	108 500	
Autres	91 600	
Charges du personnel		5 598 070
Salaires et traitements	3 950 170	
Charges sociales	1 647 900	
Dotations aux amortissements et aux provisions		841 700
Sur immobilisations : dotations aux amortissements[1]	682 800	
Sur immobilisations : dotations aux provisions		
Sur actif circulant : dotations aux provisions	99 900	
Pour risques et charges : dotations aux provisions	59 000	
Autres charges		74 200
Total		**19 686 390**
Quotes-parts de résultat sur opérations faites en commun		
Charges financières		128 300
Dotations aux amortissements, aux dépréciations et aux provisions		
Intérêts et charges assimilées	124 500	
Différences négatives de change		
Charges nettes sur cessions de valeurs mobilières de placement	3 800	
Charges exceptionnelles		190 500
Sur opérations de gestion	12 500	
Sur opérations en capital		
Valeurs comptables des éléments immobilisés et financiers cédés	130 000	
Autres		
Dotations aux amortissements, aux dépréciations et aux provisions		
Dotations aux provisions réglementées	48 000	
Participation des salariés aux résultats		
Impôts sur les bénéfices		212 900
Solde créditeur – bénéfice		207 980
Total général		**20 426 070**

[1] Dont dotations aux amortissements des charges à répartir : 50 000.

•••

•••

PRODUITS (hors taxes)	Exercice N	
	Montants	Totaux partiels
Produits d'exploitation		
Ventes de marchandises		
Production vendue		20 087 470
Ventes	20 087 470	
Montant net du chiffre d'affaires	20 087 470	
dont à l'exploitation		
Production stockée		85 000
Production immobilisée		
Subventions d'exploitation		
Reprises sur dépréciations et provisions (et amortissements)		94 300
Transferts de charges		
Autres produits		5 800
Total		**20 272 570**
Quotes-parts de résultat sur opérations faites en commun		
Produits financiers		28 500
De participations		
D'autres valeurs mobilières et créances de l'actif immobilisé(2)	18 500	
Autres intérêts et produits assimilés(2)		
Reprises sur dépréciations, provisions	10 000	
Différences positives de change		
Produits nets sur cessions de valeurs mobilières de placement		
Produits exceptionnels		125 000
Sur opérations de gestion		
Sur opérations de capital :		
Produits des cessions d'éléments d'actif(1)	105 000	
Subvention d'investissement virées au résultat de l'exercice	20 000	
Autres		
Solde débiteur – perte		
Total général		**20 426 070**

(1) Immobilisations corporelles : 63 000 ; immobilisations financières : 42 000.

Document 4

Tableau des immobilisations au 31 décembre N

Immobilisations	Valeur brute au début de l'exercice	Augmentations	Diminutions	Valeur brute à la fin de l'exercice
Immobilisations incorporelles				
Frais d'établissement	108 000	48 000		156 000
Concessions, brevets, licences	240 000			240 000
Fonds commercial	250 000	350 000		600 000
Immobilisations corporelles				
Terrains		154 000		154 000
Constructions	940 000	490 000		1 430 000
Installations techniques, matériel et outillage industriel	2 860 000	682 000	190 000	3 352 000
Autres immobilisations corporelles	415 000	165 000	38 000	542 000
Avances et acomptes sur commandes d'immobilisations corporelles	150 000	60 000	150 000	60 000
Immobilisations financières				
Autres titres immobilisés	182 000		40 000	142 000
Prêts	90 000	32 000	75 000	47 000
Total	**5 235 000**	**1 981 000**	**493 000**	**6 723 000**

Document 5

Tableau des amortissements au 31 décembre N

Immobilisations amortissables	Montant au début de l'exercice	Dotations	Diminutions	Montant à la fin de l'exercice
Immobilisations incorporelles				
Frais d'établissement	72 000	52 000	–	124 000
Concessions, brevets, licences	80 000	24 000	–	104 000
Immobilisations corporelles				
Constructions	305 000	80 000	–	385 000
Installations techniques, matériel et outillage industriel	840 000	390 500	125 000	1 105 500
Autres immobilisations corporelles	110 000	86 300	13 000	183 300
Total	**1 407 000**	**632 800**	**138 000**	**1 901 800**

Document 6

Tableau des dépréciations au 31 décembre N

	Montant début exercice	Dotations	Reprises	Montant fin exercice
Immobilisations financières	12 000	–	8 000	4 000
Stocks de matières premières	10 000	–	4 000	6 000
Stock de produits finis	9 000	8 000	–	17 000
Créances clients	42 000	91 900	58 300	75 600
VMP	3 000	–	2 000	1 000
Total	**76 000**	**99 900**	**72 300**	**103 600**

Document 7

Tableau des provisions au 31 décembre N

	Montant début exercice	Dotations	Reprises	Montant fin exercice
Provisions réglementées	0	48 000	–	48 000
Provisions pour charges	32 000	25 000	32 000	25 000
Provisions pour risques	18 000	34 000	–	52 000
Total	**50 000**	**107 000**	**32 000**	**125 000**

SYNTHÈSE

Le tableau de financement

Le **tableau de financement** prévu par le PCG permet d'étudier l'évolution de l'équilibre financier d'une entreprise au cours d'un exercice comptable

Tableau de financement (partie 1 = haut du bilan)			
Nouveaux emplois stables	Exercice N	Nouvelles ressources stables	Exercice N
® actif ø passif		® passif ø actif	

Δ FRNG = Nouvelles ressources stables – Nouveaux emplois stables = Augmentation ou diminution de l'excédent de ressources stables

Tableau de financement (partie 2 = bas du bilan)			
Utilisation de Δ FRNG	Besoins (1)	Dégagements (2)	Solde (2) – (1)
A	↗ actif ↘ passif	↗ passif ↘ actif	– Δ BFRE
B			– Δ BFRHE
C			– Δ T
A + B + C			**– Δ FRNG**

Dans la 2e partie du tableau de financement, les signes de la dernière colonne sont tous inversés :

- un montant négatif indique une augmentation du BFR (Δ FRNG utilisée pour financer l'exploitation au sens large) ou de la trésorerie nette (Δ FRNG utilisée pour consolider la trésorerie nette).
- un montant positif signifie une diminution du BFR (le cycle d'exploitation génère alors des ressources) ou de la trésorerie nette.

⚠ La variation du FRNG trouvée dans la deuxième partie doit être **identique** à celle de la première partie mais avec un **signe opposé**.

CHAPITRE 6 Les tableaux de flux de trésorerie

PROGRAMME

Compétences attendues

- **Distinguer** tableau de financement et tableau de flux de trésorerie
- **Identifier** le rôle de la trésorerie dans le risque de défaillance
- **Construire** un tableau de flux de trésorerie selon la méthode directe ou indirecte
- **Conduire** un diagnostic à partir des tableaux de flux
- **Conduire** un diagnostic à partir des tableaux de flux
- **Conduire** un diagnostic financier à partir de données financières
- **Proposer** une conclusion générale à un diagnostic financier

Savoirs associés

- Les tableaux de flux de trésorerie
- Les retraitements pour l'élaboration des tableaux de flux
- Les flux de trésorerie d'exploitation, d'investissement, de financement
- La capacité à supporter le coût de la dette, solvabilité
- La capacité à financer des investissements
- Diagnostic financier : démarche, outils

PRÉREQUIS

Tableau de financement (chapitre 5)

PLAN DU CHAPITRE

Cours : 1. Analyse générale des flux de trésorerie • 2. Tableau de flux de trésorerie simplifié • 3. Tableau de flux de trésorerie de l'Ordre des experts-comptables • 4. Tableau de flux de trésorerie GEODE de la Banque de France • 5. Commentaire d'un tableau de flux de trésorerie

Des savoirs aux compétences : Évaluer les savoirs • Maîtriser les compétences • Préparer l'épreuve

Synthèse

L'analyse des flux de trésorerie s'est développée dans les années 1970 et a conduit à l'élaboration de tableaux de flux de trésorerie. Plusieurs modèles coexistent mais le principe reste le même : les tableaux de flux de trésorerie permettent de connaître l'origine précise de la trésorerie dégagée ou consommée au cours d'un exercice. Il s'agit donc d'une analyse dynamique centrée sur l'analyse de la variation de la trésorerie.

MOTS-CLÉS

Activité • Effet de ciseaux • Excédent de trésorerie d'exploitation (ETE) • Flux de fonds • Flux net de trésorerie • Marge brute d'autofinancement • Variation de trésorerie

1 Analyse générale des flux de trésorerie

A) Notion de flux de trésorerie

1. Présentation

Définition

Un flux de trésorerie correspond à un encaissement s'il est positif ou à un décaissement s'il est négatif.

En anglais, on parle de *cash-flows*.

Un **flux net de trésorerie** (également appelé **variation de trésorerie**, notée ΔT) peut être calculé de la façon suivante (calcul direct) :

Flux net de trésorerie = ΔT = Total des encaissements – Total des décaissements

Au cours de l'exercice comptable, la trésorerie peut augmenter ou diminuer :
- Si $\Delta T > 0$, la trésorerie a globalement augmenté au cours de l'exercice.
- Si $\Delta T < 0$, la trésorerie a globalement diminué au cours de l'exercice.

Les tableaux de flux de trésorerie permettent d'analyser l'origine de la variation de la trésorerie au cours d'un exercice. On cherche à répondre aux deux questions suivantes :
- Comment l'entreprise dégage-t-elle de la trésorerie ?
- Qu'en fait-elle ?

Pour y répondre, il convient de définir plusieurs types de flux de trésorerie afin de calculer des soldes pertinents pour l'analyse financière.

2. Origine des flux de trésorerie

Les flux de trésorerie ont des origines diverses. Ils peuvent provenir :
- de l'exploitation au sens strict (cœur de métier) ;
- d'autres opérations relevant d'un horizon de court terme : charges et produits financiers, charges et produits exceptionnels sur opération de gestion, etc. ;
- d'opérations d'investissement (horizon de long terme) : acquisitions d'immobilisations notamment ;
- d'opérations de financement (horizon de long terme) : augmentation des capitaux propres, augmentation des dettes financières, etc.

Les opérations relevant d'un horizon de court terme sont regroupées sous la notion d'**activité**. Celle-ci est donc plus large que la notion d'exploitation. Elle rassemble toutes les opérations qui ne relèvent ni des opérations d'investissement ni des opérations de financement (fig. 6.1).

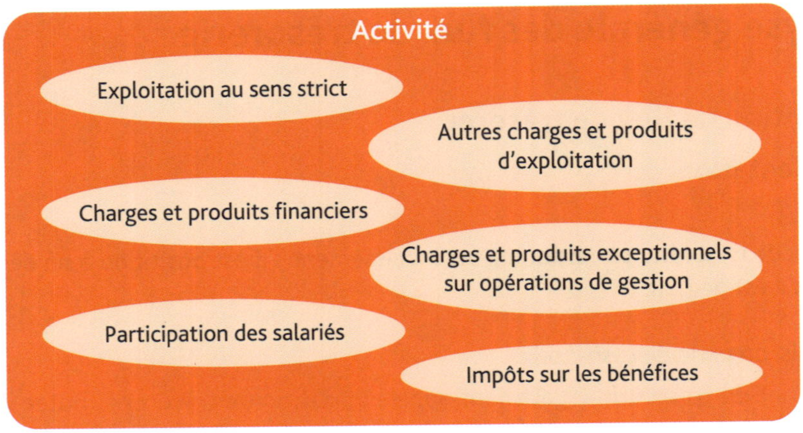

Figure 6.1. Notion d'activité

On peut donc décomposer la variation de la trésorerie de la façon suivante :

Δ T = Δ T liée à l'activité + Δ T liée aux opérations d'investissement + Δ T liée aux opérations de financement

Le tableau de flux de trésorerie présente successivement ces trois flux de trésorerie (fig. 6.2).

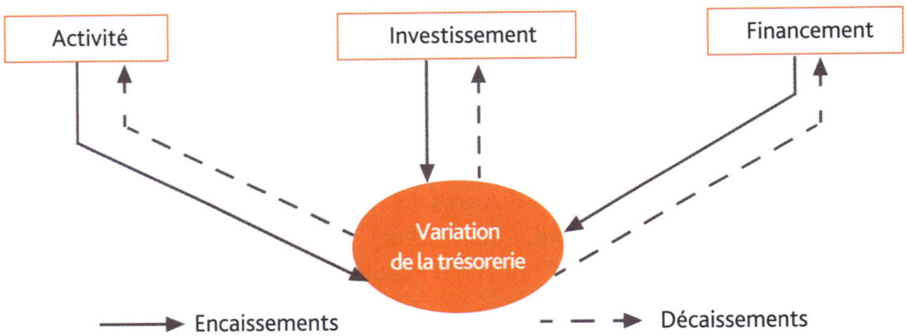

Figure 6.2. Décomposition des flux de trésorerie

B) Excédent de trésorerie d'exploitation (ETE)

1. Présentation

L'essentiel des flux de trésorerie liés à l'activité provient des opérations d'exploitation au sens strict (cœur de métier). Le flux net de trésorerie d'exploitation mérite donc une attention particulière. Il s'agit de calculer la variation de trésorerie liée aux opérations d'exploitation au sens strict (notée ΔTE) :

- Si $\Delta TE > 0$, il s'agit d'un **excédent de trésorerie d'exploitation** (ETE).
- Si $\Delta TE < 0$, les opérations d'exploitation ont consommé de la trésorerie et on parlera plutôt d'insuffisance de trésorerie d'exploitation (ITE).

Définition

L'ETE est la trésorerie dégagée (ou consommée) au cours de l'exercice par les opérations d'exploitation au sens strict.

Le flux net de trésorerie d'exploitation peut se calculer de deux façons.

2. Calcul direct

L'ETE peut être calculé ainsi :

$$\text{ETE} = \sum \text{encaissements liés à l'exploitation (au sens strict)} - \sum \text{décaissements liés à l'exploitation (au sens strict)}$$

On a donc :

ETE = Encaissements TTC sur ventes + Production immobilisée
+ Subventions d'exploitation
– Décaissements TTC sur achats
– Décaissements TTC sur autres achats et charges externes
– Décaissements sur impôts et taxes
– Décaissements sur charges de personnel
– TVA reversée à l'État

Attention, les ventes et les achats présents dans le compte de résultat correspondent à des montants HT et ne sont pas forcément encaissés ou décaissés au cours de l'exercice. Il faut donc tenir compte des décalages de paiement. *A contrario*, les créances et les dettes figurant dans le bilan correspondent à des montants TTC.

En partant des achats et des ventes du compte de résultat, on a donc :

- Encaissements liés à l'exploitation (N) = Ventes TTC
  + Production immobilisée
  + Subventions d'exploitation
  + Créances d'exploitation initiales (encaissées début N)
  – Créances d'exploitation finales (encaissées début N+1)
- Décaissements liés à l'exploitation (N) = Achats TTC
  + Autres achats et charges externes TTC
  + Impôts et taxes
  + Charges de personnel
  + TVA due de l'exercice
  + Dettes d'exploitation initiales (décaissées début N)
  – Dettes d'exploitation finales (décaissées début N+1)

Les dettes d'exploitation comprennent les dettes fournisseurs, les dettes fiscales et sociales (sauf IS et participation).

La production immobilisée ne correspond pas à un produit encaissable mais il faut en tenir compte afin d'annuler les charges décaissables engagées pour fabriquer l'immobilisation. Cela permet d'enlever le coût de production de l'immobilisation de l'ETE car cette opération relève du cycle d'investissement et non de l'exploitation.

3. Calcul indirect

Le flux de trésorerie d'exploitation peut être obtenu plus rapidement en partant de l'EBE (↪ **chapitre 1**).

L'EBE correspond à la trésorerie potentielle dégagée par les opérations d'exploitation au sens strict. L'EBE est donc un **flux de fonds**, constitué de produits encaissables et de charges décaissables.

Pour passer d'un flux de fonds à un flux de trésorerie, il faut tenir compte du financement des nouveaux stocks et des nouveaux décalages de paiement (ces informations n'apparaissent pas dans le compte de résultat mais seulement au niveau du bilan).

Pour rappel, les variations de stocks inscrites en charges conduisent à ne retenir que les achats consommés ou vendus. La production stockée côté produits conduit à ne retenir que les produits vendus au cours de l'exercice (la production stockée neutralise le coût de production du nouveau stock de produits enregistré en charges).

La trésorerie réellement dégagée par les opérations d'exploitation au sens strict peut donc se calculer de la façon suivante :

ETE = EBE – Stock final (à financer) + Stock initial (déjà financé)
+ Créances d'exploitation initiales (encaissées en début d'exercice)
– Créances d'exploitation finales (non encaissées)
– Dettes d'exploitation initiales (décaissées en début d'exercice)
+ Dettes d'exploitation finales (non décaissées)

ETE = EBE – [Stock final – Stock initial + Créances d'exploitation finales – Créances d'exploitation initiales – (Dettes d'exploitation finales – Dettes d'exploitation initiales)]

ETE = EBE – (Δ Stocks + Δ Créances d'exploitation – Δ Dettes d'exploitation)

D'où :

ETE = EBE – Δ BFRE

4. Intérêt du calcul de l'ETE

L'ETE est parfois négatif ; l'insuffisance de trésorerie d'exploitation correspond au cas où les décaissements d'exploitation sont supérieurs aux encaissements d'exploitation. Cette situation préoccupante menace la solvabilité de l'entreprise (capacité à faire face à ses dettes). Le dirigeant doit rapidement prendre des mesures rectificatives.

Il est donc nécessaire de contrôler régulièrement le niveau et l'évolution de l'ETE.

Le flux de trésorerie d'exploitation constitue un indicateur clé pour le dirigeant car :
- il est plus sensible que l'EBE aux variations de l'activité (il diminue quand les stocks augmentent, contrairement à l'EBE) ;
- il permet de détecter le risque de défaillance de l'entreprise (cas de l'ITE) ;
- il permet de mesurer la capacité de l'entreprise à supporter le poids de la dette et à autofinancer ses investissements ;
- il permet de diagnostiquer l'**effet de ciseaux**.

L'effet de ciseaux désigne une situation où deux grandeurs évoluent de façon inverse. Quand l'EBE augmente, il serait logique que la trésorerie d'exploitation progresse. Cependant, dans certains cas, la croissance du BFRE est si importante que la trésorerie d'exploitation diminue (fig. 6.3).

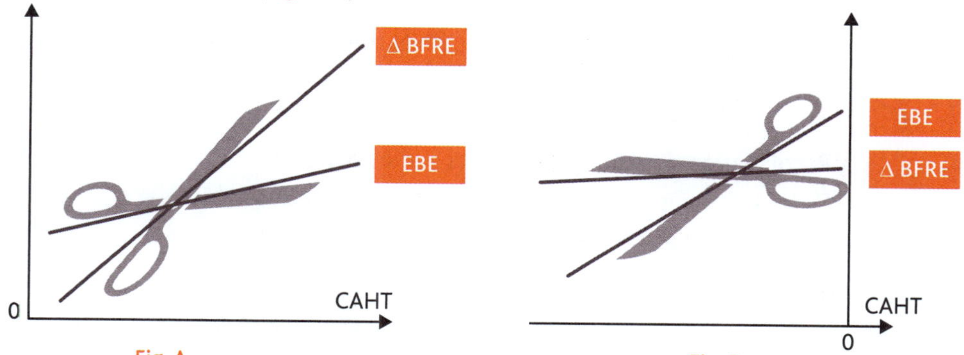

Fig. A   Fig. B

Figure 6.3. Effet de ciseaux

L'effet de ciseaux peut apparaître dans les entreprises :

- en très forte croissante (figure A). La croissance rapide du chiffre d'affaires entraîne mécaniquement une augmentation importante du BFRE qu'il faut financer en partie par des financements externes. Une croissance trop rapide peut entraîner des problèmes de trésorerie, notamment dans les entreprises moyennement profitables.
- qui gèrent mal leur BFRE (augmentation du délai d'écoulement des stocks, augmentations des délais de paiement clients, etc.). Cette situation se retrouve en particulier dans les PME n'effectuant pas de suivi des stocks ou du crédit client.
- confrontées à une réduction conjoncturelle d'activité (figure B). Face à une baisse du chiffre d'affaires, l'entreprise tarde à réduire ses achats et les quantités fabriquées : elle se retrouve avec des stocks de matières et de produits finis en forte augmentation (ou des stocks de marchandises en augmentation pour une entreprise commerciale). Dans ce cas, l'EBE baisse davantage que le BFRE et il en résulte une insuffisance de trésorerie d'exploitation.

C) Flux net de trésorerie lié à l'activité

Définition

Le flux net de trésorerie lié à l'activité (noté ΔTA) correspond à la trésorerie dégagée (ou consommée) par les opérations courantes de l'entreprise.

1. Calcul direct : à partir des encaissements/décaissements

$$\Delta TA = \sum \begin{array}{c}\text{encaissements}\\ \text{liés à l'activité}\end{array} - \sum \begin{array}{c}\text{décaissements}\\ \text{liés à l'activité}\end{array}$$

ΔTA = ETE + Autres encaissements liés à l'activité
– Autres décaissements liés à l'activité

D'où : ΔTA = ETE + Autres produits d'exploitation
+ Transferts de charges d'exploitation + Produits financiers sauf Reprises
+ Produits exceptionnels sauf Reprises, QP de SI virée au résultat et PCEA
+ Créances diverses liées à l'activité fin N–1 (encaissées début N)
– Créances diverses liées à l'activité fin N (décaissées début N+1)
– Autres charges d'exploitation – Charges financières sauf Dotations
– Charges exceptionnelles sauf Dotations et VCEAC
– Participation des salariés – Impôts sur les bénéfices
– Dettes diverses liées à l'activité fin N–1 (décaissées début N)
+ Dettes diverses liées à l'activité fin N (décaissées début N+1)

2. Calcul indirect : à partir de la CAF

Le flux net de trésorerie lié à l'activité peut être obtenu plus rapidement grâce à un calcul indirect à partir de la CAF (↪ chapitre 1).

La CAF correspond à la trésorerie potentielle dégagée par les opérations courantes de l'entreprise. Elle est donc un flux de fonds, constitué de produits encaissables et de charges décaissables.

Pour passer d'un flux de fonds à un flux de trésorerie, il faut tenir compte du financement des nouveaux stocks et des nouveaux décalages de paiement liés aux opérations courantes de l'entreprise.

On a donc :

ΔTA = CAF – Δ BFR lié à l'activité

Avec :

Δ BFR lié à l'activité = Δ Stocks + $\underbrace{\Delta \text{ Créances à court terme} - \Delta \text{ Dettes à court terme}}_{\text{liées à l'activité}}$

D) Flux net de trésorerie lié aux opérations d'investissement

Le flux net de trésorerie lié aux opérations d'investissement relève d'un horizon de long terme. Il comprend les décaissements sur achats d'immobilisations et les encaissements sur cessions d'immobilisations.

Il faut tenir compte des décalages de paiement car les produits de cession ne sont pas forcément encaissés (existence d'une créance sur cession d'immobilisations) et les nouvelles immobilisations n'ont pas forcément été décaissées (existence d'une dette sur immobilisations).

On a donc :

ΔT liée aux opérations d'investissement = Cessions d'immobilisations (PCEA)
– Acquisitions d'immobilisations
– Δ Créances sur cessions d'immobilisations
+ Δ Dettes sur immobilisations

E) Flux net de trésorerie lié aux opérations de financement

Le flux net de trésorerie lié aux opérations de financement relève également d'un horizon de long terme. Il comprend :
- le montant encaissé des augmentations de capital, des subventions d'investissement ainsi que les nouvelles dettes financières ;
- le montant des décaissements liés aux réductions de capital, aux dividendes distribués et aux dettes financières remboursées (capital remboursé uniquement).

Il faut tenir compte des décalages de paiement en cas d'augmentation de capital : la libération du capital souscrit peut être progressive (ce qui n'est pas le cas de la prime d'émission, versée à 100 %).

On a donc :

ΔT liée aux opérations de financement =	Augmentation de capital
	+ Nouvelles subventions d'investissement
	+ Augmentation des dettes financières
	– Réduction de capital
	– Dividendes distribués
	– Remboursement des dettes financières
	– Δ Capital souscrit, appelé, non versé

La première partie du tableau de financement est le document qui se prête le mieux à la détermination des flux nets de trésorerie sur opérations d'investissement et sur opérations de financements (horizon de long terme).

→ MINI-CAS 4 • MINI-CAS 5 • MINI-CAS 6 • CAS PRATIQUE 8

2 Tableau de flux de trésorerie simplifié

A) Principes généraux

1. Structure

La plupart des tableaux de flux de trésorerie sont construits selon la même logique (tab. 6.1).

Tableau 6.1. Construction d'un tableau de flux

	Flux net de trésorerie lié à l'activité (A)
+	Flux net de trésorerie lié aux opérations d'investissement (B)
+	Flux net de trésorerie lié aux opérations de financement (C)
=	Variation de trésorerie (A + B + C)

La variation de trésorerie obtenue à la fin du tableau doit être vérifiée à partir des bilans.

Le PCG ne propose pas de modèle de tableau de flux de trésorerie. Chaque entreprise est donc libre d'utiliser le modèle qu'elle souhaite. Nous présenterons successivement trois modèles :

- le tableau de flux de trésorerie simplifié ;
- le tableau de flux de trésorerie de l'Ordre des experts-comptables (OEC) ;
- le tableau de flux de trésorerie de la Banque de France.

2. Fractionnement du BFR

Les postes à l'origine du BFR ne relèvent pas tous de l'activité courante. Certains décalages de paiement sont liés à des investissements ou des financements (tab. 6.2).

Tableau 6.2. Fractionnement de la variation du BFR

Δ BFR	Δ BFR lié à l'activité
	Δ BFR lié aux opérations d'investissement = Δ Créances sur cessions d'immobilisations – Δ Dettes sur immobilisations
	Δ BFR lié aux opérations de financement = Δ Capital souscrit, appelé, non versé

La méthode la plus simple consiste à calculer la variation du BFR lié à l'activité de façon différentielle :

$$\Delta \text{ BFR lié à l'activité} = \Delta \text{ BFR} - \Delta \text{ BFR lié aux options d'investissement} - \Delta \text{ BFR lié aux options de financement}$$

Exemple

Soit le tableau suivant relatif aux postes du BFR :

Variations de postes	Montant
Δ Créances d'exploitation	100
Δ Dettes d'exploitation	40
Δ Créances diverses	20
Δ Dettes sur immobilisations	10

Variation du BFR. Δ BFR = (100 + 20) – (40 + 10) = 70

Fractionnement de Δ BFR. Tous les postes, à l'exception du dernier, relèvent de l'activité.

- Δ BFR lié à l'investissement = – 10 (il s'agit d'une ressource)
- Δ BFR lié au financement : 0
- Δ BFR lié à l'activité : 70 – (– 10) – 0 = 80

FOCUS

Différences entre un tableau de financement et un tableau de flux de trésorerie

Analyse financière dynamique (évolution au cours d'un exercice comptable)	Tableau de financement	Tableaux de flux de trésorerie
Nature des flux	Flux de fonds (ou flux de trésorerie potentielle)	Flux de trésorerie
Objectif de l'analyse	Évolution de l'équilibre financier	Évolution de la trésorerie
Point commun	Calcul de ΔT	

Le tableau de financement est un tableau de flux de fonds car la variation du FRNG obtenue dans la première partie du tableau correspond à un flux de trésorerie potentiel. Pour obtenir la variation de la trésorerie nette, il faut tenir compte du financement des nouveaux stocks et des nouveaux décalages de paiement (Δ BFR).

La variation de trésorerie apparaît comme une variable résiduelle dans le tableau de financement (Δ FRNG – Δ BFR = ΔT).

Le tableau de flux de trésorerie est centré sur l'analyse de l'évolution de la trésorerie en analysant finement l'origine de la variation de la trésorerie et la façon dont elle a été utilisée au cours de l'exercice comptable.

B) Présentation du tableau de flux de trésorerie simplifié

1. Modèle

Le tableau de flux de trésorerie simplifié peut être présenté de la façon suivante (tab. 6.3).

Tableau 6.3. Le tableau de flux de trésorerie simplifiée

	Exercice N
ACTIVITÉ	
Résultat de l'exercice	
• Élimination des charges et produits sans incidence sur la trésorerie ou non liés à l'exploitation	
+ Dotations aux amortissements, dépréciations et provisions	
+ Valeur comptable des éléments d'actif cédés	
– Reprises sur dépréciations et provisions	
– Produits des cessions d'éléments d'actif	
– Quote-part des subventions d'investissement virée au résultat	
= **CAF**	
• Incidence de la variation des décalages de trésorerie sur opérations d'exploitation	
– Variation du BFR lié à l'activité	
Flux net de trésorerie lié à l'activité (A)	

	Exercice N
INVESTISSEMENT	
– Acquisitions d'immobilisations	
Incorporelles	
Corporelles	
Financières	
+ Cessions d'immobilisations	
Incorporelles	
Corporelles	
Financières	
– Variation du BFR lié aux opérations d'investissement	
Flux net de trésorerie lié aux opérations d'investissement (B)	
FINANCEMENT	
+ Augmentations des capitaux propres	
+ Augmentation des dettes financières	
– Dividendes versés	
– Remboursements d'emprunts	
– Variation du BFR lié aux opérations de financement	
Flux net de trésorerie lié aux opérations de financement (C)	
VARIATION DE TRÉSORERIE (A + B + C)	
Trésorerie d'ouverture	
Trésorerie de clôture	

2. Précisions sur la partie Activité du tableau

Le flux net de trésorerie lié à l'activité est calculé à partir de la méthode indirecte :

$$\Delta \text{ TA} = \text{CAF} - \Delta \text{ BFR lié à l'activité}$$

Le crédit-bail et les EENE peuvent être retraités (↪ chapitres 1 et 2).

Le retraitement des redevances de crédit-bail modifie la CAF puisqu'il a pour conséquence de rajouter une dotation aux amortissements à celles qui figurent dans le compte de résultat. On a donc :

$$\text{CAF retraitée} = \text{CAF (PCG)} + \text{Dotations aux amortissements crédit-bail}$$

L'activité étant une notion plus large que la notion d'exploitation, on retrouve dans la variation du BFR lié à l'activité la variation du BFRE et une partie de la variation du BFRHE.

Lorsque le tableau de financement est communiqué, il est possible de calculer la variation du BFR lié à l'activité à partir de la variation du BFRE (tab. 6.4).

Tableau 6.4. Calcul de Δ BFR lié à l'activité à partir de Δ BRFE

Tableau de financement (2e partie)	Tableau de flux de trésorerie
Δ BFRE →	Δ BFR lié à l'activité
Δ BFRHE → (Δ BFR lié à l'activité, Δ BFR lié à l'investissement, Δ BFR lié au financement)	Δ BFR lié à l'investissement Δ BFR lié au financement
Δ BFR	Δ BFR

On a alors : Δ BFR lié à l'activité = Δ BFRE
+ Δ « Autres créances » liées à l'activité
+ Δ VMP (sauf si assimilées à des disponibilités)
+ Δ intérêts courus sur immobilisations financières
– Δ « Dettes fiscales et sociales » (dette d'IS uniquement)
– Δ « Autres dettes » liées à l'activité
– Δ des intérêts courus sur dettes financières

3. Précisions sur le reste du tableau

La partie Investissement regroupe les flux de trésorerie portant sur l'actif immobilisé.

La partie Financement récapitule les flux de trésorerie portant sur les capitaux propres et les dettes financières.

Les VMP sont parfois assimilées à des disponibilités (si les titres sont liquides).

Quelques difficultés sont susceptibles de se présenter lors de certains calculs :

- Il faut ne pas oublier d'exclure du tableau les sommes qui n'ont pas d'impact sur la trésorerie (ex. : augmentation de capital par incorporation de réserves).
- Quand la variation de BFR éventuellement donnée dans le texte est calculée conformément au PCG, il faut procéder à une correction en cas de retraitement des EENE (ajout aux créances clients et aux CBC).
- Il faut faire attention au signe des différentes variations obtenues lors de l'éclatement de la variation du BFR.
- Il ne faut pas confondre les cessions de VMP dont les résultats sont pris en compte dans la CAF et les cessions de titres immobilisés qui apparaissent dans le tableau de flux (ainsi que les remboursements de prêts). La CAF exclut le résultat exceptionnel sur opérations en capital mais tient compte des plus ou moins-values de cession de VMP.

→ **APPLICATION 2 • APPLICATION 3 • CAS PRATIQUE 9 • CAS PRATIQUE 10**

3 Tableau de flux de trésorerie de l'Ordre des experts-comptables

A) Présentation du tableau de flux de trésorerie de l'OEC

Il existe deux présentations de ce tableau (tab. 6.5) :

- à partir du résultat de l'exercice ;
- ou à partir du résultat d'exploitation. Cette option permet d'isoler la trésorerie dégagée par l'exploitation au sein de la trésorerie dégagée par l'activité.

L'OEC ne procède ni au retraitement du crédit-bail ni à celui des effets escomptés et non échus.

Tableau 6.5. Tableau de flux de trésorerie de l'OEC

ACTIVITÉ (option 1)	ACTIVITÉ (option 2)	Exercice N
Résultat de l'exercice	Résultat d'exploitation	
• Élimination des charges et produits sans incidence sur la trésorerie ou non lié à l'activité	• Élimination des charges et des produits sans incidence sur la trésorerie	
+ Amortissements, dépréciations et provisions (dotations nettes des reprises) (1)	+ Amortissements, dépréciations et provisions (dotations nettes des reprises) (1)	
+ Valeur comptable des éléments d'actif cédés	= Résultat brut d'exploitation	
– Produits de cessions d'éléments d'actif	– Variation du BFRE	
– Quote-part des subventions d'investissement virée au résultat	= Flux net de trésorerie d'exploitation	
= Marge brute d'autofinancement		
• Incidence de la variation des décalages de trésorerie liés à l'activité	• Autres encaissements ou décaissements liés à l'activité	
– Variation du besoin en fonds de roulement lié à l'activité	± Produits et frais financiers	
	± Produits et charges exceptionnels (sauf PCEA)	
	– Autres (IS et Participation)	
	– Variation du BFR lié à l'activité (sauf Δ BFRE)	
	Flux net de trésorerie lié à l'activité (A)	▶

	Exercice N
INVESTISSEMENT	
Cessions d'immobilisations incorporelles	
+ Cessions d'immobilisations corporelles	
+ Cessions ou réductions d'immobilisations financières	
– Acquisitions d'immobilisations incorporelles	
– Acquisitions d'immobilisations corporelles	
– Acquisitions d'immobilisations financières	
• Incidence de la variation des décalages de trésorerie sur opérations d'investissement	
– Variation des créances et dettes sur immobilisations	
Flux net de trésorerie lié aux opérations d'investissement (B)	
FINANCEMENT	
Augmentation de capital	
– Réduction de capital	
– Dividendes versés	
+ Augmentation des dettes financières	
– Remboursement des dettes financières	
+ Subventions d'investissement reçues	
• Incidence de la variation des décalages de trésorerie sur opérations de financement	
– Variation du capital souscrit non appelé	
– Variation du capital souscrit, appelé, non versé	
Flux net de trésorerie lié aux opérations de financement (C)	
VARIATION DE LA TRÉSORERIE (A + B + C)	
Trésorerie d'ouverture	
Trésorerie de clôture	

(1) à l'exclusion des dépréciations sur actif circulant

B) Précisions sur la partie Activité du tableau

1. Partie Activité (option 1)

Le flux net de trésorerie lié à l'activité est calculé à partir de la méthode indirecte :

$$\Delta TA = \text{Marge brute d'autofinancement} - \Delta \text{ BFR lié à l'activité}$$

Marge brute d'autofinancement. C'est une notion proche de la CAF mais propre à l'OEC. Comme la CAF, elle correspond au flux de trésorerie potentiel généré par l'activité courante. En revanche, l'OEC considère les dotations aux dépréciations sur actif circulant (nettes des reprises sur dépréciation de l'actif circulant) comme des charges décaissables (pertes réalisées dans un futur proche) et non comme des charges calculées.

La **marge brute d'autofinancement** se distingue de la CAF car on ne rajoute pas au résultat les dotations (nettes des reprises) relatives aux postes de l'actif circulant.

Variation du BFR lié à l'activité. Les dotations relatives aux postes de l'actif circulant restent attachées à chacun de ces postes (stocks, créances liées à l'activité et dettes relatives à l'activité). En conséquence, ces postes sont considérés pour leur montant net pour le calcul de la variation du BFR lié à l'activité.

2. Partie Activité (option 2)

Le flux net de trésorerie lié à l'activité est calculé à partir de la méthode indirecte en dégageant un flux net de trésorerie intermédiaire appelé « Flux net de trésorerie d'exploitation » :

	Résultat d'exploitation
+	Dotations d'exploitation nettes des reprises (sauf dépréciations sur actif circulant)
–	Δ BFRE
=	Flux net de trésorerie d'exploitation
±	Autres postes liés à l'activité
–	Δ BFR lié à l'activité (sauf Δ BFRE)
=	Flux net de trésorerie généré par l'activité

Le flux net de trésorerie d'exploitation est proche de l'ETE, mais il en diffère car :
- il tient compte des autres produits et autres charges d'exploitation ;
- les dotations nettes des reprises sur dépréciations de l'actif circulant sont considérées comme des charges décaissables. La variation du BFRE est calculée à partir des montants nets des postes de l'actif circulant.

C) Précisions sur le reste du tableau

1. Partie Investissement

La variation des créances sur immobilisations est calculée à partir des montants nets.

2. Partie Financement

Le montant des augmentations de capital doit figurer pour son montant avant déduction de la variation du capital souscrit non appelé. Cette variation apparaît à part, juste avant la variation du capital souscrit, appelé, non versé.

S'ils ne présentent pas un caractère momentané, les concours bancaires courants sont à considérer dans la partie financement (augmentation des dettes financières). À défaut, ils font partie de la trésorerie.

3. Trésorerie

Les VMP peuvent être intégrées à l'actif de trésorerie dans la mesure où elles sont disponibles. Elles sont prises en compte pour leur montant net.

➔ **MINI-CAS 7 • CAS PRATIQUE 10**

4 Tableau de flux de trésorerie GEODE de la Banque de France

GEODE (Gestion Opérationnelle et Dynamique des Entreprises) est une prestation de services facturée par la Banque de France et réalisée par un analyste financier. Parmi les analyses proposées figure le tableau de flux de trésorerie GEODE (tab. 6.6).

Tableau 6.6. Tableau de flux de trésorerie GEODE (Banque de France)

		Exercice N
ACTIVITÉ		
	CAHT et autres produits d'exploitation	
–	Variation « clients » et autres créances d'exploitation	
=	Encaissements sur produits d'exploitation [a]	
	Achats et autres charges d'exploitation	
–	Variation « fournisseurs » et autres dettes d'exploitation	
=	Décaissements sur charges d'exploitation [b]	
	Flux de trésorerie d'exploitation [a] – [b]	
+	Flux liés aux opérations hors exploitation	
–	Charges d'intérêts	
–	Impôts sur les bénéfices décaissés	
–	Flux affecté à la participation des salariés	
–	Distribution mise en paiement	
	Flux de trésorerie interne A	
INVESTISSEMENT		
	Investissement d'exploitation hors production immobilisée	
+	Acquisitions de participations et titres immobilisés	
+	Variation des autres actifs immobilisés hors charges à répartir	
–	Subventions d'investissement reçues	
–	Variation des dettes sur immobilisations	
–	Encaissements sur cessions d'immobilisations	
	Flux lié aux investissements I	
FINANCEMENT		
=	Augmentation ou réduction du capital	
–	Variation des créances sur capital appelé non versé	
=	Flux lié au capital [c]	
	Nouveaux emprunts	
	dont nouveaux engagements de location-financement	
–	Remboursements d'emprunts	
=	Variation des emprunts [d]	
+	Variation de la trésorerie passif [e]	
	Flux lié au financement [c] + [d] + [e] = F	
VARIATION DE LA TRÉSORERIE ACTIF (A – I + F)		
VARIATION DE LA TRÉSORERIE NETTE (A – I + F – e)		

Le flux de trésorerie d'exploitation et le flux de trésorerie interne sont calculés à partir de la méthode directe (encaissements – décaissements).

Le flux de trésorerie d'exploitation permet de mesurer l'aptitude d'une entreprise à générer de la trésorerie du seul fait de ses opérations d'exploitation.

Le flux de trésorerie interne traduit la capacité de l'entreprise à conduire une stratégie de développement indépendamment des investissements et des financements externes. Ce flux de trésorerie tient compte des dividendes versés.

Le flux lié aux investissements (I) est calculé de façon inverse par rapport aux autres tableaux de flux : Décaissements sur achats d'immobilisations – encaissements sur achats d'immobilisations. Le solde I viendra donc en déduction lors du calcul de la variation de trésorerie.

La Banque de France procède au retraitement du crédit-bail et des effets escomptés non échus.

→ **MINI-CAS 7 • CAS PRATIQUE 10**

5 Commentaire d'un tableau de flux de trésorerie

La trésorerie est considérée comme un indicateur central pour l'analyse financière : une entreprise qui génère régulièrement une trésorerie importante est, en même temps, solvable, rentable et apte à assurer son développement. C'est pourquoi l'objectif assigné au tableau d'analyse de la variation de trésorerie est de fournir une information sur la capacité de l'entreprise à générer des liquidités et sur leur utilisation au cours de l'exercice écoulé.

L'analyse du tableau de flux de trésorerie sur plusieurs exercices consécutifs permet :
- d'identifier la capacité de l'activité à dégager de la trésorerie ;
- d'identifier les stratégies suivies par l'entreprise : stratégie de croissance (interne ou externe), de recentrage, de renouvellement des équipements, etc. ;
- d'apprécier son aptitude à financer ses investissements : les acquisitions d'immobilisations peuvent être auto-financées et/ou faire l'objet d'une augmentation de capital ou d'emprunts (le recours à l'emprunt est intéressant si l'effet de levier financier est positif et que l'entreprise n'est pas trop endettée) ;
- de juger sa capacité à supporter le poids de la dette et à faire face à ses engagements : en l'absence d'augmentation de capital et de nouvel endettement, on voit si l'entreprise dispose de liquidités suffisantes pour rembourser ses dettes financières et assurer le versement des dividendes.

Le tableau de flux de trésorerie constitue un instrument de détection d'éventuels risques de défaillance.

→ **CAS PRATIQUE 9 • CAS PRATIQUE 10**

1 Quiz

Vérifiez l'exactitude des propositions ci-après et justifiez-les.

	Vrai	Faux
1. L'EBE et la CAF constituent des flux de trésorerie.	☐	☐
2. L'excédent de trésorerie d'exploitation (ETE) est un indicateur de performance mais également un indicateur du risque de défaillance de l'entreprise.	☐	☐
3. Pour calculer l'ETE selon la méthode encaissements/décaissements, il faut tenir compte des variations de stocks de marchandises et de matières.	☐	☐
4. La notion d'activité est plus étroite que la notion d'exploitation.	☐	☐

2 Fractionnement du BFR ★★★

Indiquez pour chacun des postes du bilan ci-dessous s'il relève du BFR lié à l'activité, du BFR aux opérations d'investissement ou du BFR lié aux opérations de financement.

- Avances et acomptes versés sur commandes
- Capital souscrit appelé, non versé
- VMP
- Charges constatées d'avance
- Dettes fiscales et sociales
- Dettes diverses
- Intérêts courus sur emprunts
- Produits constatés d'avance
- Dettes sur immobilisations
- Créances diverses
- Avances et acomptes reçus sur commandes
- Intérêts courus sur prêts

3 Fractionnement de Δ BFR ★★★

À partir des informations suivantes :

Postes	Montants bruts	
	N	N–1
Stocks	4 000	3 800
Avances et acomptes versés	500	450
Créances clients et comptes rattachés	6 400	6 500
Créances sur immobilisations	–	150
Capital souscrit, appelé, non versé	1 000	–
Autres créances diverses	640	410

Postes	Montants bruts	
	N	N–1
VMP	460	300
Avances et acomptes reçus	140	150
Dettes fournisseurs et comptes rattachés	1 450	1 280
Dettes sur immobilisations	20	100
Intérêts courus (sur dettes financières)	30	25
Autres dettes diverses	45	10

1. *Calculez Δ BFRE, Δ BFRHE et Δ BFR conformément au PCG.*
2. *Détaillez la variation du BFR en calculant :*
   – *la variation du BFR lié à l'activité ;*
   – *la variation du BFR lié aux opérations d'investissement ;*
   – *la variation du BFR lié aux opérations de financement.*

Évaluer les savoirs | Maîtriser les compétences | Préparer l'épreuve

4 Mini-cas : Caf-Ete, excédent de trésorerie d'exploitation ★★★

Compétence attendue **Construire** un tableau de flux de trésorerie : **calculer** l'excédent d'exploitation

La société Caf-Ete vous communique les documents ci-après (en k€).
Calculez l'excédent de trésorerie d'exploitation (ETE) de deux façons différentes.

Document 1

Bilan au 31/12/N–1

ACTIF	Brut	A. et D.	Net	PASSIF	
Actif immobilisé				**Capitaux propres**	
Immobilisations incorporelles	50	30	20	Capital	500
				Réserves	70
Immobilisations corporelles	680	500	180	Résultat de l'exercice	40
				Provisions	
Immobilisations financières	270	50	220	Provisions pour risques	30
				Provisions pour charges	25

…

•••

ACTIF	Brut	A. et D.	Net	PASSIF	
Actif circulant				**Dettes**	
Stocks	100	30	70	Emprunts obligataires	200
Créances d'exploitation	405	85	320	Emprunts et dettes auprès des établissements de crédit	100
Créances diverses	150	–	150		
Valeurs mobilières de placement	80	–	80		
Disponibilités	70	–	70	Dettes fournisseurs	100
				Dettes fiscales et sociales	28
				Dettes diverses	17
Total	**1 805**	**695**	**1 110**	**Total**	**1 110**

Document 2

Bilan au 31/12/N

ACTIF	Brut	A. et D.	Net	PASSIF	
Actif immobilisé				**Capitaux propres**	
Immobilisations incorporelles	50	40	10	Capital	600
Immobilisations corporelles	1 000	500	500	Réserves	90
Immobilisations financières	350	50	300	Résultat de l'exercice	30
Actif circulant				**Provisions**	
Stocks	120	30	90	Provisions pour risques	20
Créances d'exploitation	505	90	415	Provisions pour charges	40
Créances diverses	140	–	140	**Dettes**	
Valeurs mobilières de placement	50	–	50	Emprunts obligataires	400
				Emprunts et dettes auprès des établissements de crédit	180
Disponibilités	15	–	15		
				Dettes fournisseurs	120
				Dettes fiscales et sociales	30
				Dettes diverses	10
Total	**2 230**	**710**	**1 520**	**Total**	**1 520**

Document 3

Le PCG prévoit une présentation optionnelle, plus détaillée, du compte de résultat : le système développé.

Compte de résultat de l'exercice N (système développé)

Charges			Produits		
Charges d'exploitation			**Produits d'exploitation**		
Coût d'achat des marchandises vendue		190	Ventes de marchandises		501
Achats de marchandises	200		Production vendue		1 000
Variations des stocks de marchandises	– 10		*Montant net du CA*		*1 501*
Consommation de l'exercice en provenance des tiers		720	Production stockée		–
Achats stockés d'approvisionnement	400		Production immobilisée		–
Variation des stocks d'approvisionn	– 10		Reprises		20
Achats non stockés	100				
Services extérieurs	230				
Impôts, taxes et versements assimilés		20			
Charges de personnel		340			
Dotations aux amortissements, aux dépréciations et provisions		130			
Total		**1 400**	**Total**		**1 521**
Charges financières		70	**Produits financiers**		12
Intérêts et charges assimilées	70		Autres intérêts et produits assimilés	12	
Charges exceptionnelles		10	**Produits exceptionnels**		8
Valeur comptable des éléments d'actif cédés	10		Produits des cessions d'éléments d'actif	8	
Participation des salariés		3			
Impôts sur les bénéfices		28			
Résultat de l'exercice		30			
Total général		**1 541**	**Total général**		**1 541**

Document 4

Autres informations

Sont soumis à la TVA : les ventes, les achats de marchandises, les autres achats et 50 % des services extérieurs; taux de la TVA : 20 %.

Les dettes fiscales et sociales relèvent de l'exploitation. Les dettes diverses relèvent du hors exploitation.

Les VMP seront assimilées à des disponibilités :

BFR N	605	BFRE N	475
BFR N–1	510	BFRE N–1	377
Δ BFR	95	Δ BFRE	98

La variation du BFR relève, en totalité, de l'activité.

5 Mini-cas : Caf-Ete, flux net de trésorerie lié à l'activité ★★★

Compétence attendue

Construire un tableau de flux de trésorerie : **calculer** le flux net de trésorerie lié à l'activité

À partir des informations données dans le mini-cas 4, calculez le flux net de trésorerie lié à l'activité de deux façons différentes.

6 Mini-cas : Caf-Ete, flux nets de trésorerie ★★★

Compétence attendue

Construire un tableau de flux de trésorerie : **calculer** le flux net de trésorerie lié aux opérations d'investissement. • **calculer** le flux net de trésorerie lié aux opérations de financement

La société Caf-Ete vous communique les informations complémentaires suivantes :

- Le montant des acquisitions d'immobilisations s'est élevé à 500 k€ au cours de l'exercice N.
- La société a souscrit de nouvelles dettes financières pour 380 k€ au cours de l'exercice N.

1. *Calculez le flux net de trésorerie lié aux opérations d'investissement.*
2. *Calculez le flux net de trésorerie lié aux opérations de financement.*
3. *Contrôlez vos résultats et commentez-les succinctement.*

7 Mini-cas : Fuxté ★★★

Compétence attendue

Construire un tableau de flux de trésorerie

La SAS Fuxté vous transmet dans les documents ci-après son dernier compte de résultat, la première partie de son tableau de financement et quelques informations complémentaires (en k€).

1. *Présentez le tableau de flux de trésorerie simplifié.*
2. *Présentez le tableau de flux de trésorerie de l'OEC (option 1) en vous aidant des informations ci-dessous :*

Montants nets	N	N–1
Stocks	1 200	1 020
Clients	13 200	11 600

- Les CBC sont momentanés.
- Dotations aux dépréciations de l'actif circulant : 220 k€.
- Reprises sur dépréciations de l'actif circulant : 20 k€.

3. *Présentez le tableau de flux de trésorerie GEODE de la Banque de France.*

Document 1

Compte de résultat (système développé) de l'exercice N

Charges			Produits		
Charges d'exploitation			**Produits d'exploitation**		30 000
Coût d'achat des marchandises vendues		3 800	Ventes de marchandises	10 000	
Achats de marchandises	4 000		Production vendue	20 000	
Variation des stocks de marchandises	– 200		*Montant net du CA*		*30 000*
Consommations de l'exercice en provenance des tiers		14 400	Production stockée	–	
Achats stockés d'approvisionnements	8 000		Production immobilisée	–	
Variation des stocks d'approvisionnements	– 200		Autres produits	160	160
Autres charges externes	6 600		Reprises et transfert de charges	400	400
Impôts, taxes et versements assimilés		400	**Total**		**30 560**
Charges de personnel		6 800			
Dotations aux amortissements, dépréciations et provisions		2 600			
Total		**28 000**			

•••

...

Charges			Produits		
Charges financières			**Produits financiers**[1]		240
Intérêts et charges assimilés		1 840	**Produits exceptionnels**		280
Charges exceptionnelles		500	Produits des cessions d'éléments d'actif	180	
Valeur comptable des éléments d'actif cédés	500		Quote-part de subventions d'investissement	100	
Participation des salariés		80			
Impôts sur les bénéfices		160			
Résultat de l'exercice		500			
Total général		**31 080**	**Total général**		**31 080**

[1] Intérêts et produits assimilés

Document 2

Tableau de financement (partie 1) de l'exercice N

Emplois stables		Ressources durables	
Dividendes distribués	400	CAF	2 920
Acquisitions d'éléments de l'actif immobilisé		Cessions ou réductions d'éléments de l'actif	180
Immobilisations incorporelles	1 500		
Immobilisations corporelles	6 600		
Immobilisations financières	1 600		
Charges à répartir	–	Augmentation des capitaux propres	5 000
Remboursements des dettes financières	2 000	Augmentation des dettes financières	5 600
Total des emplois	12 100	Total des ressources	13 700
Variation du FRNG (ressource nette)	1 600	**Variation du FRNG** (emploi net)	

Document 3

Informations complémentaires

Postes nécessaires au calcul de Δ BFR	N	N–1
Stocks	1 420	1 020
Créances clients	13 230	11 650
Dettes fournisseurs	4 130	4 060
Dettes fiscales :		
• TVA	360	270
• IS	40	30
Dettes sur immobilisations	800	750
Trésorerie	**N**	**N–1**
Disponibilités	585	580
Concours bancaires courants	420	255

Évaluer les savoirs — Maîtriser les compétences — Préparer l'épreuve

8 Cas pratique : Palas ★★★

30 min

Compétence attendue **Construire** un tableau de flux de trésorerie

Le compte de résultat (en milliers d'euros) de l'entreprise Palas, relatif à l'exercice N se présente ainsi (système développé) :

Charges			Produits		
Charges d'exploitation			**Produits d'exploitation**		
Coût d'achat des marchandises vendues		420	Ventes de marchandises	1 425	1 425
Achats de marchandises	400		Production vendue	–	–
Variation des stocks de marchandises	20		*Montant net du chiffre d'affaires*		*1 425*
Consommation de l'exercice en provenance des tiers		200	Reprises sur provisions		10
Achats stockés d'approvisionnements	60				
Variation des stocks d'approvisionnements	– 10				
Achats non stockés	80				
Services extérieurs	70				
Impôts, taxes et versements assimilés		12			
Charges de personnel		500			
DADP		100			
Total		**1 232**	**Total**		**1 435**

Charges			Produits		
Charges financières		**38**	**Produits financiers**		**2**
Intérêts et charges assimilées	38		Autres intérêts et produits ass.		–
Charges exceptionnelles		**14**	**Produits exceptionnels**		**33**
Valeur comptable des éléments d'actif cédés	14		Produits des cessions d'éléments d'actif	18	
Participation des salariés aux résultats		**2**	Quote-part des subventions d'investissement virée au résultat de l'exercice	15	
Impôts sur les bénéfices		**92**			
Résultat de l'exercice		**92**			
Total général		**1 470**	**Total général**		**1 470**

Par ailleurs, pour l'exercice N, le taux de TVA est de 20 % et les données sont les suivantes :

- Variation des créances d'exploitation : 130 k€
- Variation des dettes d'exploitation : – 20 k€
- Variation du besoin en fonds de roulement hors exploitation : 5 k€

Missions

1. *Calculez la variation du besoin en fonds de roulement d'exploitation (Δ BFRE).*
2. *Calculez la variation du besoin en fonds de roulement (Δ BFR).*
3. *Calculez l'excédent de trésorerie d'exploitation (ETE) de deux façons différentes.*
4. *Calculez le flux net de trésorerie généré par l'activité (FNTA).*

9 Cas pratique : Gracie ★★★

40 min

Compétences attendues

- **Identifier** le rôle de la trésorerie dans le risque de défaillance
- **Construire** un tableau de flux de trésorerie
- **Conduire** un diagnostic à partir des tableaux de flux

La société Gracie est une PME dont l'activité principale est la vente de machines-outils à commande numérique, principalement des tours et des fraiseuses.

L'entreprise a connu une forte croissance au cours des années N–10 mais la concurrence s'est intensifiée et la société Gracie connaît de sérieuses difficultés depuis quelques années : son chiffre d'affaires a été divisé par trois entre N–2 et N, passant de 60 millions d'euros à 21 millions d'euros.

Le directeur financier, inquiet quant à l'avenir de l'entreprise, souhaite évaluer son risque de défaillance. Il vous demande d'élaborer un tableau de flux relatif à l'exercice N et de procéder à un travail d'analyse précis.

Missions

1. *Expliquez en quoi l'analyse de la trésorerie est un moyen particulièrement pertinent pour évaluer la performance de l'entreprise et son risque de défaillance.*

2. *Vérifiez la CAF (PCG) et calculez la CAF retraitée.*
3. *À partir des documents 1 à 3, présentez le tableau de flux de trésorerie simplifié.*
4. *Commentez vos résultats.*

Document 1

Tableaux de financement de l'exercice N (en k€)

Première partie

Emplois	Exercice N	Ressources	Exercice N
Distributions mises en paiement au cours de l'exercice	20	Capacité d'autofinancement de l'exercice	497
Acquisition d'éléments de l'actif immobilisé		Cessions ou réductions de l'actif immobilisé	
Immobilisations incorporelles	14	Immobilisations incorporelles	10
Immobilisations corporelles	152	Immobilisations corporelles	
Immobilisations financières		Immobilisations financières	
Charges à répartir sur plusieurs exercices(1)	–	Augmentation des capitaux propres(2)	
Réduction des capitaux propres	–	Augmentation de capital ou apports	200
Remboursement des dettes financières	184	Augmentation des autres capitaux propres	40
		Augmentation des dettes financières	290
Total des emplois	**370**	**Total des ressources**	**1 037**
Variation du fonds de roulement net global (Ressource nette)	667	Variation du fonds de roulement net global (Emploi net)	

(1) Frais d'émission d'emprunt à étaler.
(2) Augmentation en numéraire et subvention d'investissement encaissée en fin d'exercice.

Deuxième partie

Variation du fonds de roulement net global	Besoins (1)	Dégagements (2)	Solde (2) – (1)
Variation « Exploitation »			
Variation des actifs d'exploitation			
Stocks et en-cours	389		
Avances et acomptes versés sur commandes			
Créances clients, comptes rattachés et autres créances d'exploitation		4 236	

•••

•••

Variation du fonds de roulement net global	Besoins (1)	Dégagements (2)	Solde (2) – (1)
Variation des dettes d'exploitation			
Avances et acomptes reçus sur commandes			
Dettes fournisseurs, comptes rattachés et autres dettes d'exploitation	2 311		
Totaux	**2 700**	**4 236**	
A. VARIATION NETTE « EXPLOITATION »			1 536
Variation « Hors exploitation »			
Variation des autres débiteurs	621		
Variation des autres créditeurs	21		
Totaux	**642**	**0**	
B. VARIATION NETTE « HORS EXPLOITATION »			– 642
Total (A + B) Besoin de l'exercice en fonds de roulement ou Dégagement net de fonds de roulement dans l'exercice			+ 894
Variation « Trésorerie »			
Variation des disponibilités	478		
Variation des concours bancaires courants et soldes créditeurs de banques	1 083		
Totaux	**1 561**		
C. VARIATION NETTE « TRÉSORERIE »			– 1 561
Variation du fonds de roulement net global (A + B + C) Emploi net ou Ressource nette			– 667

Document 2

Compte de résultat de l'exercice N (en k€)

Charges (hors taxes)	N Détail	N Totaux partiels	N–1 Totaux partiels
Charges d'exploitation			
Coût d'achat des marchandises vendues dans l'exercice		14 094	19 245
Achats de marchandises	14 483		
Variation de stock [marchandises]	– 389		
Consommation de l'exercice en provenance des tiers		2 711	2 921
Achats stockés d'approvisionnements			
– matières premières			
– autres appro.			
Variation de stocks d'approvisionnements			
Achats de sous-traitance	273		
Achats non stockés de matières et de fournitures	123		
– personnel extérieur	170		
– loyers en crédit-bail	428		
– autres	1 717		
Impôts, taxes et versements assimilés		282	332
Sur rémunérations	56		
Autres	226		
Charges de personnel		3 598	3 181
Salaire et traitements	2 538		
Charges sociales	1 060		
Dotations aux amortissements et dépréciations		1 138	1 394
Sur immobilisations : dotations aux amortissements	185		

Produits (hors taxes)	N Détail	N Totaux partiels	N–1 Totaux partiels
Produits d'exploitation			
Ventes de marchandises		17 453	21 809
Production vendue		3 744	3 521
Ventes	3 744		
Travaux			
Prestations de services			
Montant net du CA		21 197	25 330
dont à l'exportation			
Production stockée			
En-cours de production de biens			
En-cours de production de services			
Production immobilisée			
Subventions d'exploitation			
Reprises sur dépréciations (et provisions)		1 439	1 354
Transfert de charges		55	49
Autres produits			

...

…

Charges (hors taxes)	N		N-1	Produits (hors taxes)	N		N-1
	Détail	Totaux partiels	Totaux partiels		Détail	Totaux partiels	Totaux partiels
Sur immobilisations : dotations aux dépréciations							
Sur actif circulant : dotations aux dépréciations	838						
Dotations aux provisions	115						
Autres charges		7	54				
Total		**21 830**	**27 127**	**Total**		**22 691**	**26 733**
Quotes-parts de résultat sur opérations faites en commun				Quotes-parts de résultat sur opérations faites en commun			
Charges financières				**Produits financiers**			
Dotations aux amortissements, dépréciations et provisions		192	496	De participations			
Intérêts et charges assimilées		239	374	D'autres valeurs mobilières et créances de l'actif immobilisé			
Différences négatives de change		1		Autres intérêts et produits assimilés	3		2
Charges nettes sur cessions de valeurs mobilières de placement				Reprises sur dépréciations et provisions	2		
				Différences positives de change			
				Produits nets sur cessions de valeurs mobilières de placement			
Total		**432**	**870**	**Total**	**5**		**2**
Charges exceptionnelles				**Produits exceptionnels**			
Sur opérations de gestion		66	18	Sur opérations de gestion	262		36
Sur opérations en capital			39	Sur opérations en capital			437
Valeurs comptables des éléments immobiliers et financiers cédés				Produits des cessions d'éléments d'actif			
Autres				Subventions d'investissement virées au résultat de l'exercice			
Dotations aux amortissements, dépréciations et provisions :		298	19				
Dotations aux dépréciations réglementées				Reprises sur dépréciations et transferts de charges exceptionnelles			23

…

...

Charges (hors taxes)	N		N–1	Produits (hors taxes)	N		N–1
	Détail	Totaux partiels	Totaux partiels		Détail	Totaux partiels	Totaux partiels
Dotations aux amortissements et aux autres dépréciations	298						
Total		**364**	**76**	**Total**	**262**		**496**
Participation des salariés aux résultats Impôts sur les bénéfices Solde créditeur : **bénéfice**		22 310		Solde débiteur : **perte**			842
Total général		**22 958**	**28 073**	**Total général**	**22 958**		**28 073**

D'après un sujet d'examen

Document 3

Informations complémentaires relatives à la société Gracie

Tableau de financement

• Les créances cédées non échues ainsi que le crédit-bail n'ont pas été retraités dans le tableau de financement.

• Les acquisitions d'immobilisations incorporelles correspondent à l'achat d'un brevet.

• La variation des autres débiteurs (hors exploitation) se décompose comme suit :

	N	N–1	Variation
Autres débiteurs	1 509 k€	888 k€	+ 621

• La variation des autres créditeurs (hors exploitation) se décompose comme suit :

	N	N–1	Variation
Dettes sur immobilisations	28 k€	0	
Dettes d'IS	3 k€	0	
Intérêts courus sur emprunt	66 k€	118 k€	
Autres créditeurs	97 k€	118 k€	– 21

Engagement hors bilan

• Au cours de l'exercice N–1, la société a financé un nouveau matériel industriel d'une valeur de 1 500 k€ par un contrat de crédit-bail. La durée du contrat est de 5 ans (soit la durée de vie probable du matériel). La redevance trimestrielle de crédit-bail est de 107 k€. La valeur résiduelle du bien est négligeable.

• Les créances cédées non échues s'élèvent à :

– 198 k€ au 31/12/N;

– 153 k€ au 31/12/N–1.

10 Cas pratique : Electra ★★★

45 min

Compétences attendues

- **Distinguer** tableau de financement et tableau de flux de trésorerie
- **Construire** un tableau de flux de trésorerie
- **Conduire** un diagnostic à partir des tableaux de flux
- **Conduire** un diagnostic financier à partir de données financières
- **Proposer** une conclusion générale à un diagnostic financier

Missions

À partir des informations contenues dans les documents 1 à 3 :

1. *Calculez la CAF.*
2. *Identifiez les points communs et les différences entre un tableau de financement et un tableau de flux de trésorerie.*
3. *Présentez le tableau des flux de trésorerie simplifié (sans détailler la CAF).*
4. *Établissez le tableau de flux de trésorerie de l'OEC (en partant du résultat de l'exercice). Commentez le résultat obtenu.*
5. *Établissez le tableau des flux de trésorerie de la Banque de France. Les CBC sont momentanés. Commentez le résultat obtenu.*

Document 1

Informations complémentaires

Une augmentation de capital a eu lieu au début de l'exercice N :
– par incorporation de réserves à concurrence de 180 000 € ;
– par apports en numéraire partiellement libérés, pour le reste.

Des dividendes ont été distribués pour un montant de 300 000 €.

Deux cessions sont intervenues en N :
– un matériel acquis 140 000 € et totalement amorti a été vendu pour une somme de 40 350 €, du nouveau matériel a été acquis en remplacement;
– un mobilier a également été remplacé : sa valeur d'origine, égale à 45 000 €, était amortie à 50 % au moment de la cession qui a été réalisée pour un prix de 10 000 €.

Un prêt de 20 000 € figurant à l'actif du bilan N–1 a été remboursé en N.

Il n'y a pas eu de nouvelle subvention d'investissement en N.

Les VMP peuvent être assimilées à des disponibilités.

Les autres créances et autres dettes relèvent de l'activité.

L'augmentation des frais d'établissement est assimilée à une acquisition d'immobilisation incorporelle.

Les dettes financières à moins d'un an s'élèvent à 194 000 € fin N–1 et à 200 000 € fin N.

Document 2

Formulaires fiscaux – Exercice N–1

cerfa N° 15949 * 01
Formulaire obligatoire (article 53 A du code général des impôts).

① BILAN – ACTIF

DGFiP N° 2050-SD 2019

Désignation de l'entreprise : ELECTRA — Durée de l'exercice exprimée en nombre de mois *
Adresse de l'entreprise — Durée de l'exercice précédent *
Numéro SIRET * — Néant ☐ *

Exercice N clos le, 31 12 N – 1

				Brut 1		Amortissements, provisions 2	Net 3
	Capital souscrit non appelé (I)	AA					
ACTIF IMMOBILISÉ *	IMMOBILISATIONS INCORPORELLES	Frais d'établissement *	AB	600 000	AC	450 000	150 000
		Frais de développement *	CX		CQ		
		Concessions, brevets et droits similaires	AF	200 000	AG	90 000	110 000
		Fonds commercial (1)	AH		AI		
		Autres immobilisations incorporelles	AJ		AK		
		Avances et acomptes sur immobilisations incorporelles	AL		AM		
	IMMOBILISATIONS CORPORELLES	Terrains	AN	1 000 000	AO		1 000 000
		Constructions	AP	1 800 000	AQ	1 200 000	600 000
		Installations techniques, matériel et outillage industriels	AR	950 000	AS	640 000	310 000
		Autres immobilisations corporelles	AT	170 000	AU	110 000	60 000
		Immobilisations en cours	AV		AW		
		Avances et acomptes	AX		AY		
	IMMOBILISATIONS FINANCIÈRES (2)	Participations évaluées selon la méthode de mise en équivalence	CS		CT		
		Autres participations	CU	120 000	CV	10 000	110 000
		Créances rattachées à des participations	BB		BC		
		Autres titres immobilisés	BD		BE		
		Prêts	BF	48 000	BG		48 000
		Autres immobilisations financières *	BH		BI		
		TOTAL (II)	BJ	4 888 000	BK	2 500 000	2 388 000
ACTIF CIRCULANT	STOCKS *	Matières premières, approvisionnements	BL	925 000	BM	32 000	893 000
		En-cours de production de biens	BN		BO		
		En-cours de production de services	BP		BQ		
		Produits intermédiaires et finis	BR	456 000	BS	30 000	426 000
		Marchandises	BT		BU		
		Avances et acomptes versés sur commandes	BV		BW		
	CRÉANCES	Clients et comptes rattachés (3)*	BX	678 000	BY	51 000	627 000
		Autres créances (3)	BZ	4 000	CA		4 000
		Capital souscrit et appelé, non versé	CB		CC		
	DIVERS	Valeurs mobilières de placement (dont actions propres :……………)	CD		CE		
		Disponibilités	CF	118 500	CG		118 500
Comptes de régularisation		Charges constatées d'avance (3)*	CH		CI		
		TOTAL (III)	CJ	2 181 500	CK	113 000	2 068 500
		Frais d'émission d'emprunt à étaler (IV)	CW	94 500			94 500
		Primes de remboursement des obligations (V)	CM				
		Écarts de conversion actif * (VI)	CN				
		TOTAL GÉNÉRAL (I à VI)	CO	7 164 000	1A	2 613 000	4 551 000

Renvois : (1) Dont droit au bail :		(2) Part à moins d'un an des immobilisations financières nettes :	CP	(3) Part à plus d'un an :	CR
Clause de réserve de propriété : *	Immobilisations :		Stocks :		Créances :

* Des explications concernant cette rubrique sont données dans la notice n° 2032

N° 2050-SD – (SDNC-DGFiP) - Novembre 2018

Formulaire obligatoire (article 53 A du Code général des impôts)

② **BILAN — PASSIF avant répartition**

DGFiP N° 2051-SD 2019

Désignation de l'entreprise ELECTRA — Néant ☐*

			Exercice N–1
CAPITAUX PROPRES	Capital social ou individuel (1)* (Dont versé : ....)	DA	2 200 000
	Primes d'émission, de fusion, d'apport, ...	DB	
	Ecarts de réévaluation (2)* (dont écart d'équivalence EK)	DC	
	Réserve légale (3)	DD	200 000
	Réserves statutaires ou contractuelles	DE	
	Réserves réglementées (3)* (Dont réserve spéciale des provisions pour fluctuation des cours B1)	DF	
	Autres réserves (Dont réserve relative à l'achat d'œuvres originales d'artistes vivants * EJ)	DG	210 000
	Report à nouveau	DH	8 000
	RÉSULTAT DE L'EXERCICE (bénéfice ou perte)	DI	598 000
	Subventions d'investissement	DJ	120 000
	Provisions réglementées *	DK	10 000
	TOTAL (I)	DL	3 346 000
Autres fonds propres	Produit des émissions de titres participatifs	DM	
	Avances conditionnées	DN	
	TOTAL (II)	DO	
Provisions pour risques et charges	Provisions pour risques	DP	82 000
	Provisions pour charges	DQ	113 000
	TOTAL (III)	DR	195 000
DETTES (4)	Emprunts obligataires convertibles	DS	
	Autres emprunts obligataires	DT	
	Emprunts et dettes auprès des établissements de crédit (5)	DU	226 000
	Emprunts et dettes financières divers (Dont emprunts participatifs EI)	DV	186 000
	Avances et acomptes reçus sur commandes en cours	DW	
	Dettes fournisseurs et comptes rattachés	DX	434 000
	Dettes fiscales et sociales	DY	122 000
	Dettes sur immobilisations et comptes rattachés	DZ	32 000
	Autres dettes	EA	10 000
Compte régul.	Produits constatés d'avance (4)	EB	
	TOTAL (IV)	EC	1 010 000
	Ecarts de conversion passif * **(V)**	ED	
	TOTAL GÉNÉRAL (I à V)	EE	4 551 000

RENVOIS			
(1)	Écart de réévaluation incorporé au capital	1B	
(2) Dont	Réserve spéciale de réévaluation (1959)	1C	
	Écart de réévaluation libre	1D	
	Réserve de réévaluation (1976)	1E	
(3)	Dont réserve spéciale des plus-values à long terme *	EF	
(4)	Dettes et produits constatés d'avance à moins d'un an	EG	
(5)	Dont concours bancaires courants, et soldes créditeurs de banques et CCP	EH	15 000

* Des explications concernant cette rubrique sont données dans la notice n° 2032.

N° 2051-SD – (SDNC-DGFiP) - Novembre 2018

Document 2

Formulaires fiscaux – Exercice N

cerfa N° 15949 * 01
Formulaire obligatoire (article 53 A du code général des impôts).

① **BILAN — ACTIF**

DGFiP N° 2050-SD 2019

Désignation de l'entreprise : ELECTRA — Durée de l'exercice exprimée en nombre de mois * ⌴⌴

Adresse de l'entreprise — Durée de l'exercice précédent * ⌴⌴

Numéro SIRET * ☐☐☐☐☐☐☐☐☐☐☐☐☐☐ — Néant ☐ *

Exercice N clos le, 31/12/N

				Brut 1		Amortissements, provisions 2	Net 3
		Capital souscrit non appelé (I)	AA				
ACTIF IMMOBILISÉ *	IMMOBILISATIONS INCORPORELLES	Frais d'établissement *	AB	630 000	AC	520 000	110 000
		Frais de développement *	CX		CQ		
		Concessions, brevets et droits similaires	AF	240 000	AG	120 000	120 000
		Fonds commercial (1)	AH		AI		
		Autres immobilisations incorporelles	AJ		AK		
		Avances et acomptes sur immobilisations incorporelles	AL		AM		
	IMMOBILISATIONS CORPORELLES	Terrains	AN	1 490 000	AO		1 490 000
		Constructions	AP	1 800 000	AQ	1 300 000	500 000
		Installations techniques, matériel et outillage industriels	AR	1 160 000	AS	680 000	480 000
		Autres immobilisations corporelles	AT	200 000	AU	128 000	72 000
		Immobilisations en cours	AV		AW		
		Avances et acomptes	AX		AY		
	IMMOBILISATIONS FINANCIÈRES (2)	Participations évaluées selon la méthode de mise en équivalence	CS		CT		
		Autres participations	CU		CV		
		Créances rattachées à des participations	BB	140 000	BC	15 000	125 000
		Autres titres immobilisés	BD		BE		
		Prêts	BF	32 000	BG		32 000
		Autres immobilisations financières *	BH		BI		
		TOTAL (II)	BJ	5 692 000	BK	2 763 000	2 929 000
ACTIF CIRCULANT	STOCKS *	Matières premières, approvisionnements	BL	1 412 000	BM	48 000	1 364 000
		En-cours de production de biens	BN		BO		
		En-cours de production de services	BP		BQ		
		Produits intermédiaires et finis	BR	506 000	BS	31 000	475 000
		Marchandises	BT		BU		
		Avances et acomptes versés sur commandes	BV		BW		
	CRÉANCES	Clients et comptes rattachés (3)*	BX	832 000	BY	77 000	755 000
		Autres créances (3)	BZ	8 000	CA		8 000
		Capital souscrit et appelé, non versé	CB	40 000	CC		40 000
	DIVERS	Valeurs mobilières de placement (dont actions propres : ....)	CD	9 000	CE	2 000	7 000
		Disponibilités	CF	12 000	CG		12 000
Comptes de régularisation		Charges constatées d'avance (3)*	CH		CI		
		TOTAL (III)	CJ	2 819 000	CK	158 000	2 661 000
		Frais d'émission d'emprunt à étaler (IV)	CW	32 500			32 500
		Primes de remboursement des obligations (V)	CM				
		Écarts de conversion actif * (VI)	CN				
		TOTAL GÉNÉRAL (I à VI)	CO	8 543 500	1A	2 921 000	5 622 500

Renvois : (1) Dont droit au bail : — (2) Part à moins d'un an des immobilisations financières nettes : CP — (3) Part à plus d'un an : CR

Clause de réserve de propriété : * — Immobilisations : — Stocks : — Créances :

* Des explications concernant cette rubrique sont données dans la notice n° 2032

N° 2050-SD – (SDNC-DGFiP) - Novembre 2018

•••

Formulaire obligatoire (article 53 A du Code général des impôts)

② **BILAN — PASSIF avant répartition**

DGFiP N° 2051-SD 2019

Désignation de l'entreprise ELECTRA — Néant ☐*

			Exercice N
CAPITAUX PROPRES	Capital social ou individuel (1)* (Dont versé : ....)	DA	2 600 000
	Primes d'émission, de fusion, d'apport, ...	DB	148 000
	Ecarts de réévaluation (2)* (dont écart d'équivalence EK)	DC	
	Réserve légale (3)	DD	220 000
	Réserves statutaires ou contractuelles	DE	
	Réserves réglementées (3)* (Dont réserve spéciale des provisions pour fluctuation des cours B1)	DF	
	Autres réserves (Dont réserve relative à l'achat d'œuvres originales d'artistes vivants * EJ)	DG	298 000
	Report à nouveau	DH	18 000
	RÉSULTAT DE L'EXERCICE (bénéfice ou perte)	DI	815 000
	Subventions d'investissement	DJ	90 000
	Provisions réglementées *	DK	10 000
	TOTAL (I)	DL	4 199 000
Autres fonds propres	Produit des émissions de titres participatifs	DM	
	Avances conditionnées	DN	
	TOTAL (II)	DO	
Provisions pour risques et charges	Provisions pour risques	DP	91 000
	Provisions pour charges	DQ	124 000
	TOTAL (III)	DR	215 000
DETTES (4)	Emprunts obligataires convertibles	DS	
	Autres emprunts obligataires	DT	
	Emprunts et dettes auprès des établissements de crédit (5)	DU	295 000
	Emprunts et dettes financières divers (Dont emprunts participatifs EI)	DV	100 400
	Avances et acomptes reçus sur commandes en cours	DW	
	Dettes fournisseurs et comptes rattachés	DX	643 000
	Dettes fiscales et sociales	DY	165 000
	Dettes sur immobilisations et comptes rattachés	DZ	
	Autres dettes	EA	5 100
Compte régul.	Produits constatés d'avance (4)	EB	
	TOTAL (IV)	EC	1 208 500
	Ecarts de conversion passif * **(V)**	ED	
	TOTAL GÉNÉRAL (I à V)	EE	5 622 500
RENVOIS	(1) Écart de réévaluation incorporé au capital	1B	
	(2) Dont Réserve spéciale de réévaluation (1959)	1C	
	Écart de réévaluation libre	1D	
	Réserve de réévaluation (1976)	1E	
	(3) Dont réserve spéciale des plus-values à long terme *	EF	
	(4) Dettes et produits constatés d'avance à moins d'un an	EG	
	(5) Dont concours bancaires courants, et soldes créditeurs de banques et CCP	EH	94 000

* Des explications concernant cette rubrique sont données dans la notice n° 2032.

N° 2051-SD – (SDNC-DGFiP) - Novembre 2018

•••

•••

Formulaire obligatoire (article 53 A du Code général des impôts).

③ COMPTE DE RÉSULTAT DE L'EXERCICE (En liste)

DGFiP N° 2052-SD 2019

Désignation de l'entreprise : ELECTRA — Néant ☐ *

		Exercice N					
			France		Exportations et livraisons intracommunautaires		Total
PRODUITS D'EXPLOITATION	Ventes de marchandises *	FA		FB		FC	
	Production vendue – biens *	FD	5 947 500	FE		FF	
	Production vendue – services *	FG		FH		FI	
	Chiffres d'affaires nets *	FJ	5 947 500	FK		FL	5 947 500
	Production stockée *					FM	50 000
	Production immobilisée *					FN	
	Subventions d'exploitation					FO	
	Reprises sur amortissements et provisions, transferts de charges * (9)					FP	1 000
	Autres produits (1) (11)					FQ	14 000
	Total des produits d'exploitation (2) (I)					FR	6 012 500
CHARGES D'EXPLOITATION	Achats de marchandises (y compris droits de douane)*					FS	
	Variation de stock (marchandises)*					FT	
	Achats de matières premières et autres approvisionnements (y compris droits de douane)*					FU	3 053 400
	Variation de stock (matières premières et approvisionnements)*					FV	– 487 000
	Autres achats et charges externes (3) (6 bis)*					FW	312 000
	Impôts, taxes et versements assimilés *					FX	66 000
	Salaires et traitements *					FY	890 000
	Charges sociales (10)					FZ	441 100
	DOTATIONS D'EXPLOITATION – Sur immobilisations – dotations aux amortissements *					GA	482 500
	DOTATIONS D'EXPLOITATION – Sur immobilisations – dotations aux provisions					GB	5 000
	DOTATIONS D'EXPLOITATION – Sur actif circulant : dotations aux provisions *					GC	44 000
	DOTATIONS D'EXPLOITATION – Pour risques et charges : dotations aux provisions					GD	20 000
	Autres charges (12)					GE	
	Total des charges d'exploitation (4) (II)					GF	4 827 000
1 - RÉSULTAT D'EXPLOITATION (I – II)						GG	1 185 500
opérations en commun	Bénéfice attribué ou perte transférée * (III)					GH	
	Perte supportée ou bénéfice transféré * (IV)					GI	
PRODUITS FINANCIERS	Produits financiers de participations (5)					GJ	12 420
	Produits des autres valeurs mobilières et créances de l'actif immobilisé (5)					GK	
	Autres intérêts et produits assimilés (5)					GL	9 540
	Reprises sur provisions et transferts de charges					GM	
	Différences positives de change					GN	
	Produits nets sur cessions de valeurs mobilières de placement					GO	14 890
	Total des produits financiers (V)					GP	36 850
CHARGES FINANCIÈRES	Dotations financières aux amortissements et provisions *					GQ	2 000
	Intérêts et charges assimilées (6)					GR	55 250
	Différences négatives de change					GS	11 200
	Charges nettes sur cessions de valeurs mobilières de placement					GT	
	Total des charges financières (VI)					GU	68 450
2 - RÉSULTAT FINANCIER (V – VI)						GV	– 31 600
3 - RÉSULTAT COURANT AVANT IMPÔTS (I – II + III – IV + V – VI)						GW	1 153 900

(RENVOIS : voir tableau n° 2053) * Des explications concernant cette rubrique sont données dans la notice n° 2032.

N° 2052-SD – (SDNC-DGFiP) - Novembre 2018

•••

•••

Formulaire obligatoire (article 53 A du Code général des impôts)

④ COMPTE DE RÉSULTAT DE L'EXERCICE (Suite)

DGFiP N° 2053-SD 2019

Désignation de l'entreprise ELECTRA

Néant ☐ *

			Exercice N
PRODUITS EXCEPTIONNELS	Produits exceptionnels sur opérations de gestion	HA	
	Produits exceptionnels sur opérations en capital *	HB	80 350
	Reprises sur provisions et transferts de charges	HC	
	Total des produits exceptionnels (7) **(VII)**	HD	80 350
CHARGES EXCEPTIONNELLES	Charges exceptionnelles sur opérations de gestion (6 *bis*)	HE	
	Charges exceptionnelles sur opérations en capital *	HF	22 500
	Dotations exceptionnelles aux amortissements et provisions (6 *ter*)	HG	
	Total des charges exceptionnelles (7) **(VIII)**	HH	22 500
4 — RÉSULTAT EXCEPTIONNEL (VII — VIII)		HI	57 850
Participation des salariés aux résultats de l'entreprise **(IX)**		HJ	49 750
Impôts sur les bénéfices * **(X)**		HK	347 000
	TOTAL DES PRODUITS (I + III + V + VII)	HL	6 219 700
	TOTAL DES CHARGES (II + IV + VI + VIII + IX + X)	HM	5 314 700
5 — BÉNÉFICE OU PERTE (Total des produits — total des charges)		HN	815 000
RENVOIS	(1) Dont produits nets partiels sur opérations à long terme	HO	
	(2) Dont produits de locations immobilières	HY	
	(2) Dont produits d'exploitation afférents à des exercices antérieurs (à détailler au (8) ci- dessous)	1G	
	(3) Dont — Crédit-bail mobilier *	HP	
	(3) Dont — Crédit-bail immobilier	HQ	
	(4) Dont charges d'exploitation afférentes à des exercices antérieurs (à détailler au (8) ci- dessous)	1H	
	(5) Dont produits concernant les entreprises liées	1J	
	(6) Dont intérêts concernant les entreprises liées	1K	
	(6bis) Dont dons faits aux organismes d'intérêt général (art. 238 *bis* du C.G.I.)	HX	
	(6ter) Dont amortissements des souscriptions dans des PME innovantes (art. 217 octies)	RC	
	Dont amortissements exceptionnel de 25% des constructions nouvelles (art. 39 quinquies D)	RD	
	(9) Dont transferts de charges	A1	
	(10) Dont cotisations personnelles de l'exploitant (13)	A2	
	(11) Dont redevances pour concessions de brevets, de licences (produits)	A3	
	(12) Dont redevances pour concessions de brevets, de licences (charges)	A4	
	(13) Dont primes et cotisations complémentaires personnelles : facultatives A6 obligatoires A9		

(7) Détail des produits et charges exceptionnels (Si le nombre de lignes est insuffisant, reproduire le cadre (7) et le joindre en annexe) :	Exercice N — Charges exceptionnelles	Exercice N — Produits exceptionnels

(8) Détail des produits et charges sur exercices antérieurs :	Exercice N — Charges antérieures	Exercice N — Produits antérieurs

N° 2053-SD – (SDNC-DGFiP) - Novembre 2018

* Des explications concernant cette rubrique sont données dans la notice n° 2032.

SYNTHÈSE

Les tableaux de flux de trésorerie

Pour passer d'un flux de fonds à un **flux de trésorerie**, il faut tenir compte du financement des nouveaux stocks et des nouveaux décalages de paiement.

Périmètre	Flux de fonds (trésorerie potentiellement dégagée)	Flux de trésorerie (trésorerie réellement dégagée)
Exploitation au sens strict	EBE	EBE – Δ BFRE = ETE
Activité	CAF	CAF – Δ BFR lié à l'activité (Δ TA)

Une évolution non contrôlée du BFRE peut se traduire par un effet de ciseaux

↗ **EBE** mais ↘ **ETE**

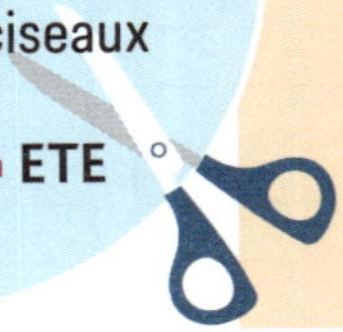

Les **tableaux de flux de trésorerie** comprennent trois parties (Activité, Investissement, Financement), ce qui oblige à fractionner en trois la variation du BFR.

Δ BFR = Δ BFR lié à l'activité
+ Δ BFR lié aux opérations d'investissement
+ Δ BFR lié aux opérations de financement

Les différents tableaux de flux de trésorerie

Tableau de flux de trésorerie	Méthode de calcul	Retraitement du crédit-bail et des EENE
Simplifié	Indirecte (à partir du résultat de l'exercice)	Oui
de l'OEC	• Indirecte (option 1 à partir du résultat de l'exercice et option 2 plus détaillée à partir du résultat d'exploitation) • Les dotations nettes des reprises sur dépréciations des actifs circulants sont traitées comme des charges décaissables (notion de marge brute d'autofinancement au lieu de la CAF)	Non
de la Banque de France (GEODE)	• Directe (à partir du CAHT) • Les distributions de dividendes font partie du flux de trésorerie interne (et non du financement) • La variation de la trésorerie passive est incluse dans les financements	Oui

HEXAGONE

L'entreprise Hexagone est spécialisée dans le négoce de matériel de précision pour cabinets d'architectures et experts géomètres. De manière complémentaire, elle réalise des prestations de service auprès de ces clients.

Elle vous communique une série de documents 1 à 4.

En outre, vous disposez des informations suivantes :

- L'entreprise a remboursé pour 10 000 € d'emprunt en N.
- Il a été distribué 29 000 € sur le résultat de N–1 et on distribuera 15 000 € sur le résultat de N.
- Les valeurs mobilières de placement seront assimilées à des disponibilités.
- Les autres créances et autres dettes relèvent de l'exploitation.

Missions

1. *Établissez le tableau des SIG du PCG.*
2. *Identifiez les points communs et les différences entre un tableau de financement et un tableau de flux de trésorerie.*
3. *Établissez le tableau de financement.*
4. *Présentez le tableau de flux de trésorerie de l'OEC.*
5. *Expliquez la différence entre la capacité d'autofinancement et la marge brute d'autofinancement.*
6. *Calculez les ratios suivants, en distinguant les ratios relatifs à l'activité de ceux relatifs à la structure financière :*
   - *taux de marge commerciale ;*
   - *part de la valeur ajoutée revenant aux prêteurs ; aux salariés ;*
   - *taux de profitabilité brute et taux de profitabilité ;*
   - *ratio d'autonomie financière et capacité de remboursement des dettes financières.*
7. *Analysez l'évolution de la situation financière de l'entreprise au cours de l'exercice N.*

Rendez-vous

MÉTHODE

Commenter la situation financière d'une entreprise

Les outils d'analyse présentés (↪ chapitres 1 à 6) permettent de porter un jugement sur la santé financière d'une entreprise. Votre commentaire doit être structuré de la façon suivante :

1. Analyse de l'activité et des résultats : SIG, CAF et ratios analysant le compte de résultat.
2. Analyse de l'équilibre financier et de l'endettement : bilan fonctionnel (vision statique), tableau de financement (vision dynamique), ratios.
3. Analyse de la rentabilité : rentabilité économique et financière, effet de levier.
4. Analyse des flux de trésorerie : tableaux de flux de trésorerie.

Document 1

Bilan de la société Hexagone au 31/12/N

ACTIF	Brut	A. et D.	Net	PASSIF	
Actif immobilisé				**Capitaux propres**	
Immobilisations incorporelles				Capital	700 000
Frais d'établissement	160 000	100 000	60 000	Prime d'émission	200 000
Frais de recherche et de développement					
Concessions, brevets, licences…				Réserves	
Fonds commercial				Réserve légale	10 000
Autres				Réserves statutaires et contractuelles	12 000
Avances et acomptes				Réserves réglementées	
Immobilisations corporelles				Autres	48 000
Terrains	160 000		160 000		
Constructions	1 080 000	22 000	1 058 000	Report à nouveau	
Installations techniques, matériel et outillage industriels	800 000	160 000	640 000		
Autres immobilisations corporelles	258 000	69 000	189 000	Résultat net de l'exercice	60 000
Immobilisations corporelles en cours				Subventions d'investissement	160 000
Avances et acomptes				Provisions réglementées	
Immobilisations financières					
Participations	69 000	5 000	64 000	**Total I**	**1 190 000**
Créances rattachées à des participations				**Provisions**	
				Provisions pour risques	
Autres titres immobilisés				Provisions pour charges	
Prêts					
Autres					
Total I	**2 527 000**	**356 000**	**2 171 000**	**Total II**	
Actif circulant				**Dettes**	
Stock et en-cours					
Matières premières et autres approvisionnements	45 000		45 000	Emprunts obligataires convertibles	
En-cours de production	12 000		12 000	Autres emprunts obligataires	
Produits intermédiaires et finis	60 000		60 000	Emprunts et dettes auprès des établissements de crédit[1]	1 064 000
Marchandises	132 000		132 000	Emprunts et dettes financières diverses	
Avances et acomptes versés					

•••

•••

ACTIF	Brut	A. et D.	Net	PASSIF	
Créances				Avances et acomptes reçus	
Créances clients et rattachés	153 000	11 000	142 000	Dettes fournisseurs et comptes rattachés	168 000
Autres				Dettes fiscales et sociales (dont IS : 12 000)	40 000
Valeurs mobilières de placement				Dettes sur immobilisations et comptes rattachés	50 000
Disponibilités	1 000		1 000		
Charges constatées d'avance	1 000		1 000	Autres dettes	52 000
				Produits constatés d'avance	
Total II	**404 000**	**11 000**	**393 000**	**Total III**	**1 374 000**
Total général	**2 931 000**	**367 000**	**2 564 000**	**Total général**	**2 564 000**

(1) dont CBC et soldes créditeurs de banque : 110 000 ; dont intérêts courus sur emprunts : 3 800.

Document 2

Bilan de la société Hexagone au 31/12/N–1

ACTIF	Brut	A. et D.	Net	PASSIF	
Actif immobilisé				**Capitaux propres**	
Immobilisations incorporelles				Capital	300 000
Frais d'établissement	140 000	80 000	60 000	Prime d'émission	
Frais de recherche et de développement				Réserves	
Concessions, brevets, licences…				Réserve légale	10 000
Fonds commercial				Réserves statutaires et contractuelles	60 000
Autres				Réserves réglementées	
Avances et acomptes				Autres	50 000
Immobilisations corporelles				Report à nouveau	
Terrains	10 000		10 000	Résultat net de l'exercice	69 000
Constructions	80 000	8 000	72 000	Subventions d'investissement	
				Provisions réglementées	
				Total I	**489 000**

•••

ACTIF	Brut	A. et D.	Net	PASSIF	
Installations techniques, matériel et outillage industriels				**Provisions**	
Autres immobilisations corporelles	280 000	72 000	208 000	Provisions pour risques	16 000
Immobilisations corporelles en cours				Provisions pour charges	
Avances et acomptes					
Immobilisations financières					
Participations	69 000	5 000	64 000		
Créances rattachées à des participations					
Autres titres immobilisés					
Prêts	19 000		19 000		
Autres	2 000		2 000		
Total I	**600 000**	**165 000**	**435 000**	**Total II**	**16 000**
Actif circulant				**Dettes**	
Stock et en-cours				Emprunts obligataires convertibles	
Matières premières et autres approvisionnements				Autres emprunts obligataires	
En-cours de production				Emprunts et dettes auprès des établissements de crédit (1)	60 000
Produits intermédiaires et finis					
Marchandises	152 000	2 000	150 000	Emprunts et dettes financières diverses	
Avances et acomptes versés					
Créances				Avances et acomptes reçus	
Créances clients et rattachés	112 000	4 000	108 000	Dettes fournisseurs et comptes rattachés	105 000
Autres	10 000		10 000		
Valeurs mobilières de placement	17 000	1 000	16 000	Dettes fiscales et sociales (dont IS : 8 000)	35 000
Disponibilités	51 000		51 000	Dettes sur immobilisations et comptes rattachés	
Charges constatées d'avance	5 000		5 000	Autres dettes	70 000
				Produits constatés d'avance	
Total II	**347 000**	**7 000**	**340 000**	**Total III**	**270 000**
Total général	**947 000**	**172 000**	**775 000**	**Total général**	**775 000**

(1) dont CBC et soldes créditeurs de banque : – ; dont intérêts courus sur emprunts : 200.

Document 3

Compte de résultat de l'entreprise Hexagone de l'exercice N

Charges		Produits	
Charges d'exploitation		**Produits d'exploitation**	
Achats de marchandises	930 000	Ventes de marchandises	2 060 000
• Variations de stocks de marchandises	20 000	Production vendue (biens et services)	920 000
Achats de matières premières et autres approvisionnements	260 000	Sous-total A : Montant net du CA	2 980 000
		Production stockée	72 000
• Variations de stocks de matières premières et autres apprivisionnements	(45 000)	Production immobilisée	–
		Subventions d'exploitation	1 000
Autres achats et charges externes	480 000	Reprises sur dépréciations, provisions et amortissements transfert de charges	18 000
Impôts, taxes et versements assimilés	19 000		
Salaires et traitements	710 000	Autres produits	3 000
Charges sociales	370 000	Sous-total B	95 000
Dotations aux amortissements, dépréciations et provisions			
• Sur immobilisations : dotations aux amortissements	211 000		
• Sur charges à répartir	–		
• Sur actif circulant : dotations aux dépréciations	7 000		
• Pour risques et charges : dotations aux provisions	–		
Autres charges	–		
Total I	**2 962 000**	**Total I (A+B)**	**3 074 000**
Quotes-parts de résultat sur opérations faites en commun	–	Quotes-parts de résultat sur opérations faites en commun	–
Charges financières		**Produits financiers**	
Dotations aux amortissements, dépréciations et provisions	–	De participations	3 000
		Autres valeurs mobilières et créances de l'actif immobilier	–
Intérêts et charges assimilées	72 000		
Différences négatives de change	–	Autres intérêts et produits assimilés	1 000
Charges nettes sur cessions des VMP	2 000	Reprises sur dépréciations et provisions, transfert de charges	1 000
		Différences positives de changes	–
		Produits nets sur cessions de VMP	2 000
Total II	**74 000**	**Total II**	**7 000**

•••

Charges		Produits	
Charges exceptionnelles Sur opérations de gestion Sur opérations en capital (VCEAC) Dotations aux amortissements, dépréciations et provisions	 – 12 000 –	**Produits exceptionnels** Sur opérations de gestion Sur opérations en capital[(1)] Reprises sur dépréciations et provisions, transfert de charges	 – 51 000 –
Total III	**12 000**	**Total III**	**51 000**
Participations des salariés au résultat Impôts sur les bénéfices	– 24 000		
Total des charges	**3 072 000**	**Total des produits**	**3 132 000**
Solde créditeur = Bénéfice	60 000	Solde débiteur = Perte	–
Total général	**3 132 000**	**Total général**	**3 132 000**

(1) dont produits de cessions d'éléments d'actif : 11 000 ; dont QP des subventions d'investissement virée au résultat de l'exercice : 40 000.

Document 4

Tableau des immobilisations, dépréciations et provisions de l'exercice N

Tableau des immobilisations

	Valeurs brutes début d'exercice	Augmentations	Diminutions	Valeurs brutes fin d'exercice
Immobilisations incorporelles	140 000	20 000	–	160 000
Immobilisations corporelles	370 000	1 960 000	32 000	2 298 000
Immobilisations financières	90 000	–	21 000	69 000

Tableau des amortissements

	Amortissements début d'exercice	Dotations	Diminutions	Amortissements fin d'exercice
Immobilisations incorporelles	80 000	20 000	–	100 000
Immobilisations corporelles	80 000	191 000	20 000	251 000

•••
Tableau des dépréciations et des provisions

	Dépréciations et provisions début d'exercice	Dotations	Reprises	Dépréciations et provisions fin d'exercice
Dépréciations sur immobilisations financières	5 000	–	–	5 000
Dépréciations sur actif circulant	7 000	7 000	3 000	11 000
Provisions pour risques et charges	16 000	–	16 000	–

CHAPITRE 7 La valeur et le temps

PROGRAMME

Compétences attendues

- **Distinguer** valeur d'usage, valeur historique et valeur de marché
- **Analyser** l'influence du temps sur la valeur et **appréhender** le lien entre valeur et taux d'actualisation
- **Calculer** et **interpréter** un taux actuariel

Savoirs associés

- La valeur présente et la valeur future
- La capitalisation et l'actualisation en temps discret
- Les annuités : définition et détermination
- La distinction entre taux d'intérêt nominal et taux d'intérêt réel
- L'évaluation d'un actif par actualisation des flux futurs
- Le taux de rendement actuariel

PLAN DU CHAPITRE

Cours : 1. Notion de valeur • 2. Capitalisation • 3. Actualisation • 4. Taux de rendement actuariel

Des savoirs aux compétences : Évaluer les savoirs • Maîtriser les compétences • Préparer l'épreuve

Synthèse

La valeur est un concept fondamental en finance. La valeur d'un bien ou d'un actif financier varie en fonction de nombreux facteurs, comme le temps ou les individus. Un bien peut se valoriser (ex. : œuvre d'art, placement), au contraire se dévaloriser (ex. : véhicule), ou encore voir sa valeur fluctuer (ex. : action, cours de matières premières ou autres denrées). La valeur d'une somme donnée varie aussi dans le temps et nécessite des calculs financiers. La valeur attribuée à un bien peut également varier en fonction des personnes ; la valeur d'usage n'est pas la même pour tous, comme on peut l'observer dans les ventes aux enchères par exemple.

MOTS-CLÉS

Actualisation • Annuité • Capitalisation • Taux d'actualisation • Taux de rendement actuariel • Taux nominal • Taux d'intérêt réel • Valeur actuelle • Valeur acquise • Valeur de marché • Valeur d'usage

1 Notion de valeur

La valeur est une notion complexe qui peut être appréhendée de plusieurs façons.

A) Valeur historique

Il s'agit de la valeur initialement attribuée au bien.

Coût d'achat. Sur le plan comptable, un bien acquis à titre onéreux est enregistré dans le bilan au coût d'acquisition. Les biens fabriqués sont enregistrés à leur coût de production.

Valeur faciale ou nominale. Il s'agit de la valeur fixée lors de l'émission d'un titre financier (action, obligation, etc.) ou d'une monnaie (billet de banque).

Sur un plan plus général, il peut s'agir de prix collectés sur un marché à un instant donné.

La valeur historique constitue une référence pour effectuer certains calculs :
- indice des prix ;
- intérêts dus pour un emprunt ou certains placements ;
- indices boursiers (ex : CAC 40), etc.

B) Valeur d'usage

Définition

La **valeur d'usage** correspond à l'utilité du bien par rapport au besoin de ce bien dans la société ou pour un individu.

La valeur d'usage est une notion subjective ; elle varie en fonction des critères d'une culture donnée et peut différer d'une personne à une autre.

Exemples

La valeur d'usage de l'or est différente chez les Incas (matière sacrée destinée aux dieux) et chez les Espagnols (matière permettant de s'enrichir).
La valeur d'usage d'un véhicule n'est pas la même dans une grande ville et à la campagne.

C) Valeur de marché

Définition

La **valeur de marché** correspond au prix auquel le bien est susceptible d'être vendu sur le marché (titre financier, matières premières, devises, etc.).

Exemples

Pour une entreprise cotée, il s'agit du montant total de la cotation de ses actions.
Pour une entreprise non cotée, la valeur de marché sera calculée en comparant des entreprises de taille comparable dans un même secteur d'activité.

Une valeur de marché n'est jamais figée et définitive. Qu'elle soit déterminée sur un marché organisé ou non, la valeur est soumise à des fluctuations parfois importantes.

La valeur de marché peut, à un instant donné, être déconnectée de la réalité économique et se révéler excessive. On parle alors de « bulle » (immobilière ou boursière). En cas d'éclatement, les conséquences peuvent être sévères et durables.

→ MINI-CAS 4

2 Capitalisation

Tout placement doit bénéficier d'une rémunération. En effet, placer une somme suppose une renonciation immédiate qui justifie une contrepartie.

Définitions

- La **valeur acquise** correspond au total du capital et des intérêts.
- La **capitalisation** est le calcul de la valeur acquise par un placement au bout de *n* périodes.

La période retenue pour les calculs de capitalisation est le plus souvent l'année, mais elle peut être aussi le trimestre voire le mois.

A) Préalables

1. Taux annuel et taux proportionnel

Le taux annoncé lors d'une opération financière (emprunt ou placement) est toujours un taux annuel. Quand la période de calcul est inférieure à l'année (trimestre, mois, etc.), le taux utilisé est le taux proportionnel au taux annuel.

Exemple

- Soit un taux annuel de 3 %.
  - Taux mensuel proportionnel : 3 %/12 = 0,25 %
  - Taux trimestriel proportionnel : 3 %/4 = 0,75 %

2. Taux d'intérêt nominal et taux réel

Principe. Le taux annoncé par les banques et utilisé pour certains calculs est toujours un **taux nominal**. Si on considère un placement en situation d'inflation, le gain obtenu n'est pas le gain réel. Le gain ou le taux réels sont obtenus après correction de l'inflation.

Définition

Le **taux d'intérêt réel** est le taux d'intérêt nominal corrigé de l'inflation. Il est inférieur au taux nominal.

Formulation. Soient t = taux d'intérêt nominal ; r = taux d'intérêt réel (sans inflation) et i = taux de l'inflation. On a :

$$1 + r = \frac{1 + t}{1 + i}$$

Exemple

- Un placement est effectué au taux de 2,8 %. Le taux d'inflation est de 2 %.

  $1 + r = \frac{1{,}028}{1{,}02} \approx 1{,}0078$ d'où $r = 1{,}0078 - 1 = 0{,}0078 = 0{,}78\ \%$ (taux réel du placement)

3. Intérêts simples et intérêts composés

Intérêts simples. Les intérêts sont calculés une seule fois, proportionnellement à la durée du placement. En général, on utilise ce calcul pour des placements dont la durée est inférieure à 1 an.

Exemple

- Soit une somme de 10 000 €, placée pendant 9 mois au taux de 2 %.
  Intérêts = 10 000 × 0,02 × 9/12 = 150 €
  Valeur acquise = 10 000 + 150 = 10 150 €

Intérêts composés. Les intérêts sont rajoutés au capital à la fin de chaque période. Les intérêts d'une période sont calculés sur le total obtenu à la fin de la période précédente. Des intérêts sont donc calculés sur les intérêts précédents.

Exemple

- Soit une somme de 10 000 € placée à intérêts composés pendant 2 ans au taux de 2 %.
  - Année 1 :
    Intérêts = 10 000 × 0,02 = 200 €
    Valeur acquise = 10 000 + 200 = 10 200 €
  - Année 2 :
    Intérêts = 10 200 × 0,02 = 204 €
    Valeur acquise = 10 200 + 204 = 10 404 €

B) Valeur acquise par un capital unique *C*

Soit C le capital placé à la date 0 et C_n la valeur acquise au bout de n périodes (fig. 7.1).

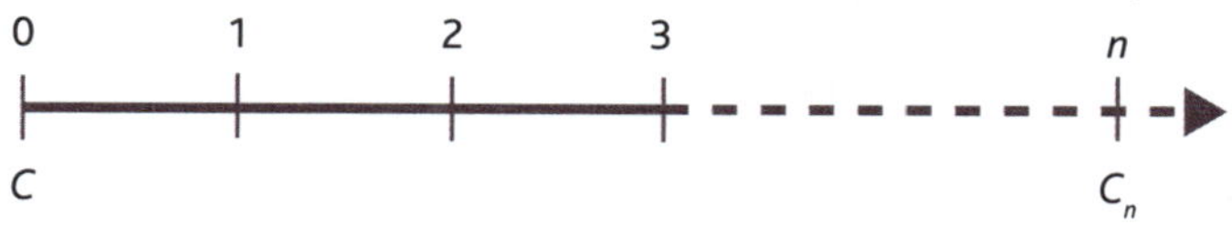

Figure 7.1. Valeur acquise par un capital unique *C*

Soit t le taux annuel du placement. La valeur acquise par un capital unique se calcule ainsi :

- Au bout d'une période : $C_1 = C\,(1 + t)$
- Au bout de deux périodes : $C_2 = C\,(1 + t)\,(1 + t) = C\,(1 + t)^2$
- …
- Au bout de n périodes : $C_n = C\,(1 + t)^{n-1}\,(1 + t) = C\,(1 + t)^n$

NOTRE CONSEIL

Le taux utilisé doit correspondre à la période (taux annuel si la période est l'année ; taux mensuel si la période est le mois).

C) Valeur acquise par une suite de *n* sommes constantes *a*, versées en fin de période

Une somme constante a versée en fin de période n (fig. 7.2) au taux d'intérêt t a pour valeur acquise V_n (tab. 7.1).

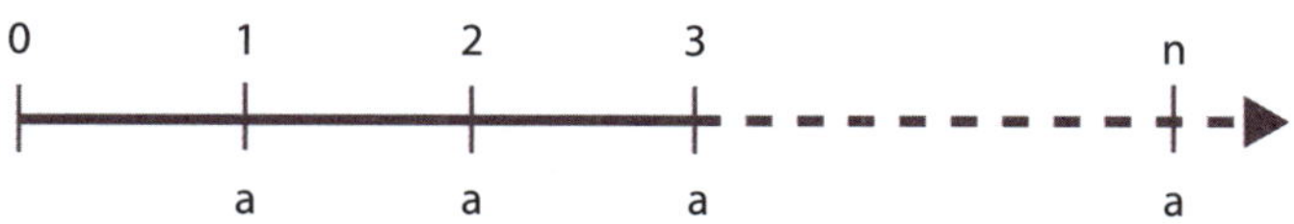

Figure 7.2. Valeur acquise par une suite de *n* sommes constantes *a* déposées en fin de période

Tableau 7.1. Capitalisation de *n* sommes constantes

Période de versement	Durée du placement	Montant du versement	Valeur acquise fin *n*	Valeur acquise totale
1	$n-1$	a	$V_1 = a\,(1+t)^{n-1}$	
2	$n-2$	a	$V_2 = a\,(1+t)^{n-2}$	
…	…	…	…	
$n-1$	1	a	$V_{n-1} = a\,(1+t)$	$V = a + a\,(1+t) + \ldots + a\,(1+t)^{n-2} + a\,(1+t)^{n-1}$
n	0	a	$V_n = a$	

Somme de *n* termes en progression géométrique = 1er terme $(a) \times \frac{(\text{raison})^n - 1}{\text{raison} - 1}$

d'où $V = a \times \frac{(1-t)^n - 1}{(1+t) - 1}$

NOTRE CONSEIL

La formule permet de calculer la valeur acquise mais également le montant du versement constant ou la durée du placement ou le taux utilisé.

La valeur acquise totale *V* constitue une suite géométrique (premier terme : *a* ; nombre de termes : *n* ; raison : $1+t$). On aboutit à la formule finale suivante :

$$V = a\,\frac{(1+t)^n - 1}{t}$$

Exemple

▸ Soit un versement de 10 000 € à la fin de chaque année pendant 12 ans. Taux : 2 %.
La valeur acquise à la fin de la 12e année est égale à :

$$V_{12} = 10\,000 \times \frac{1{,}02^{12} - 1}{0{,}02} \approx 134\,120{,}90\ €$$

→ **APPLICATION 2 • MINI-CAS 5 • MINI-CAS 6 • MINI-CAS 7 • CAS PRATIQUE 8**

3 Actualisation

Définition

L'**actualisation** consiste à déterminer la valeur aujourd'hui (la **valeur actuelle**) d'une somme (ou d'une suite de sommes) dont la valeur future est connue (fig. 7.3).

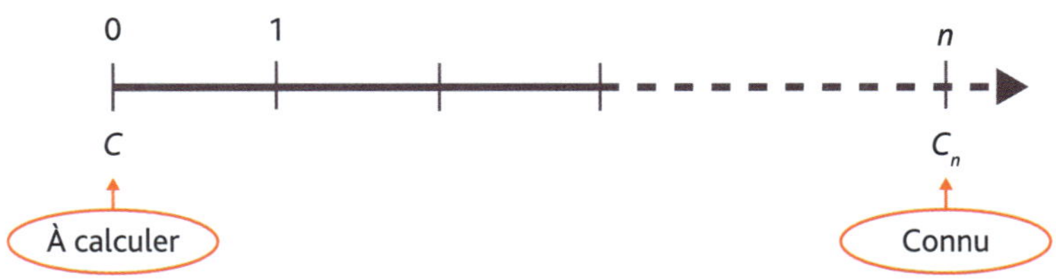

Figure 7.3. Principe de l'actualisation

L'actualisation nécessite le choix d'un taux, le **taux d'actualisation**.

A) Actualisation d'une somme unique

On sait que, au terme de n périodes de placement, la valeur acquise par un capital C est : $C_n = C\,(1+t)^n$. On peut alors retrouver la valeur C placée au départ (ou valeur actuelle) :

$$C = C_n \times \frac{1}{(1+t)^n} = C_n \times (1+t)^{-n}$$

Exemples

1. La valeur acquise par une somme C placée pendant 5 ans au taux de 2 % est de 11 040,81 €.
   On a : $C = 11\,040{,}81 \times (1{,}02)^{-5} = 10\,000$ €

2. Un particulier doit recevoir une somme de 20 000 € dans 3 ans. Le taux d'actualisation est de 3 %.
   Soit C la valeur actuelle recherchée. On peut écrire : $C = 20\,000 \times (1{,}03)^{-3} = 18\,302{,}83$ €
   Si on considère un taux de 3 %, il est indifférent de disposer de 18 302,83 € aujourd'hui ou 20 000 € dans 3 ans.

La valeur actuelle d'un capital diminue avec la durée d'actualisation et lorsque le taux d'actualisation augmente (fig. 7.4).

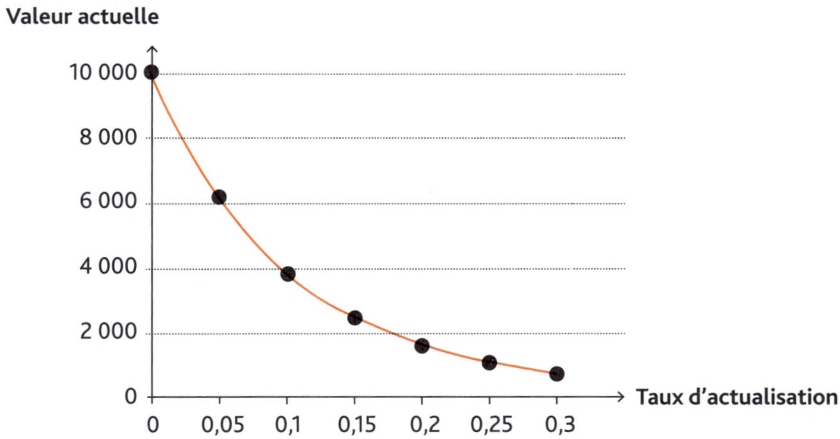

Figure 7.4. Valeur actuelle et taux d'actualisation

B) Actualisation d'une suite de sommes constantes *a* versées en fin de période

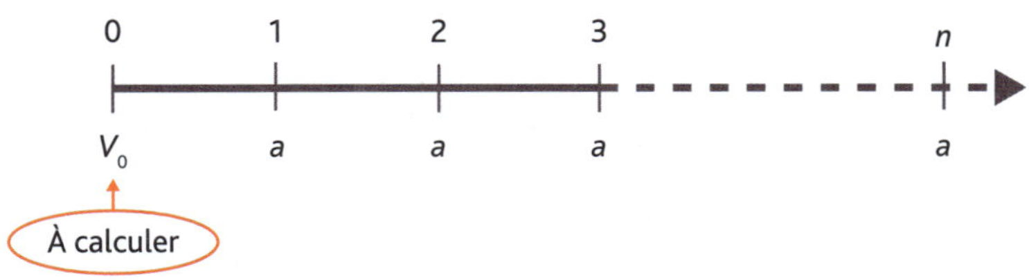

Figure 7.5. Actualisation d'une suite de sommes constantes *a*

Dans le cas d'une suite de sommes constantes a (fig. 7.5), il faut déterminer la valeur actuelle de chacune des n sommes puis les totaliser (tab. 7.2).

Tableau 7.2. Actualisation de *n* sommes constantes versées en fin de période

Période	Durée de l'actualisation	Valeur actuelle à la date 0	Valeur acquise totale
1	1	$a\,(1+t)^{-1}$	
2	2	$a\,(1+t)^{-2}$	
…	…	…	
$n-1$	$n-1$	$a\,(1+t)^{-(n-1)}$	$V_0 = a\,(1+t)^{-1} + a\,(1+t)^{-2}$
n	n	$a\,(1+t)^{-n}$	$+ \ldots + a\,(1+t)^{-(n-1)} + a\,(1+t)^{-n}$

On aboutit à la formule :

$$V_0 = a\frac{1-(1+t)^{-n}}{t}$$

C) Généralisation à l'emprunt

La formule précédente est utilisée dans le cadre d'un emprunt remboursé par **annuités** (ou mensualités) constantes. Le montant de l'emprunt est égal à la valeur actuelle des annuités, actualisées au taux de l'emprunt :

$$V_0 = a\frac{1-(1+t)^{-n}}{t} \quad \text{et} \quad a = V_0\frac{t}{1-(1+t)^{-n}}$$

Avec V_0 = le montant emprunté ; t = taux de l'emprunt ; a = annuités constantes de remboursement ; n = durée de l'emprunt (et nombre d'annuités).

Exemple

- Considérons un emprunt bancaire de 500 000 € au taux de 4 %, remboursable par 6 annuités constantes.

  Le montant de l'annuité constante est : $a = 500\,000 \times \frac{0{,}04}{1-(1{,}04)^{-6}} = 95\,380{,}95$ €

  L'entreprise devra verser 95 380,95 € chaque année pendant 6 ans.

→ APPLICATION 3 • CAS PRATIQUE 9

4 Taux de rendement actuariel

Définition

Le **taux de rendement actuariel** est le taux réellement obtenu d'un placement.

Il dépend à la fois : du montant net placé (c'est-à-dire après prise en compte des frais éventuels) P et *des flux annuels* (intérêts et valeur finale du placement) reçus en contrepartie F_n (fig. 7.6).

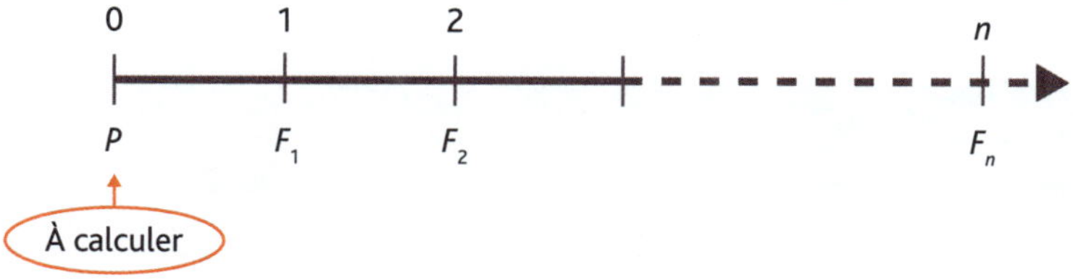

Figure 7.6. Placement sur plusieurs périodes

Les flux reçus s'étalant sur plusieurs années, le calcul du taux de rendement nécessite leur actualisation.

Soit t le taux de rendement cherché. On peut écrire :

$$P = F_1 (1+t)^{-1} + F_2 (1+t)^{-2} + \dots + F_n (1+t)^{-n}$$

Exemple

- Soit un placement de 20 000 € dans un actif financier rapportant 600 € à la fin de chaque année, d'une durée de 2 ans.

  On a : $20\,000 = 600\,(1+t)^{-1} + 20\,600\,(1+t)^{-2}$, d'où $t = 3\ \%$

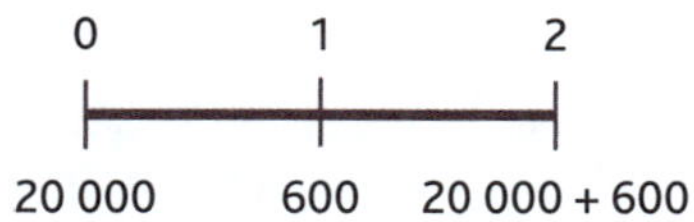

On retrouve cette notion dans plusieurs domaines, et notamment pour :

- **Les placements en obligations.** Les obligations présentant des caractéristiques différentes (valeur nominale, taux d'intérêt nominal, etc.), il est difficile d'en connaître le rendement exact. Il est donc fréquent de calculer le taux de rendement actuariel des obligations lors de l'émission ou au moment d'une acquisition.
- **Les choix d'investissements.** Les flux attendus d'un projet d'investissement sont l'objet d'une prévision. Ensuite, pour évaluer la rentabilité du projet, on en déterminera le taux de rentabilité ou taux de rendement (↪ chapitre 9).

➜ CAS PRATIQUE 9

1 Quiz

Vérifiez l'exactitude des propositions ci-après et justifiez-les.

	Vrai	Faux
1. La valeur d'usage est constante dans le temps.	☐	☐
2. Le taux réel est toujours inférieur au taux nominal.	☐	☐
3. L'inflation réduit le gain obtenu par un placement.	☐	☐
4. Les intérêts composés consistent à rajouter les intérêts au capital à la fin de chaque période.	☐	☐
5. 1 € aujourd'hui vaut plus que 1 € dans un an.	☐	☐
6. La valeur acquise augmente régulièrement.	☐	☐
7. La valeur actuelle est plus élevée avec un taux de 8 % qu'avec un taux de 3 %.	☐	☐
8. Le taux utilisé doit être choisi en fonction de la période concernée.	☐	☐
9. La valeur actuelle augmente avec la durée d'actualisation.	☐	☐
10. Il faut procéder à une actualisation pour calculer les annuités d'un emprunt.	☐	☐

2 Valeur acquise ★★★

Un épargnant place 15 000 € sur une durée de 3 ans, au taux de 2 %.

1. *Calculez la valeur acquise par ce placement à la fin des 3 ans.*
2. *Trouvez le montant des intérêts de deux façons différentes.*
3. *Quel est le taux réel de placement si l'inflation est de 1,5 % ?*

3 Valeur actuelle ★★★

M. Travis doit recevoir une indemnité de 12 000 € dans deux ans.

Calculez la valeur actuelle de cette somme avec un taux de 5 %, puis de 2 %. Commentez les résultats obtenus.

4 Bulle financière : la crise des *subprimes* ★★★

Compétence attendue **Distinguer** valeur d'usage, valeur historique et valeur de marché

Après lecture du document ci-après, répondez aux questions suivantes.

1. *Définissez une bulle immobilière et une bulle boursière.*
2. *Identifiez leurs conséquences.*
3. *Déterminez ce que vous pouvez en déduire sur la notion de valeur.*

Document

La crise des *subprimes*

Le secteur des prêts hypothécaires à risque (« *subprimes* ») a enflé aux États-Unis à partir du début des années 2000, reposant notamment sur le pari d'une hausse sans fin des prix immobiliers.

Le risque associé à ces crédits alloués à des ménages modestes était en théorie dilué en les regroupant et en les transformant en titres financiers, revendus par les banques à des investisseurs en quête de rendements élevés, dans un contexte de taux d'intérêt bas.

Mais, à partir de 2006-2007, la baisse surprise du marché immobilier américain a entraîné la chute des *subprimes*, et dans son sillage celle de nombreux instituts financiers, notamment la banque d'affaires américaine Lehman Brothers en 2008.

Les marchés boursiers se sont effondrés, le chômage a explosé et le système bancaire mondial n'a dû son salut qu'à l'intervention massive des États et des Banques centrales. Aux États-Unis, des millions d'Américains ont vu leurs biens saisis et se sont retrouvés à la rue.

AFP, « Quatre bulles spéculatives qui ont marqué l'histoire », *Le Point*, 11 décembre 2017

5 Mini-cas : Suite de versements constants, investissement ★★★

Compétence attendue **Analyser** l'influence du temps sur la valeur et **appréhender** le lien entre valeur et taux d'actualisation

Un investisseur place une somme de 20 000 € à la fin de chaque année, au taux de 3 %.

1. *Calculez la somme dont il disposera dans 3 ans, puis dans 10 ans.*
2. *Calculez le montant des intérêts dans les deux cas.*

6 Mini-cas : Suite de versements constants, emprunt ★★★

Compétence attendue **Analyser** l'influence du temps sur la valeur et **appréhender** le lien entre valeur et taux d'actualisation

Un particulier emprunte 20 000 € à un ami. Il souhaite le rembourser à l'aide de cinq annuités constantes versées en fin d'année.

1. *Calculez le montant de l'annuité constante si le taux d'intérêt est fixé à 3 %.*
2. *Décomposez la première annuité.*
3. *Expliquez comment vont évoluer dans le temps les intérêts et les montants remboursés.*

7 Mini-cas : Suite de versements non constants ★★★

Compétence attendue **Analyser** l'influence du temps sur la valeur et **appréhender** le lien entre valeur et taux d'actualisation

Soient les sommes suivantes :

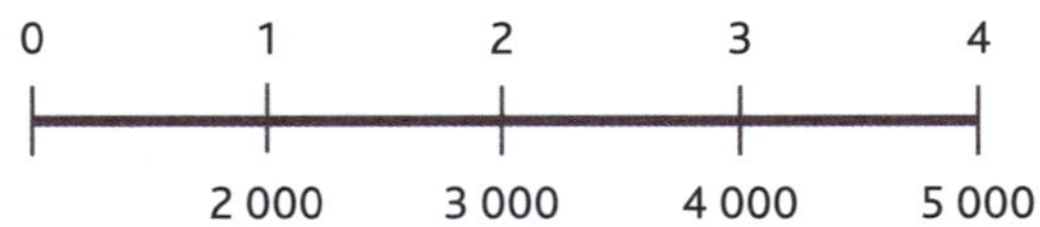

1. *Calculez la valeur de ces sommes à la date 0 avec un taux d'actualisation de 3 %.*
2. *Déterminez le taux à retenir pour obtenir un montant de 12 000 €.*

Évaluer les savoirs | Maîtriser les compétences | **Préparer l'épreuve**

8 Cas pratique : Choix entre deux placements ★★★

20 min

Compétence attendue **Analyser** l'influence du temps sur la valeur et **appréhender** le lien entre valeur et taux d'actualisation

M. Moldu hésite entre deux possibilités :

- placer 6 000 € à la fin de chaque année pendant 5 ans ;
- placer 1 500 € à la fin de chaque trimestre pendant 5 ans (la banque applique des taux proportionnels).

Missions

1. *Sachant que le taux annuel de l'opération est de 3,2 %, calculez le taux trimestriel proportionnel correspondant.*
2. *Calculez la valeur acquise par l'ensemble de ces versements pour chaque possibilité.*
3. *Commentez les résultats obtenus.*

9 Cas pratique : Investissement boursier ★★★

25 min

Compétence attendue **Calculer** et **interpréter** un taux actuariel

Disposant d'importantes liquidités, un investisseur a réalisé les opérations suivantes :

- Prêt de 10 000 € consenti à un ami contre un remboursement de 12 000 € dans 5 ans.
- Achat de 100 actions au prix unitaire de 410 €. Un an plus tard, il a reçu un dividende de 20 € par action. Deux ans après, il a perçu un dividende de 25 € par action puis, immédiatement après, la totalité des actions a été revendue pour une somme de 50 000 €.

Missions

1. *Trouvez le taux auquel le prêt a été conclu.*
2. *Présentez le schéma des flux relatifs à l'opération boursière.*
3. *Calculez le taux de rendement obtenu grâce à cette opération.*

SYNTHÈSE

La valeur et le temps

La notion de valeur est complexe et relative.
La **valeur** n'est jamais figée et fluctue constamment en fonction de nombreux facteurs.

	Valeur acquise	Valeur actuelle
	Total du capital et des intérêts	Valeur aujourd'hui d'une somme dont la valeur future est connue
Somme unique	$C_n = C\ (1+t)^n$	$C_0 = C_n\ (1+t)^{-n}$
Suite de *n* sommes constantes *a*	$V_n = a\dfrac{(1+t)^n - 1}{t}$	$V_0 = a\dfrac{1-(1+t)^{-n}}{t}$

Le choix du taux d'actualisation est essentiel : plus le taux est élevé, plus la valeur actuelle est faible.

L'**actualisation** permet de déterminer le taux de rendement actuariel *t* obtenu grâce à une opération financière :

$$P = F_1\ (1+t)^{-1} + F_2\ (1+t)^{-2} + \ldots + F_n\ (1+t)^{-n}$$

- P : Somme investie
- $F_1, F_2, \ldots, F_n$: Flux reçus en contrepartie

CHAPITRE 8

La gestion du besoin en fonds de roulement d'exploitation

PROGRAMME

Compétences attendues

- **Déterminer** le besoin en fonds de roulement d'exploitation normatif
- **Analyser** le besoin en fonds de roulement au vu des éléments variables (postes de stocks, de créances clients, de dettes fournisseurs et de TVA)
- **Proposer** des recommandations en matière de gestion du besoin en fonds de roulement, dans une situation donnée ou prévisionnelle simple

Savoirs associés

- L'approche normative du besoin en fonds de roulement (d'exploitation)
- Le niveau moyen du besoin en fonds de roulement d'exploitation
- Les actions sur les postes clients, fournisseurs et stocks

PRÉREQUIS

L'analyse fonctionnelle du bilan (chapitre 2) • L'équilibre financier (chapitre 3)

PLAN DU CHAPITRE

Cours : 1. Principes généraux • 2. Calcul du BFRE normatif • 3. Gestion du BFRE

Des savoirs aux compétences : Évaluer les savoirs • Maîtriser les compétences • Préparer l'épreuve

Synthèse

La connaissance du besoin en fonds de roulement d'exploitation (BFRE) est un élément crucial souvent négligé par les entrepreneurs, ce qui en fait la première cause de cessation de paiement dans les TPE – PME. Par ailleurs, le BFRE calculé à la clôture de l'exercice comptable ne reflète pas forcément le BFRE moyen de l'exercice écoulé. Or, pour éviter des problèmes de trésorerie structurels et atteindre l'équilibre financier, l'entreprise doit avoir connaissance de son BFRE moyen, celui-ci devant être financé par des ressources stables. Le calcul du BFRE moyen est donc primordial.

MOTS-CLÉS

BFRE moyen • BFRE normatif • Coefficient de structure • Temps d'écoulement

1 Principes généraux

A) Volatilité du BFRE

Le besoin en fonds de roulement d'exploitation (BFRE) représente le besoin de financement engendré par le cycle d'exploitation (fig. 8.1).

Figure 8.1. Le cycle d'exploitation

Le BFRE correspond au montant des stocks et des décalages de paiement apparus au cours du cycle d'exploitation. Cependant, il varie en permanence car il dépend de nombreux paramètres :

- durée du processus de production ;
- délais de paiement accordés et obtenus ;
- niveau de l'activité ;
- etc.

En supposant que la durée du processus de production et les délais de paiement sont stables, le BFRE fluctuera :

- dans les entreprises en croissance (ou en décroissance) ;
- dans les entreprises dont l'activité est cyclique (fig. 8.2).

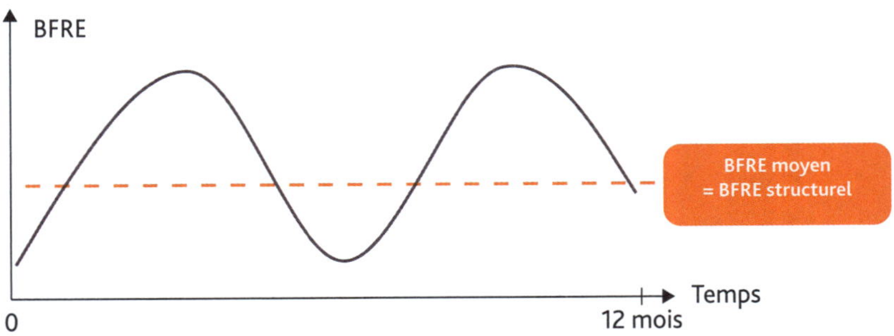

Figure 8.2. Évolution du BFRE dans le cas d'une activité saisonnière

Le **BFRE moyen** représente un besoin de financement structurel, tandis que les variations autour de la moyenne constituent des besoins ou des ressources de financement conjoncturelles.

Le financement du BFRE moyen par des ressources stables permet d'obtenir une trésorerie proche de zéro en moyenne et l'équilibre financier est alors atteint : les excédents de trésorerie conjoncturels feront l'objet de placements à court terme, tandis que les besoins de financement conjoncturels seront financés grâce au recours à l'escompte (ou affacturage ou cession de créances en loi Dailly) ou à des concours bancaires courants et découverts bancaires.

B) Notion de BFRE normatif

Définition

Le **BFRE normatif** correspond au BFRE moyen exprimé en jours de chiffre d'affaires hors taxes.

BFRE normatif = Stocks moyens (en jours de CAHT) + Créances d'exploitation moyennes (en jours de CAHT) − Dettes d'exploitation moyennes (en jours de CAHT)

La méthode normative d'évaluation du BFRE suppose que le montant moyen de chaque poste du BFRE varie proportionnellement au chiffre d'affaires hors taxes :
- en période de forte activité, on suppose que le BFRE augmente (stocks et décalages de paiement plus importants) ;
- en période de faible activité, on suppose que le BFRE diminue (stocks et décalages de paiement plus faibles).

Cette hypothèse n'est pas toujours réaliste et conduit souvent à majorer le montant du BFRE moyen. On peut affiner l'analyse en définissant une partie du BFRE fixe (incompressible) et une partie variable, proportionnelle au niveau d'activité.

C) Intérêt du calcul du BFRE normatif

Le calcul du BFRE moyen en jours de CAHT permet :
- le suivi dans le temps du BFRE moyen lorsque le niveau d'activité varie (entreprises en croissance notamment) ;
- la comparaison du BFRE moyen d'une entreprise à un concurrent de taille différente ;
- la comparaison du BFRE moyen d'une entreprise à la moyenne sectorielle ;
- les calculs prévisionnels à partir du CAHT prévisionnel (ce qui suppose que la durée du processus de production et les délais de paiement restent stables).

$$\text{BFRE moyen prévisionnel (en €)} = \frac{\text{BFRE normatif (en jours de CAHT)} \times \text{CAHT prévisionnel}}{360}$$

2 Calcul du BFRE normatif

A) Calcul direct

Le montant moyen de chaque poste *P* est exprimé en nombre de jours de CAHT :

$$\frac{P}{\frac{\text{CAHT}}{360}} = \frac{P \times 360}{\text{CAHT}} = x \text{ jours de CAHT}$$

En cumulant les postes concernés, on détermine le niveau moyen du BFRE, exprimé en jours de CAHT.

Exemple

Le BFR normatif d'une agence de voyage s'élève à environ 47 jours de CAHT.

Ce calcul direct fournit peu d'informations pour la gestion des postes du bas du bilan. Une autre méthode, plus analytique, est exposée ci-après.

→ MINI-CAS 3

B) Calcul indirect ou méthode des experts-comptables

La méthode des experts-comptables conduit à décomposer le montant moyen de chaque poste du BFRE en deux paramètres :
- le temps d'écoulement exprimé en jours (délai de rotation moyen du poste) ;
- le coefficient de structure exprimé en % du CAHT (coefficient reflétant le poids du poste, c'est-à-dire la structure du compte de résultat).

L'identification de ces deux facteurs conduit à la formulation suivante (*P* est le montant moyen du poste considéré) :

$$\underbrace{\frac{P \times 360}{\text{CAHT}}}_{\text{Poste en jours de CAHT}} = \underbrace{\frac{P \times 360}{\text{Flux annuel du poste}}}_{\text{Temps d'écoulement (TE)}} \times \underbrace{\frac{\text{Flux annuel du poste}}{\text{CAHT}}}_{\text{Coefficient de structure (CS)}} = x \text{ jours de CAHT}$$

1. Le temps d'écoulement (TE)

$$\text{TE (en jours)} = \frac{\text{Montant moyen} \times 360}{\text{Flux annuel du poste}}$$

Le **temps d'écoulement** (TE) représente :
- la durée moyenne de stockage pour les stocks ;
- le délai moyen de paiement concernant les créances d'exploitation (durée du crédit clients, etc.) et les dettes d'exploitation (durée du crédit fournisseurs, délai de paiement pour la TVA à reverser à l'État, etc.).

Le calcul du temps d'écoulement diffère selon les informations disponibles (tab. 8.1).

Tableau 8.1. Calculs du temps d'écoulement

Informations données	Calcul du temps d'écoulement (TE)
Durée du crédit clients : 30 jours	TE = 30 jours
Durée du crédit clients : 30 jours fin de mois	• Durée du crédit la plus courte (achat le dernier jour du mois) : 30 jours • Durée du crédit la plus longue (achat le premier jour du mois) : 60 jours Le temps d'écoulement correspond à la durée moyenne du crédit : $TE = \frac{30 + 60}{2} = 45$ jours Autre calcul possible : Les ventes ont lieu en moyenne le 15 du mois donc : TE = 15 + 30 = 45 jours
• CAHT = 1 400 000 € • TVA à 20 % • Montant moyen du poste Clients : 185 600 €	$TE = \text{Montant moyen du poste Clients} \times \frac{360}{\text{CATTC}}$ $TE = \frac{185\,600 \times 360}{1\,400\,000 \times 1{,}20} \approx 39{,}77$ jours

Si l'entreprise est soumise au régime du réel normal en matière de TVA, la date de paiement de la TVA du mois N varie du 16 au 25 du mois N+1 (selon le secteur d'activité de l'entreprise). Pour simplifier le calcul, on suppose que la TVA collectée et la TVA déductible se compensent en continu, chaque jour du mois. Il est alors possible de ne considérer dans les calculs qu'un seul poste de TVA : la « TVA à décaisser ».

Exemple

Si la TVA est versée le 20 du mois, la TVA à décaisser au titre du premier jour du mois sera versée 50 jours plus tard et la TVA due le dernier jour du mois sera versée 20 jours plus tard. Dans ce cas, on a donc $TE = \frac{20 + 50}{2} = 35$ jours.

Autre calcul possible : 15 + 20 = 35 jours

Lorsque le temps d'écoulement n'est pas donné, il convient de le calculer (tab. 8.2).

Tableau 8.2. Calcul du temps d'écoulement selon les postes étudiés

Postes	TE
Stock de marchandises ou de matières premières	$\frac{\text{Stock moyen* } \times 360}{\text{Coût d'achat marchandises vendues ou des MP consommées**}}$
Stock de produits ou d'en-cours	$\frac{\text{Stock moyen* } \times 360}{\text{Coût de production des en-cours de l'exercice ou des produits vendus}}$
Créances clients	$\frac{(\text{Créances + EENE}) \times 360}{\text{CA TTC}}$
Dettes fournisseurs	$\frac{\text{Dettes fournisseurs} \times 360}{\text{Achat TTC}}$
TVA à décaisser	$\frac{\text{Montant moyen du poste} \times 360}{\text{TVA à décaisser de l'exercice}}$

* Stock moyen = $\frac{\text{stock initial + stock final}}{2}$

** Coût d'achat (MP ou marchandises) = achats de l'exercice + stock initial – stock final
= achats de l'exercice + Δ stocks (MP ou marchandises)

On peut également prendre en compte les dettes sociales (salaires à payer + cotisations sociales à verser aux organismes sociaux). Le flux annuel à prendre en compte correspond alors aux salaires nets auxquels s'ajoutent les charges sociales.

2. Le coefficient de structure (CS)

Le **coefficient de structure** (CS) mesure le poids du poste par rapport au CAHT :

$$CS = \frac{\text{Flux annuel du poste}}{\text{CAHT}}$$

Le numérateur du coefficient de structure dépend du poste concerné (tab. 8.3). Le flux annuel du poste représente le montant inscrit dans le poste pour tout l'exercice.

Tableau 8.3. Numérateur du coefficient de structure

Poste	Flux annuel du poste
Stocks	• Coût d'achat annuel des matières premières consommées ou des marchandises vendues • Coût de production annuel des en-cours et des produits finis vendus

Poste	Flux annuel du poste
Créances clients	CATTC
Dettes fournisseurs	Achats TTC
TVA à décaisser	TVA à décaisser de l'exercice = (TVA collectée – TVA déductible) de l'exercice

Le coefficient de structure du poste Clients est égal à 1,20 lorsque toutes les ventes sont soumises au taux de TVA de 20 % (CATTC / CAHT = CAHT × 1,20 / CAHT = 1,20).

Un coefficient de structure élevé concernant le poste fournisseurs par exemple indique que le poids des achats TTC par rapport au chiffre d'affaires est important.

NOTRE CONSEIL

Attention, les ventes effectuées auprès d'entreprises étrangères ne sont pas soumises à la TVA française. L'entreprise facture alors un montant HT (UE4).

3. Présentation des calculs

Pour l'ensemble des postes, on peut regrouper les calculs dans un tableau (tab. 8.4).

Tableau 8.4. Calcul du BFRE normatif

Postes	TE	CS	Emplois (en jours de CAHT)	Ressources (en jours de CAHT)
Postes de l'actif				
Stocks			X	
Créances clients			X	
Postes du passif				
Dettes fournisseurs				X
TVA à décaisser				X
Totaux			T_1	T_2
BFRE en jours de CAHT			$T_1 - T_2$ si BFRE > 0	$T_2 - T_1$ si BFRE < 0

La nature et le nombre de postes à considérer dépendent :
- de la nature de l'activité (industrielle, commerciale, etc.) ;
- de l'organisation de l'entreprise (types de clients, de fournisseurs, etc.) ;
- du degré de détail souhaité. Dans la pratique, on négligera souvent les postes dont le poids dans le BFRE est faible.

→ APPLICATION 2 • MINI-CAS 4 • MINI-CAS 5 • CAS PRATIQUE 6

3 Gestion du BFRE

A) Suivi du BFRE en cas de variation d'activité

L'augmentation du CAHT entraîne celle du BFRE, mais cette augmentation est parfois mal contrôlée et il arrive fréquemment qu'en période de croissance, le BFRE augmente plus vite que l'EBE.

L'entreprise peut se retrouver dans une situation paradoxale : d'une part, son chiffre d'affaires augmente mais, d'autre part, l'excédent de trésorerie d'exploitation (ETE) diminue. C'est l'effet de ciseaux (↪chapitre 6).

Exemples

Augmentation d'activité et effet de ciseaux

	Exemple 1	Exemple 2	Exemple 3
CAHT	21 000	23 500	26 800
EBE	9 700	9 900	10 000
– ΔBFRE	– 4 100	– 4 800	– 5 200
ETE	5 600	5 100	4 800

L'effet de ciseaux peut être évité grâce à un suivi dans le temps du BFRE normatif.

Lorsque le CAHT diminue, le BFRE devrait s'ajuster au nouveau niveau d'activité et diminuer. En réalité, cet ajustement n'est pas automatique ; il repose sur certaines décisions dont l'étude et la mise en place demandent du temps. Outre ce temps de réaction inévitable, l'entreprise a tendance à commencer par augmenter les crédits accordés aux clients.

Par conséquent, on observe souvent que le BFRE ne diminue pas ou diminue moins proportionnellement au CAHT. Le flux généré par l'activité diminuant forcément, il en résulte une dégradation importante de la trésorerie.

Dans ces deux cas de figure (croissance ou récession), l'augmentation du BFRE normatif est le signal d'alerte.

B) Optimisation du BFRE

Grâce à une comparaison aux moyennes sectorielles ou des principaux concurrents, le dirigeant sera en mesure de prendre des actions correctives (tab. 8.5).

Tableau 8.5. Valeurs moyennes des BFR normatifs des principaux secteurs de l'économie française

Secteur	BFR moyen (en jours de CAHT)	Secteur	BFR moyen (en jours de CAHT)
Industries mécaniques	51	Industrie du cartonnage	42
Industries agroalimentaires	50	Conseil	126
Industries textiles	75	Transport	14
Bâtiment	14	Services informatiques	41
Distribution alimentaire	– 7	Restauration	– 24
Distribution automobile	39	Hôtellerie	4
Distribution d'optique	14	Agences de voyage	47

Le calcul du BFRE normatif par la méthode indirecte ou méthode des experts-comptables permet d'analyser plus finement les postes du BFRE. Les postes de stocks et de créances clients pourront être diminués :
- soit en agissant sur les temps d'écoulement (TE) ;
- soit en intervenant sur les coefficients de structure (CS), ce qui est plus délicat voire impossible pour certains postes (réduire le poste Clients signifierait réduire les ventes).

1. Agir sur les temps d'écoulement

Le dirigeant pourra chercher à :
- accélérer la rotation des stocks (suivis des temps d'écoulement par référence pour détecter les stocks morts, achats plus fréquents, application du juste-à-temps, réduction de la durée du processus de production, etc.) ;
- réduire la durée du crédit clients (amélioration du recouvrement des créances clients grâce aux relances et à une meilleure gestion des litiges, optimisation des moyens de paiement notamment par prélèvements automatiques, escompte de règlement en cas de paiement anticipé, négociation d'acomptes clients dans les entreprises ayant un cycle de production long, etc.) ;
- allonger la durée du crédit obtenu des fournisseurs.

2. Agir sur les coefficients de structure

Pour diminuer le poids des stocks dans le BFRE, le dirigeant pourra chercher à :
- utiliser des matières moins coûteuses ;
- baisser les autres charges de production.

➜ CAS PRATIQUE 7 • CAS PRATIQUE 8

DES SAVOIRS AUX COMPÉTENCES

Évaluer les savoirs | Maîtriser les compétences | Préparer l'épreuve

1 Quiz

Vérifiez l'exactitude des propositions ci-après et justifiez-les.

	Vrai	Faux
1. Dans le calcul du coefficient de structure, le dénominateur est toujours le chiffre d'affaires hors taxes (CAHT).	☐	☐
2. Lorsque toutes les ventes sont soumises à la TVA au taux normal (20 %), le coefficient de structure du poste clients est égal à 1.	☐	☐
3. Les achats de l'année s'élèvent à 250 000 € HT (TVA à 20 %) et le montant moyen du poste fournisseurs s'est élevé à 35 000 €. Le temps d'écoulement du poste fournisseurs est 50,4 jours.	☐	☐
4. Le stock initial de marchandises est de 40 000 €, le stock final de marchandises de 42 000 € et les achats de marchandises sont de 480 000 €. Le temps d'écoulement du stock de marchandises est égal à 30,88 jours.	☐	☐
5. Les achats de matières de l'exercice s'élèvent à 160 000 €, le CAHT est égal à 560 000 € et on peut lire dans le compte de résultat : Variation des stocks de matières premières = 12 000 €. Le coefficient de structure du poste Stock de matières premières est de 0,29.	☐	☐
6. Optimiser le BFRE consiste à réduire les temps d'écoulement et les coefficients de structure de chaque poste du BFRE.	☐	☐

2 Société Strak ★★★

À partir des informations données dans le document ci-après, calculez les durées d'écoulement et les coefficients de structure relatifs aux postes listés.

Document

Informations issues du compte de résultat de l'exercice N de la société Strak

CAHT de l'exercice N : 20 000 000 €

Stock de matières et approvisionnements	
Stock moyen	300 000
Achats HT de l'exercice	6 350 000
Variation de stock (SF – SI)	950 000
Stock de produits finis	
Stock moyen	480 000
Coût de production des produits fabriqués	4 200 000
Production stockée (SF – SI)	– 80 000
Stock de marchandises	
Stock moyen	100 000
Chiffre d'affaires HT (ventes de marchandises)	3 600 000
Taux de marge commerciale	60 %

Évaluer les savoirs | Maîtriser les compétences | Préparer l'épreuve

3 Mini-cas : Eddy ★★★

Compétence attendue **Déterminer** le besoin en fonds de roulement d'exploitation normatif

La micro-entreprise Eddy exerce une activité commerciale saisonnière en franchise de TVA. Son chiffre d'affaires s'est élevé à 14 500 € HT au cours de l'exercice N. Le dirigeant anticipe une croissance de son chiffre d'affaires de 15 % en N+1.

1. *Déterminez le BFRE normatif de cette entreprise en utilisant la méthode directe.*
2. *Déterminez le BFRE maximal en fin de trimestre au cours de l'exercice N.*
3. *Identifiez les ressources stables dont cette société devra disposer en N+1. Comparez votre résultat aux ressources stables de fin N.*

Document 1

Situation des principaux postes de son bilan relatifs à son exploitation

	31/12/N–1	31/03/N	30/06/N	30/09/N	31/12/N
Stocks de marchandises	4 800	3 000	1 500	3 500	5 800
Créances clients	2 600	5 500	3 000	3 000	3 100
Dettes fournisseurs	1 700	600	600	1 500	2 000

Document 2

Bilan simplifié au 31/12/N

ACTIF		PASSIF	
Immobilisations	10 000	Capital	7 500
– Amortissements	– 2 000	Réserves	2 660
Stocks de marchandises	5 800	Résultat de l'exercice	2 040
Créances clients [(1)]	2 300	Emprunts [(2)]	1 900
Disponibilités		Dettes fournisseurs	2 000
Total	**16 100**	**Total**	**16 100**

[(1)] Montant des effets escomptés et non échus : 800. [(2)] Dont concours bancaires courants et soldes créditeurs de banque : 900.

4 Mini-cas : Temps d'écoulement ★★★

Compétence attendue **Déterminer** le besoin en fonds de roulement d'exploitation normatif

Déterminez le temps d'écoulement dans chacune des situations ci-dessous :

- Clients
  - Règlement à 30 jours
  - Paiement à 45 jours fin de mois
- Stocks de marchandises
  - Les achats de marchandises sont effectués en début du mois. Tous les achats du mois sont vendus le mois même.
- Fournisseurs
  - Paiement à 30 jours fin de mois, le 5 du mois suivant
  - Paiement à raison de 30 % à 30 jours et 70 % à 60 jours
- TVA
  - Paiement le 18 du mois suivant

5 Mini-cas : Société industrielle de Bretagne ★★★

Compétences attendues

- **Déterminer** le besoin en fonds de roulement d'exploitation normatif
- **Analyser** le besoin en fonds de roulement au vu des éléments variables (postes de stocks, de créances clients, de dettes fournisseurs et de TVA)

La Société industrielle de Bretagne vous communique les informations suivantes pour l'année N :

- CAHT de l'exercice : 24 000 000 €.
- Crédit accordé aux clients : 30 jours fin de mois.
- Durée d'écoulement des stocks :
  - stock de matières premières : 25 jours ;
  - stock de produits finis : 48 jours.
- Coût d'achat des matières premières consommées : 10 080 000 €.
- Achats HT : 9 600 000 €.
- Crédit obtenu des fournisseurs : 30 jours fin de mois, le 10 du mois suivant.
- Coût de production des produits finis vendus : 15 400 000 €.
- Taux de TVA sur les achats de matières et les ventes : 20 %.

La TVA est réglée le 22 de chaque mois.

1. *Déterminez le BFRE normatif de l'entrepise.*
2. *Calculez le BFRE moyen prévisionnel si on prévoit un CAHT de 28 000 000 € pour l'exercice N+1.*

6 Cas pratique : Kamy ★★★

20 min

Compétences attendues

- **Déterminer** le besoin en fonds de roulement d'exploitation normatif
- **Analyser** le besoin en fonds de roulement au vu des éléments variables (postes de stocks, de créances clients, de dettes fournisseurs et de TVA)

La société Kamy réalise le projet d'investissement suivant :

- Montant HT : 1 280 000 €.
- Amortissement linéaire sur 5 ans.

- Conditions d'exploitation :
  - achats de matières : 540 000 € ;
  - autres charges de production : 1 080 000 € ;
  - charges de distribution : 600 000 €.
- Prix de vente unitaire HT : 500 €.
- Quantités fabriquées et vendues :

Années	N	N+1	N+2	N+3	N+4
Quantités	6 000	8 000	10 000	10 000	10 000

- Les clients règlent à raison de 30 % au comptant et 70 % à 30 jours.
- Les fournisseurs de matières accordent un crédit de 30 jours.
- Les durées moyennes de stockage des matières premières et des produits finis sont respectivement de 15 et 20 jours.
- Taux de TVA : 20 %.

Missions

1. *Calculez le BFRE normatif de l'année N (on ne tiendra pas compte du poste « TVA à décaisser »).*
2. *Calculez les BFRE moyens prévisionnels de N à N+4.*

7 Cas pratique : SISO ★★★

30 min

Compétences attendues

- **Déterminer** le besoin en fonds de roulement d'exploitation normatif
- **Analyser** le besoin en fonds de roulement au vu des éléments variables (postes de stocks, de créances clients, de dettes fournisseurs et de TVA)
- **Proposer** des recommandations en matière de gestion du besoin en fonds de roulement, dans une situation donnée ou prévisionnelle simple

Les dirigeants de la Société industrielle du Sud-Ouest vous demandent de calculer le BFRE normatif, à partir des informations prévisionnelles suivantes, relatives à l'exercice N :

- Fabrication et vente de 5 000 articles à 5 000 € HT l'unité.
- Décomposition du CAHT :
  - matières premières : 40 % ;
  - charges de personnel : production : 30 %, distribution : 6 % ;
  - autres charges d'exploitation : 12 % (elles concernent exclusivement la production) ;
  - dotations aux amortissements : 6 % (la moitié des amortissements est affectée à la production).

- Autres informations :
  - durées moyennes de stockage : 20 jours pour les matières premières et 15 jours pour les produits finis ;
  - crédit accordé aux clients : 30 jours fin de mois, le 5 du mois suivant ;
  - crédit fournisseurs de matières premières : 60 jours ;
  - taux de TVA (sur ventes, achats et autres charges d'exploitation) : 20 % ;
  - règlement de la TVA : le 22 de chaque mois ;
  - l'activité de la société est régulière.

Missions

1. *Effectuez le calcul demandé (en nombre de jours de CAHT et en % du CAHT).*
2. *Le CAHT prévisionnel N+1 s'élève à 32 000 000 €. Évaluez le besoin en fonds de roulement correspondant.*
3. *La société étudie des mesures destinées à réduire son BFRE. Le crédit clients serait ramené à 30 jours et les autres charges d'exploitation ne représenteraient plus que 8 % du CAHT. Calculez le nouveau besoin en fonds de roulement normatif et déterminez son montant pour l'exercice N+1 dans l'hypothèse où ces mesures seraient prises.*

8 Cas pratique : Zirca ★★★

40 min

Compétences attendues

- **Déterminer** le besoin en fonds de roulement d'exploitation normatif
- **Analyser** le besoin en fonds de roulement au vu des éléments variables (postes de stocks, de créances clients, de dettes fournisseurs et de TVA)
- **Proposer** des recommandations en matière de gestion du besoin en fonds de roulement, dans une situation donnée ou prévisionnelle simple

L'entreprise Zirca est une jeune entreprise qui s'est développée rapidement dans un secteur de haute technologie exigeant des investissements coûteux et une main-d'œuvre très qualifiée.

En dépit d'un résultat décevant, l'entreprise est rentable. Cependant, les problèmes financiers sont mal maîtrisés et, au 31/12/N, la trésorerie est fortement négative. Les dirigeants de l'entreprise font appel à vous pour les conseiller en vue de redresser la situation.

On vous communique le compte de résultat au 31/12/N (document 1) et vous obtenez, par ailleurs, des renseignements relatifs à l'exercice N (document 2).

Missions

1. *Calculez le BFRE normatif par la méthode des experts-comptables.*
2. *Calculez le montant du BFRE moyen en N et vérifiez la cohérence avec le FR.*
3. *Proposez des solutions pour optimiser le BFRE de cette entreprise.*

Document 1

Compte de résultat (simplifié) de l'exercice N (en k€)

Charges d'exploitation		**Produits d'exploitation**	
Achats de matières premières	3 000	Production vendue	14 000
Variation stock de matières premières	– 200	Production stockée	1 450
Services extérieurs	1 500	Reprises sur dépenses et provisions	430
Impôts, taxes et VA	300	Transfert de charges	270
Salaires	4 500		
Charges sociales	1 800	**Produits financiers**	
Dotation aux amortissements, dépenses et provisions	5 000	Autres intérêts et assimilés	150
Charges financières		**Produits exceptionnels**	
Intérêts et charges assimilées	800	Sur opérations de gestion	120
Charges nettes sur cessions de VMP	250	Produits des cessions d'éléments d'actif	180
Charges exceptionnelles			
Valeur comptable des éléments d'actif cédés	350	Solde débiteur (perte)	700
Total général	**17 300**	**Total général**	**17 300**

Document 2

Renseignements relatifs à l'exercice N (toutes les sommes sont exprimées en milliers d'euros)

- Stock initial de matières premières : 500
- Stock initial de produits finis : 2 550
- Les clients règlent à 30 jours fin de mois, le 10 du mois suivant.
- Les fournisseurs sont réglés à 30 jours fin de mois.
- Les salaires sont versés le dernier jour du mois ; les charges sociales sont réglées le 10 du mois suivant.
- Les achats, les services extérieurs et les ventes sont passibles de la TVA au taux de 20 %, laquelle est réglée le 25 de chaque mois.
- Les services extérieurs sont réglés comptant.
- Coût de production des produits vendus en N : 13 000.
- L'activité est régulière tout au long de l'exercice.
- Au 31/12/N, on a :
  - capitaux propres : 8 000
  - dettes financières (hors concours bancaires courants) : 6 000
  - fonds de roulement : 4 000

SYNTHÈSE

La gestion du besoin en fonds de roulement d'exploitation

Une entreprise se doit de bien connaître les composantes essentielles de son **BFRE** et en particulier son BFRE moyen, à financer par des fonds durables pour éviter les problèmes de trésorerie récurrents (notion d'équilibre financier).

La méthode normative permet de déterminer le niveau moyen du BFRE (partie essentielle du BFR) en l'exprimant en jours de CAHT.

jours de CAHT

BFRE normatif = Temps d'écoulement (en jours) **× Coefficient de structure** (en % du CAHT)

À conditions d'exploitation fixées (délais de paiement et processus de production), le **BFRE moyen** :

- est uniquement proportionnel au chiffre d'affaires,
- permet des calculs prévisionnels (plan de financement et étude des projets d'investissement notamment).

Afin de limiter le coût représenté par le BFRE, l'entreprise doit contrôler et surveiller l'évolution de son BFRE, en perfectionnant la gestion de ses stocks et, éventuellement, en réduisant par différents moyens le poste Clients ou encore en obtenant des conditions de crédit plus favorables des fournisseurs.

Calculs pouvant être demandés :

Postes	Temps d'écoulement (lorsqu'il n'est pas donné)	Coefficient de structure
Stock de marchandises ou de MP ▶	$\frac{\text{Stock moyen} \times 360}{\text{Coût d'achat marchandises vendues ou des MP consommées}}$	$\frac{\text{Coût d'achat marchandises vendues ou des MP consommées}}{\text{CAHT}}$
Stock de PF ou d'en-cours ▶	$\frac{\text{Stock moyen} \times 360}{\text{Coût de production des en-cours de l'exercice}}$	$\frac{\text{Coût de production PF vendus ou en-cours}}{\text{CAHT}}$
Clients ▶	$\frac{(\text{Créances} + \text{EENE}) \times 360}{\text{CATTC}}$	$\frac{\text{CATTC}}{\text{CAHT}}$
Fournisseurs ▶	$\frac{\text{Dettes fournisseurs} \times 360}{\text{Achat TTC}}$	$\frac{\text{Achats TTC}}{\text{CAHT}}$
TVA à décaisser ▶	$\frac{\text{Montant moyen du poste} \times 360}{\text{TVA à décaisser de l'exercice}}$	$\frac{\text{TVA à décaisser de l'exercice}}{\text{CAHT}}$

CHAPITRE 9

Les projets d'investissement

PROGRAMME

Compétences attendues

- **Identifier** et **distinguer** les différents types d'investissement
- **Calculer** les flux prévisionnels caractérisant un projet à partir des capacités d'autofinancement d'exploitation et des flux patrimoniaux
- **Déterminer** les différents critères financiers de sélection de projets d'investissement
- **Argumenter** un choix entre plusieurs projets qui respectent le niveau d'acceptation fixé *a priori*
- **Analyser** une décision d'investissement au-delà du simple calcul financier à l'aide de critères de sélection non financiers

Savoirs associés

- La typologie des investissements
- Les paramètres financiers et comptables caractérisant un investissement
- Le choix d'un taux d'actualisation en fonction du coût du capital pour un projet (hors fiscalité)
- Les critères financiers de sélection (valeur actuelle nette y compris VAN global, taux de rentabilité interne y compris TIR global, délai de récupération du capital investi, indice de profitabilité)
- Les critères non financiers de sélection

PLAN DU CHAPITRE

La politique d'investissement conditionne le développement futur de l'entreprise. Elle consiste à déterminer les projets dans lesquels l'entreprise a intérêt à consacrer des ressources financières. Elle est la traduction concrète des stratégies adoptées par la direction générale (expansion, diversification, modernisation, etc.).
L'investissement est une opération complexe qui exige une analyse approfondie et des calculs basés sur des données prévisionnelles.

MOTS-CLÉS

CAF d'exploitation • Capital investi • Coût du capital • Délai de récupération • Flux de trésorerie • Indice de profitabilité • Taux d'actualisation • Taux de rentabilité interne • TRI global • Valeur actuelle nette • VAN globale

1 Types d'investissement

Plusieurs approches sont possibles pour différencier les investissements :
- selon la nature (investissements incorporels, corporels, financiers) ;
- selon l'objectif, comme présenté ici.

A) Investissements d'expansion ou de capacité

Ils contribuent à l'augmentation de la capacité de production ou de distribution de l'entreprise, dans le même domaine que celui déjà exercé.

Il peut s'agir d'investissements internes ou d'investissements externes (acquisition d'autres entreprises appartenant au même secteur d'activité).

B) Investissements de diversification

Ils se traduisent également par une augmentation de la capacité, mais dans un domaine nouveau pour l'entreprise (ex. : lancement par BIC de rasoirs jetables).

La diversification exige des moyens importants et de nouvelles compétences. Elle présente un certain risque.

L'objectif est de conforter la rentabilité de l'entreprise et d'assurer sa croissance sur le long terme.

C) Investissements de renouvellement (ou de remplacement)

Il s'agit de remplacer des investissements devenus obsolètes et généralement totalement amortis. Le renouvellement à l'identique étant rarement possible, il s'accompagne souvent de gains de productivité (machines plus performantes) ou de changements dans les produits ou les services.

D) Investissements d'innovation

Ce sont des investissements conçus pour :
- développer de nouveaux produits (innovation de produits) ;
- exploiter de nouveaux procédés de fabrication ou une nouvelle organisation (innovation de processus).

Généralement, ils nécessitent une réorganisation des modalités de production et une redéfinition des compétences et des postes de travail.

L'innovation est un facteur important de compétitivité (et donc de rentabilité) pour l'entreprise.

E) Investissements sociaux

Il s'agit d'investissements destinés à améliorer les conditions de vie du personnel : crèches, cantines, salles de sport, etc. Ils se traduisent par une meilleure productivité et par une plus grande stabilité du personnel (réduction du turnover, c'est-à-dire du taux de départ).

Les entreprises doivent désormais intégrer les préoccupations sociales et environnementales dans leurs stratégies d'investissement.

2 Caractéristiques d'un projet d'investissement

A) Principe

Évaluer la rentabilité d'un projet d'investissement consiste à rapprocher les gains futurs (**flux de trésorerie**) actualisés et le **capital investi** au départ. Un investissement est acceptable dans la mesure où les gains attendus sont supérieurs au capital investi.

Pour effectuer les calculs nécessaires à l'évaluation d'un projet d'investissement, il faut disposer des informations suivantes :

- Le capital investi C_i. Le capital investi est la somme de plusieurs éléments.
- La durée d'exploitation. Si la durée de vie économique est trop longue, on retient une durée compatible avec des prévisions significatives.
- La valeur résiduelle. À la fin de la durée retenue, l'investissement peut conserver une certaine valeur. Celle-ci doit être intégrée aux calculs pour son montant net d'IS.
- Les flux de trésorerie. Les rentrées d'argent attendues du projet sont évaluées pour chaque année d'exploitation.

B) Capital investi C_i

Il s'agit de la « dépense » que doit supporter l'entreprise pour réaliser le projet. Il comprend :

– le coût d'achat (ou le coût de production) HT des immobilisations ;
– les frais accessoires HT : frais de transport, d'installation, etc. ;
– la variation du BFRE.

Le projet se traduisant souvent par une hausse du chiffre d'affaires, il se produit une augmentation du BFRE qui se maintiendra pendant toute la durée d'exploitation du projet. Le montant correspondant à cette augmentation restant immobilisé pendant la durée du projet, il est logique de le considérer au même titre que l'investissement principal. L'argent ainsi immobilisé sera récupéré à la fin de la durée retenue.

> Capital investi C_i = Coût d'achat des immobilisations HT
> + Frais accessoires HT
> + Δ BFRE générée par l'exploitation du projet

Exemple

- Une société a décidé de faire construire un deuxième bâtiment afin de se développer.
Le CAHT devrait passer de 12 000 000 € à 18 000 000 €, pour toute la durée du projet.
Dépenses prévues (montants HT) : terrain : 100 000 € ; constructions : 1 000 000 € ; matériels : 280 000 € ; frais d'installation : 120 000 €.
Le BFRE est estimé à 1 mois de CAHT.
L'augmentation du BFRE en cas de réalisation du projet s'élève à :
(18 000 000 – 12 000 000) × 1/12 = 500 000 €

Le montant du capital investi est donc égal à :
100 000 + 1 000 000 + 280 000 + 120 000 + 500 000 = 2 000 000 €

C) Flux nets de trésorerie générés par le projet

Il s'agit de flux évalués de manière prévisionnelle sur plusieurs années, et donc forcément affectés d'une certaine incertitude. Si les hypothèses sous-jacentes au calcul (niveau du prix de vente, quantités vendues, etc.) ne se vérifient pas, les flux réels ne seront pas conformes aux flux prévus.

1. Principe

Les flux nets de trésorerie à considérer pour l'évaluation d'un projet d'investissement se calculent à partir de la CAF d'exploitation. On ignore à ce stade les éléments financiers. Le coût du financement (charges d'intérêts notamment) sera pris en compte au travers du **taux d'actualisation** (tab. 9.1).

Tableau 9.1. Calcul des flux nets de trésorerie

		Années				
		1	2	3	4	5
	CAF d'exploitation					
–	ΔBFRE (au cours du projet)	X	X	X	X	
+	Valeur résiduelle nette d'IS					X
+	Récupération du BFRE					X
=	**Flux nets de trésorerie**					

La CAF d'exploitation (capacité d'autofinancement d'exploitation) constitue l'essentiel des ressources et doit être déterminée pour chaque année. Quand il n'y a pas de variation du BFRE et de valeur résiduelle, la CAF d'exploitation correspond au flux de trésorerie cherché.

En revanche, si le chiffre d'affaires prévisionnel augmente en cours de projet, il faut financer l'augmentation du BFRE correspondante car on suppose que les stocks et les décalages de paiement sont proportionnels au chiffre d'affaires. On considère souvent que cette augmentation de BFRE doit être financée par anticipation, c'est-à-dire dès la fin de l'année précédant l'augmentation de chiffre d'affaires.

2. CAF d'exploitation (ou *cash-flows*)

Définition

La **CAF d'exploitation** correspond à la trésorerie potentielle dégagée par les opérations d'exploitation liées au projet d'investissement.

Cette trésorerie potentielle est générée tout au long de l'année ; mais, pour simplifier les calculs, on considère qu'ils sont obtenus à la fin de chaque exercice (fig. 9.1).

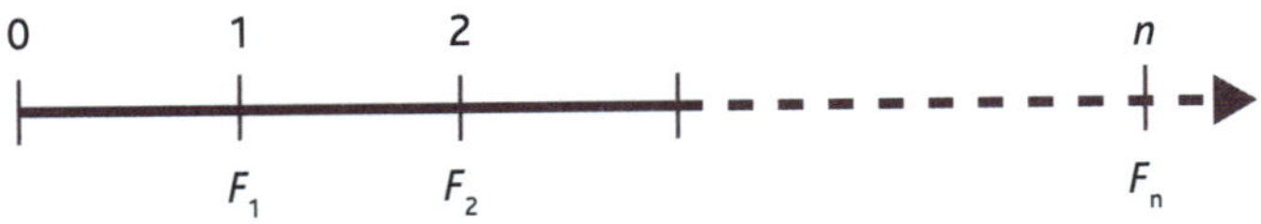

Figure 9.1. Schéma des flux

Calcul à partir du résultat d'exploitation. Les CAF d'exploitation prévisionnelles s'obtiennent de la façon suivante :

> CAF d'exploitation = CAHT – Charges d'exploitation (IS compris) sauf dotations aux amortissements
> = Résultat d'exploitation net d'IS + Dotations aux amortissements

FOCUS **CAF d'exploitation et dotations aux amortissements**

Les dotations sont des charges calculées qui n'affectent pas la trésorerie ; il faut donc les rajouter au résultat net pour obtenir la trésorerie générée chaque année par le projet.
En revanche, l'IS supplémentaire dû au projet constitue bien une dépense à considérer et les CAF d'exploitation sont nettes d'IS.
On a donc :

CAF d'exploitation = Résultat d'exploitation net d'IS + Dotations aux amortissements

Exemple

- Soit un projet d'une valeur de 200 k€ HT avec un amortissement linéaire sur 5 ans.

	1	2 à 5
Chiffre d'affaires HT (k€)	240	280
Charges variables (k€)	120	140

Charges fixes annuelles hors amortissements : 60 k€. Taux d'IS : 28 %.

		1	2 à 5
	Chiffre d'affaires (1)	240	280
–	Charges variables exploitation (2)	120	140
–	Charges fixes d'exploitation (hors amortissement) (3)	60	60
=	EBE	60	80
–	Dotations aux amortissements (4)	40	40
=	Résultat avant impôt	20	40
–	Impôts (5)	5,6	11,2
=	Résultat net (6)	14,4	28,8

Les CAF d'exploitation peuvent être calculées de deux manières :

	1	2 à 5
CAF d'exploitation = Recettes – Charges décaissables = (1) – (2) – (3) – (5)	54,4	68,8
CAF d'exploitation = Résultat net + Dotations = (6) + (4)	54,4	68,8

FOCUS **CAF d'exploitation et financement du projet**

L'objectif est de calculer la rentabilité économique du projet ; le calcul des flux doit être indépendant du financement prévu (donc sans tenir compte des intérêts sur emprunts).
Le coût du financement n'est pas pris en compte dans le calcul des flux de trésorerie mais au niveau du taux d'actualisation, qui représente le coût du capital investi.

Calcul à partir de l'EBE. Sachant que les dotations n'ont pas été retirées pour calculer l'EBE, il suffit de retrancher l'IS pour obtenir la trésorerie potentielle d'exploitation :

CAF d'exploitation = EBE – IS

→ APPLICATION 2 • APPLICATION 3 • MINI-CAS 4 • CAS PRATIQUE 6

3 Critères financiers de sélection d'un projet

A) Préalables

1. Principe

Évaluer un projet d'investissement consiste à comparer le montant investi (C_i) à l'ensemble des flux de trésorerie (F_1, F_2, etc.) attendus de ce projet. Pour effectuer cette comparaison, on se place traditionnellement à la date de l'investissement (date 0) (fig. 9.2).

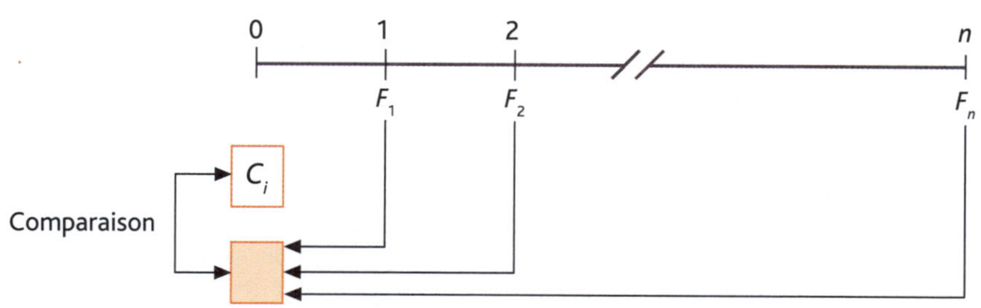

Figure 9.2. **Schéma des flux**

Il existe quatre critères principaux d'évaluation : la valeur actuelle nette, le taux de rentabilité interne, le délai de récupération et l'indice de profitabilité.

2. Coût du capital

Les flux de trésorerie étant attachés à des dates différentes, les critères de sélection sont basés sur l'actualisation de ces flux.

L'entreprise doit donc fixer un taux d'actualisation ; ce taux correspond en principe au coût du capital dont la détermination est complexe.

Théoriquement, le coût du capital dépend du niveau de risque relatif à l'actif économique, mais il est difficile à appréhender directement. Il est le plus souvent déterminé à partir d'un calcul comptable.

Le capital dont peut disposer l'entreprise pour financer ses projets d'investissement provient de sources diverses : capitaux propres, emprunt, subventions... Chacune de ces sources a un coût.

Définition

Le **coût du capital** est la moyenne arithmétique pondérée des coûts des différents financements auxquels l'entreprise fait appel

Soit :
- K le montant des capitaux propres dont le coût est t ;
- D le montant des dettes dont le coût est t_d (après IS) ;
- t_c le coût du capital.

$$t_c = t\frac{K}{(K+D)} + t_d\frac{D}{(K+D)}$$

Exemple

- Pour financer ses projets d'investissement, une entreprise dispose d'un capital de 2 400 M€, comprenant :
  - 1 400 M€ de capitaux propres, coût : 8 % ;
  - 1 000 M€ de dettes financières, coût : 6 %.

  Coût du capital $t_c = \dfrac{0{,}08 \times 1\,400 + 0{,}06 \times 1\,000}{2\,400} \approx 7{,}17\ \%$

Le coût des capitaux empruntés. Il s'agit du taux de revient net d'IS. En effet, les intérêts de l'emprunt sont déductibles et les économies d'impôt correspondantes sont à considérer pour le calcul du taux de revient.

Ainsi, si le taux d'IS est de 28 % et que le taux de l'emprunt est de 5 %, on a :

Le coût des capitaux propres n'est pas abordé en DCG.

$$\text{Taux de revient} = 5\ \% \times (1 - 28\ \%) = 3{,}6\ \%$$

Exemple

- Soit un emprunt de 100 000 € au taux de 5 % sur une durée de 6 ans, avec un remboursement *in fine* (à la fin de la dernière année). Frais d'émission : 3 000 €. Taux d'IS : 28 %. Les intérêts sont les mêmes chaque année : 5 000 € avant impôt, 3 600 € après prise en compte de l'impôt. Pour simplifier, on négligera les économies d'IS relatives aux frais d'émission.

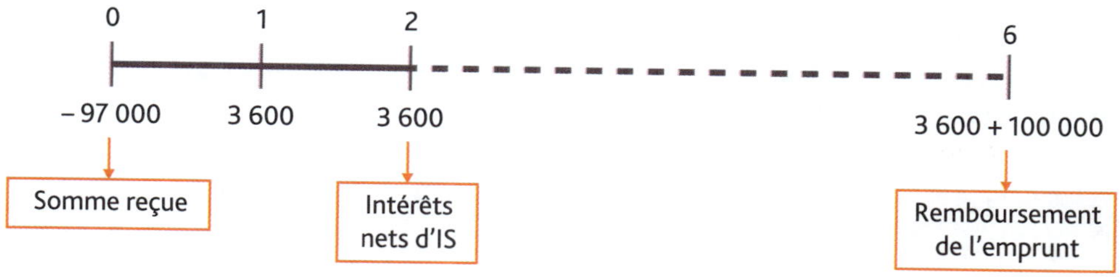

S'il n'y avait pas de frais, le taux de revient serait de 3,6 %. Les frais d'émission ont pour conséquence une augmentation du taux de revient de 0,53 % (4,13 – 3,6).

Comme il y a des frais d'émission, on ne peut pas appliquer la formule simple indiquée précédemment. Soit t le taux de revient net d'IS ; on a :

$$97\,000 = 3\,600\,\frac{1-(1+t)^{-6}}{t} + 100\,000\,(1+t)^{-6}$$

D'où t = 4,13 % (en utilisant un programme de résolution d'équation).

Coût du capital et risque. Le coût des capitaux propres dépend du niveau de risque supporté par l'entreprise (↪chapitre 17). Les prêteurs exigent également un taux plus élevé quand l'entreprise présente un niveau de risque important.

B) Valeur actuelle nette (VAN)

Définition

La **valeur actuelle nette** est le gain net (ou la création de valeur) espéré d'un projet d'investissement.

1. Calcul

La VAN est la différence entre le total des *cash-flows* (ou flux de trésorerie) actualisés et le capital investi C_i. Elle s'exprime en euros.

$$\text{VAN} = \sum_{p=1}^{n} F_p(1+t)^{-p} - C_i$$

Exemple

- Soit le projet d'investissement suivant, avec un coût du capital de 10 % :

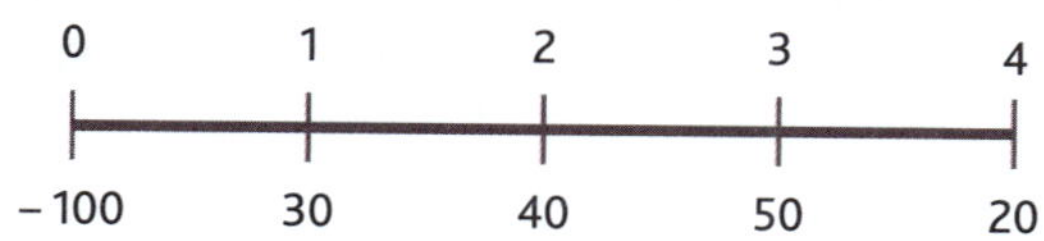

$$\text{VAN} = 30\,(1{,}1)^{-1} + 40\,(1{,}1)^{-2} + 50\,(1{,}1)^{-3} + 20\,(1{,}1)^{-4} - 100 = 111{,}56 - 100 = 11{,}56$$

2. Interprétation

Pour être acceptable, la VAN d'un projet doit être positive (fig. 9.3). Un projet d'investissement est d'autant plus intéressant que sa VAN est plus grande.

Figure 9.3. Interprétation de la VAN

Exemple

- Si on reprend l'exemple précédent, on peut dire que décaisser 100 pour récupérer 111,56 en contrepartie est une opération avantageuse. La VAN est positive, le projet peut être considéré comme rentable.

3. Limites

VAN et capital investi. La VAN mesure l'avantage absolu susceptible d'être retiré d'un projet d'investissement. Elle dépend donc de l'importance du capital investi dans le projet. Dès lors, elle ne permet pas de comparer des projets qui exigent des capitaux investis différents.

Exemples

- Projet 1

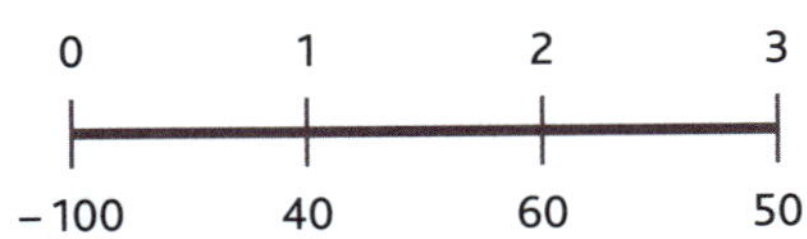

VAN à 10 % = 23,52 €

Projet 2

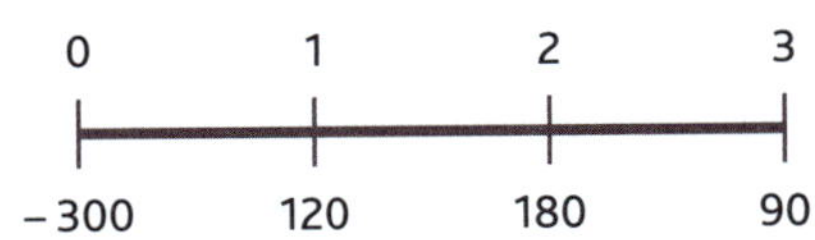

VAN à 10 % = 70,56 € (soit 23,52 € × 3)

La VAN du deuxième projet est nettement supérieure à celle du premier projet alors que leur rentabilité est similaire. Ce résultat est logique puisque le montant des capitaux investis dans ce projet est nettement plus élevé.

VAN et taux d'actualisation. La VAN est sensible au taux d'actualisation. Si ce taux est élevé, la VAN peut devenir négative. Le jugement porté sur le projet d'investissement dépend en partie du taux retenu pour effectuer l'actualisation des flux de trésorerie.

C) Taux de rentabilité interne (TRI)

Définition

Le **taux de rentabilité interne** (TRI) est le taux de rendement espéré du projet d'investissement.

Le TRI correspond à la rémunération maximale pouvant être offerte aux investisseurs (prêteurs et actionnaires). Il correspond aussi à la rentabilité économique du projet d'investissement.

1. Calcul

Pour déterminer le TRI, il faut chercher le taux d'actualisation t qui réalise l'équivalence entre le capital investi C_i et les flux de trésorerie actualisés à ce taux.

$$C_i = \sum_{p=1}^{n} F_p(1+t)^{-p}$$

Exemple

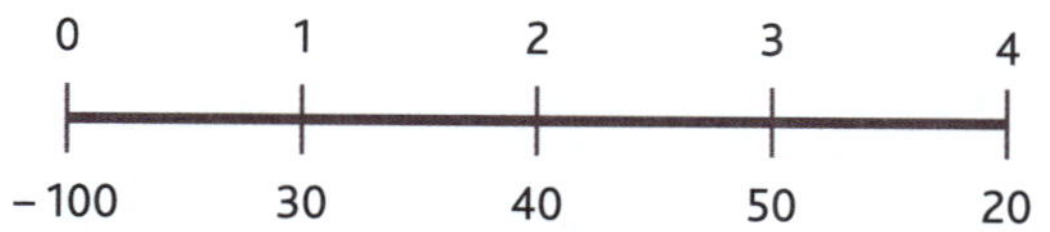

Soit x le taux cherché ; on a : $100 = 30\,(1+x)^{-1} + 40\,(1+x)^{-2} + 50\,(1+x)^{-3} + 20\,(1+x)^{-4}$
On trouve $x = 15{,}32$ % en utilisant un programme de résolution d'équations.

2. Interprétation

Dans l'exemple précédent, l'investissement a une rentabilité de 15,32 %, à condition que :
- les prévisions de flux de trésorerie se réalisent ;
- les flux obtenus chaque année soient réinvestis à ce même taux.

Le taux trouvé permet de mesurer l'attractivité du projet. Il doit être comparé au taux d'actualisation (qui correspond au coût du capital) (fig. 9.4).

Figure 9.4. Interprétation de la TRI

Un projet d'investissement est d'autant plus intéressant que son taux de rentabilité est élevé.

3. TRI et VAN

La formule de calcul du TRI (t) peut aussi s'écrire :

$$\sum_{p=1}^{n} F_p(1+t)^{-p} - C_i = 0$$

On en déduit que le taux de rentabilité interne est le taux d'actualisation pour lequel la VAN est nulle (fig. 9.5).

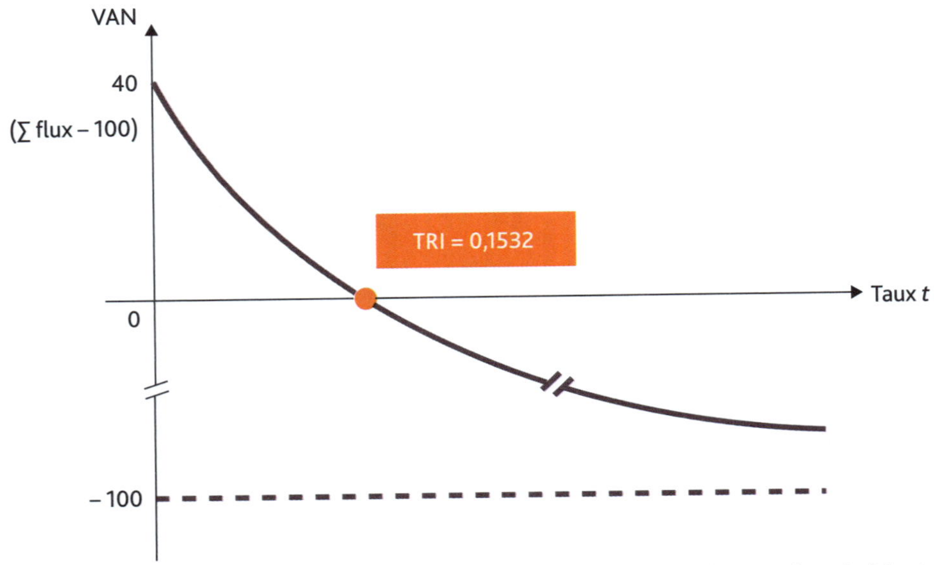

Figure 9.5. Courbe de la VAN en fonction du taux et TRI, conforme à l'exemple précédent

D) Délai de récupération du capital investi

Définition

Le **délai de récupération** (d) du capital investi est la durée au bout de laquelle la valeur actualisée des flux de trésorerie est égale au capital investi.

1. Calcul

Il faut fixer un taux d'actualisation, en principe le coût du capital (ou le taux de rentabilité minimum exigé par les investisseurs).

Si on désigne par d la durée cherchée, on peut écrire :

$$C_i = \sum_{p=1}^{d} F_p(1+t)^{-p}$$

Exemple

- Soit le projet d'investissement suivant :

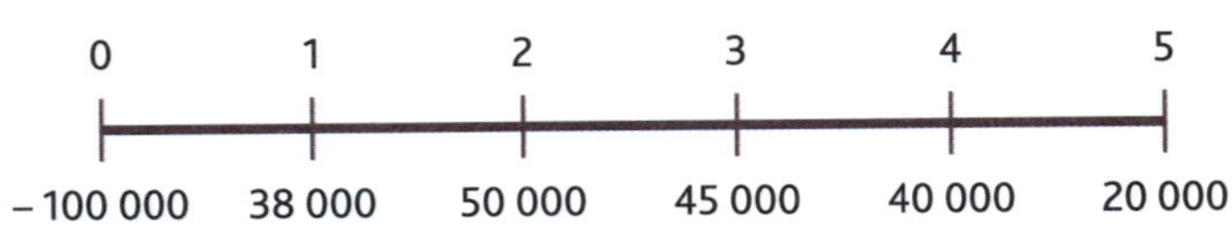

Il faut actualiser chaque flux de trésorerie et cumuler les montants obtenus jusqu'à ce que le résultat devienne égal ou supérieur au capital investi, 100 000.

Les calculs sont regroupés dans le tableau suivant :

Années	1	2	3	4	5
Flux actualisé	$38\ 000(1{,}1)^{-1} = 34\ 545$	$50\ 000(1{,}1)^{-2} = 41\ 322$	$45\ 000(1{,}1)^{-3} = 33\ 809$	–	–
Cumul des flux actualisés	34 545	75 867	109 676	–	–

À la fin de la 3e année, on aura récupéré 109 676, c'est-à-dire une somme supérieure au capital investi, 100 000. Le délai de récupération du capital investi est donc compris entre 2 et 3 ans.

Un calcul *prorata temporis* permet de trouver le délai exact *d* :

$$d = 2 \text{ ans} + \frac{100\ 000 - 75\ 867}{33\ 809} \times 365 \approx 2 \text{ ans et } 261 \text{ jours}$$

Si l'entreprise réalise cet investissement et débourse 100 000 €, elle récupérera ce montant au bout de 2 ans et 261 jours.

2. Interprétation

Pour qu'un projet d'investissement soit acceptable, il faut que le délai de récupération soit inférieur à un délai fixé par l'entreprise. La fixation de ce délai référence est délicate.

Un projet est d'autant plus intéressant que le délai de récupération est plus court :
- le risque couru par l'entreprise est plus faible lorsque le délai est court (prévisions à court terme plus fiables, changements de l'environnement moins probables, etc.) ;
- un délai de récupération court est, en principe, un indicateur d'une bonne rentabilité.

E) Indice de profitabilité (IP)

Définition

L'**indice de profitabilité** est obtenu en faisant le rapport entre les flux de trésorerie actualisés et le capital investi.

1. Calcul

Il faut fixer un taux (généralement, le coût du capital) pour actualiser les flux de trésorerie prévisionnels.

$$IP = \frac{1}{C_i} \times \sum_{p=1}^{n} F_p (1+t)^{-p}$$

Exemple

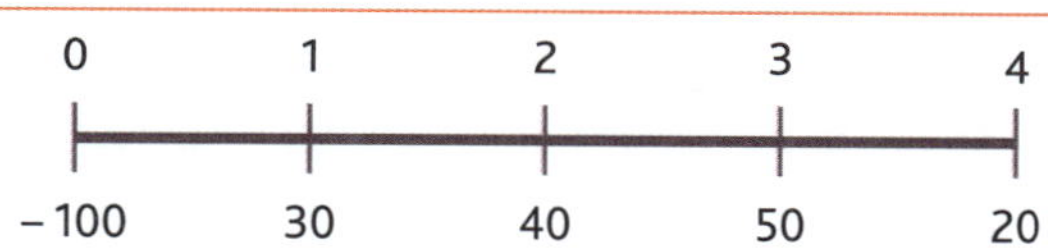

Coût du capital : 10 %

$$IP = \frac{1}{100} \times [30(1{,}1)^{-1} + 40(1{,}1)^{-2} + 50(1{,}1)^{-3} + 60(1{,}1)^{-4}] \approx 1{,}1156$$

2. Interprétation

Un projet d'investissement est d'autant plus intéressant que son indice de profitabilité est élevé (fig. 9.6).

Figure 9.6. Interprétation de l'indice de profitabilité

Exemple

- Dans l'exemple précédent, la réalisation de l'investissement considéré consiste à recevoir 1,1156 € par euro investi. L'opération est donc avantageuse. L'avantage, par euro investi, est de 0,1156 €.

→ MINI-CAS 5 • CAS PRATIQUE 6 • CAS PRATIQUE 7 • CAS PRATIQUE 8

4 Choix entre plusieurs projets

A) Problématique

Les critères les plus couramment pratiqués sont la VAN et le TRI. Quand ils sont utilisés simultanément, notamment pour départager plusieurs projets possibles, ils aboutissent parfois à des résultats contradictoires.

Exemple

- Considérons les deux projets suivants, de même montant et de même durée :
  - **Projet A**

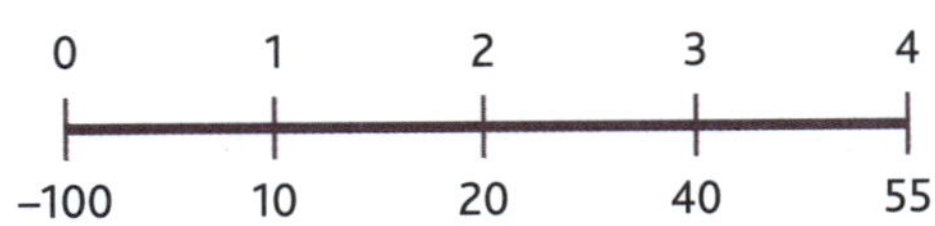

  - **Projet B**

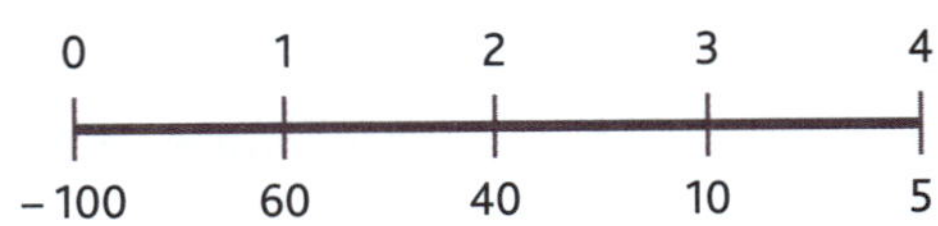

	Projet A	Projet B
VAN à 5 %	7,47	6,18
TRI	7,5 %	8,98 %

On voit que le classement diffère selon le critère retenu. Le décideur peut alors choisir de ne retenir qu'un seul de ces deux critères. Il peut aussi essayer de résoudre cette contradiction.

B) Critères globaux

Pour résoudre la contradiction, il faut introduire une nouvelle hypothèse, celle du réinvestissement des flux de trésorerie générés par le projet à un taux inférieur au taux d'actualisation.

La démarche consiste à :

– déterminer le taux de réinvestissement *r* des flux nets de trésorerie (étape complexe) ;
– calculer la valeur acquise *A* par les flux à la fin de la durée d'investissement *n* ;

$$A = \sum_{p=1}^{n} F_p (1+r)^{n-p}$$

– utiliser le (ou les) critère(s) retenu(s) pour évaluer les projets.

La VAN calculée de cette façon est qualifiée de **VAN globale** (VANG) :

$$\text{VANG} = \frac{A}{(1+t)^n} - C_i$$

De même, le TRI est un **TRI global** (TRIG).

Si elle existe, la contradiction entre deux critères de rentabilité ne se présente que lorsque la distribution dans le temps des flux relatifs aux deux projets est très différente : pour le projet A, l'essentiel des flux est généré à la fin de la durée retenue, au contraire du projet B pour lequel les flux les plus importants sont dégagés au début.

Exemple

▶ Reprenons les projets A et B de l'exemple précédent avec un taux de réinvestissement de 6 %.

- Projet A

$\text{VANG} = [10(1{,}06)^3 + 20(1{,}06)^2 + 40(1{,}06) + 55]\,(1{,}05)^{-4} - 100 = 8{,}42$

$\text{TRIG} : [10(1{,}06)^3 + 20(1{,}06)^2 + 40(1{,}06) + 55]\,(1 + x)^{-4} - 100 = 0 \Rightarrow x = 7{,}14\ \%$

- Projet B

$\text{VANG} = [60(1{,}06)^3 + 40(1{,}06)^2 + 10(1{,}06) + 5]\,(1{,}05)^{-4} - 100 = 8{,}60$

$\text{TRIG} : [60(1{,}06)^3 + 40(1{,}06)^2 + 10(1{,}06) + 5]\,(1 + x)^{-4} - 100 = 0 \Rightarrow x = 7{,}19\ \%$

- Conclusion : Le projet B (TRG = 7,20 % ; VANG = 8,60) surclasse le projet A. ◀

➡ CAS PRATIQUE 8

5 Critères de sélection non financiers

La rentabilité estimée d'un projet ne constitue que l'un des éléments de la démarche d'investissement. D'autres considérations peuvent intervenir dans le processus de décision, comme le niveau de risque ou la flexibilité du projet.

A) Niveau de risque

Investir implique nécessairement l'acceptation d'un certain niveau de risque. D'une façon générale, les investissements de renouvellement ou d'expansion sont moins risqués que les investissements de diversification ou d'innovation. L'entreprise doit évaluer ces risques potentiels (fig. 9.7) pour pouvoir porter un jugement global sur le projet.

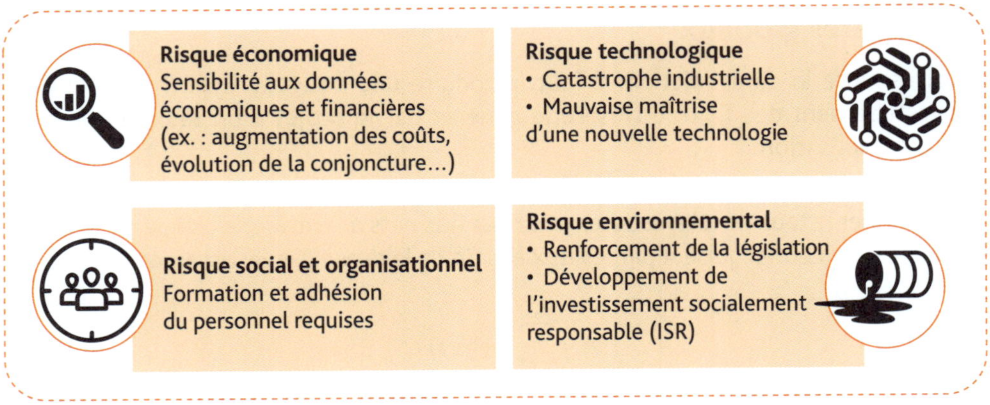

Figure 9.7. **Types de risques**

B) Flexibilité

Un investissement se traduit par une immobilisation importante de fonds pour plusieurs années. Il s'accompagne d'une certaine irréversibilité qui va peser sur l'avenir de l'entreprise.

Il faudra essayer de mesurer le degré de flexibilité de l'investissement : possibilité d'en modifier la taille (en plus ou en moins selon que le projet est réussi ou non) ou la durée, possibilité de le retarder, de le reconvertir si nécessaire, etc.

La société pourra préférer un projet un peu moins rentable qu'un autre mais présentant un plus grand degré de flexibilité.

C) Cohérence avec la stratégie suivie

Une entreprise ne peut pas durablement ne pas se soucier de la rentabilité. Toutefois, elle peut y renoncer sur une courte période dans la mesure où cette décision peut être bénéfique à plus long terme.

C'est ainsi qu'une entreprise peut accepter des projets peu rentables pour s'implanter dans un pays si, à terme, cela lui permet de contrôler le marché ou d'acquérir un savoir-faire transposable dans son pays d'origine ou dans d'autres pays.

D) Obligation de suivre les concurrents

L'entreprise ne peut ignorer les investissements réalisés par ses concurrents :
- s'il s'agit d'investissements sociaux, une partie du personnel peut être tentée de changer d'entreprise ou connaître une baisse de motivation ;
- si ce sont des investissements de modernisation, il y a un risque de voir les concurrents baisser leurs prix ou améliorer la qualité de leurs prestations.

→ **MINI-CAS 5 • CAS PRATIQUE 7**

DES SAVOIRS AUX COMPÉTENCES

Évaluer les savoirs | Maîtriser les compétences | Préparer l'épreuve

1 Quiz

Vérifiez l'exactitude des propositions ci-après et justifiez-les.

	Vrai	Faux
1. Les flux de trésorerie générés par un projet d'investissement sont prévisionnels.	☐	☐
2. Ces flux de trésorerie sont nets d'IS.	☐	☐
3. Le montant investi se limite aux achats d'immobilisations.	☐	☐
4. La valeur résiduelle est rarement prise en compte dans les calculs.	☐	☐
5. Le montant investi est considéré HT.	☐	☐
6. Les flux de trésorerie sont évalués chaque année à partir des seuls postes d'exploitation.	☐	☐
7. Le coût du capital est la moyenne simple du coût des financements.	☐	☐
8. Le taux d'actualisation correspond au coût du capital.	☐	☐
9. Flux de trésorerie = Résultat net – Dotations.	☐	☐
10. Il existe plusieurs critères pour évaluer un projet d'investissement.	☐	☐
11. On ne tient pas compte du financement dans le calcul des flux de trésorerie.	☐	☐

2 Capital investi ★★★

Une entreprise envisage de construire un nouvel atelier et a recensé les dépenses suivantes (sommes HT) :

- frais d'architecte : 10 000 €
- coût de la construction : 260 000 €
- achat de matériels : 80 000 €
- frais d'installation : 9 000 €

Calculez le montant investi.

3 Variation du BFRE ★★★

Les prévisions de chiffre d'affaires relatives à un projet d'investissement sont les suivantes :

	N+1	N+2	N+3	N+4
CAHT	1 200 000	1 500 000	1 600 000	1 600 000

Le BFRE correspond à un mois de CAHT.

1. *Sachant qu'en N le CAHT s'élève à 1 000 000, calculez les variations du BFRE.*

2. *Précisez de quelle façon ces variations seront prises en compte dans les calculs.*

Évaluer les savoirs | Maîtriser les compétences | Préparer l'épreuve

4 Mini-cas : Flux de trésorerie nets générés par un projet ★★★

Compétences attendues

- **Identifier** et **distinguer** les différents types d'investissement
- **Calculer** les flux prévisionnels caractérisant un projet à partir des capacités d'autofinancement d'exploitation et des flux patrimoniaux

Vous êtes chargé de calculer les flux nets générés par un nouveau projet à partir des informations suivantes :

- achat d'un terrain : 600 000 € ;
- construction d'un bâtiment : 950 000 € ;
- achat d'équipements : 650 000 €.

Une étude a permis de préciser le chiffre d'affaires prévisionnel sur une période de 5 ans ainsi que le niveau des charges fixes relatif au projet (sommes en milliers d'euros) :

	1 an	2 à 5 ans
CAHT	3 000	6 000
Charges fixes (hors amortisssements)	600	990
Dotations aux amortissements	210	210

Autres informations :

- Marge sur coûts variables : 30 % du CAHT.
- Valeur résiduelle du terrain à la fin de la 5e année : 100 000 € net d'IS.

1. *Identifiez le type d'investissement dont il s'agit.*
2. *Chiffrez le capital investi et calculez les flux nets de trésorerie générés par le projet (de deux façons différentes).*
3. *On apprend que le BFRE est estimé à 36 jours de CAHT (1 an = 360 jours). Sachant que les variations de BRE seront récupérées au terme de la durée retenue :*
   - *calculez le montant de ces variations ;*
   - *modifiez les flux en conséquence.*

5 Mini-cas : Développement de l'activité ★★★

Compétences attendues

- **Analyser** une décision d'investissement au-delà du simple calcul financier à l'aide de critères de sélection non financiers
- **Argumenter** un choix entre plusieurs projets qui respectent le niveau d'acceptation fixé *a priori*

Souhaitant développer son activité (conserves de légumes et de plats cuisinés), la société Andrex a sélectionné deux projets :

- projet 1 : augmenter l'activité actuelle ;
- projet 2 : créer une activité complémentaire consistant à commercialiser des produits bios (jardinières, ratatouilles, purées, etc.) en bocaux.

Une étude, effectuée sur un horizon de 5 ans, a permis d'aboutir aux résultats suivants :

	Niveau de risque	TRI
Projet 1	Faible	7,50 %
Projet 2	Moyen	11 %

1. *Citez des critères non financiers susceptibles d'influencer une décision d'investissement.*
2. *Détaillez les avantages et inconvénients de chaque projet.*

Évaluer les savoirs — Maîtriser les compétences — Préparer l'épreuve

6 Cas pratique : Flux et EBE ★★★

30 min

Compétences attendues

- **Calculer** les flux prévisionnels caractérisant un projet à partir des capacités d'autofinancement d'exploitation et des flux patrimoniaux
- **Déterminer** les différents critères financiers de sélection de projets d'investissement

Une société envisage de développer une activité qui nécessite la réalisation d'investissements pour un montant de 300 000 € (amortissement en linéaire sur 5 ans). Des études ont permis de réunir les données prévisionnelles relatives à ce projet.

Taux de l'IS : 28 %. On considérera que la valeur résiduelle du projet est nulle.

Coût du capital : 5,4 %.

	1	2	3	4	5
Chiffre d'affaires	120 000	120 000	150 000	150 000	120 000
Charges variables d'exploitation	30 000	30 000	40 000	40 000	30 000
Charges fixes d'exploitation (hors amortissements)	15 000	15 000	20 000	20 000	15 000
EBE	75 000	75 000	90 000	90 000	75 000

Missions

1. *Calculez les flux d'exploitation nets d'IS attendus du projet.*
2. *Montrez que ces flux sont égaux à l'EBE après déduction de l'IS. Concluez sur l'impact des dotations aux amortissements sur les flux attendus du projet.*
3. *Définissez trois critères permettant de choisir un projet d'investissement. Précisez l'intérêt et les limites de chacun d'eux.*
4. *Déterminez si le projet est créateur de valeur.*

7 Cas pratique : Projet d'investissement ★★★

35 min

Compétences attendues

- **Calculer** les flux prévisionnels caractérisant un projet à partir des capacités d'autofinancement d'exploitation et des flux patrimoniaux
- **Déterminer** les différents critères financiers de sélection de projet d'investissement
- **Analyser** une décision d'investissement au-delà du simple calcul financier à l'aide de critères de sélection non financiers

De l'analyse d'un projet d'investissement, on retient les informations suivantes (en k€) :

- Capital investi : 900 de matériels ; dotations aux amortissements : 180 par an
- Durée de vie : 5 ans ; valeur résiduelle, nette d'impôt, au terme des 5 ans : 10

Prévisions d'exploitation

	1 an	2 à 5 ans
Chiffre d'affaires HT	900	1 200
Charges d'exploitation variables	360	480
Charges d'exploitation fixes (hors amortissements)	300	300

Missions

1. *Calculez les flux nets de liquidités attendus du projet (taux de l'IS : 28 %).*
2. *Calculez la VAN, le TRI, l'indice de profitabilité et le délai de récupération, sachant que le taux de rentabilité minimum exigé est de 8 %. Concluez.*
3. *Précisez pour quel taux la VAN est égale à 0.*
4. *Citez des critères de sélection non financiers.*

8 Cas pratique : Comparaison de deux projets ★★★

40 min

Compétences attendues

- **Déterminer** les différents critères financiers de sélection de projets d'investissement
- **Argumenter** un choix entre plusieurs projets qui respectent le niveau d'acceptation fixé *a priori*

On considère les deux investissements définis par les schémas ci-dessous (en k€) :

- Projet 1

0	1	2	3
– 100	90	20	20

- Projet 2

0	1	2	3
– 100	10	20	130

Missions

1. *Calculez les TRI et les VAN à 8 %.*
2. *Déterminez le taux d'indifférence, sachant qu'on appelle taux d'indifférence, le taux pour lequel la VAN du projet 1 est égale à la VAN du projet 2.*
3. *Tracez les courbes de variation des VAN en fonction du taux d'actualisation.*
4. *Identifiez la condition pour que les critères du TRI et de la VAN donnent des choix contradictoires relativement à des projets identiques.*
5. *Sachant que les flux de trésorerie peuvent être réinvestis au taux de 3 %, calculez la VAN globale et le TRI global relatifs à ces deux projets. Concluez.*

Rendez-vous MÉTHODE

Calculer des flux de trésorerie générés par le projet

1. Calculer la CAF d'exploitation en se plaçant dans un contexte prévisionnel avec les seuls postes d'exploitation.
2. Ajouter les dotations (charge calculée) au résultat net d'IS puisqu'elles n'ont pas d'impact sur les flux de trésorerie.
3. Flux de trésorerie en cours de projet = CAF d'exploitation – Δ BFRE.
4. Flux de trésorerie final = CAF d'exploitation + Valeur résiduelle nette d'IS + Récupération du BFRE.

SYNTHÈSE

Les projets d'investissement

Analyse d'un investissement

Capital investi

Immo. HT
+
Frais HT
+
ΔBFRE

Flux net de trésorerie = **CAF d'exploitation** + **Δ BFRE** + **Valeur résiduelle**

- CAF d'exploitation : Trésorerie générée chaque année (Résultat d'exploitation net d'IS + Dotations) = EBE net d'IS
- Δ BFRE : Relatif à l'augmentation du CAHT
- Valeur résiduelle : Valeur de l'investissement de la dernière année

Taux d'actualisation

$$\textbf{Coût du capital } t_c = \frac{t \times K + t_D \times D}{K + D}$$

Avec K = capitaux propres, t = taux de rentabilité exigé, D = endettement au taux t_D.

Critères financiers

	Définition	Valeur d'acceptabilité	Avantages / Limites
Valeur actuelle nette (VAN)	Mesure l'avantage financier attendu du projet d'investissement	VAN > 0	Critère ne permettant pas de comparer des projets ayant des capitaux investis différents
Taux de rendement interne (TRI)	Taux de rendement	TRI > taux exigé par l'entreprise	Critère relatif permettant de comparer plusieurs projets
Délais de récupération (DR)	Durée au bout de laquelle les flux actualisés égalent le montant investi	DR < durée maximale fixée par l'entreprise	Critère privilégiant les projets rapidement rentables
Indice de profitabilité (IP)	Rapport entre les flux actualisés et le montant investi	IP > 1	Très peu utilisé, critère permettant d'afficher un résultat indépendant du montant investi

Principaux critères non financiers

- Risque économique, social et organisationnel, technologique, environnemental
- Flexibilité
- Cohérence avec la stratégie suivie
- Suivi des concurrents

DOBAR

1 Gestion du BFR

La société DOBAR, distributeur de jouets et à la tête d'une chaîne de magasins, s'est développée très rapidement. Bien que bénéficiaire et apparemment rentable, elle connaît depuis sa création des problèmes importants de trésorerie.

Le directeur administratif et financier (DAF), Yves Lequesnoy, vous demande de vérifier le niveau du besoin en fonds de roulement normatif pour l'exercice N, dernière année d'exploitation connue, afin de disposer des éléments utiles au redressement de la situation.

Missions

1. *Calculez le temps moyen d'écoulement du stock de marchandises et expliquez à quoi il correspond.*
2. *Calculez le besoin en fonds de roulement normatif de la société pour l'année N, en jours de CAHT et en euros (vous ferez abstraction des variations de stock).*
3. *Portez un jugement sur son niveau à l'aide du document 2.*
4. *Proposez des solutions à Yves Lequesnoy.*

2 Financement du développement

La société DOBAR envisage d'élargir sa gamme de produits pour enfants (sacs, valises, objets décoratifs…). Ce projet nécessite des investissements, notamment l'agrandissement du local de stockage. Yves Lequesnoy vous demande conseil.

Investissements HT nécessaires (en k€) :

- Bâtiment : 1 800 (amortissable en linéaire sur 15 ans).
- Aménagements : 500 (amortissables en linéaire sur 10 ans).
- Appareils de manutention : 300 (amortissables en linéaire sur 10 ans).

Missions

1. *Rappelez ce qu'est la CAF d'exploitation et précisez le contexte de son calcul.*
2. *Calculez la CAF d'exploitation du projet pour les cinq premières années d'activité.*
3. *Déterminez le montant total de l'investissement.*
4. *Calculez le coût moyen du capital relatif à cette opération et expliquez l'intérêt de cette notion pour l'entreprise.*
5. *Calculez la VAN et le taux de rentabilité interne du projet. Concluez sur l'intérêt du projet.*

DOSSIER DOCUMENTAIRE

Document 1

Données d'exploitation relatives à l'exercice N

	Montants	Autres informations
Chiffre d'affaires HT	1 500 000	Crédit de 30 jours
Achats de marchandises HT	660 000	Crédit de 20 jours
Charges HT	210 000	Règlement comptant
Salaires nets	180 000	Règlement le 30 de chaque mois
Charges sociales	150 000	Règlement le 15 du mois suivant
Stock moyen de marchandises	77 000	
TVA (20 %)	À calculer	Règlement le 18 du mois suivant

L'activité est régulièrement étalée dans le temps (1 an = 360 jours).

Document 2

Informations financières

- Fonds de roulement (fin N) : 71 000 €, dont 60 000 € de dette à rembourser à raison de 20 000 € par an pendant 3 ans.
- CAHT prévisionnel pour N+1 : + 10 %.

Document 3

Financements du projet (en k€)

- Emprunt bancaire : taux : 4 % ; montant : 2 000 ; remboursement : par fractions constantes sur 5 ans.
- Autofinancement pour le reste.
- Rentabilité exigée par les associés : 4,5 %.

Document 4

Prévisions d'activité

Prévisions d'activité relatives au seul projet

	1 à 5
CAHT	3 600
Charges d'exploitation variables	2 000
Charges d'exploitation fixes (hors dotations aux amortissements)	800

Autres informations

Taux d'IS : 28 %.

Le BFRE est estimé à 2 mois de CAHT. Ce montant sera récupéré à la fin de la 5e année.

CHAPITRE 10

Les modes de financement : fonds propres

PROGRAMME

Compétence attendue	Savoirs associés
Identifier une ou plusieurs solutions de financement	• L'autofinancement : source, intérêts et limites • Le financement par augmentation de capital

PRÉREQUIS

L'analyse de la structure financière (chapitre 3)

LIEN AVEC LE DCG 10

§3.1. Capitaux propres (écritures comptables de l'augmentation du capital)

PLAN DU CHAPITRE

Cours : 1. Autofinancement • 2. Cessions d'éléments de l'actif immobilisé • 3. Augmentation de capital • 4. Subventions (ou primes) d'investissement

Des savoirs aux compétences : Évaluer les savoirs • Maîtriser les compétences • Préparer l'épreuve

Synthèse

L'analyse des situations de gestion des entreprises conduit à mettre en évidence le fait que, pour financer un projet d'investissement, il est nécessaire de faire appel à une ou plusieurs sources de financement. Les choix des solutions de financement retenus s'avéreront primordiaux pour l'entreprise. Afin effectuer correctement ces choix stratégiques, il est indispensable d'identifier, au préalable, les sources de financement envisageables.

MOTS-CLÉS

Augmentation de capital • Autofinancement • Capacité d'autofinancement • Capitaux propres • Cession d'éléments d'actif • Prime d'émission • Prix d'émission • Subventions

1 Autofinancement

L'**autofinancement** constitue un mode de financement par fonds propres internes.

A) Enjeux et calcul de l'autofinancement

NOTRE CONSEIL

Dans de nombreuses situations de recherche de financements, une part de 20 à 30 % d'autofinancement est exigée par les banques.

L'autofinancement constitue un mode de financement très utilisé par les entreprises.

L'entreprise dégage des liquidités grâce à son activité courante. L'autofinancement provient ainsi des richesses créées et conservées au fil des années dans ses réserves. Il constitue une source de financement exclusivement interne.

L'entreprise ne garde cependant pas pour elle la totalité des richesses générées par l'activité. Elle est susceptible d'en reverser une partie à ses actionnaires sous forme de dividendes.

Il est judicieux pour l'entreprise de définir une politique de distribution suffisamment généreuse pour fidéliser les actionnaires mais lui permettant néanmoins de disposer de fonds nécessaires à son développement. Un arbitrage est souvent nécessaire entre ces deux alternatives.

La partie de la **capacité d'autofinancement** (CAF) (↪**chapitre 2**) non distribuée et restant à la disposition de l'entreprise est qualifiée d'autofinancement (fig. 10.1).

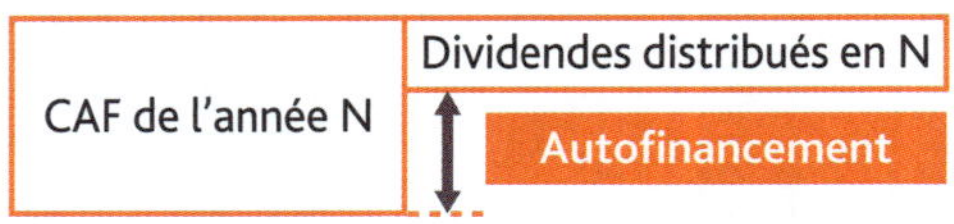

Figure 10.1. Mise en évidence de l'autofinancement

Exemple

- L'entreprise Longboard'FAB souhaite réaliser un investissement de 7 000 000 €.
  On dispose des données suivantes :
  - CAF année N : 1 244 596 €
  - Distributions mises en paiement au cours de l'exercice N : 305 500 €

  Quel est le montant d'autofinancement à disposition de l'entreprise ? Va-t-il suffire au financement ?

  L'autofinancement pour l'année N s'élève à : CAF – Distributions de dividendes = 1 244 596 – 305 500 = 939 096 €.

  Dans un contexte de projet d'investissement de 7 000 000 € de Longboard'FAB, celui-ci n'est pas couvert par l'autofinancement disponible de 939 096 €. Il faudra alors envisager de recourir à d'autres modes de financement complémentaires.

B) Avantages et inconvénients de l'autofinancement

L'autofinancement comporte des avantages qui incitent à sa mobilisation, mais révèle quelques inconvénients qu'il faut savoir repérer (tab. 10.1).

Tableau 10.1. Avantages et inconvénients de l'autofinancement

Avantages	Inconvénients
Maintien de l'indépendance financière (pas de demande auprès d'une banque)	Objectifs de rentabilité parfois négligés
Gouvernance non modifiée (le nombre d'actionnaires est inchangé)	Pas de coût direct mais coût implicite exigé par les actionnaires
Mobilisation aisée et rapide	Souvent insuffisant à lui seul (il faut alors combiner d'autres modes de financement)
Capacité d'endettement intacte	Mécontentement des actionnaires qui préfèreraient recevoir plus dividendes

Coût des capitaux propres : chapitre 14

APPLICATION 2 • CAS PRATIQUE 6

2 Cessions d'éléments de l'actif immobilisé

L'entreprise possède parfois des actifs immobilisés (terrains, immeubles, etc.) non indispensables à ses activités, qu'elle est en mesure de vendre afin de récupérer des fonds pour faire face à un projet d'investissement.

A) Contextes d'utilisation

Les **cessions d'éléments d'actif** immobilisés peuvent résulter :
- du renouvellement normal des immobilisations qui s'accompagne, chaque fois que cela est possible, de la vente des biens renouvelés ;
- de la nécessité d'obtenir des capitaux. L'entreprise est alors amenée à céder, parfois sous la contrainte, certaines immobilisations qui ne sont pas nécessaires à son activité ;
- de la mise en œuvre d'une stratégie de recentrage. L'entreprise cède des usines, des participations, voire des filiales, dès lors qu'elles sont marginales par rapport aux métiers dominants qu'elle exerce. Dans ce cas, les sommes en jeu sont souvent considérables ;
- de la Commission européenne qui, pour éviter que les OPA et les OPE n'aboutissent à des positions dominantes (entrave à la concurrence), peut exiger des cessions d'actifs parfois très importantes.

FOCUS — OPA et OPE

Les offres publiques d'échange (OPE) sont des opérations basées sur le fait (pour une entreprise) de proposer à ses actionnaires les actions d'une autre entreprise afin d'en prendre le contrôle.

Les offres publiques d'achat (OPA) sont des opérations basées sur une offre d'acquisition au comptant du capital d'une entreprise cible.

B) Caractéristiques

Les cessions des éléments d'actif nécessitent au préalable d'identifier les éléments susceptibles d'être cédés et de prendre en compte les avantages et inconvénients de ce mode de financement.

1. Identifier les éléments d'actif à céder

Sur la cession d'actif pour financer un projet : http://dunod.link/dgwruie

La vie financière de l'entreprise peut lui permettre de se doter, au fil des années, d'un actif immobilisé varié et comportant notamment des éléments non directement nécessaires à l'activité. On parle fréquemment alors d'actifs non stratégiques. Ces actifs constituent alors des sources potentielles de financement en cas de revente.

FOCUS — Vendre pour louer

Certaines entreprises cèdent leurs actifs immobilisés pour devenir locataires, opération qui leur permet de se développer sans augmentation des fonds. Cette modalité peut être particulièrement pertinente lorsque l'entreprise est en difficulté et cherche des liquidités faciles à obtenir pour se développer.

2. Avantages et inconvénients

Les cessions d'éléments d'actif sont appréciées pour les avantages qu'elles procurent à l'entreprise mais présentent des inconvénients qu'il faut clairement identifier (tab. 10.2).

Tableau 10.2. Avantages et inconvénients des cessions d'éléments d'actif

Avantages	Inconvénients
Indépendance financière (l'entreprise n'a pas besoin de financeur extérieur)	Délai avant d'obtenir les fonds de la cession (il faut trouver un acheteur au prix souhaité)
Pas d'impact sur la gouvernance (le nombre d'actions et le poids de chacun des actionnaires ne sont pas modifiés)	Pas de coût direct mais coût implicite exigé par les actionnaires
Pas de dégradation de la capacité d'endettement (pas d'emprunt)	Conditionné aux actifs réellement disponibles pour une cession

→ MINI-CAS 3 • CAS PRATIQUE 6

3 Augmentation de capital

L'**augmentation de capital** constitue une modification des fonds propres d'origine externe. Plusieurs modalités d'augmentation de capital existent (fig. 10.2).

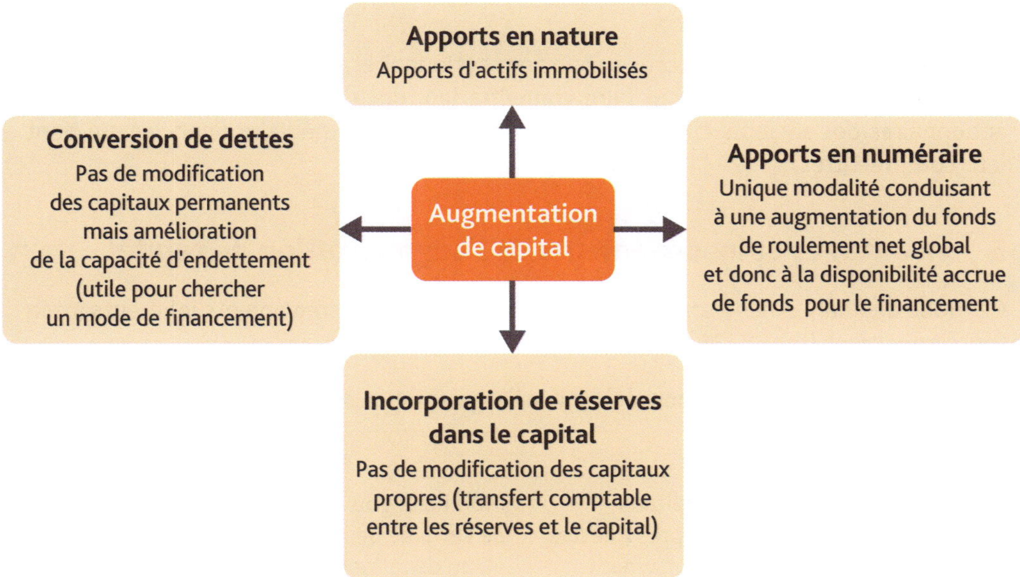

Figure 10.2. Modalités de l'augmentation de capital

A) Modalités pratiques de l'augmentation de capital en numéraire

Seule l'augmentation de capital par apports en numéraire amène réellement de nouvelles ressources financières pour faire face à un besoin de financement. Elle est décidée par l'assemblée générale extraordinaire des actionnaires.

Lors de l'augmentation de capital, des frais d'émission sont à supporter : frais de publication, rémunérations d'intermédiaires, etc.

1. Fixer le prix d'émission

Les nouvelles actions émises ont la même valeur nominale que les anciennes. Mais, la valeur de l'action ayant augmenté (parfois de façon très importante) depuis la création de l'entreprise, il faut fixer le **prix d'émission** (ou prix de souscription) des nouvelles actions en fonction de leur valeur au moment de l'émission.

Juridiquement, le prix d'émission ne peut être inférieur à la valeur nominale de l'action. Il dépend également de l'état du marché financier, de la notoriété de l'entreprise et de la nature des actions émises.

2. Déterminer le montant de la prime d'émission

La **prime d'émission** découle directement du prix d'émission :

Prime d'émission = Prix d'émission – Valeur nominale

La prime d'émission doit être libérée intégralement à la souscription.

3. Période de souscription

Un délai est donné par l'émetteur aux anciens actionnaires pour découvrir les modalités de l'augmentation de capital et faire connaître leur décision de souscrire ou non. Les actionnaires des sociétés cotées sont contactés par l'intermédiaire financier qui tient leur compte-titres.

B) Avantages et inconvénients de l'augmentation de capital

Ce mode de financement comporte des avantages et des inconvénients inhérents à son fonctionnement (tab. 10.3).

Tableau 10.3. Avantages et inconvénients de l'augmentation de capital

Avantages	Inconvénients
Augmente le montant des capitaux propres. Le ratio capitaux propres / dettes s'améliore. La capacité d'endettement est alors amplifiée	Modifie la gouvernance en raison de l'arrivée de nouveaux actionnaires et/ou de la modification de la part dans le capital des anciens
Améliore le fonds de roulement net global (FRNG) et donc l'équilibre financier	Provoque à court terme la dilution des bénéfices en raison de la répartition de ces derniers sur un plus grand nombre d'actions
Permet l'utilisation de nouveaux fonds pour le remboursement de dettes antérieures	Repose sur une situation du marché financier et de l'entreprise qui attirent les actionnaires à acquérir les actions nouvellement émises
Améliore la garantie vis-à-vis des tiers	Modifie fréquemment le cours de l'action sur les marchés financiers (pour les actions cotées) après l'augmentation du capital

Le coût du capital est abordé dans les chapitres 9 et 14.

→ MINI-CAS 4 • MINI-CAS 5 • CAS PRATIQUE 6

4 Subventions (ou primes) d'investissement

A) Caractéristiques des subventions

Des aides et **subventions** peuvent financer les investissements sous certaines conditions. Ces aides sont soumises à la réglementation européenne (dépenses éligibles, plafonds...).

Les subventions sont octroyées par divers organismes tels que les collectivités territoriales et l'État, pour des projets variés (tab. 10.4).

Tableau 10.4. **Provenances des subventions ou primes**

Provenances	Types de projets subventionnés
Union européenne (fonds européen de développement FEDER)	Projets favorisant l'emploi
État et organismes publics	Projets permettant de soutenir une entreprise locale
Collectivités territoriales	Projets permettant de développer l'investissement dans certaines régions ou certains secteurs

B) Avantages et inconvénients

Les subventions d'investissement constituent une opportunité dont les entreprises doivent savoir se saisir, mais supportent des inconvénients à mesurer (tab. 10.5).

Tableau 10.5. **Avantages et inconvénients des subventions**

Avantages	Inconvénients
Les sommes obtenues appartiennent à l'entreprise	Imposables : entraînent une charge d'impôt (quote-part des subventions virées au résultat) et impactent la CAF en conséquence
Font partie des capitaux propres	Octroyées sous conditions (développement territorial, innovation, emplois générés, etc.)
Pas d'obligation de remboursement	Démarches administratives importantes et délai parfois long
Ressource externe sans frais (pas de charges d'intérêt)	Financement partiel de l'investissement (montant limité)

→ CAS PRATIQUE 6

1 QCM

Pour chaque proposition, une ou plusieurs réponses sont possibles. Justifiez-les.

1. L'autofinancement :
   a. dégrade la situation financière de l'entreprise en termes d'endettement. ☐
   b. conforte l'indépendance financière de l'entreprise. ☐
   c. constitue des ressources facilement mobilisables. ☐
   d. ne comporte pas de coût implicite. ☐
2. Les cessions d'éléments d'actif :
   a. sont obligatoires pour financer un investissement de renouvellement. ☐
   b. proviennent d'éléments d'actif nécessaires à l'activité. ☐
   c. favorisent le renouvellement normal des immobilisations. ☐
3. L'augmentation de capital :
   a. est systématiquement en numéraire. ☐
   b. comporte toujours un prix d'émission inférieur à la valeur nominale de l'action. ☐
   c. peut provenir de l'incorporation de réserves. ☐
   d. peut provenir de la conversion de dettes fournisseurs. ☐
   e. comporte une prime d'émission libérée intégralement à la souscription. ☐

2 Iceland Treck ★★★

La société anonyme Iceland Treck, au capital de 13 678 000 € (100 000 actions) est détenue par 14 actionnaires présents depuis sa création. Iceland Treck commercialise des vêtements de sports d'hiver dans les villes de Grenoble, Lyon et Gap. Elle dispose actuellement de trois boutiques et envisage d'en acheter une nouvelle à Annecy. Le montant de son investissement est estimé à 1 156 000 €. La dirigeante, Claire Iglesias, souhaite ne pas s'endetter, ayant un autre projet de développement à l'international qui nécessitera de recourir dans quelques temps à un emprunt.

L'activité florissante d'Iceland Treck a permis de dégager cette année une CAF de 1 688 444 €. Les dividendes distribués cette même année ont été de 388 000 €.

1. *Quel est le montant de l'autofinancement dont peut disposer Iceland Treck cette année ?*
2. *Iceland Treck peut-elle financer son projet d'achat de boutique entièrement par l'autofinancement ?*
3. *Quels sont les avantages et inconvénients pour Iceland Treck de financer la totalité de cet investissement par l'autofinancement ?*

3 Mini-cas : Société Carmen ★★★

Compétence attendue **Identifier** une ou plusieurs solutions de financement

La société Carmen édite des partitions musicales pour de nombreux instruments et orchestres. L'entreprise, domiciliée à Nantes, a été créée il y a 40 ans et transmise par succession à la fille du fondateur, Anna Pelayo, il y a 5 ans. Il s'agit d'une SARL composée de trois associés dont Anna Pelayo. La société souhaiterait investir dans trois nouvelles machines à imprimer afin de remplacer les machines actuelles et conserver une production de qualité, facteur clé de succès de l'entreprise. La société a acquis une notoriété importante et sa situation financière a été satisfaisante depuis toujours. Des acquisitions de terrains ont été menées il y a quelques années sans véritable lien avec l'activité.

1. *D'après les informations données dans le document ci-après, déterminez si le projet d'investissement d'Anna Pelayo peut être financé par cession d'éléments d'actif.*
2. *Identifiez les avantages d'un tel mode de financement pour la société Carmen.*

Document

Données de la société Carmen

La société Carmen est propriétaire de deux terrains dans des communes voisines de Nantes dont la valeur de marché est estimée à 210 000 € au total. Les matériels d'imprimerie actuels sont totalement amortis et pourraient être revendus à 33 000 € HT sur le marché. Le projet d'investissement des nouvelles machines à imprimer s'élève à 222 000 € HT.

4 Mini-cas : Arctic SA ★★★

Compétence attendue **Identifier** une ou plusieurs solutions de financement

La société française Arctic SA, créée en 2000 à Grenoble, conçoit et fabrique des appareils photos numériques ainsi que tous les composants et accessoires *ad hoc*. Elle se spécialise de plus en plus sur des appareils aptes à résister aux conditions climatiques extrêmes. Dans cette perspective, elle investit dans un laboratoire de recherche. Pour se financer, la société Arctic SA lance une augmentation de capital par émission d'actions nouvelles à une valeur nominale proche du cours du marché.

À partir des informations dans le document ci-après, répondez aux questions suivantes.

1. *Déterminez la valeur du montant net des frais d'émission de l'augmentation de capital.*
2. *Calculez le nombre d'actions émises.*

3. *Déterminez le prix global d'émission et la prime globale d'émission de l'augmentation de capital.*
4. *Identifiez l'objectif de la prime d'émission.*
5. *Précisez si le montant de l'investissement peut être financé par l'augmentation de capital envisagé combinée à l'autofinancement. Formulez les préconisations nécessaires.*

Document

Données d'Arctic SA

Montant de l'investissement prévu dans le laboratoire de recherche : 45 000 000 €
Montant brut de l'augmentation de capital en numéraire : 40 000 000 €
Valeur nominale : 200 €.
Valeur du prix d'émission : 210 €
Les frais d'émission s'élèvent à 299 998 €
Période de souscription : du 17/10/N au 31/10/N
CAF : 5 555 000 €
Dividendes distribués dans l'année : 1 500 000 €

5 Mini-cas : Société Géo'Therm ★★★

Compétence attendue **Identifier** une ou plusieurs solutions de financement

Géo'Therm, société anonyme cotée et domiciliée à Clermont-Ferrand, fabrique des sondes géothermiques depuis 20 ans. Le dirigeant de la société, Simon Nairappolli, souhaite investir dans un matériel novateur de géothermie. Les actionnaires sont favorables au lancement d'une augmentation de capital afin d'obtenir les fonds nécessaires au projet. Les actionnaires actuels sont pour la grande majorité présents depuis la création de l'entreprise. C'est ainsi qu'est lancée le 04/03/N une augmentation de capital en numéraire.

À partir des informations dans le document ci-après, répondez aux questions suivantes.

1. *Identifiez les avantages et inconvénients de ce mode de financement dans le contexte de Géo'Therm.*
2. *Déterminez si le financement par augmentation de capital sera suffisant pour faire face au projet d'investissement. Formulez les préconisations nécessaires.*

Document

Données de la société Géo'Therm

Le matériel à financer s'élève à 1 000 000 €. Le marché financier actuel est satisfaisant et l'augmentation de capital prévue se présente favorablement dans le contexte économique. L'augmentation de capital comporte les caractéristiques suivantes :

- Émission de 10 000 actions au prix d'émission unitaire de 81 €.
- Nombre d'actions avant l'augmentation : 20 000.
- Cours de l'action à la clôture boursière du 03/03/N : 90,60 €.

...

...

La société Géo'Therm a constitué au fil des années un actif immobilisé dont tous les éléments ne sont pas stratégiques au regard de son activité. Elle possède ainsi une société de fabrication d'axes de téléskis dont elle pourrait se défaire aisément. Cette société a été évaluée à 350 000 €.

Elle détient également deux terrains dans la région de Clermont-Ferrand dont elle n'a pas usage au gré de son activité actuelle. Ces deux terrains sont estimés à 120 000 € chacun.

Évaluer les savoirs | Maîtriser les compétences | Préparer l'épreuve

6 Cas pratique : SA Blonduos ★★★

60 min

Compétence attendue **Identifier** une ou plusieurs solutions de financement : **mener** un financement d'investissement en mobilisant plusieurs modes de financement

La SA Blonduos, créée en 1962, au capital de 11 500 000 € (1 000 000 actions) entièrement libéré, est domiciliée à Fontenay-aux-Roses (Hauts-de-Seine). Elle conçoit et fabrique des composants électroniques à intégrer dans les objets connectés. Les clients se situent dans les secteurs automobile, aéronautique et médical.

La société projette d'investir dans un laboratoire de recherche et développement dédié à l'intelligence artificielle pour un montant de 8 900 500 €. Cet investissement est stratégique afin de développer des produits en phase avec les attentes de ce marché hautement concurrentiel. Ce laboratoire se situerait en région Hauts-de-France, sur la commune de Dunkerque (Nord).

Plusieurs modes de financement seront combinés pour le montage financier final. Les dirigeants ont clairement indiqué au directeur administratif et financier (DAF) qu'ils privilégiaient un financement par fonds propres.

Missions

En vous appuyant sur le document ci-après et vos connaissances, répondez aux questions suivantes.

1. *Calculez le montant susceptible d'être mobilisé pour l'autofinancement. Commentez la situation à ce stade.*
2. *Calculez le montant de la subvention d'investissement octroyée par la région Hauts-de-France.*
3. *Calculez le montant du financement provenant des cessions des éléments d'actif non stratégiques de Blonduos. Commentez la situation à ce stade.*

4. *Calculez le montant que l'entreprise peut prétendre obtenir de l'augmentation de capital. Déterminez si le projet peut être financé.*
5. *Rédigez un commentaire structuré et argumenté d'une trentaine de lignes sur les choix effectués dans ce montage financier.*

Document

Données financières pour le financement du laboratoire de recherche

Autofinancement

La CAF de l'année s'élève à 3 875 000 €. Des dividendes de 1 075 000 € ont été distribués dans l'année. Les dirigeants souhaitent que seuls 30 % du montant de l'investissement prévu soient autofinancés.

Subventions

La région Hauts-de-France octroie une subvention d'investissement de 4 % du montant du projet dans la mesure où celui-ci va générer des emplois, dans cette région touchée par un taux de chômage parmi les plus élevés de France.

Cession d'éléments d'actif

La société Blonduos possède à ce jour une filiale, la SARL Transpok, non stratégique au regard du domaine d'activité de Blonduos. Cette entreprise se situe dans le domaine du transport routier. Une évaluation des titres de ladite filiale vient d'être estimée à 1 670 000 €. Des frais de cession de ces titres sont à prévoir pour un montant de 3,8 % du montant de la cession.

La société Blonduos possède un terrain constructible pour l'instant inexploité et sans lien avec l'activité de Blonduos, sur la commune de Courbevoie en région parisienne. Le terrain vient d'être estimé par un notaire de Courbevoie à 345 000 €. Des frais liés au transfert de propriété sont évalués à 4,5 % du montant de la vente.

Augmentation de capital en numéraire

Les caractéristiques de l'opération sont les suivantes :

- Nombre d'actions : 380 960.
- Prix d'émission : 41,50 €.
- Valeur nominale de l'action : 11,50 €.
- Frais d'émission liés à l'augmentation de capital : 124 700 €.

C'est la troisième augmentation de capital en numéraire effectuée depuis 1962, toujours pour financer des projets d'investissements stratégiques.

SYNTHÈSE

Les modes de financement : fonds propres

Pour financer ses investissements, l'entreprise dispose de plusieurs types de financements durables :

	Définition	Principaux avantages	Principaux inconvénients
Autofinancement	• Richesse créée par les activités de l'entreprise • Autofinancement = CAF – Dividendes distribués	• Mobilisable pour financer des investissements et développements d'activités • Renforce l'indépendance financière	• Conduit à négliger l'analyse de la réelle rentabilité, notamment dans un contexte d'autofinancement exclusif
Cession d'élément d'actif immobilisé	• Produit de cession d'actif immobilisé non stratégique	• Dégagement de fonds disponibles pour le financement • Maintien de l'indépendance financière	• Une fois ces actifs immobilisés vendus, ils ne sont plus mobilisables lors de besoins de financement ultérieurs
Augmentation de capital en numéraire	• Prix d'émission des nouvelles actions fixé en fonction de la valeur attribuée à l'action au moment de l'augmentation • Prime d'émission = Prix d'émission – Valeur nominale	• Amélioration du fonds de roulement net global • Amélioration de la capacité d'endettement	• Risque de dilution du pouvoir en cas d'entrée de nouveaux actionnaires • Risque de dilution, à court terme, des bénéfices distribués • Risque de baisse du cours de l'action cotée sur le marché financier au moment de l'augmentation de capital • Le coût des capitaux propres doit être en concordance avec les attentes des actionnaires
Subvention d'investissement	• Fonds versés destinés à financer des investissements	• Aucune obligation de remboursement	• Accordée sous conditions • Demande de subvention à établir auprès de la collectivité territoriale concernée

CHAPITRE 11

Les modes de financement : endettement et crédit-bail

PROGRAMME

Compétences attendues

- **Distinguer** les modes de financement et **évaluer** leurs coûts respectifs
- **Déterminer** et **valoriser** le montant des engagements financiers de l'entreprise
- **Calculer** et **comparer** les coûts des différents moyens de financement en intégrant l'impôt sur les bénéfices
- **Identifier** une ou plusieurs solutions de financement

Savoirs associés

- Le financement par emprunt avec construction d'un tableau d'amortissement
- Le financement par crédit-bail
- Le financement participatif

LIEN AVEC LE DCG 1

§3.2. Les contrats de l'entreprise

LIEN AVEC LE DCG 10

§3. Passif

PLAN DU CHAPITRE

Cours : 1. Emprunts indivis • 2. Emprunt divis (ou emprunt obligataire) • 3. Financement par crédit-bail • 4. Coût des différents moyens de financement • 5. Engagements financiers

Des savoirs aux compétences : Évaluer les savoirs • Maîtriser les compétences • Préparer l'épreuve

Synthèse

Les besoins de financement des projets d'investissements conduisent souvent les entreprises à emprunter afin de compléter les fonds propres déjà détenus. Plusieurs modalités d'endettement existent, entre lesquelles les équipes chargées de l'étude du financement doivent choisir judicieusement. Comment effectuer ces choix, notamment en matière de montant et de durée ?

MOTS-CLÉS

Amortissement constant • Annuité constante • Crédit-bail • Engagement • Emprunt divis • Emprunt indivis • Emprunt obligataire • Financement participatif • Prime de remboursement • Prix de remboursement • Remboursement *in fine* • Taux de revient

1 Emprunts indivis

A) Présentation

Définition

Un **emprunt indivis** est un emprunt non fractionnable pouvant être obtenu auprès d'une banque, auprès d'une autre société (ex. : maison mère) ou auprès de personnes physiques (ex. : associés, famille, amis).

L'emprunt indivis est souvent garanti avec une sûreté, telle que l'hypothèque (UE1).

Il existe plusieurs types d'emprunts qui se distinguent notamment par leurs modalités de calculs d'annuités différents.

B) Caractéristiques de l'emprunt indivis

1. Remboursements avec amortissements constants

L'emprunt indivis avec **amortissements constants** conduit à ce que la part du capital remboursé soit identique à chaque échéance. L'annuité (ou mensualité) sera alors composée d'un montant fixe de capital remboursé (appelé amortissement du capital) et d'une part variable d'intérêt.

Annuité = amortissement constant du capital emprunté + montant des intérêts

Exemple

- Données relatives à un emprunt de 2 000 000 € pour financer une usine de production :

Taux nominal annuel	4,5 %
Modalités de remboursement	Remboursement par versements annuels (annuité) à date anniversaire de l'emprunt. La durée totale a été fixée à 5 ans.
Annuité	Annuité calculée par amortissements constants et intérêts calculés sur le capital restant dû chaque année.

Tableau d'amortissement d'emprunt indivis avec amortissements constants du capital emprunté :

Années	Capital restant dû	Intérêts	Amortissements	Annuités
1	2 000 000	90 000	400 000	490 000
2	1 600 000	72 000	400 000	472 000
3	1 200 000	54 000	400 000	454 000
4	800 000	36 000	400 000	436 000
5	400 000	18 000	400 000	418 000

NOTRE CONSEIL

Toujours vérifier l'homogénéité entre la période et le taux appliqué. Ex. : pour un remboursement annuel, appliquer un taux annuel sur le capital restant dû afin de calculer les intérêts en annuités constantes.

2. Remboursements avec annuités constantes

Les modalités d'emprunt indivis avec **annuités constantes** génèrent une seconde solution. Le calcul de l'annuité s'établit ainsi :

- Annuité : a
- Taux d'intérêt annuel : i
- Durée de l'emprunt : n
- Montant de l'emprunt : E

$$a = E \times \frac{i}{1-(1+i)^{-n}}$$

Exemple

- Données relatives à un emprunt de 2 000 000 € pour financer une usine de production :
  - Taux nominal : 4,5 %
  - Durée : 5 ans

  L'annuité est donc : $a = 2\,000\,000 \times \frac{4{,}5\ \%}{1-(1+4{,}5\ \%)^{-5}} \approx 455\,583{,}28$

3. Remboursement *in fine*

Cette modalité de remboursement consiste à rembourser la totalité du montant du capital emprunté à la fin de la durée de l'emprunt. Les intérêts, calculés sur le montant dû, restent néanmoins à payer période après période, sauf modalité particulière.

Les modalités de l'emprunt indivis avec **remboursement *in fine*** sont attractives dans des contextes où les flux de ressources financières ne sont pas immédiats et où un prévisionnel de trésorerie et le plan de financement (chapitre 15) affichent un avantage majeur à différer le remboursement du capital emprunté.

C) Financement participatif

1. Présentation

Définition

Le **financement participatif** est une modalité de collecte de fonds réalisée par le biais d'un site internet, la plateforme. Ce mode de financement permet de réunir des sommes d'argent de façon collective afin de les utiliser dans des projets d'investissements clairement identifiés. Il repose sur grand nombre de contributeurs afin de financer un projet spécifique.

Le financement participatif d'un financement direct et traçable du prêteur vers l'entreprise sans intermédiaire (hormis la plateforme qui se rémunère) et sans garantie pour le prêteur ou le souscripteur.

Au-delà de la collecte de fonds, les motivations du recours aux modalités de financement participatifs sont la recherche d'une visibilité pour faire connaître une innovation et/ou tester auprès d'un large public l'attractivité d'un projet.

Comptablement, selon la modalité du financement participatif, ces fonds sont positionnés en ventes, emprunts et dettes assimilés ou capital social.

2. Modalités

Le financement participatif comporte trois modalités : dons (*crowdfunding*), emprunts (*crowdlending*) et prise de participation (*crowdequity*). Chacune présente plusieurs caractéristiques à souligner (tab. 11.1).

Tableau 11.1. Caractéristiques du financement participatif

Modalité	Caractéristiques	Exemple
Crowdfunding	• Don reçu avec contrepartie (*reward crowdfunding*). La contrepartie peut être un bien ou service en lien avec le projet. • Don reçu sans contrepartie (*crowdfunding*). • Pas de plafond.	Lors d'un projet de création d'un bar-cinéma à privatiser pour des anniversaires ou événements divers, l'entrepreneur reçoit des fonds en contrepartie d'une soirée privatisée.
Crowdlending	• Emprunt avec ou sans charges d'intérêts (*crowdlending* ou *peer-to-peer lending*). Le traitement financier est alors identique à celui des emprunts. Le taux de rémunération est connu au départ. • Montants par projet et par contributeur plafonnés (encadrés par l'AMF) : 2 000 € par projet par prêteur sans intérêt et 5 000 € avec intérêts. Emprunt jusqu'à 2,5 millions d'euros par projet.	Lors d'un projet dédié à l'installation d'énergies renouvelables, un montant de 2,5 millions d'euros a été emprunté auprès de contributeurs pour financer les investissements.
Crowdequity	• Participation dans le capital (*crowdequity*) de sociétés non cotées. Des contributeurs souscrivent au capital d'une société dont ils deviennent actionnaires. La rémunération est variable. • Des modalités existent également où les contributeurs ne rentrent pas dans le capital mais sont rémunérés sous forme d'une redevance sur le chiffre d'affaires (*royalties*). • Les souscriptions de titres ou minibons sont sans plafond.	Lors de la création d'une entreprise de restauration rapide, un contributeur entre dans le capital à hauteur de 5 000 €.

3. Plateforme Internet

Dans ce contexte d'emprunt participatif, le choix de la plateforme internet revêt une importance capitale. Des contrôles sont exercés sur les activités de ces plateformes, dont les modalités varient selon le type de financement participatif (tab. 11.2).

Tableau 11.2. Statut et contrôle des plateformes du financement participatif

Financement participatif	Immatriculation ORIAS (Registre des intermédiaires en assurance, banque et finance)	Statut	Autorité de contrôle
Crowdfunding et *crowdlending*	• Immatriculation obligatoire • Ne garantit pas la qualité des missions fournies par la plateforme	IFP : intermédiaire de financement participatif	ACPR (Autorité de contrôle prudentiel et de résolution)
Crowdequity		CIP : conseiller en investissement participatif	AMF (Autorité des marchés financiers)

La plateforme se rémunère avec des frais (entre 4 et 7 % du montant collecté).

➜ APPLICATION 2 • MINI-CAS 4 • MINI-CAS 5 • CAS PRATIQUE 8

2 Emprunt divis (ou emprunt obligataire)

A) Recours à l'emprunt divis

Une entreprise est souvent amenée à combiner ou varier dans le temps ses modes de financements pour mener à bien ses projets d'investissement.

1. Qu'est-ce qu'un emprunt divis ?

Définition

Un **emprunt divis** ou obligataire est un emprunt divisé en fractions égales appelées obligations, souscrites par un grand nombre de prêteurs appelés obligataires.

L'**emprunt obligataire** constitue un outil de financement de plus en plus utilisé actuellement. Son avantage premier est de permettre aux entreprises d'accéder à des financements autres que ceux issus directement du système bancaire. En effet, les prêteurs, acheteurs des obligations, se révèlent être d'autres entreprises, l'État, des particuliers ou des banques.

2. Présentation des obligations

Les obligations sont des titres négociables, cotés ou non, qui confèrent à leurs propriétaires un simple droit de créance, sans participation aux résultats de l'exploitation et sans participation dans l'administration de la société.

3. Conditions de recours à un emprunt obligataire

Les sociétés doivent satisfaire plusieurs conditions pour pouvoir recourir à ce mode de financement (fig. 11.1).

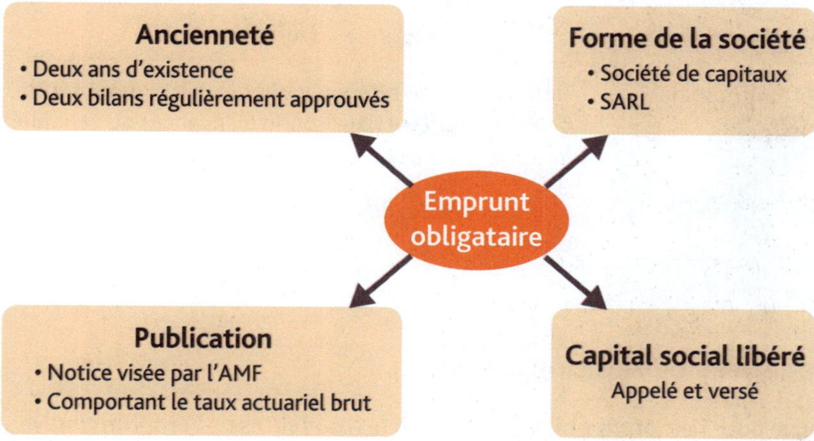

Figure 11.1. Conditions de l'emprunt obligataire

Autorité des marchés financiers (AMF) : http://dunod.link/gyx0jql

4. Caractéristiques de l'emprunt obligataire

L'emprunt obligataire n'en reste pas moins un emprunt reposant sur le principe du remboursement du capital emprunté assorti d'un versement d'intérêts, témoin du prix du service rendu (tab. 11.3).

Tableau 11.3. Variables à définir lors de l'émission des emprunts obligataires

Caractéristiques	Définitions
Nombre d'obligations (N)	Nombre total d'obligations émises et à rembourser
Valeur nominale (V)	Valeur d'une obligation. C'est sur cette base que seront calculés les intérêts.
Prix de remboursement (R)	Montant à verser lors du remboursement de l'obligation : • si $R = V$, le remboursement est au pair • si $R > V$, le remboursement est au-dessus du pair
Prix d'émission (E)	Montant payé par l'obligataire pour obtenir une obligation : • si $E = V$, l'émission est dite au pair • si $E < V$, l'émission est en dessous du pair
Prime d'émission	Différence entre la valeur nominale et le prix d'émission ($V - E$)
Prime de remboursement	Différence entre le prix de remboursement et la valeur nominale ($R - V$)
Date de jouissance	Date à partir de laquelle les intérêts commencent à courir (souvent 2 ou 3 semaines après la date d'émission des obligations)

On désigne par « produit brut » le montant versé par les obligataires et par « produit net » le montant restant à l'entreprise après déduction des frais d'émission de l'emprunt.

Caractéristiques	Définitions
Taux d'intérêt nominal ou facial (*t*)	Taux servant de référence pour le calcul des intérêts. Ce taux peut être fixe (connu à l'avance) ou variable (en fonction des taux des marchés financiers).
Coupon d'intérêts (*c*)	Montant annuel des intérêts versés pour une obligation : $c = V \times t$

B) Modalités de remboursement

On retrouve pour l'emprunt obligataire toutes les modalités de l'emprunt indivis. Cependant, aujourd'hui, seules les modalités avec remboursement *in fine* se rencontrent.

Montant des intérêts : $I = N \times V \times t$

Montant du capital remboursé par l'entreprise qui a émis l'emprunt : $N \times R$

Montant versé par les obligataires à l'achat : $N \times E$

→ MINI-CAS 3 • MINI-CAS 7 • CAS PRATIQUE 8 • CAS PRATIQUE 9

3 Financement par crédit-bail

A) Caractéristiques générales

Le crédit-bail se distingue de la location financement (ou *leasing*) qui ne prévoit pas d'option d'achat.

1. Qu'est-ce que le crédit-bail ?

Définition

Le contrat de **crédit-bail** est une opération de location portant sur un bien meuble ou immeuble (à usage professionnel) assorti d'une option d'achat à un prix fixé à l'avance. Un contrat est établi en cohérence.

En France, seuls les établissements de crédit peuvent proposer des opérations de crédit-bail.

Exemple

Les entreprises peuvent recourir à un crédit-bail pour financer un véhicule de transport, des machines industrielles, un bâtiment industriel, de l'équipement informatique, etc.

2. Contenu du contrat

Les contrats de crédit-bail comportent des informations quant aux modalités de réalisation de celui-ci (tab. 11.4).

Tableau 11.4 **Les éléments principaux inclus dans un contrat de crédit-bail**

Éléments	Commentaires
Bailleur ou crédit-bailleur	Société de crédit-bail
Preneur ou crédit-preneur	Locataire
Redevance ou loyer	Montant versé périodiquement (mensuellement, trimestriellement…) jusqu'à la fin du contrat
Dépôt de garantie	Montant parfois exigé en début de contrat (et restitué à la fin). En principe, il ne doit pas dépasser 15 % du prix du bien
Durée	Voisine de la durée de l'amortissement fiscal, elle est généralement comprise entre 3 et 7 ans
Périodicité	Paiement des loyers (mois, trimestre…) ; en général, ils sont payables d'avance
Prix de l'option d'achat	Prix à verser en fin de contrat pour devenir propriétaire du bien loué

3. Alternatives en fin de contrat

À la fin du contrat, l'entreprise a le choix entre trois alternatives :

- Lever l'option d'achat et donc devenir propriétaire du bien.
- Reconduire le contrat en négociant à nouveau la durée, le montant des redevances et les conditions de l'option d'achat (promesse de vente par la société de crédit-bail).
- Restituer le bien mobilier ou immobilier à la société de crédit-bail.

4. Publicité et engagement hors bilan

La conclusion d'un contrat de crédit-bail doit être l'objet d'une mesure de publicité et être inscrite sur un registre spécial auprès du greffe du tribunal de commerce où le preneur est immatriculé.

Par ailleurs, les informations relatives au crédit-bail, qui constitue un engagement hors bilan, doivent figurer dans les documents comptables et dans le rapport d'activité.

B) Crédit-bail mobilier

Le crédit-bail mobilier ne s'applique qu'à certains biens mobiliers (fig. 11.2).

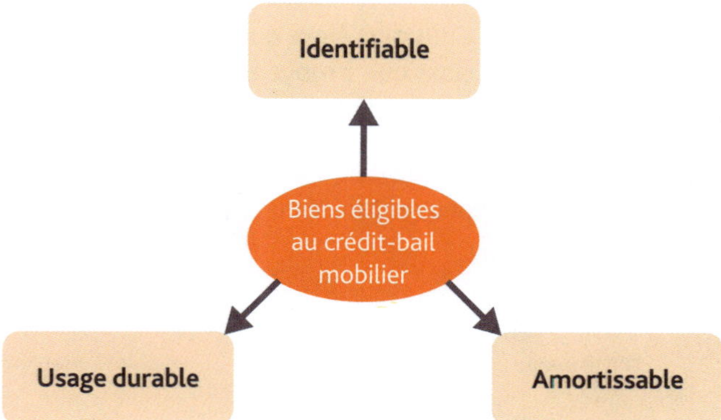

Figure 11.2. **Caractéristiques des biens finançables par crédit-bail mobilier**

Le crédit-bail mobilier doit respecter trois étapes :

1. Le locataire choisit librement le matériel et le fournisseur.
2. Le contrat est établi. Il précise la durée (de 3 à 7 ans), le loyer, leur périodicité (loyer mensuel, semestriel ou annuel) et l'option d'achat.
3. Le matériel est livré au locataire, qui doit payer la redevance (loyer) auprès de la société de crédit-bail propriétaire.

C) Crédit-bail immobilier

Définition

Le crédit-bail immobilier est une opération par laquelle une entreprise (le crédit-bailleur) donne en location des biens immobiliers professionnels dont elle est propriétaire. Cette opération peut permettre aux locataires, à l'expiration du bail, de devenir propriétaires. Pendant la durée du crédit-bail, l'immeuble est toujours la propriété du bailleur et n'est pas présent à l'actif de la société locataire.

Le crédit-bail immobilier présente trois principales caractéristiques :

- Il peut porter sur tout type de bien immobilier : immeubles neufs ou anciens, locaux à usage industriel, commercial ou professionnel.
- Ses loyers sont fiscalement déductibles, à l'exception de la part d'amortissement financier affectée au terrain.
- La durée du contrat est généralement comprise entre 8 et 15 ans, parfois 20 ans.

D) Avantages et inconvénients du crédit-bail

Le contrat de crédit-bail comporte des avantages et des inconvénients (tab. 11.5).

Tableau 11.5. Avantages et inconvénients d'un contrat de crédit-bail

Avantages	Inconvénients
Financement à 100 % de l'investissement	Les sociétés de crédit-bail exigent souvent des garanties (dépôt en début de contrat)
Grande souplesse dans les modalités de paiement : les loyers peuvent être constants, dégressifs ou spécifiques	Coût plus élevé que celui d'un emprunt bancaire classique à moyen terme
Assurance contre le risque technologique si le contrat prévoit l'échange du bien en cas de changement important	Risque d'être utilisé dans des opérations peu rentables du fait de son accès assez facile

→ CAS PRATIQUE 9

4 Coûts des différents moyens de financement

Chaque mode de financement comporte un coût qu'il faut comparer afin de réaliser un choix adapté.

Le coût du capital, composé du coût des dettes et des capitaux propres, est abordé en détail dans le chapitre 14.

A) Taux de revient (ou coût de revient ou taux de rendement actuariel)

Définition

Le coût d'un financement est le **taux de revient** *t* pour lequel il y a équivalence entre les fonds reçus et l'ensemble des sommes réellement décaissées en contrepartie.

Pour calculer le taux de revient *t* d'un financement, il faut se placer du point de vue de l'emprunteur (c'est-à-dire de l'entreprise) ; on établit une relation entre les sommes reçues et les sommes décaissées pendant la durée de l'emprunt.

Les fonds reçus correspondent à la somme décaissée actualisée (*S*) sur une période *p* :

$$\text{Fonds reçus} = \sum_{p}^{n} = S_p\,(1+t)^{-p}$$

Les sommes décaissées sont calculées nettes des économies d'impôt sur les sociétés liées à la déductibilité fiscale de certaines charges :
- les intérêts ;
- les amortissements des frais d'émission ;
- les amortissements des primes de remboursement.

Les taux obtenus sont donc des taux après impôt (nets d'IS).

B) Coût de l'emprunt indivis et obligataire

En matière d'emprunt bancaire, il s'avère indispensable de prendre en compte les économies d'impôt induites par la déductibilité des charges d'intérêts et des charges liées aux frais de dossiers.

1. Coût de revient d'un emprunt sans frais

On cherche alors à calculer un coût de l'emprunt avec un taux net d'impôt :
- Taux d'imposition : T = 28 %
- Taux d'emprunt net d'impôt : t_i
- Taux nominal de l'emprunt : t

$$t_i = t \times (1 - \text{T})$$

Cette solution simple est applicable lorsqu'il n'y a pas de frais.

2. Coût de revient d'un emprunt avec frais

Il faut alors tenir compte des frais de dossier d'assurance et d'émission, qui constituent des charges déductibles et qui viennent augmenter le coût de l'emprunt.

Exemple

▸ Considérons un emprunt bancaire fin N de 20 000 € sur 4 ans au taux de 4,5 % (dont 0,5 % au titre de l'assurance). L'emprunt est remboursable par annuités *in fine* et les frais de dossier, payés en $t = 0$, s'élèvent à 600 €.

Années	Fin N	Fin N+1	Fin N+2	Fin N+3	Fin N+4
Remboursement *in fine*	–	–	–	–	20 000
Intérêts	–	900	900	900	900
Économie d'IS sur intérêts	–	252	252	252	252
Frais de dossiers	600	–	–	–	–
Économie d'IS sur frais dossier	168	–	–	–	–
Encaissement emprunt	20 000	–	–	–	–
Flux nets de trésorerie sur emprunt	19 568	– 648	– 648	– 648	– 20 648

Le coût de revient de cet emprunt est le taux t tel que :

$$19\,568 = \sum_{i=1}^{3} \frac{648}{(1+t)^3} + \frac{20\,648}{(1+t)^4}, \text{ d'où } t = 3{,}83\ \%$$ ◂

C) Coût de revient du crédit-bail

Les redevances versées constituent des charges déductibles. Le financement par crédit-bail induit la perte des économies d'IS liées à l'amortissement du bien, seuls les loyers génèrent des économies d'IS. En cas d'exercice de l'option d'achat, le bien doit être amorti, ce qui génère une économie d'IS.

D) Coût de revient du financement et taux de rentabilité interne (TRI)

Lorsque l'entreprise a le choix entre plusieurs moyens de financement, elle sélectionne généralement le moyen de financement dont le coût de revient est le plus faible.

Par ailleurs, on sait qu'un projet d'investissement est rentable à condition que le coût moyen pondéré du capital (↪ chapitre 9) soit inférieur au TRI du projet d'investissement. Lorsque le financement est mixte (dette et capitaux propres), la rentabilité des fonds propres (ou rentabilité financière) augmente si le coût de revient de la dette est inférieur au TRI du projet d'investissement. On parle alors d'effet de levier positif (tab. 11.6).

Tableau 11.6. Mise en évidence de l'effet de levier

Coût de revient de la dette < TRI	Augmentation de la rentabilité des capitaux propres (effet de levier positif)
Coût de revient de la dette > TRI	Diminution de la rentabilité des capitaux propres (effet de levier négatif)

L'effet de levier financier peut être mis en évidence en calculant le TRI après financement par emprunt ou crédit-bail. Il existe un effet de levier positif si :

TRI après financement > TRI avant financement

Le TRI après financement se calcule à partir des flux nets de trésorerie après financement par emprunt ou crédit-bail.

Exemple

Considérons une entreprise finançant partiellement un projet d'investissement par un emprunt bancaire *in fine* au taux de 5 % sur 5 ans. On a les informations suivantes :

Années	N	N+1	N+2	N+3	N+4	N+5
Flux nets de trésorerie d'exploitation	– 5 300	1 500	1 600	1 750	1 700	1 600
Flux nets de trésorerie sur emprunt bancaire	1 500	– 50	– 50	– 50	– 50	– 1 550
Flux nets de trésorerie après financement	– 3 800	1 450	1 550	1 700	1 650	50

Le TRI avant financement est le taux *t* tel que :

$$5\,300 = \frac{1\,500}{(1+t)} + \frac{1\,600}{(1+t)^2} + \frac{1\,750}{(1+t)^3} + \frac{1\,700}{(1+t)^4} + \frac{1\,600}{(1+t)^5}$$

La calculatrice donne t = TRI avant financement = 16,03 %.

Le TRI après financement est le taux *t* tel que :

$$3\,800 = \frac{1\,450}{(1+t)} + \frac{1\,550}{(1+t)^2} + \frac{1\,700}{(1+t)^3} + \frac{1\,650}{(1+t)^4} + \frac{50}{(1+t)^5}$$

La calculatrice donne t = TRI après financement = 23,77 %.

Le TRI après financement par emprunt est supérieur au TRI avant financement, ce qui signifie que l'entreprise bénéficie d'un effet de levier positif. L'augmentation du taux de rentabilité des capitaux propres découle du fait que le coût de revient de l'emprunt est inférieur au TRI.

→ MINI-CAS 3 • MINI-CAS 6 • MINI-CAS 7 • CAS PRATIQUE 8 • CAS PRATIQUE 9

5 Engagements financiers

Définition

Les **engagements** sont des droits et obligations pouvant modifier le montant du patrimoine de l'entreprise.

Les engagements financiers figurent dans l'annexe comptable au travers de plusieurs tableaux qui répertorient les positions de l'entreprise vis-à-vis des cautions et garanties reçues et données, des montants des dettes et créances avec des sûretés, opérations de crédit-bail et des montants des dettes avec garanties (fig. 11.3).

Engagements financiers simples
- Engagements donnés et reçus
- Montants des dettes et créances garanties par des sûretés personnelles (caution)
- Créances cédées non échues

Engagements financiers complexes
- Contrats de crédit-bail
- Engagements financiers futurs ou donnés dans le cadre du règlement de difficultés

Dettes et créances garanties
- Montants des dettes et des créances garanties par des sûretés réelles (hypothèques, nantissements, gages)

Figure 11.3. Contenus des tableaux des engagements financiers

Exemple

- Contrat de crédit-bail mobilier relatif à un équipement informatique le 1er juillet N–1. Un dépôt de garantie a été versé le 1er juillet N–1 pour 24 000 €. Les redevances trimestrielles versées à terme échu sont de 19 200 € HT (premier versement le 1er juillet N). Le contrat est signé pour une durée de 6 ans. Le prix d'achat en fin de contrat est fixé à 56 000 €. Le bien est susceptible d'être amorti en linéaire sur 10 ans (valeur d'origine du bien 360 000 € HT).

  Tableau des engagements financiers de l'année N relatifs à cette opération (en €) :

Valeur d'origine	360 000	Valeur d'achat fin de contrat	56 000
Dotation annuelle aux amortissements	36 000		
Dot. de l'exercice antérieur	18 000		
Cumul des dotations	54 000		
Redevances versées		**Redevances à payer**	
Redevances trimestrielles	19 200	À moins d'1 an	76 800
Redevances de l'exercice	76 800	À plus d'1 an et 5 ans au plus	268 800
Redevances exercice antérieur	38 400	À plus de 5 ans	–
Cumul des redevances	115 200	Cumul	345 600

➔ CAS PRATIQUE 9

1 QCM

Pour chaque proposition, une ou plusieurs réponses sont possibles. Justifiez-les.

1. L'emprunt bancaire :
   a. est toujours accepté par les banques. ☐
   b. constitue un emprunt indivisible (ou non fractionnable). ☐
   c. comporte des caractéristiques toujours identiques. ☐
   d. comporte systématiquement des frais bancaires. ☐
   e. est négocié avec chaque entreprise au cas par cas. ☐

2. Les annuités (ou mensualités) d'un emprunt :
   a. sont liées au bénéfice de l'entreprise. ☐
   b. évoluent en fonction du chiffre d'affaires de l'entreprise. ☐
   c. peuvent être constantes à chaque échéance. ☐
   d. peuvent être différentes à chaque échéance. ☐
   e. sont définies au début du contrat d'emprunt. ☐
   f. peuvent faire l'objet d'un différé de paiement. ☐

3. L'emprunt obligataire :
   a. permet de planifier un remboursement *in fine*. ☐
   b. permet de planifier un remboursement avec différé. ☐
   c. permet de planifier un remboursement par annuités constantes. ☐
   d. est toujours au-dessus du pair. ☐
   e. est toujours au pair. ☐

2 BioDistri ★★★

L'entreprise BioDistri a décidé d'investir dans trois locaux commerciaux d'une valeur totale de 2 500 000 €. Elle dispose d'un autofinancement de 500 000 € et la banque vient de lui octroyer un prêt de 2 000 000 €.

Taux d'intérêt nominal annuel	4,5 %
Modalités de remboursement	Remboursement par versements annuels (annuités) à date anniversaire de l'emprunt. La durée a été fixée à 5 ans.
Annuité constante	La part consacrée aux intérêts diminue au fur et à mesure des remboursements. La part consacrée au remboursement de l'emprunt augmente.

Présentez le tableau d'amortissement avec annuités constantes.

3 Mini-cas : SPACE&AÉRO ★★★

Compétence attendue **Distinguer** les modes de financement et **évaluer** leurs coûts respectifs

L'entreprise SPACE&AÉRO est un fabricant de moules industriels pour gros composants (ailes, modules de satellites, etc.) qui doit financer un nouveau bâtiment industriel.

Le montant total à financer est de 8 000 000 €. Un montage a été établi avec un autofinancement à hauteur de 3 000 000 €, le complément étant financé par un emprunt obligataire de 5 000 000 € avec remboursement *in fine* dont les modalités sont présentées ci-dessous :

Nombre d'obligations	$N = 10\ 000$
Émission	$E = V = 500$ € (émission au pair)
Remboursement	$R = 550$ € (remboursement au-dessus du pair)
Taux d'intérêt annuel	$t = 5$ %
Durée de l'emprunt	$n = 4$ ans.

1. *Présentez le tableau d'amortissement* in fine *de l'emprunt obligataire.*
2. *Calculez le taux de revient. Que révèle ce taux ?*

Un obligataire revend sur le marché secondaire une obligation deux ans après la date d'émission à 530 €.

3. *Calculez le taux de rendement brut* t. *La situation est-elle favorable à l'obligataire ?*

4 Mini-cas : SoftDay ★★★

Compétence attendue **Distinguer** les modes de financement et **évaluer** leurs coûts respectifs

Pour financer un projet d'acquisition d'un local technique pour des serveurs de données, l'entreprise d'édition de logiciels SoftDay a besoin d'emprunter une somme de 200 000 €. Après une réunion avec la banque, il s'avère que le taux d'emprunt auquel SoftDay peut prétendre est de 4 % (taux annuel) avec un remboursement par annuités constantes.

Le responsable financier de SoftDay souhaite minimiser la durée de l'emprunt mais, après réalisation d'un prévisionnel de trésorerie, a fixé le montant maximum du versement annuel à 35 000 €.

1. *Calculez le montant de l'annuité constante pour des durées d'emprunt de 5 à 8 ans.*
2. *Trouvez les durées compatibles avec la limite fixée.*
3. *Précisez comment évoluent les amortissements (ou remboursements) de l'emprunt avec cette modalité de remboursement.*

5 Mini-cas : PPR ★★★

Compétence attendue

Distinguer les modes de financement et **évaluer** leurs coûts respectifs

La société PPR, prestataire de services dans le domaine électrique, prévoit de recourir à un emprunt bancaire pour financer un projet d'investissement. Le directeur comptable et financier vient de faire le point avec la banque de l'entreprise qui lui propose un emprunt bancaire aux conditions présentées dans le document ci-après.

1. *Calculez le montant de l'annuité constante de l'emprunt bancaire.*
2. *Présentez le tableau d'emprunt sur les 4 ans en décomposant intérêts et remboursements du capital emprunté.*
3. *Calculez le coût et le taux réel d'emprunt.*

Document

Conditions de l'emprunt de PPR

- Date d'emprunt : début N
- Montant : 500 000 €
- Taux d'intérêt : 5 %
- Remboursement : sur 4 ans par annuités constantes
- Frais prélevés par la banque : 4 000 €

6 Mini-cas : INDUS ★★★

Compétence attendue

Calculer et **comparer** les coûts des différents moyens de financement en intégrant l'impôt sur les bénéfices

L'entreprise INDUS envisage d'investir dans une usine de production d'une valeur de 2 500 000 €. Un emprunt bancaire lui a été accordé, dont les conditions sont présentées dans le document ci-après.

1. *Calculez toutes les annuités de cet emprunt bancaire en décomposant le capital restant dû, les intérêts et les amortissements.*
2. *Calculez le montant de l'économie d'impôt liée à l'emprunt chaque année, ainsi que les annuités nettes d'impôt sur toute la durée de l'emprunt.*
3. *Compte tenu de ces annuités nettes d'IS, calculez le taux actuariel net d'IS de ce financement.*

Document

Conditions de l'emprunt de INDUS

Taux nominal d'intérêt annuel *t*	4,5 %
Capital emprunté	2 000 000 €
Annuité constante *a*	455 583,28 €
Durée *n* en années	5
Taux d'imposition *T* applicable	28 %

7 Mini-cas : NBM44 ★★★

Compétence attendue **Distinguer** les modes de financement et **évaluer** leurs coûts respectifs

La société anonyme NBM44, dont l'activité consiste à louer des salles de concerts telles que le Zénith, a besoin de financer l'acquisition d'une nouvelle salle de spectacle. Après analyse par l'équipe financière des différents modes de financement, NBM44 émet le 01/03/N un emprunt obligataire dont les conditions figurent dans le document ci-après.

1. *Déterminez les conditions à respecter pour que la société NBM44 puisse recourir à un emprunt obligataire.*
2. *Présentez le tableau d'amortissement de cet emprunt s'il est remboursé* in fine.
3. *Trouvez, sans effectuer de calcul, le taux de rendement actuariel brut et net d'IS de cet emprunt. Expliquez le raisonnement suivi.*

Le remboursement se fait par amortissements constants et le prix de remboursement est de 102 € par obligation.

4. *Déterminez si le tableau d'amortissement précédent est modifié. Si oui, présentez-le.*
5. *Calculez le taux de rendement actuariel brut à la date d'émission. Commentez le résultat obtenu.*

Un obligataire ayant souscrit 10 obligations les revend en Bourse le 02/03/N+2 au prix de 103 € chacune.

6. *Présentez un récapitulatif mentionnant les flux versés et perçus.*
7. *Calculez le taux effectif de placement pour cet obligataire.*

Document

Conditions de l'emprunt obligataire de NMB44

- Nombre d'obligations : 500 000
- Émission au pair : 100 €
- Remboursement : au pair
- Taux nominal annuel : 4,2 % ; règlement du coupon d'intérêts : le 01/03 de chaque année
- Durée : 5 ans

8 Cas pratique : Aludis ★★★

45 min

Compétences attendues

- **Calculer** et **comparer** les coûts des différents moyens de financement en intégrant l'impôt sur les bénéfices
- **Identifier** une ou plusieurs solutions de financement

La SA Aludis, spécialisée dans la logistique internationale, évolue dans un secteur très concurrentiel et où la taille critique joue un grand rôle dans la performance des activités. Dans cette logique, Aludis vient de lancer un emprunt obligataire, dont les conditions sont présentées dans le document ci-après, afin d'acquérir une filiale en France qui lui permettra d'amplifier ses domaines d'activités stratégiques. L'emprunt obligataire est émis le 15/09/N.

Missions

1. *Précisez les avantages et inconvénients du mode de remboursement de l'emprunt.*
2. *Présentez le tableau d'amortissement de l'emprunt. Quel est le montant d'un coupon d'intérêt annuel ? Quel est le montant de l'émission de cet emprunt obligataire ? Combien y a-t-il d'obligations vivantes chaque année ?*
3. *Calculez le taux de revient à la date d'émission.*

Document

Conditions de l'emprunt obligataire d'Aludis

- Nombre d'obligations : 1 000 000
- Valeur nominale : 200 €
- Émission en dessous du pair : 198 €
- Remboursement au pair en totalité (*in fine*) le 15/09/N+5
- Taux d'intérêt annuel nominal : 4,4 %
- Durée : 5 ans
- Taux d'IS à 28 %

9 Cas pratique : Artéa ★★★

60 min

Compétences attendues

- **Distinguer** les modes de financement et **évaluer** leurs coûts respectifs
- **Déterminer** et **valoriser** le montant des engagements financiers de l'entreprise
- **Calculer** et **comparer** les coûts des différents moyens de financement en intégrant l'impôt sur les bénéfices
- **Identifier** une ou plusieurs solutions de financement

La société anonyme Artéa, spécialisée dans le domaine de construction de modules aéronautiques, subit depuis 10 ans une concurrence très vive émanant notamment des pays émergeants. Sa profitabilité est depuis 5 ans peu attractive et son endettement, sans être au maximum, est assez important. Dans une perspective de recherche de compétitivité, elle projette d'implanter en région toulousaine une usine de production. Le matériel nécessaire au sein de ce complexe de fabrication pourrait faire l'objet d'un contrat de crédit-bail avec la société OLG SA (document 1). Une autre solution est envisagée sous forme d'emprunt obligataire (document 2), dans laquelle l'entreprise serait propriétaire des matériels de production.

Missions

1. *Calculez le montant brut de l'opération.*
2. *Justifiez le taux d'intérêt proposé.*
3. *Déterminez le taux de rendement actuariel brut et net de cet emprunt.*
4. *Déterminez la raison qui pourrait amener la société à rembourser les obligations de façon anticipée.*
5. *Présentez le tableau d'amortissement. Déterminez le coût de cet emprunt pour Artéa.*
6. *Expliquez pourquoi cette modalité de remboursement* in fine *est judicieuse dans ce contexte.*
7. *Identifiez les apports du tableau des engagements financiers relatifs au crédit-bail.*
8. *Déterminez et valorisez le montant des engagements financiers d'Artéa concernant cette opération du crédit-bail.*
9. *Identifiez les avantages et inconvénients du crédit-bail dans ce contexte.*
10. *Déterminez la solution de financement à privilégier.*

Document 1

Conditions du crédit-bail

Valeur d'origine : 15 500 000 €

Durée des amortissements théoriques : 10 ans

Mise à disposition le 1er juillet N

Montant des redevances trimestrielles : 650 000 € HT

Document 2

Conditions de l'emprunt obligataire

- Nombre d'obligations : 1 099 265
- Prix d'émission : 14 € au pair
- Taux nominal annuel : 6 %, payable chaque année à terme échu
- Taux d'intérêt observé sur les marchés financiers cette année : 1 %
- Remboursement : en totalité au pair, le 04/08/N+5
- Période de souscription : du 11/07/N au 29/07/N inclus
- La société conserve une faculté de remboursement anticipé

SYNTHÈSE

Les modes de financement : endettement et crédit-bail

Pour financer ses investissements, l'entreprise dispose de plusieurs modes de financements par endettement :

	Caratéristiques	Typologies
Emprunt indivis 	• Non fractionnable • Comporte parfois des garanties	• Modalités variées : remboursements constants, annuités constantes, *in fine* • Financement participatif – Contributeurs participant à un financement – Plateforme Internet – Modalités variées : *crowdfunding, crowdlending, crowdequity*
Emprunt divis 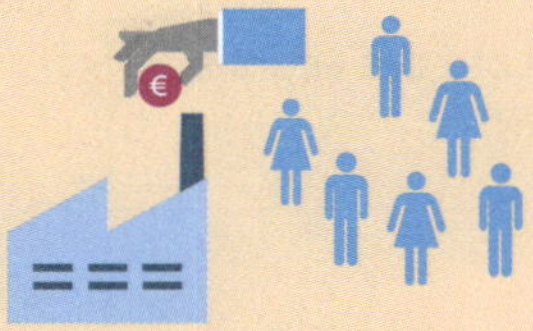	• Emprunt obligataire fractionnable • Titres négociables • Conditions : capital libéré, deux ans d'existence, publication AMF	• Nombre d'obligations • Valeur nominale • Prix de remboursement • Prix d'émission • Prime d'émission • Prime de remboursement • Taux nominal • Coupon d'intérêt • Remboursement *in fine*
Crédit-bail 	• Opération de location sur un bien meuble ou immeuble • Option d'achat • Contenus du contrat : montant de la redevance, périodicité, dépôt de garantie, durée, prix de l'option d'achat	• Crédit-bail mobilier : identifiable, usage durable, amortissable • Crédit-bail immobilier : usage industriel, professionnel, commercial, loyers constants ou dégressifs, immeubles neufs ou anciens, durées en moyenne de 8 à 15 ans

Coût des financements

- Prise en compte de l'IS
- Taux nominal net d'IS
- Comparaison des coûts des différents modes de financement mobilisables afin de faire un choix éclairé

Engagements financiers

- Droits et obligations pouvant modifier le patrimoine
- Annexe comptable
- Tableaux :
  - des engagements financiers simples
  - des engagements financiers complexes

CHAPITRE 12 Les marchés financiers

PROGRAMME

Compétences attendues

- **Mettre en évidence** les grands principes d'organisation du marché financier
- **Identifier** les produits du marché financier
- **Identifier** les principales sources de notation financière et de cotation de titres
- **Expliquer** la cote des actions et des obligations
- **Justifier** les prix des titres en fonction des taux d'intérêt de marché et de l'information

Savoirs associés

- Le marché financier : définition, organisation et présentation des différentes catégories de titres, indices boursiers
- Les composantes du marché financier
- Les relations entre qualité de l'information, prix de marché et coût d'un financement extérieur
- Les relations entre taux actuariel de marché, taux nominal et valeur de marché des titres
- La lecture de la cote des actions et des obligations

PLAN DU CHAPITRE

Cours : 1. Présentation du marché financier • 2. Marché des actions • 3. Marché obligataire • 4. Relation entre taux d'intérêt et valeur des titres • 5. Efficience informationnelle du marché financier

Des savoirs aux compétences : Évaluer les savoirs • Maîtriser les compétences • Préparer l'épreuve

Synthèse

Il n'est plus possible d'ignorer le marché financier qui a connu un développement considérable ces trente dernières années au point que l'on parle de plus en plus d'une économie de marchés financiers.

Dans une économie de marchés financiers, l'essentiel du financement est assuré par appel direct à l'épargne (grâce à l'émission de titres financiers sur ces marchés) ; une part importante des placements s'effectue sur ces marchés.

Le marché financier contribue notamment au financement des entreprises et de l'État (les déficits du budget de l'État sont essentiellement financés grâce au marché financier ; en 2019, l'État devrait y emprunter environ 200 milliards d'euros).

MOTS-CLÉS

Agence de notation financière • AMF • Cotation • Coupon couru • Entreprise de marché • Euronext • Indice boursier • Instruments financiers • Marché efficient • Marché obligataire • Marché primaire • Marché secondaire • Obligation • Rendement brut • Volatilité

1 Présentation du marché financier

Les marchés de capitaux permettent la rencontre entre :
- les agents économiques disposant d'un excédent de capitaux ;
- les agents économiques ayant un besoin de financement.

Les marchés de capitaux recouvrent le marché monétaire et le marché financier (fig. 12.1).

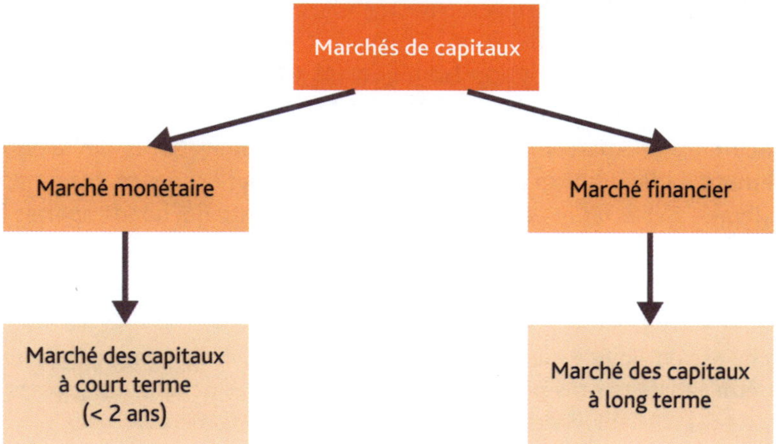

Figure 12.1. Dualité des marchés de capitaux

Au sens large, le marché financier recouvre tous les échanges de capitaux effectués pour des durées égales ou supérieures à 2 ans. Au sens étroit, il s'agit du marché boursier, c'est-à-dire du marché où sont cotés et négociés les **instruments financiers**.

FOCUS — Définition légale des instruments financiers

L'ordonnance 2009-15 du 8 janvier 2009 définit deux types d'instruments financiers :
- les titres financiers : actions, obligations (parts ou actions d'organismes de placement collectif) ;
- les contrats financiers (ou produits dérivés) à terme ou optionnels.

Les *futures* sont abordés dans le cadre du programme du DSCG 2.

A) Marché primaire et marché secondaire

1. Marché primaire

Définition

Le **marché primaire** est le marché où les titres sont émis pour la première fois.

Les actions et les obligations sont d'abord émises par les entreprises (et éventuellement l'État) et diffusées auprès des investisseurs (notamment grâce aux réseaux bancaires) sur un marché dit primaire.

Le marché primaire n'est pas localisé dans un lieu déterminé ; il n'est pas directement soumis à la loi de l'offre et de la demande (puisque les émetteurs fixent eux-mêmes les prix).

Toutefois, cette fixation des prix ne se fait pas indépendamment de l'état du marché au moment de l'opération. Si le marché est déprimé, les prix sont modérés.

2. Marché secondaire ou marché boursier

Définition

Le **marché secondaire** est le marché sur lequel s'échangent les titres antérieurement émis sur le marché primaire.

Une fois la période de souscription terminée, les titres sont cotés et échangés sur le marché secondaire ou boursier (si l'émetteur est coté).

En l'absence d'un tel marché, les actionnaires et les obligataires devraient attendre, respectivement, la liquidation de l'entreprise et la date d'échéance des emprunts pour récupérer leurs capitaux. Cela constituerait une contrainte qui handicaperait fortement le marché primaire.

FOCUS — La liquidité d'un marché

Un marché est dit liquide quand tous les ordres d'achat et de vente qui s'y expriment peuvent être satisfaits sans problème. C'est le cas pour les actions des grosses sociétés (L'Oréal, Total, etc.) dont les échanges sont quotidiennement très nombreux.

B) Organes de gestion et de contrôle

1. Organes de gestion

Les sociétés de bourse sont des entreprises de marché.

Définition

Les **entreprises de marché** sont des sociétés commerciales qui ont pour activité principale d'assurer le fonctionnement d'un marché d'instruments financiers.

Ce sont des sociétés privées. Sauf exception, elles sont cotées en Bourse et peuvent faire appel à l'épargne publique.

Euronext. Euronext est la principale entreprise de marché européenne (tab. 12.1).

Le groupe Euronext comprend plusieurs filiales (fig. 12.2).

Tableau 12.1. Principales étapes de l'évolution d'Euronext

Septembre 2000	Création de la société de Bourse Euronext qui est issue de la fusion, en septembre 2000, des Bourses de Paris, Bruxelles et Amsterdam. La Bourse de Lisbonne a rejoint le groupe en 2002.
2007	La société de Bourse NYSE (New York StockExchange) a fusionné avec Euronext pour former NYSE-Euronext.
Décembre 2013	NYSE-Euronext est rachetée par ICE (IntercontinentalExchange, place boursière créée en 2000 et basée à Atlanta, USA).

27 mai 2014	Cession d'Euronext par ICE par introduction en Bourse des actions Euronext. Le groupe a donc retrouvé son indépendance.
Fin 2017	Acquisition de la Bourse de Dublin (Irish stock exchange)
Octobre 2020	Euronext fait l'acquisition de la Borsa italiana et devient le premier marché d'actions en Europe.

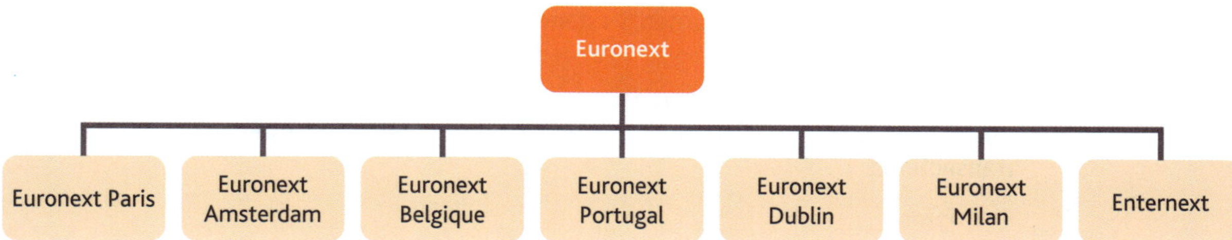

Figure 12.2. **Filiales du groupe Euronext**

Enternext. Créée en mai 2013, Enternext, filiale d'Euronext, a pour objet de faciliter l'accès des PME et ETI (entreprises de taille intermédiaire) aux marchés boursiers. Enternext concerne les entreprises dont la capitalisation boursière est inférieure à 1 milliard d'euros. Pour la France, il s'agit des sociétés cotées sur les compartiments B et C de l'Eurolist et sur Euronext Growth.

L'objectif d'Enternext est de promouvoir ces entreprises (cotées et non cotées) auprès des investisseurs et de les accompagner dans leur parcours boursier (introduction, opérations financières...).

2. Organe de contrôle : l'Autorité des marchés financiers (AMF)

Dans le cadre de la loi de Sécurité financière du 1er août 2003, il a été décidé créer une autorité unique, l'Autorité des marchés financiers (**AMF**) (tab. 12.2).

Tableau 12.2. **Organisation et compétences de l'AMF**

Organisation	• Collège de 16 membres, organe de décision • Commission de sanction de 12 membres
Compétences	• Contrôle des opérations financières des sociétés cotées (introductions en Bourse, OPA, fusions...) et de l'information financière • Autorisation de création de SICAV et de FCP • Définition les principes d'organisation et de fonctionnement des entreprises de marché (comme Euronext-Paris) • Surveillance des marchés et des transactions • Détermination des obligations des professionnels autorisés à fournir des services d'investissement ou des conseils en investissement

L'AMF est un organisme public indépendant, dont les règles imposées sont conformes aux directives européennes.

L'AMF peut procéder à des contrôles et à des enquêtes et la commission des sanctions peut prononcer des sanctions pécuniaires ou autres (avertissements, interdictions professionnelles temporaires ou définitives, etc.). Une quarantaine de dossiers environ sont instruits chaque année.

C) Marché réglementé

La plupart des marchés gérés par la Bourse de Paris sont des marchés réglementés, c'est-à-dire des marchés d'instruments financiers garantissant un fonctionnement régulier des négociations.

Les marchés réglementés doivent notamment fixer les règles de conditions d'accès au marché, les principes d'admission à la **cotation** et les dispositions d'organisation des transactions.

Exemples

- L'admission d'un instrument financier sur un marché réglementé requiert l'accord exprès de l'émetteur.
  Les offres publiques (offres publiques d'achat – OPA, offres publiques d'échange – OPE, etc.) sont strictement réglementées.
  Les membres négociateurs d'un marché réglementé sont responsables de l'exécution des ordres qu'ils reçoivent de leurs clients.

D) Rôle du marché financier

Le développement considérable du marché financier s'est accompagné d'un enrichissement de son rôle :
- financement des sociétés cotées et de l'État grâce à l'épargne publique (émissions d'actions et d'obligations) ;
- investissement : de nombreux investisseurs interviennent régulièrement sur ce marché (investisseurs institutionnels, trésoriers d'entreprises, particuliers…) ;
- évaluation des sociétés cotées. La valeur boursière ou capitalisation boursière d'une société (cours × nombre d'actions) est connue à tout moment ;
- prises de contrôle et regroupements (acquisitions de participation, OPA, etc.) ;
- récupération partielle de la valeur d'une société par ses fondateurs lors de l'introduction en Bourse d'une partie des titres ;
- couverture face à certains risques (risque de taux, risque de change, etc.) grâce aux marchés dérivés.

→ MINI-CAS 5

2 Marché des actions

A) Présentation du marché des actions

Le marché des actions se répartit sur plusieurs compartiments (fig. 12.3).

Figure 12.3. Marché des actions

1. Eurolist

L'Eurolist, grand marché réglementé, regroupe environ 700 sociétés. Les sociétés cotées sont classées par ordre alphabétique et sont affectées à trois groupes en fonction de leur capitalisation boursière.

Capitalisation boursière = Nombre d'actions dans le capital × Cours
= Valeur boursière de la société

L'appartenance à un groupe ou compartiment est précisée par une lettre figurant à côté du nom de la valeur (A, B ou C) (tab. 12.3).

Tableau 12.3. Compartiments de l'Eurolist

Compartiment	Capitalisation boursière	Compartiments	Exemples
Grandes valeurs (*blue chips*)	> 1 milliard d'euros	A	Bouygues, Danone, Pernod Ricard, Total, L'Oréal
Valeurs moyennes	Entre 150 millions d'euros et 1 milliard d'euros	B	Alain Afflelou SA, Grand Marnier, Fleury Michon
Petites valeurs	< 150 millions d'euros	C	Audika Groupe, Le Tanneur, Musée Grévin, Touax

Conditions d'admission. La société doit fournir :
- l'historique des comptes audités et certifiés depuis trois ans ;
- 25 % de capital flottant (nombre d'actions disponibles pour le public et susceptibles d'un échange en Bourse).

Obligations d'information périodique. Dans le cadre des obligations légales périodiques, les sociétés cotées doivent publier :
- leurs comptes annuels (bilan, comptes de résultat et annexes) ;
- le projet d'affectation du résultat ;
- les comptes consolidés (lorsqu'ils sont disponibles) ;
- un tableau d'activité et de résultat semestriel (chiffre d'affaires et résultat courant avant impôts) et un rapport sur cette activité ;
- le chiffre d'affaires trimestriel.

La publication de ces informations comptables au BALO (bulletin d'annonces légales obligatoires) représente le minimum légal.

2. Euronext Growth

Euronext Growth est un marché créé début 2005 pour les petites et moyennes entreprises. C'est un marché régulé par des règles définies par Euronext, mais non réglementé.

Conditions d'admission. Pour être admises, les sociétés doivent disposer :

- d'un historique financier sur deux ans ;
- d'un flottant minimum de 2,5 millions d'euros ;
- d'un accompagnement par un *listing sponsor* (intermédiaire financier, agréé par Euronext, chargé d'accompagner une entreprise avant son entrée sur le marché et pendant sa vie boursière).

Obligations d'information. Les sociétés cotées s'engagent notamment à publier dans un délai de 4 mois les comptes annuels audités et à diffuser immédiatement toute information susceptible d'avoir un impact sur le cours.

3. Euronext Access

Euronext Access est un marché non réglementé destiné aux PME en croissance et aux start-up, pour lequel les conditions d'accès sont très simples et une seule publication annuelle est exigée.

B) Caractéristiques des actions

1. Cours

Principe. Théoriquement, le cours d'une action correspond à la valeur actuelle de tous les flux qu'elle est susceptible de produire dans le futur. En pratique, il est déterminé par le marché et résulte de la confrontation de l'offre et de la demande, à un instant donné. Il correspond au prix permettant d'échanger le plus grand nombre de titres possible.

Techniques de cotation. Il existe deux techniques de cotation :

- la cotation en continu : les cours s'ajustent au fur et à mesure de l'arrivée des ordres regroupés sur un carnet d'ordre central. Cette technique est réservée aux titres les plus échangés ;
- le *fixing* : les cours sont fixés à des heures déterminées (ex. : deux fois par jour) à partir des ordres accumulés depuis le fixing précédent.

2. PER (*Price Earning Ratio*)

$$\text{PER} = \frac{\text{Cours de l'action}}{\text{Bénéfice net par action attendu pour l'année en cours (BNPA)}}$$

Exemple

Si PER = 12, le bénéfice net d'impôt (BNPA) est contenu 12 fois dans le cours.

Le PER est un outil de comparaison de sociétés appartenant à un même secteur d'activité (on peut aussi comparer le PER d'une société au PER moyen du secteur d'activité auquel elle appartient). Il est utilisé pour repérer les actions surcotées et les actions sous-cotées :

- si PER élevé → action surcotée → vendre ;
- si PER faible → action sous-cotée → acheter (s'il n'y a pas de raisons justifiant la sous-cote).

Le PER varie beaucoup en fonction du secteur d'activité concerné ; il ne faut donc pas tirer de conclusion hâtive sur la base d'un PER élevé ou faible.

3. Volatilité

Définition

La **volatilité** mesure l'amplitude des variations de cours d'une action (ou d'un marché d'actions ou d'un autre instrument financier).

La volatilité constitue une indication du risque associé au titre (↪ chapitre 18).

4. Rendement annuel brut

Rendement brut = Dividende / Cours de l'action

Le rendement annuel est brut, c'est-à-dire avant impôt. Il est calculé sur la base du dernier dividende distribué ; mais on peut aussi le calculer sur la base du bénéfice estimé pour l'année en cours.

On distingue les valeurs de rendement et les valeurs de croissance (qui se développent rapidement mais dont le rendement est généralement médiocre).

5. Liquidité

Une action est liquide lorsque le volume des transactions quotidiennes relatives à cette action est tel qu'un ordre peut être exécuté rapidement et sans modification du cours. Un faible volume de transactions peut se traduire par des écarts de cours importants, nuisibles à une bonne visibilité du marché.

En général, la liquidité des grandes valeurs (valeurs classées A) est très bonne. Celle des petites valeurs est moins satisfaisante et leur cotation plus aléatoire.

C) Indices d'actions

Les **indices boursiers** sont des instruments essentiels pour mesurer la performance des marchés d'actions :

- ils permettent de suivre l'évolution des marchés d'actions : marché national, marché européen ou secteur d'activité particulier (exemple : secteur automobile) ;
- ils servent de support à des contrats à terme ou à des contrats d'options.

Euronext diffuse plusieurs indices nationaux et européens (tab. 12.4).

Tableau 12.4. Principaux indices français et étrangers

Principaux indices	Principales caractéristiques
Indices français	
CAC 40 (base 1 000 au 31/12/1987)	• Calculé à partir d'un échantillon de 40 valeurs françaises sélectionnées au sein des 100 premières capitalisations boursières. Le choix des valeurs est effectué de façon à obtenir une bonne représentation de l'ensemble des valeurs de la cote officielle. Sa composition est révisée quatre fois par an. • Indice calculé en temps réel (par Euronext-Paris) et diffusé toutes les 15 secondes
CAC Next20	20 plus grandes valeurs après celles de l'indice CAC 40
CAC Large 60 (créé le 21 mars 2011)	60 plus grandes valeurs (regroupe celles du CAC 40 et celles du CAC Next20)
SBF 120	Valeurs de taille importante (dont celles du CAC 40) cotées en continu et choisies parmi les plus liquides
Enternext PEA-PME 150 (créé en novembre 2014)	150 valeurs de capitalisation petite ou moyenne
Indices étrangers	
Dow Jones (New York)	30 valeurs industrielles
Nasdaq 100 (New York)	Calculé sur les 100 plus importantes valeurs de la haute technologie américaine ; il a acquis une importance exceptionnelle
Nikkei (Tokyo)	225 valeurs
FTSE 100 (Londres)	100 valeurs
DAX (Francfort)	30 plus importantes sociétés cotées à Francfort

→ MINI-CAS 5 • MINI-CAS 6 • CAS PRATIQUE 8

3 Marché obligataire

A) Présentation

Définition

Une **obligation** est une part d'un emprunt émis par une entreprise, un organisme public ou l'État.

Les obligations sont généralement cotées. Elles peuvent être acquises :
- soit lors de leur émission auprès d'un intermédiaire agréé (ex. : banque) ;
- soit après leur émission sur le marché obligataire (marché secondaire).

Définition

Le **marché obligataire** est un marché secondaire sur lequel s'échangent les obligations antérieurement émises.

Les opérations y sont réalisées au comptant. Ce marché a connu une évolution importante avec notamment l'arrivée de nouveaux types d'obligations :
- OCA (obligations convertibles en actions) ;
- ORA (obligations remboursables en actions) ;
- OCEANE (obligations convertibles en actions nouvelles ou existantes).

B) Principaux émetteurs

- Pour financer ses déficits successifs, l'État émet régulièrement des obligations (entre autres). Du fait de leur nombre très important, l'essentiel des émissions et des transactions sur le marché obligataire porte sur des obligations d'État.
- Les entreprises et collectivités publiques (ou semi-publiques) : EDF, Crédit Foncier, la région Île-de-France, la Ville de Marseille, etc.
- Les sociétés privées cotées sur le marché des actions (Accor, BNP Paribas, Carrefour, Lafarge, etc.) et, plus spécifiquement, les grandes banques (Crédit Agricole, BNP Paribas, Société Générale, Caisse d'épargne, etc.).

C) Cotation des obligations

Les obligations sont cotées en pourcentage de la valeur nominale et au pied du coupon (c'est-à-dire sans le coupon couru). Cette façon de coter permet de comparer facilement entre elles des obligations émises à des dates différentes et à des valeurs nominales différentes.

Exemple

Cote au 13 octobre N :

Émetteur	Code ISIN	Cours du jour	Cours précédent	Coupon couru	Nominal (en €)
EDF - Électricité de France 4,63 % 11/09/N+6	FR 0010800540	121,34	121,18	0,406	100

Date d'échéance de l'emprunt : 11/09/N+6

Le taux annoncé est le taux nominal (4,63 % dans l'exemple), nécessaire au calcul des intérêts annuels. Les taux varient notamment en fonction de la date d'émission (les taux évoluent dans le temps), de la durée de l'emprunt et de la qualité de l'émetteur.

La codification ISIN (*International Securities Identification Numbers*) s'applique à tous les produits cotés au comptant (actions, obligations, bons,...). Le code ISIN comporte 12 caractères ; les deux premiers identifient le pays dans lequel le titre a été émis (FR pour la France). Pour simplifier, il est possible de lui substituer un code mnémonique beaucoup plus simple d'utilisation (ex. : CA pour Carrefour, OGE pour Orange).

Le nominal de l'obligation sert au calcul du coupon annuel.

1. Calcul du coupon couru

Définition

Le **coupon couru** est le montant d'intérêts produits depuis le dernier versement d'intérêts (versés annuellement).

Il peut être donné en euros ou en pourcentage du nominal (avec trois décimales).

Le jour de négociation de l'achat n'est pas pris en compte dans la durée de calcul du coupon couru. Dans la pratique, en cas de cession de l'obligation, on rajoute 3 jours ouvrés pour tenir compte du délai entre la date de négociation et la date de règlement-livraison (fig. 12.4).

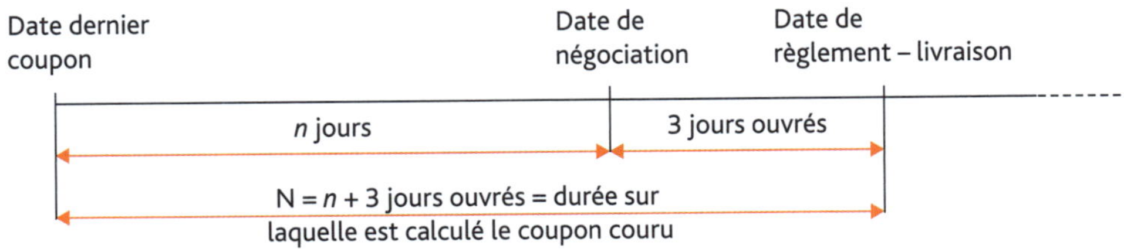

Figure 12.4. Calcul du coupon couru

Exemple

- Soit une obligation de nominal 1 000 €, au taux de 3,30 %, émise le 25/08/N, remboursable le 25/08/N+5.
  Quel était le coupon couru à la date du mardi 15/12/N+2 (date de négociation) ?
  Nombre de jours séparant la date du dernier coupon de la date de négociation :

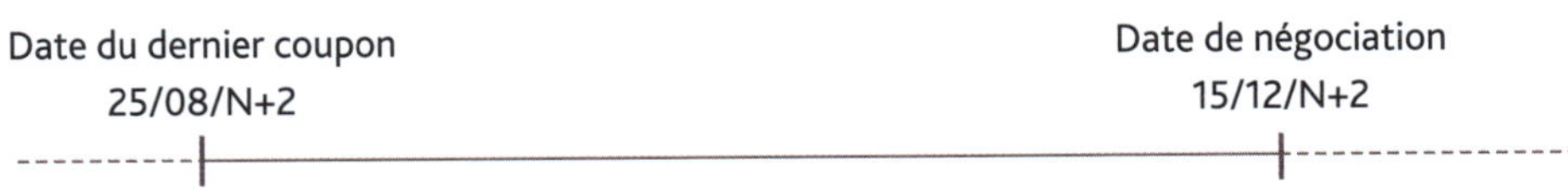

Août : (31 – 25)	6	112 jours
Septembre :	30	
Octobre :	31	
Novembre :	30	
Décembre :	15	

Le 15/12/N+2 étant un mardi, la durée sur laquelle on doit calculer le coupon couru est : 112 + 3 = 115 jours.

Coupon couru (en €) : $\dfrac{1\,000 \times 0{,}033 \times 115}{365} = 10{,}397$ €

Coupon couru (en % du nominal) : $\dfrac{10{,}397}{1\,000} = 1{,}04\ \%$ ou $\dfrac{3{,}3 \times 115}{365} = 1{,}04\ \%$

2. Valeur totale d'une obligation à une date donnée

$$\text{Prix de l'obligation} = \text{Cours en \%} \times \text{Valeur nominale} + \text{Coupon couru à la date du calcul}$$
$$= (\text{Cours en \%} + \text{Coupon en \%}) \times \text{Valeur nominale}$$

Exemple

- On lit dans un journal la cote d'une obligation de nominal 1 000 € : cote du jour : 112,60 ; coupon couru : 6,386 (en % du nominal).
  Le cours et le coupon couru sont exprimés en pourcentage du nominal, d'où :
  Valeur totale = (112,60 + 6,386)/100 × 1 000 = 1 189,86 €. Il s'agit du prix à payer pour acquérir l'obligation.
  À l'échéance prévue, l'acquéreur de l'obligation recevra la totalité du coupon annuel.

➔ APPLICATION 2 • APPLICATION 3 • MINI-CAS 7 • CAS PRATIQUE 9

4 Relation entre taux d'intérêt et valeur des titres

A) Variation des taux d'intérêt

Les taux d'intérêt varient dans le temps (fig. 12.5). Leur variation a un impact sur l'économie et sur la valeur des titres, en particulier sur celle des obligations.

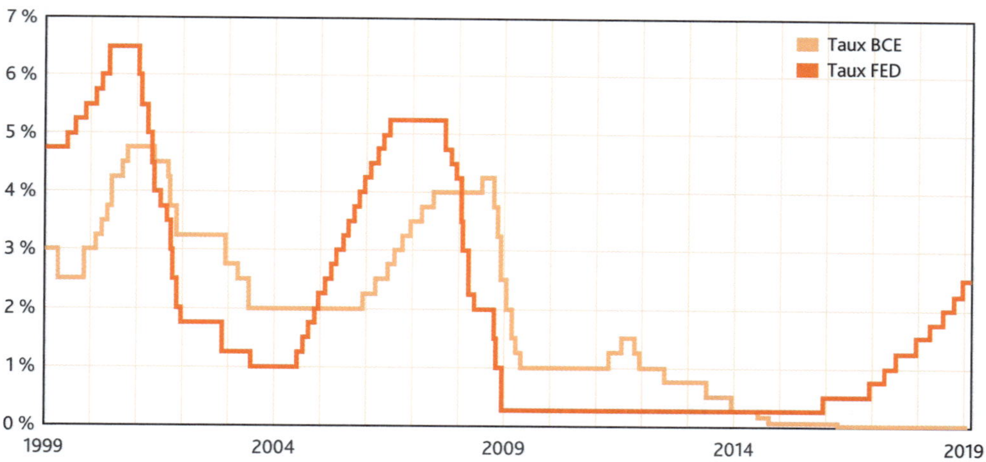

Figure 12.5. **Évolution des taux directeurs de la BCE et de la FED (1999-2019)**

CHIFFRES-CLÉS

Au 1er janvier 2021, le taux directeur de la BCE est de **0 %**, inchangé depuis mars 2016. Celui de la FED, la banque centrale américaine, a chuté à **0,25 %**. (CDC, 2021)

B) Variation des taux d'intérêt et valeur des obligations

Le cours de l'obligation varie en sens inverse du taux d'intérêt. Quand le taux d'intérêt diminue, le cours d'une obligation augmente, et inversement (fig. 12.6).

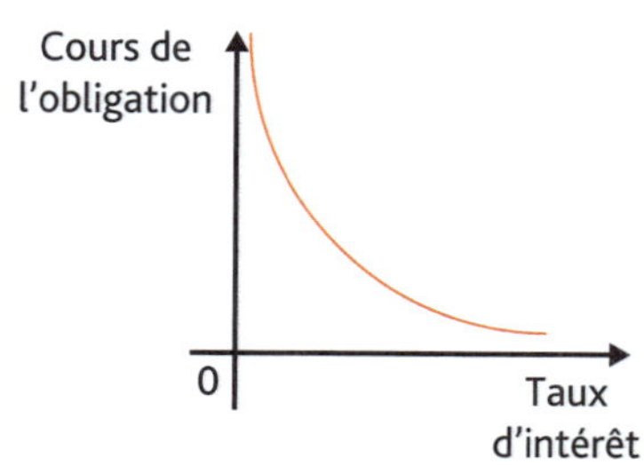

Figure 12.6. **Variation du cours de l'obligation en fonction du taux d'intérêt**

Exemple

- Soit une obligation cotée, émise il y a un an aux conditions suivantes :
  - Valeur nominale = Prix d'émission : 2 000 €
  - Durée : 6 ans
  - Taux : 5 %
  - Remboursement au pair (2 000 €), *in fine*
  - Taux exigé par les investisseurs en obligations 1 an après l'émission : 6 % (taux du marché)

Quel prix un investisseur doit-il accepter de payer pour une obligation 1 an après l'émission ?

À la date à laquelle on se place (1 an après l'émission), il reste 5 ans et 5 coupons à verser, ainsi que le remboursement à recevoir dans 5 ans.

Montant du coupon annuel d'intérêts : 2 000 × 5 % = 100 €

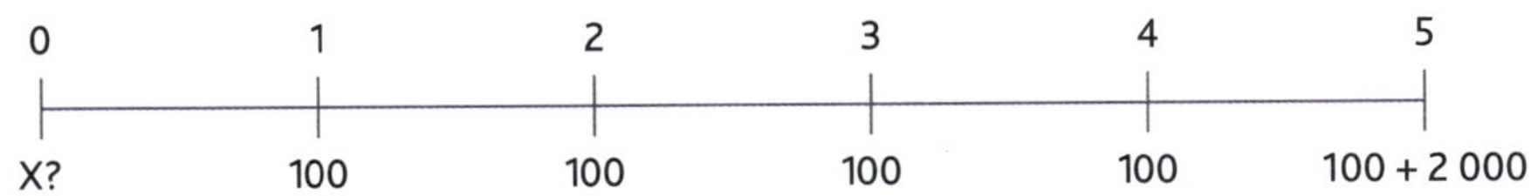

X = valeur actuelle au taux du marché des flux restant à recevoir. On a :

$$X = 100 \times \frac{1-(1{,}06)^{-5}}{0{,}06} + 2\,000\,(1{,}06)^{-5}$$

X = 1 915,75 < 2 000 → la valeur de l'obligation un après son émission est inférieure à sa valeur nominale (il s'agit de la valeur hors coupon couru).

L'investisseur qui veut une rentabilité de 6 % acceptera d'acheter l'obligation 1 915,75 €. La hausse des taux d'intérêt qui s'est produite après l'émission des obligations a entraîné une baisse de leur valeur.

→ CAS PRATIQUE 9

5 Efficience informationnelle du marché financier

A) Information et incertitude

L'incertitude est inhérente au marché financier. Les investisseurs attribuent une valeur aux actifs financiers sur la base des informations qu'ils détiennent.

L'existence d'informations nombreuses et de qualité (régulières et précises) améliore la visibilité et contribue au bon fonctionnement du marché. Les périodes de crise s'accompagnent d'une forte incertitude (les investisseurs s'interrogent notamment sur l'ampleur et la durée de la crise), ce qui se traduit par un comportement de méfiance et une forte volatilité des cours.

Les autorités de marché (l'AMF, pour la France) supervisent et contrôlent l'information qui doit être précise, sincère, exacte et diffusée à l'ensemble de la communauté financière. Les sociétés de Bourse doivent également contribuer à l'amélioration des informations communiquées aux investisseurs.

B) Efficience informationnelle

Définition

Un **marché** est dit **efficient** si les cours reflètent rationnellement et à tout moment l'intégralité de l'information disponible.

Les cours boursiers sont censés intégrer toute l'information disponible à un instant donné et varier seulement en fonction de l'arrivée de nouvelles informations. En principe, toute information nouvelle (résultats, projet d'OPA ou d'OPE, changement de direction...) provoque immédiatement un ajustement des cours. Pour cela, l'offre et la demande doivent pouvoir se manifester sans frein dès l'apparition de toute information significative.

Exemples

Le 31 août 2018, Casino chute de plus de 10 % suite à un retard du dépôt des comptes d'une filiale et du fait de l'ampleur de l'endettement.

Le 26 octobre 2018, l'action Valéo chute de 19,4 % après un second *profit warning* (révision à la baisse des perspectives de rentabilité) en trois mois.

Le 26 octobre 2018, l'action Altran Technologie s'apprécie de 13,6 % après la publication de résultats solides et prometteurs.

C) Conditions de l'efficience

1. Aucun investisseur ou décideur ne conserve pour lui seul une information susceptible d'influencer les cours

Le respect de cette condition dépend essentiellement des contrôles exercés par les autorités du marché. Un des rôles de l'AMF consiste à sanctionner les délits d'initiés et les manquements aux publications de leurs comptes par les sociétés cotées.

2. Les investisseurs sont rationnels

Les investisseurs sont supposés avoir un comportement cohérent, non fantaisiste et être en mesure d'exploiter de façon totalement rationnelle les informations qui leur parviennent.

3. Le coût des transactions est faible et le marché est liquide

Les transactions effectuées sur les marchés financiers s'accompagnent de frais prélevés par les intermédiaires.

Un coût excessif est de nature à retarder les interventions ou même à décourager des investisseurs potentiels (ce qui limite le nombre des transactions, donc la liquidité du marché). L'efficience des marchés est d'autant plus grande que le coût des transactions est plus bas.

D) Agences de notation financière

Définition

Les **agences de notation financière** sont des organismes privés, indépendants, composés d'équipes d'analystes de haut niveau. Elles attribuent des notes relatives à la solvabilité financière des entreprises, des États ou des collectivités locales empruntant de l'argent sur les marchés financiers.

Trois agences de notation se partagent le marché français :
- Moody's (américaine) ;
- Standard and Poor's (américaine) ;
- Fitch (américaine).

La notation est attribuée soit pour un emprunt particulier, soit pour un émetteur (sociétés, États, régions ou collectivités locales).

1. Procédure de notation

La procédure de notation dure plusieurs mois ; elle comporte les phases suivantes :
- analyse de l'environnement de l'émetteur (secteur d'activité, position concurrentielle, etc.) ;
- analyse de la stratégie ;
- étude du management, de l'organisation et du contrôle ;
- analyse des performances économiques (étude des documents comptables et financiers, passés et prévisionnels) ;
- analyse des risques financiers (liés à la structure de financement) et des risques économiques (liés au secteur et aux carences éventuelles de l'émetteur) ;
- entretiens avec les équipes dirigeantes de l'émetteur.

2. Notation

La note est exprimée sous forme de lettres. L'échelle de notation est donc une échelle alphabétique (tab. 12.5).

Tableau 12.5. Exemples de notation

Moody's	Standard and Poor's	Signification
Aa2	AAA	Risque très faible ; meilleure note
Aa	AA	Très fiable
A	A	Bonne qualité mais risque possible dans certaines conditions
Ba2	BBB	Solvabilité moyenne
Ba	BB	Risque de non-remboursement plus important sur le long terme
B	B	Situation spéculative. Probabilité de remboursement incertaine

La note est accompagnée d'un commentaire et d'une perspective d'évolution (positive, stable, négative) et peut être nuancée (ex. : AA+).

La notation est continue, ce qui signifie qu'elle est révisée chaque fois qu'un événement ou que des résultats entraînent un changement dans l'appréciation de l'agence. En général, une modification de la note a un impact sur le cours du titre.

Exemples

- En mai 2020, L'agence Standard and Poor's a abaissé la perspective de la note (A) de la Société Générale de stable à négative.
  Le 17 août 2020, l'agence Moody's a confirmé la note de Thales (A2) mais abaissé la perspective de stable à négative du fait de la gravité de l'impact de la pandémie de Covid-19.

3. Impact de la notation

En général, la notation a un impact sur :
- l'image de la société et du titre : la notation fait partie des informations dont dispose le marché pour apprécier un titre, elle a donc une influence sur le cours boursier ;
- les conditions obtenues lors d'une opération de financement : les taux exigés sont plus élevés quand le risque est plus important.

→ MINI-CAS 4

1 Quiz

Vérifiez l'exactitude des propositions ci-après et justifiez-les.

	Vrai	Faux
1. Le marché financier est distinct du marché monétaire.	☐	☐
2. Euronext Paris est une filiale du groupe boursier européen Euronext.	☐	☐
3. Euronext n'est pas cotée en Bourse.	☐	☐
4. L'AMF détient un pouvoir de sanction.	☐	☐
5. La cote donne la valeur totale d'une obligation.	☐	☐
6. Une obligation est toujours un actif sans risque.	☐	☐
7. Chaque Bourse a ses propres indices.	☐	☐
8. La rentabilité exigée est d'autant plus forte que le risque est plus grand.	☐	☐
9. Un PER de 10 signifie que le cours correspond à 10 fois le bénéfice.	☐	☐
10. Le PER est calculé à partir du bénéfice par action avant impôt.	☐	☐
11. Une hausse des taux d'intérêt entraîne l'augmentation de la valeur des obligations.	☐	☐
12. Le PER varie constamment.	☐	☐

2 Calcul du coupon couru d'une obligation ★★★

Soit une obligation, de 200 € de nominal, émise le 20/09/N au taux de 4 %.
Calculez le coupon couru à la date du 10/02/N+1.

3 Lecture de la cote d'obligations ★★★

Désignation des valeurs	Cours du jour (en %)	Coupon couru (en %)	Date du prochain coupon	Valeur nominale (en €)
Crédit du Nord IF	100,3	3,83	06/11/N	300
Crédixa IF	105,22	1,92	15/9/N	100

1. *Que signifie IF ?*
2. *Précisez selon quel principe les obligations sont cotées.*
3. *Calculez la valeur d'achat des deux obligations.*

4 Mini-cas : Notation financière ★★★

Compétence attendue **Identifier** les principales sources de notation financière et de cotation des titres

À partir du document ci-après et de vos connaissances, répondez aux questions suivantes.

1. *Citez des noms d'agences de notation financière.*
2. *Expliquez ce que signifie une note de niveau BB.*
3. *Identifiez l'impact sur la valeur cotée d'un titre d'une modification de la note financière.*

Document

Standard & Poor's relève la notation de Fnac Darty à BB+

Fnac Darty annonce que l'agence de notation Standard & Poor's (S&P) a relevé la note de crédit long terme du groupe à BB+.

Cette amélioration traduit la solidité des performances opérationnelles du groupe et la maîtrise de sa politique financière.

Fnac Darty dispose des notations BBB–, BB+ et Ba2, attribuées respectivement par Scope Ratings, Standard & Poor's et Moody's, toutes trois assorties d'une perspective stable.

Source : Groupe Fnac Darty, 12 mars 2019

5 Mini-cas : Portefeuille de titres ★★★

Compétence attendue

- **Identifier** les produits du marché financier
- **Mettre en évidence** les grands principes d'organisation du marché financier

M. Abra possède le portefeuille suivant :

– 40 actions Carrefour ;
– 120 actions Pernod Ricard ;
– 100 obligations de l'État français ;
– 20 bons de souscription d'actions.

1. *Identifiez le marché sur lequel ces titres sont cotés.*
2. *Déterminez si toutes les actions sont cotées de la même façon.*
3. *Euronext est une société de Bourse ; expliquez ce que cela signifie.*
4. *Identifiez l'organisme qui surveille le bon fonctionnement du marché boursier.*
5. *Déterminez si tous les marchés boursiers sont réglementés.*

6 Mini-cas : Lecture de la cote d'une action ★★★

Compétence attendue

Expliquer la cote des actions et des obligations

Dans un journal financier, on lit les informations suivantes (année N) :

Valeur	Dernier cours	Cours précédent	Variation du cours	Dividende	BNPA
Pernod Ricard (Vins et spiritueux) FR0000120693 Nombre de titres : 904 828 213	130,7	131,92	– 0,93 %	N–1 : 2,36 N (e) : 2,80	N–1 : 5,69 N (e) : 6,14

(e = estimé)

1. *Expliquez ce que représente le code FR000120693.*
2. *Calculez le rendement brut pour N–1 et le rendement brut estimé pour N.*
3. *Calculez le PER pour N–1 et le PER estimé pour N.*

7 Mini-cas : Obligations OAT ★★★

Compétence attendue

Expliquer la cote des actions et des obligations

À la date du 05/08/N, on lit dans un journal financier, dans la rubrique « Obligations », les informations suivantes relatives à deux emprunts d'État.

Désignation des valeurs		Cours du jour	Coupon couru (en %)	Date du prochain coupon	Valeur nominale
OAT 4 %	25/04/N+6	105,63	1,150	25/04/N+1	100 €
OAT 4,75 %	25/10/N+5	110,54	3,735	25/10/N	100 €

1. *Pour chacun des deux emprunts, calculez :*
   - *le montant du coupon couru (de deux façons différentes) ;*
   - *le prix d'achat de l'obligation à la date du 05/08/N.*
2. *Justifiez le niveau atteint par le cours de ces obligations.*
3. *Expliquez ce qu'est une OAT.*

Évaluer les savoirs — Maîtriser les compétences — **Préparer l'épreuve**

8 Cas pratique : PER et rendement ★★★

20 min

Compétence attendue **Expliquer** la cote des actions et des obligations

Dans un journal financier publié le 07/11/N, on lit les informations suivantes (BNPA : bénéfice net par action) :

Code ISIN	Nombre de titres	Désignation des valeurs		Cours du 07/11/N	BNPA N	BNPA N+1 (estimé)	PER N	PER N+1 (estimé)	Dividende N	Rendement N
FR0000120321	560 082 187	L'Oréal	A	184	7,03	6,69	26,2	27,5	3,75	2,04 %
FR00000120644	685 055 200	Danone	A	63,87	3,38	3,27	18,9	19,5	2	3,13 %
FR000120271	2 683 096 135	Total	A	52,93	4,56	3,65	11,6	14,5	2,56	4,84 %

Missions

1. *Identifiez à quoi correspond la lettre A figurant dans la quatrième colonne.*
2. *Déterminez comment qualifier les BNPA et les PER donnés dans le tableau.*
3. *Vérifiez les PER et le taux de rendement.*
4. *Calculez la capitalisation boursière de chaque société.*

9 Cas pratique : Obligation EDF ★★★

25 min

Compétences attendues

- **Expliquer** la cote des actions et des obligations
- **Justifier** la variation du prix du titre en fonction des taux d'intérêt du marché

Trouvant un placement en actions trop risqué, M. Trier envisage d'acheter des obligations en Bourse. Il vous demande des précisions relatives à l'emprunt suivant (cote à la date du 20/10/N) :

Émetteur	Code ISIN	Cours du jour	Cours précédent	Coupon couru
EDF 17/06/N+2, 4,5 %	FR0010758888	106,66	106,67	1,541 %

Valeur nominale et prix d'émission : 1 000 €.

Les intérêts sont versés le 17/06 de chaque année.

Missions

1. *Déterminez la date d'échéance de cet emprunt.*
2. *Vérifiez le montant du coupon couru à la date du 20/10/N.*
3. *Calculez le prix à payer pour l'achat d'une obligation à cette date.*
4. *Expliquez la variation de cours depuis la date d'émission.*
5. *Précisez en fonction de quels facteurs le cours de l'obligation évolue.*

SYNTHÈSE

Les marchés financiers

Le marché financier est une partie des marchés de capitaux (avec le marché monétaire).

La Bourse

- Marché secondaire où se négocient les titres financiers d'abord émis sur le marché primaire
- Cotation et négociation de divers instruments financiers (actions, obligations)
- Encadrée par Euronext et l'Autorité des marchés financiers (AMF)

Les actions

- Cotées en continu et sur plusieurs compartiments (Eurolist, Euronext Growth, Euronext Access) en fonction de leur capitalisation boursière
- Informations utiles pour les investisseurs : le cours, le PER, le rendement, la volatilité, la liquidité
- Suivi de l'évolution : indices boursiers

Les obligations

- Cotées en pourcentage de leur valeur nominale et sans le coupon couru
- Cours varie en sens inverse des taux d'intérêt

Valeur de l'obligation = **Valeur cotée** + **Coupon couru**

en % de la valeur nominale ou en €

L'information financière

- L'incertitude est défavorable au marché financier.
- Le marché est efficient si les investisseurs sont rationnels et disposent de toute l'information disponible.
- Les agents de notation contribuent à informer les investisseurs sur le risque de solvabilité à moyen terme des sociétés cotées.

CHAPITRE 13 Les contraintes de financement

PROGRAMME

Compétences attendues

- **Construire** un bilan financier
- **Estimer** les différents équilibres financiers
- **Évaluer** le niveau de risque et la soutenabilité de la dette
- **Analyser** les garanties des prêteurs et leur incidence sur le coût des dettes

Savoirs associés

- La liquidité de l'actif et l'exigibilité du passif du bilan financier
- L'équilibre financier (fonds de roulement financier)
- Les ratios de liquidité
- La relation entre risque financier et garanties
- Les principales garanties (personnelles et réelles) prises par les bailleurs à l'exclusion de l'aspect juridique

LIEN AVEC LE DCG 9

§6. Les documents de synthèse

PLAN DU CHAPITRE

Cours : 1. Liquidité de l'actif et exigibilité du passif du bilan financier • 2. Équilibre financier • 3. Garanties

Des savoirs aux compétences : Évaluer les savoirs • Maîtriser les compétences • Préparer l'épreuve

Synthèse

Les choix de financement qui s'offrent aux entreprises leur permettent de mettre en parallèle leurs besoins et leurs possibilités. Mais, dans tous les cas, une analyse financière doit être menée afin d'évaluer le risque que comporte chaque appel à financement et la réelle faisabilité financière. Comment doit être menée cette analyse ? Quels sont les éléments financiers à surveiller ?

MOTS-CLÉS

Bilan financier • Exigibilité • Fonds de roulement financier • Garanties • Liquidité • Risque • Solvabilité • Soutenabilité de la dette • Surendettement

1 Liquidité de l'actif et exigibilité du passif du bilan financier

Définition

Un **bilan financier** est un document synthétique qui traduit l'aptitude de l'entreprise à faire face à ses engagements.

A) Objectifs du bilan financier

Le bilan financier permet d'étudier la solvabilité et le **risque** de non liquidité et de faillite de l'entreprise.

Définition

La **solvabilité** traduit la capacité de l'entreprise à régler ses dettes par le biais de ses actifs. La démarche obéit à une situation de cessation d'activité.

Tous les éléments de l'actif doivent être réévalués comme si une cession de l'entreprise était mise en œuvre.

Définition

La **liquidité** traduit l'aptitude de l'entreprise à transformer plus ou moins rapidement ses actifs en trésorerie. Cela permet de savoir si les disponibilités sont capables de faire face aux échéances.

La liquidité complète la solvabilité en ajoutant l'information liée à l'échéance.

B) Construction du bilan financier

1. Liquidité et exigibilité croissantes

Le bilan financier se construit après avoir réparti le résultat. Il repose sur les critères de classement de :
- la liquidité : aptitude d'un élément de l'actif à être transformé en moyen de paiement ;
- l'**exigibilité** : situation autorisant un créancier à exiger le paiement des sommes dues ;
- l'échéance : permettant d'apprécier la liquidité et la solvabilité à plus ou moins 1 an.

2. Modèle de bilan financier

Le bilan financier peut se présenter de façon modélisée (tab. 13.1).

Tableau 13.1. Modèle de bilan financier

Emplois à plus d'1 an	ACTIF à plus d'1 an corrigé	Capitaux propres	**Capitaux permanents : ressources à plus d'1 an**
		Dettes à plus d'1 an	
Emplois à moins d'1 an	ACTIF à moins d'1 an corrigé	Dettes à moins d'1 an	**Ressources à moins d'1 an**

3. Reclassement et retraitements des éléments du bilan comptable

Le bilan financier se construit en reclassant certains postes du bilan comptable afin de respecter les critères de liquidité croissante de l'actif (tab. 13.2) et d'exigibilité croissante du passif (tab. 13.3). On parlera ainsi d'actifs et passifs corrigés.

Les regroupements au sein du bilan financier sont effectués afin de ranger les éléments du bilan en fonction de leur échéance, à plus ou moins d'un an.

Tableau 13.2. Corrections à pratiquer à l'actif pour obtenir un bilan financier

	Actif immobilisé à plus d'1 an	Actif circulant à moins d'1 an
Retirer du bilan comptable	• Les actifs fictifs : non valeurs – Frais d'établissement – Frais de recherche et développement – Charges à répartir sur plusieurs exercices – Primes de remboursement des obligations – Écarts de conversion Actif (perte latente)	• Actifs circulants dont l'échéance est à plus d'1 an
	• Les immobilisations financières (si échéance à moins d'1 an, positionnement en actif circulant)	• Comptes de régularisation dont l'échéance est à plus d'1 an
Ajouter au bilan comptable	• Actifs circulants dont l'échéance est à plus d'1 an	• Partie à moins d'1 an des immobilisations financières
	• Comptes de régularisation dont l'échéance est à plus d'1 an	• Effets escomptés non échus
	• Stocks pris en compte à la valeur réelle dont une partie peut être rattachée aux immobilisations (stock-outil)	

Tableau 13.3. Corrections à pratiquer au passif pour obtenir un bilan financier

	Passif immobilisé à plus d'1 an	Passif circulant à moins d'1 an
Retirer du bilan comptable	• Capitaux propres – Actifs fictifs – Part du résultat qui sera distribuée dans l'année • Dettes à plus d'1 an – Provisions liées à des risques et charges de moins d'1 an – Dettes financières de moins d'1 an	• Dettes dont l'échéance est à plus d'1 an • Comptes de régularisation dont l'échéance est à plus d'1 an

	Passif immobilisé à plus d'1 an	Passif circulant à moins d'1 an
Ajouter au bilan comptable	• Dettes non financières dont l'échéance est à plus d'1 an • Emprunts participatifs car remboursés après toutes les créances • Comptes de régularisation dont l'échéance est à plus d'1 an	• Dettes y compris dettes fiscales à moins d'1 an • Part des produits constatés d'avance à moins d'1 an • Découverts ou concours bancaires courants • Provisions liées à des risques et charges de moins d'1 an • Bénéfice à distribuer dans l'année

Exemple

- Voici le bilan comptable avant répartition du Studio, un bar-cinéma à Nantes, pour l'année N :

ACTIF	Brut	A. et D.	Net	PASSIF	
Actif immobilisé				**Capitaux propres**	
Immobilisations incorporelles				Capital	80 000
Frais d'établissement	20 000	10 000	10 000	Réserve légale	8 000
Fonds commercial	–	–	–	Autres réserves	12 000
Immobilisations corporelles				Résultat (3)	10 000
Constructions	60 000	20 000	40 000	**Total I**	**110 000**
Terrain	50 000		50 000	Provisions pour risques et charges	30 000
Installations techniques, matériels et outillages industriels	70 000	10 000	60 000		
Autres immobilisations corporelles			–		
Immobilisations financières			–		
Prêts (1)	20 000		20 000		
Total I	**220 000**	**40 000**	**180 000**	**Total II**	**30 000**
Actif circulant				**Dettes**	
Stocks et en-cours				Emprunts et dettes auprès des établissements de crédit (4)	80 000
Matières premières et autres approvisionnements	40 000	10 000	30 000		
Créances clients et comptes rattachés (2)	60 000	15 000	45 000	Dettes fournisseurs et comptes rattachés (5)	50 000
Autres	17 000		17 000	Dettes fiscales et sociales (6)	10 000
VMP			–		
				Total III	**140 000**

(1) dont à moins d'1 an : 10 000. (2) dont à plus d'1 an : 4 000. (3) dont dividendes à distribuer : 5 000. (4) dont concours bancaires courants : 10 000. (5) dont dettes à plus d'1 an : 20 000. (6) dont dettes à moins d'1 an : 7 000.

ACTIF	Brut	A. et D.	Net	PASSIF	
Disponibilités (autres que caisse)	3 000		3 000		
Caisse			–		
Charges constatées d'avance			–		
Total II	**120 000**	**25 000**	**95 000**		
Charges à répartir sur plusieurs exercices	5 000		5 000		
Total général	**345 000**	**65 000**	**280 000**	**Total général**	**280 000**

Le bilan financier N de la société Le Studio doit faire l'objet de reclassements avant son établissement :

- Actif :
  - Les frais d'établissement doivent disparaître car il s'agit d'un actif fictif
  - Les immobilisations financières de moins d'1 an sont reclassées et positionnées en créances diverses pour 10 000 €
  - La part des créances clients et comptes rattachés à plus d'1 an sont placées en immobilisations financières à plus d'1 an
- Passif :
- Placer en capitaux propres le capital, les réserves et y retrancher les actifs fictifs
- Placer en dettes à plus d'1 an : 80 000 € des emprunts et dettes auprès des établissements de crédits, les 20 000 € de dettes à plus d'1 an, les 3 000 € de dettes à plus d'1 an et y retrancher les concours bancaires courants pour 10 000 €.
- Placer en dettes à moins d'1 an : 50 000 € de dettes fournisseurs et 10 000 € de dettes fiscales et sociales, y ajouter les 10 000 € de concours bancaires courants, les 5 000 € de dividendes. Y retrancher les 3 000 € ainsi que les 20 000 € de dettes à plus d'1 an.

Le bilan financier, en N, du Studio est donc le suivant :

ACTIF	Brut	A. et D.	Net	PASSIF	
Actif immobilisé				**Capitaux propres et réserves**	85 000
Immobilisations incorporelles				Report à nouveau	5 000
Frais d'établissement				**Total I**	**90 000**
Fonds commercial				Provisions pour risques et charges	30 000
Immobilisations corporelles				**Total II**	**30 000**
Terrains	50 000		50 000		
Constructions	60 000	20 000	40 000		
Installations techniques, matériels et outillages industriels	70 000	10 000	60 000		
Autres immobilisations corporelles			–		
Immobilisations financières			–		
Prêts	14 000		14 000		
Total I	**194 000**	**30 000**	**164 000**		

ACTIF	Brut	A. et D.	Net	PASSIF	
Actif circulant				**Dettes**	
Stocks et en-cours				Dettes à plus d'1 an	93 000
Matières premières et autres approvisionnements	40 000	10 000	30 000	Dettes à moins d'1 an	52 000
Créances clients et comptes rattachés	60 000	15 000	45 000	**Total III**	**145 000**
Autres	23 000		23 000		
VMP			–		
Disponibilités (autres que caisse)	3 000		3 000		
Caisse			–		
Charges constatées d'avance			–		
Total II	**126 000**	**25 000**	**101 000**		
Charges à répartir sur plusieurs exercices			–		
Total général	**320 000**	**55 000**	**265 000**	**Total général**	**265 000**

4. Tableau des plus ou moins-values

Le bilan financier ayant pour objectif d'apporter un éclairage sur la solvabilité de l'entreprise et le risque de faillite, certains postes sont réévalués à leur valeur vénale (valeur actuelle). Par voie de conséquence, des plus ou moins-values sont ainsi révélées.

Un tableau des plus ou moins-value peut alors être établi ; il dégage une plus ou moins-value nette, qu'il sera aisé d'ajouter ou de retrancher dans les capitaux propres du bilan financier.

Exemple (suite)

- Tableau des plus ou moins-values du Studio :

Postes du bilan comptable	Montants	Informations pour le bilan financier	Dégagement de plus-value	Dégagement de moins-value
Frais d'établissement	10 000			10 000
Charges à répartir sur plusieurs exercices	5 000			5 000
Total	**15 000**		**0**	**15 000**
Moins-value globale			**– 15 000**	

Il suffit ensuite de placer cette plus ou moins-value globale dans le poste des capitaux propres avec le montant du bilan comptable pour obtenir le montant adapté au bilan financier.

NOTRE CONSEIL

Il faut prendre les montants nets du bilan comptable pour établir le tableau des plus ou moins-values.

→ APPLICATION 2

2 Équilibre financier

A) Fonds de roulement financier

Le bilan financier constitue une source d'informations permettant d'estimer les équilibres financiers de l'entreprise.

1. Équilibre financier minimum

Définition

L'équilibre financier minimum repose sur la solvabilité de l'entreprise. La durée d'un actif corrigé doit coïncider avec la durée du passif corrigé correspondant. L'équilibre provient ainsi d'une situation où les emplois immobilisés à plus d'1 an doivent être financés par des ressources d'une durée au moins comparable (fig. 13.1).

2. Évaluer le niveau de risque

Définition

L'entreprise s'expose à un risque de faillite si les passifs à moins d'un an ne peuvent pas être honorés par les actifs à moins d'un an.

Il lui faut dans ce cas disposer d'une sécurité : le fonds de roulement liquidité, aussi dit **fonds de roulement financier**.

3. Calcul du fonds de roulement liquidité ou fonds de roulement financier

Le calcul du fonds de roulement financier s'effectue à partir du bilan financier. La logique d'évaluation des risques financiers conduit à estimer que les dépréciations de l'actif circulant correspondent à des pertes certaines dont la réalisation se concrétisera à brève échéance. Par voie de conséquence :

- ces dépréciations ne sont pas considérées comme des ressources durables à plus d'1 an ;
- la valeur réelle de l'actif circulant repose sur sa valeur nette.

Fonds de roulement financier	=	Actifs à moins d'1 an nets corrigés	–	Dettes à moins d'1 an corrigées
		ou		
		Passifs à plus d'1 an (y compris les amortissements et dépréciations de l'actif à plus d'1 an uniquement)	–	Actifs à plus d'1 an en valeurs brutes
		ou		
		Passifs à plus d'1 an	–	Actifs à plus d'1 an en valeurs nettes

Exemple

La société Musik&Go évolue dans un contexte très concurrentiel et se trouve exposée depuis deux ans à des risques financiers. Le cabinet d'expertise comptable qui suit Musik&Go calcule un fonds de roulement financier à l'aide des éléments ci-dessous :

Bilan Musik&Go (en milliers d'euros)			
ACTIF à moins d'1 an corrigé	101	PASSIF à moins d'1 an corrigé	88
ACTIF à plus d'1 an non corrigé	194	PASSIF à plus d'1 an (valeurs brutes)	207
ACTIF à plus d'1 an corrigé	164	PASSIF à plus d'1 an corrigé	177

Le fonds de roulement liquidité (ou fonds de roulement financier) se calcule ainsi :

- Actif à moins d'1 an corrigé – Passif à moins d'1 an corrigé = 101 – 88 = 13

- Passif à plus d'1 an – Actif à plus d'1 an non corrigé = 207 – 194 = 13
- Passif à plus d'1 an corrigé – Actif à plus d'1 an corrigé = 177 – 164 = 13

Le fonds de roulement financier est positif avec une valeur de 13 k€. Cela signifie que la situation est saine pour Musik&Go puisque les capitaux permanents issus de l'analyse financière couvrent les actifs à plus d'un an.

B) Ratios de liquidité

Définition

Les ratios de liquidité mettent en relation deux éléments du bilan financier afin de mesurer l'aptitude d'une entreprise à court terme à faire face à ses échéances et ainsi continuer son exploitation.

Plusieurs ratios de liquidité sont classiquement calculés : liquidité générale, liquidité réduite et liquidité immédiate.

Les résultats de ces ratios doivent permettre de juger de la capacité de l'entreprise à faire face à ses échéances, mais des résultats trop importants révèlent parfois une gestion trop prudente des actifs. Cette situation peut aller à l'encontre de la performance de l'entreprise.

1. Ratio de liquidité générale

Le ratio de liquidité générale permet de juger de la capacité d'une entreprise de faire face à ses dettes à court terme (moins d'un an) en les mettant en parallèle avec ses actifs à court terme (moins d'un an).

$$\text{Ratio de liquidité générale} = \text{Actif à court terme} / \text{Passif à court terme}$$

Ce ratio doit être supérieur à 1. Plus il est élevé, plus l'entreprise dispose d'aisance dans son aptitude à faire face à ses dettes. Un ratio inférieur à 1 est en général synonyme d'un fonds de roulement financier négatif.

2. Ratio de liquidité réduite ou restreinte

Le ratio de liquidité réduite (ou restreinte) est calculé à partir des éléments circulants du bilan financier. Cependant, les stocks sont retirés des actifs circulants afin d'enlever les éléments susceptibles de modifier la liquidité de façon plus incertaine.

$$\text{Ratio de liquidité réduite} = \frac{\text{Actif à court terme} - \text{Stocks}}{\text{Passif à court terme}}$$

Il est d'usage d'avoir un ratio de liquidité d'au moins 1 pour être dans une situation satisfaisante.

3. Ratio de liquidité immédiate

Le ratio de liquidité immédiate témoigne de la capacité d'une entreprise à assumer ses obligations financières à court terme par l'utilisation de ses actifs les plus liquides.

$$\text{Ratio de liquidité immédiate} = \frac{\text{Liquidités (banque, caisse, VMP)}}{\text{Passif à court terme}}$$

On attend un ratio de liquidité immédiate d'au moins 0,6 pour être dans une situation satisfaisante.

C) Évaluer le niveau de risque et la soutenabilité de la dette

L'excès d'endettement génère un risque pour l'entreprise concernée. Contrairement à l'autofinancement ou le financement par fonds propres, le financement par endettement oblige l'entreprise, sur le long terme ou le court terme, à réaliser des versements périodiques (remboursement du capital et charges d'intérêts) qui sont rarement modulables au regard de la situation de l'entreprise à un instant donné. L'entreprise doit être en capacité d'effectuer ces versements.

Les ratios de liquidité éclairent l'analyse à court terme alors que les ratios de solvabilité révèlent des informations à long terme.

1. Évaluation du risque au travers des ratios de liquidité

Le niveau de risque d'une entreprise peut être évalué dans un contexte donné par l'intermédiaire de ratios de liquidité (tab. 13.4).

Tableau 13.4. Évaluation du risque

Ratio de liquidité à mobiliser	Évaluation des risques
Ratio de liquidité générale	Dans le cas d'un ratio égal à 1, cela signifie que l'entreprise a un fonds de roulement financier nul et qu'elle est dans une situation risquée au regard des échéances à moins d'1 an.
Ratio de liquidité réduite	Un ratio inférieur à 1 révèle le risque de difficultés dans l'hypothèse où les créanciers demanderaient un paiement immédiat. Dans ce cas, le risque est grand car cela signifie que l'entreprise doit écouler ses stocks pour payer ses échéances à court terme.
Ratio de liquidité immédiate	Plus ce ratio est bas, plus le risque est élevé pour l'entreprise.

2. Capacité de remboursement

La capacité de remboursement s'évalue en faisant le rapport entre l'endettement net et la CAF. Cet endettement, dans le cadre d'un bilan financier, peut être mesuré à plus ou moins d'un an.

$$\text{Capacité de remboursement} = \frac{\text{Dettes financières à plus d'1 an et à moins d'1 an} - \text{Liquidités et VMP}}{\text{CAF}}$$

Traditionnellement, ce ratio doit être inférieur à 3. Au-delà, le niveau de risque de non remboursement est trop élevé.

De façon complémentaire, le ratio de capacité de remboursement permet de savoir en combien de temps l'entreprise peut rembourser sa dette.

$$\text{Capacité de remboursement} = \frac{\text{Dettes financières à plus d'1 an et à moins d'1 an} - \text{Liquidités et VMP}}{\text{EBE}}$$

Le seuil en général admis comme n'étant pas à dépasser est de 4. Au-delà, la situation est risquée et la soutenabilité de la dette remise en cause.

3. Soutenabilité de la dette

Définition

Le **soutenabilité de la dette** est la capacité pour l'entreprise à rester solvable.

Un niveau maximum d'endettement peut se mesurer différemment selon l'âge et la situation financière de l'entreprise. Il est courant de fixer un seuil d'insoutenabilité de la dette à 2/3 du montant total des financements.

L'endettement permet le développement de l'entreprise. Le calcul du ratio d'endettement peut alors être déclenché en établissant le rapport entre les dettes financières nettes et les capitaux propres.

$$\text{Ratio d'endettement} = \frac{\text{Dettes financières à plus d'1 an et à moins d'1 an} - \text{Liquidités et VMP}}{\text{Capitaux propres}}$$

Il faut respecter un équilibre entre l'endettement et les capitaux propres. Seul l'excès d'endettement ou **surendettement** est défavorable. Il est en général attendu un taux de ce ratio inférieur à 1 pour que l'entreprise soit dans une situation soutenable au regard de ses dettes. Plus ce ratio est élevé, plus l'entreprise se rapproche d'une insoutenabilité de la dette. Dans cette logique, il faut noter que :

- Les actionnaires propriétaires du capital accroissent leur risque lorsqu'il y a endettement, puisque le remboursement de la dette est prioritaire au versement des dividendes. Le risque est alors plus conséquent lorsque des garanties existent sur des actifs de l'entreprise.
- L'effet de levier (↳ **chapitre 4**) améliore le rendement du capital investi mais accentue la prise de risque des actionnaires.

Exemple

- L'entreprise Concert in Metz loue une salle de spectacle pour des concerts et comédies musicales. L'entreprise envisage d'agrandir la scène et recherche des moyens de financement. Un diagnostic de sa situation d'endettement est demandé par la banque.

Le bilan comptable après répartition est le suivant :

ACTIF	Brut	A. et D.	Net	PASSIF	
Actif immobilisé				**Capitaux propres**	
Immobilisations incorporelles	77 000	20 000	57 000	Capital	202 523
Immobilisations corporelles	1 079 901	558 963	520 938	Réserves	96 258
Immobilisations financières	45 874	28 981	16 893	Report à nouveau	21 587
Total I	**1 202 775**	**607 944**	**594 831**	**Total I**	**320 368**
Actif circulant				**Provision pour risques et charges** (1)	77 000
Stocks et en-cours	182 000	52 000	130 000		
Créances	148 500	18 000	130 500	**Total II**	**77 000**
VMP	–		–	**Dettes**	
Disponibilités	1 444		1 444	Dettes auprès des établissements de crédit (2)	327 266
Caisse	–		–		
Charges constatées d'avance	–		–	Avances et acomptes reçus	52 456
				Dettes fournisseurs	79 685
Total II	**331 944**	**70 000**	**261 944**	**Total III**	**459 407**
Charges à répartir					
Primes de remboursement des obligations				Produits constatés d'avance	–
Écarts de conversion actif				Écarts de conversion passif	–
Total général	**1 534 719**	**677 944**	**856 775**	**Total général**	**856 775**

(1) dont litige : 52 000. (2) dont à moins d'1 an : 43 000.

- Dettes nettes = dettes financières – liquidité – VMP = 327 266 – 1 444 – 0 = 325 822
- Capitaux propres = 320 368
- Ratio d'endettement = 325 822 / 320 368 = 1,02

Le ratio d'endettement est légèrement supérieur à 1. Concert in Metz est déjà dans une situation de dépendance vis-à-vis des établissements de crédits puisqu'avec un taux de 1,02, elle a dépassé le seuil de soutenabilité de la dette.

Dans certains cas, les financeurs vont compenser le risque pris en octroyant un prêt envers une entreprise exposée à un problème d'insoutenabilité de la dette en imposant un taux d'intérêt rémunérateur élevé.

Les ratios et le diagnostic (↪ chapitre 1) alimentent les données relatives à l'évaluation du risque des financeurs. Pour ajuster le risque pris par les partenaires financiers, deux solutions peuvent se présenter :

- mobiliser les variables durée et/ou taux de rémunération de la dette ;
- exploiter les opportunités liées aux cautions et garanties.

4. Ratio de solvabilité

Le ratio de solvabilité permet d'évaluer l'aptitude de l'entreprise à honorer ses engagements dans une perspective de revente de ses actifs.

> Ratio de solvabilité = Capitaux propres / Actif total

Afin de limiter le risque, un financeur attend un ratio de 20 % au minimum pour octroyer la demande de prêt.

Exemple (suite)

- D'après les données précédentes, le ratio de solvabilité de Concert in Metz est de 320 368 / 856 775 = 0,37.
  Le ratio de solvabilité témoigne d'une bonne solvabilité car le poids des capitaux propres est important et limite le risque d'insoutenabilité de la dette.

5. Poids des charges financières

Les charges financières peuvent dégrader la situation financière de l'entreprise. Les financeurs surveillent alors le ratio suivant, qui doit être au minimum égal à 3 :

Résultat d'exploitation / Frais financiers

→ MINI-CAS 3 • MINI-CAS 4

3 Garanties

Même si les conditions d'obtention d'un crédit sont respectées, la situation de l'emprunteur est susceptible de changer et les établissements bancaires conditionnent souvent leur accord de prêt à la présentation de garanties, parfois appelées sûretés.

Définition

Les **garanties**, ou sûretés, permettent de maîtriser le risque du créancier lors d'une opération de prêt. Le créancier peut ainsi être payé en cas de défaillance du débiteur.

Deux types de garanties existent : les garanties personnelles et les garanties réelles.

A) Garanties personnelles

La plus fréquente est le cautionnement qui consiste, pour l'emprunteur, à trouver une personne (physique ou morale) acceptant de s'engager à rembourser le prêteur en cas de défaillance de sa part. Cette personne est qualifiée de caution.

Le cautionnement accordé par une personne physique se transmet par succession. Il est parfois possible d'obtenir le cautionnement d'un organisme spécialisé (cautionnement mutuel).

Le coût du cautionnement est peu élevé ; il se limite aux frais de dossier réclamés par la banque.

Exemples

- Une filiale emprunteuse obtient que sa société mère ou qu'une autre filiale du groupe soit caution.
  Un chef d'entreprise s'engage à rembourser la banque à l'aide de son patrimoine personnel si l'entreprise n'est pas en mesure de le faire.

Il est recommandé de fixer le montant et la durée du cautionnement pour en limiter les conséquences.

Le cautionnement constitue ce que l'on appelle un engagement hors bilan qui doit être indiqué dans le rapport d'activité annuel.

B) Garanties réelles

Les garanties réelles regroupent essentiellement le nantissement et l'hypothèque.

Lorsqu'elles sont utilisées, les garanties réelles comportent un coût qui vient majorer le coût du financement garanti.

1. Nantissement

Définition

L'emprunteur donne à son créancier un droit sur un bien mobilier qu'il possède, en vue de garantir le remboursement de son prêt.

L'emprunteur peut garder l'usage du bien, mais ne peut le vendre sans l'accord du créancier tant que le crédit n'est pas remboursé. Les biens immobiliers, les marchandises en stock et les créances ne peuvent être nantis.

L'acte de nantissement doit être enregistré et inscrit sur un registre tenu par le greffe du tribunal de commerce (sauf pour les titres).

Exemples

Gage sur véhicule (si le prêt a été utilisé pour l'acquisition d'un véhicule immatriculé).
Nantissement du fonds commercial : il porte notamment sur l'enseigne, le nom commercial et la clientèle.
Nantissement du matériel, mobilier et outillages : il complète souvent le nantissement du fonds commercial.
Nantissement sur titres : les titres sont bloqués chez le banquier, mais des opérations peuvent être réalisées avec son accord.

2. Hypothèque

Définition

L'hypothèque permet au débiteur de mettre en garantie un bien immobilier (maison, terrain, local professionnel, etc.) pour couvrir le risque de son emprunt auprès d'un créancier.

Le bien ne peut être vendu tant que l'hypothèque n'est pas levée.

L'hypothèque est obligatoirement enregistrée chez un notaire. Elle s'accompagne de frais importants (frais notariés et droits d'enregistrement).

→ MINI-CAS 5 • CAS PRATIQUE 6

1 QCM

Pour chaque proposition, une ou plusieurs réponses sont correctes. Justifiez-les.

1. Le bilan financier permet :
   - a. de mesurer le montant disponible pour l'autofinancement. ☐
   - b. d'évaluer la solvabilité de l'entreprise. ☐
   - c. d'évaluer l'équilibre financier. ☐
   - d. d'évaluer le niveau de risque de l'entreprise. ☐
   - e. de comparer les entreprises entre elles. ☐
   - f. de prendre des décisions d'emprunt. ☐

2. Le ratio de liquidité permet :
   - a. de juger de la capacité à faire face à ses dettes à court terme. ☐
   - b. de juger de la capacité à faire face à ses dettes à long terme. ☐
   - c. d'accompagner un choix d'investissement. ☐

3. La soutenabilité de la dette permet :
   - a. de déclencher un nouvel emprunt. ☐
   - b. de rembourser ses dettes. ☐
   - c. d'acquérir des VMP. ☐
   - d. de mesurer la possibilité de contracter de nouveaux emprunts. ☐
   - e. de rassurer les actionnaires. ☐

4. Les garanties permettent :
   - a. d'obtenir des fonds très importants. ☐
   - b. de compenser le risque financier dans lequel se trouve une entreprise. ☐
   - c. de rembourser le prêteur en cas de défaillance du débiteur. ☐
   - d. de rembourser les dettes contractées précédemment. ☐

2 SARL PLAYA ★★★

La SARL PLAYA a été créée il y a trois ans dans le domaine de la fabrication de longboards de loisirs et compétition. Sa domiciliation à Bastia est source de performances commerciales et l'entreprise est en pleine croissance. Cependant, le directeur financier souhaite suivre au plus près sa solvabilité et déclenche la construction d'un bilan financier.

À partir du document ci-après, réalisez le tableau des plus ou moins-values globales.

Document

Données de la SARL PLAYA

Postes BILAN COMPTABLE	Montants	Informations pour le bilan financier
Frais d'établissement	35 000	–
Charges à répartir sur plusieurs exercices	32 987	–
Constructions	654 100	780 000
Créances clients et comptes rattachés	48 765	44 560
Fonds commercial (création)	–	134 530
Installations techniques	118 760	80 000
Participations	27 654	17 500
Primes de remboursement des obligations	21 998	–
Stocks de matières premières et autres approvisionnements	43 200	38 765
Terrains	20 000	47 000
Total	**1 002 464**	**1 142 355**

Évaluer les savoirs | Maîtriser les compétences | Préparer l'épreuve

3 Mini-cas : YANN SURF

Compétences attendues
- **Estimer** les différents équilibres financiers
- **Évaluer** le niveau de risque et la soutenabilité de la dette

L'entreprise YANN SURF est domiciliée à Lorient et fabrique des ailes et planches de kitesurf. Le secteur est très concurrentiel et le dirigeant de l'entreprise, Yann Lomedupuy, vient de demander au responsable du service comptable et financier d'établir une analyse complète afin d'estimer les équilibres financiers et le niveau de risque dans lequel se situe l'entreprise.

1. *Présentez le calcul du fonds de roulement financier pour l'année N selon les deux méthodes classiquement envisageables. Commentez la situation pour YANN SURF.*
2. *Calculez pour l'année N les ratios de liquidité générale, liquidité réduite et liquidité immédiate. Commentez en comparant la situation de YANN SURF aux usages en matière de liquidité.*
3. *Déterminez comment évaluer le niveau de risque de l'entreprise et la soutenabilité de la dette au travers d'un ratio de solvabilité. Commentez la situation de YANN SURF.*

Document

Bilan financier de YANN SURF au 31/12/N

	Montants		Montants
Actifs à plus d'1 an corrigés		**Capitaux propres**	
Fonds commercial	88 000	Capital	327 560
Terrains	55 000	Réserve légale	32 756
Constructions	343 566	Autres réserves	62 004
Installations techniques, matériels et outillages industriels	79 889	Plus-value globale	233 876
Autres immobilisations corporelles	45 334	Report à nouveau	44 444
Participations	65 443	**Total I**	**700 640**
Autres immobilisations financières	4 324	**Dettes à plus d'1 an**	
		Provision pour litige à plus d'1 an	18 776
Total I	**681 556**	Emprunt et dettes financières à plus d'1 an	68 767
Actifs à moins d'1 an corrigés		**Total II**	**87 543**
Stock de matières premières et autres approvisionnements	8 777	**Capitaux permanents**	
Stocks de produits intermédiaires et finis	34 223	**Total III**	**788 183**
Créances clients et comptes rattachés	45 665	**Dettes à moins d'1 an**	
Autres créances	9 887	Dettes fournisseurs et comptes rattachés	43 000
Disponibilités	123 092	Dettes fiscales et sociales	7 876
Total II	**221 644**	Autres dettes	13 876
		Emprunts à moins d'1 an	12 321
		Provision pour litige à moins d'1 an	19 087
		Provision pour garantie	8 987
		Dividendes à payer	9 870
		Total IV	**115 017**
Total général	**903 200**	**Total général**	**903 200**

4 Mini-cas : Longboard'Adventure ★★★

Compétence attendue **Évaluer** le niveau de risque et la soutenabilité de la dette

L'entreprise Longboard'Adventure fabrique des longboards pour une pratique sportive de type loisirs. Le secteur est très concurrentiel mais l'entreprise s'est développée grâce à une bonne notoriété, grandement alimentée par la qualité de ses produits.

Durant votre stage, le directeur financier vous confie la mission d'établir un certain nombre de ratios permettant d'alimenter une réflexion sur un investissement futur à financer.

1. *Calculez les ratios d'endettement et de solvabilité, ainsi que les capacités de remboursement à l'aide de la CAF et de l'EBE.*
2. *Commentez le niveau de risque et la soutenabilité de la dette de Longboard'Adventure.*

Document 1

Bilan comptable N après répartition de Longboard'Adventure

ACTIF	Brut	A. et D.	Net	PASSIF	
Actif immobilisé				**Capitaux propres**	
Immobilisations incorporelles	159 633	78 963	80 670	Capital	123 654
Immobilisations corporelles	369 741	159 852	209 889	Réserves	62 963
Immobilisations financières	99 852	12 589	87 263	Report à nouveau	3 688
Total I	**629 226**	**251 404**	**377 822**	**Total I**	**190 305**
Actif circulant				Provision pour risques et charges	12 963
Stocks et en-cours	58 963	21 741	37 222	**Total II**	**12 963**
Créances	158 741	9 741	149 000	**Dettes**	
VMP	11 258	–	11 258	Dettes auprès des établissements de crédit (1)	288 963
Disponibilités	2 413	–	2 413	Avances et acomptes reçus	4 569
Caisse	529	–	529	Dettes fournisseurs	81 444
Total II	**231 904**	**31 482**	**200 422**	**Total III**	**374 976**
Total général	**861 130**	**282 886**	**578 244**	**Total général**	**578 244**

(1) dont à moins d'1 an : 18 000.

Document 2

Informations complémentaires

CAF = 95 852 €

EBE = 82 741 €

5 Mini-cas : Drones 66 ★★★

Compétences attendues

- **Estimer** les différents équilibres financiers
- **Évaluer** le niveau de risque et la soutenabilité de la dette
- **Analyser** les garanties des prêteurs et leur incidence sur le coût des dettes

L'entreprise Drones 66 est domiciliée à Perpignan depuis 5 ans. Elle fabrique des composants à incorporer dans des drones. Le secteur est fortement concurrentiel et l'entreprise a dû déclencher de lourds investissements dont elle ne perçoit pas encore les retombées financières. La banque demande des analyses financières complètes avant de conseiller Drones 66 dans sa politique de financement.

1. *Présentez le calcul du fonds de roulement financier pour l'année N selon les deux méthodes classiquement envisageables. Commentez la situation pour Drones 66.*
2. *Calculez, pour l'année N, les ratios de liquidité générale, de liquidité réduite et de liquidité immédiate. Commentez les résultats obtenus en comparant la situation de Drones 66 au regard des usages en matière de liquidité.*

3. *Déterminez comment évaluer le niveau de risque de l'entreprise et la soutenabilité de la dette au travers du calcul des ratios d'endettement et de solvabilité. Déterminez comment analyser la situation au regard des disponibilités dans ces ratios. Identifiez la situation de Drones 66 au regard de la soutenabilité de la dette.*
4. *Drones 66 envisage de s'endetter de nouveau et pense mettre en hypothèque les constructions qui figurent au bilan. Identifiez les avantages et les inconvénients.*

Document 1

Bilan financier de Drones 66 au 31/12/N

	Montants		Montants
Actifs à plus d'1 an corrigés		**Capitaux propres**	
Fonds commercial	125 874,00	Capital	163 407,18
Terrains	169 857,00	Réserve légale	16 340,72
Constructions	285 110,00	Autres réserves	2 026,00
Installations techniques, matériels et outillages industriels	109 587,00	Plus-value globale	25 968,00
Autres immobilisations corporelles	26 985,00	Report à nouveau	258,10
Participations	12 587,00	**Total I**	**208 000,00**
Autres immobilisations financières	–	**Dettes à plus d'1 an**	
Total I	**730 000,00**	Provision pour litige à plus d'1 an	–
		Emprunt et dettes financières à plus d'1 an	424 000,00
Actifs à moins d'1 an corrigés		**Total II**	**424 000,00**
Stock de matières premières et autres approvisionnements	52 489,00	**Capitaux permanents**	
		Total III	**632 000,00**
Stocks de produits intermédiaires et finis	67 511,00	Dettes fournisseurs et comptes rattachés	310 629,00
Créances clients et comptes rattachés	150 000,00	Dettes à moins d'1 an	
Autres créances	–	Dettes fiscales et sociales	1 587,00
VMP	60 000,00	Autres dettes	15 784,00
Disponibilités	100 000,00	Emprunts à moins d'1 an	200 000,00
Total II	**430 000,00**	Provision pour litige à moins d'1 an	–
		Provision pour garantie	–
		Dividendes à payer	–
		Total IV	**528 000,00**
Total général	**1 160 000,00**	**Total général**	**1 160 000,00**

Évaluer les savoirs | Maîtriser les compétences | Préparer l'épreuve

6 Cas pratique : BÉMOL&CO

60 min

Compétences attendues

- **Construire** un bilan financier
- **Estimer** les différents équilibres financiers
- **Évaluer** le niveau de risque et la soutenabilité de la dette
- **Analyser** les garanties des prêteurs et leur incidence sur le coût des dettes

L'entreprise BÉMOL&CO fabrique des accessoires, housses et étuis de protection pour instruments. L'entreprise a investi massivement et le directeur financier, récemment embauché, souhaite dresser un état des lieux de la situation financière en N.

Missions

1. *Établissez le tableau des plus ou moins-values.*
2. *Construisez le bilan financier.*
3. *Calculez le fonds de roulement financier.*
4. *Évaluez le niveau de risque au travers des ratios de liquidité.*
5. *Évaluez, à l'aide du bilan financier, la situation de l'entreprise au regard de la soutenabilité de la dette. Analysez les avantages et inconvénients du recours à l'hypothèque du terrain pour obtenir un nouvel emprunt.*

Document 1

Bilan comptable

ACTIF	Brut	A. et D.	Net	PASSIF	
Capital souscrit non appelé				**Capitaux propres**	
Actif immobilisé				Capital	358 963,0
Immobilisations incorporelles				Prime d'émission, de fusion, d'apport	0,0
Frais d'établissement	58 963	8 963	50 000	Écart de réévaluation	0,0
Fonds commercial			0	Réserves	
Immobilisations corporelles				Réserve légale	35 896,3
Terrains	205 434	–	205 434	Réserve statutaire ou contractuelle	1 253,7
Constructions	774 528	412 587	361 941	Réserves réglementées	1 478,0
Installations techniques, matériels et outillages industriels	396 874	198 523	198 351	Autres réserves	47 852,0
Autres immobilisations corporelles				Report à nouveau	14 587,0
Immobilisations financières [(1)]				**Sous-total : situation nette**	**460 030,0**
Participations	45 874	8 520	37 354	Subvention d'investissement	0,0
Autres	4 444	2 500	1 944	Provisions réglementées	0,0
Total I	**1 486 117**	**631 093**	**855 024**	**Total I**	**460 030,0**

•••

•••

ACTIF	Brut	A. et D.	Net
Actif circulant			
Stocks et en-cours			
Matières premières et autres approvisionnements	144 397	8 965	135 432
En-cours de production (biens et services)			0
Produits intermédiaires et finis			0
Créances [2]			
– Clients et comptes rattachés	114 785	4 521	110 264
– Autres	14 523	2 589	11 934
Valeurs mobilières de placement	45 201	0	45 201
Disponibilités (autres que caisse)	32 145	0	32 145
Caisse			0
Charges constatées d'avance			0
Total II	**351 051**	**16 075**	**334 976**
Charges à répartir sur plusieurs exercices			0
Total III			**0**
Primes de remboursement des obligations			0
Total IV			**0**
Écarts de conversion Actif			0
Total V			**0**
Total général (I + II + III + IV + V)	**1 837 168**	**647 168**	**1 190 000**

PASSIF	
Provisions pour risques et charges II [3]	44 000,0
Total II	**44 000,0**
Dettes	
Dettes financières	
Emprunts obligataires convertibles	0,0
Autres emprunts obligataires	0,0
Emprunts et dettes auprès des établissements de crédit [4]	580 214,0
Emprunts et dettes financières divers	18 000,0
Avances et acomptes reçus sur commandes en cours	0,0
Dettes d'exploitation	
Dettes fournisseurs et comptes rattachés	45 874,0
Dettes fiscales et sociales	25 963,0
Autres dettes	15 919,0
Produits constatés d'avance	0,0
Total III	**685 970,0**
Écarts de conversion Passif	0
Total IV	**0**
Total général (I + II + III + IV)	**1 190 000**

[1] dont à moins d'1 an : 0. [2] dont à plus d'1 an : 0. [3] dont provision pour litige : 25 000 ; dont provision pour garantie : 19 000.

Document 2

Informations pour le tableau des plus ou moins-values

Postes BILAN COMPTABLE	Montants	Informations pour le bilan financier
Immobilisations		
Frais d'établissement	50 000	
Fonds commercial	0	102 587
Terrains	205 434	220 000
Constructions	361 941	505 874
Installations techniques, matériels et outillages industriels	198 351	144 555
Participations	37 354	22 111
Stocks et en-cours		
Matières premières et autres approvisionnements	135 432	111 478
Créances		
Clients et comptes rattachés	110 264	116 777

Document 3

Garanties

La banque envisage d'accepter une demande de prêt effectuée par la société BÉMOL&CO. Le montant de l'emprunt demandé est de 220 000 € et le taux du prêt hypothécaire est de 6,5 % sur 10 ans.

Le taux moyen est autour de 2,5 % actuellement.

Document 4

Informations complémentaires

La CAF pour N est de 174 789 €.
L'EBE est, en N, de 134 543 €.

SYNTHÈSE

Les contraintes du financement

- **Bilan financier**
  - **Solvabilité** : être en capacité d'honorer ses engagements
  - **Liquidité** : aptitude d'un élément à être transformé en moyen de paiement
  - Risque de ne pas être capable de faire face à ses engagements
  - Identification des dettes et emplois à plus ou moins d'1 an
  - Corrections à pratiquer pour un passage du bilan comptable au bilan financier
  - Tableau des plus ou moins-values
- **Évaluation du risque**
  - **Équilibre financier**
    - Fonds de roulement financier (3 techniques de calcul)
    - Indicateur de risque financier
  - **Ratios de liquidité**
    - Liquidité générale
    - Liquidité réduite ou restreinte
    - Liquidité immédiate
  - **Ratios de soutenabilité de la dette**
    - Capacité de remboursement
    - Ratio d'endettement
    - Ratio de solvabilité
- **Garanties**
  - Garantie personnelle
  - Garantie réelle

CHAPITRE 14

La structure de financement

PROGRAMME

Compétences attendues

- **Calculer** le coût moyen pondéré du capital
- **Justifier** la relation entre structure du financement et valeur de l'entreprise
- **Analyser** la structure de financement d'une organisation

Savoirs associés

- Le coût du capital pour l'entreprise et sa relation avec le taux requis par les actionnaires
- L'incidence du niveau d'endettement et du risque de faillite sur le coût du capital
- La notion d'endettement optimal par arbitrage entre rentabilité des fonds propres et risque de faillite

PRÉREQUIS

Actualisation (chapitre 7) • Les critères financiers de sélection d'un projet (chapitre 9)

PLAN DU CHAPITRE

Cours : 1. Relation coût du capital et taux requis par les actionnaires • 2. Incidence du niveau d'endettement et du risque de faillite sur le coût du capital • 3. Arbitrage entre rentabilité des fonds propres et risque de faillite

Des savoirs aux compétences : Évaluer les savoirs • Maîtriser les compétences • Préparer l'épreuve

Synthèse

Les entreprises doivent faire évoluer leurs activités dans un contexte concurrentiel souvent difficile. Les décisions passées, actuelles et futures sont imprégnées de recherches d'équilibre mais également de satisfaction des parties prenantes, notamment les actionnaires. Comment évaluer et optimiser la structure de financement d'une entreprise ?

MOTS-CLÉS

Arbitrage • Coût de faillite • Coût des capitaux propres • Coût moyen pondéré du capital • Endettement optimal • Emprunt divis et indivis • Rentabilité • Risque de faillite • Structure financière • Taux requis • Valeur de l'entreprise

1 Relation coût du capital et taux requis par les actionnaires

A) Pourquoi calculer le coût du capital ?

1. Coût moyen pondéré du capital et investissement

Plusieurs modes de financement sont mobilisables avec des coûts spécifiques (↪**chapitres 10 et 11**). On y trouve notamment les capitaux propres apportés par les actionnaires et les capitaux empruntés. Le calcul du **coût moyen pondéré des capitaux** (CMPC, ↪**chapitre 9**) provient de la moyenne arithmétique des coûts des capitaux mobilisés. Il est utilisé comme taux d'actualisation dans les calculs de **rentabilité** des investissements. Ce taux d'actualisation permet ainsi :

– de s'assurer que le projet d'investissement génère plus de richesse qu'il ne coûte ;
– de mesurer le coût global du financement de l'entreprise.

On constate que :

- Les actionnaires et les prêteurs sont particulièrement sensibles au coût du capital car il permet de déterminer le taux de rendement attendu des apports de capitaux.
- La rentabilité d'un projet d'investissement doit être au moins égale au coût du financement, donc au coût du capital.

Exemple

▸ L'entreprise NBM fabrique des composants pour l'industrie aéronautique. Elle vient de financer un atelier industriel d'une valeur de 5 000 000 €. Pour le financement de ce projet, elle a eu recours à 3 000 000 € en provenance d'une augmentation de capital et 2 000 000 € d'emprunt bancaire à 3 %. Le taux de rémunération attendu par les actionnaires est de 8 %.

- Le coût moyen pondéré du capital est de : $\dfrac{3\,000\,000 \times 8\,\% + 2\,000\,000 \times 3\,\%}{5\,000\,000} = 6\,\%$
- La rentabilité attendue de l'investissement dans l'atelier doit être au moins égale à 6 %. ◂

Le coût du capital peut être utilisé comme taux d'actualisation. Ex. : lors des calculs de valeur actuelle nette (VAN, ↪**chapitre 9**).

2. Coût du capital et risque

Le coût du capital permet aux créanciers d'estimer la rémunération globale des capitaux et de mesurer le risque qu'ils prennent en finançant une entreprise.

B) Relation coût des capitaux propres et taux requis par les actionnaires

Le coût des capitaux propres n'est pas gratuit, contrairement à certains *a priori*. Il est l'aboutissement des attentes des actionnaires (fig. 14.1).

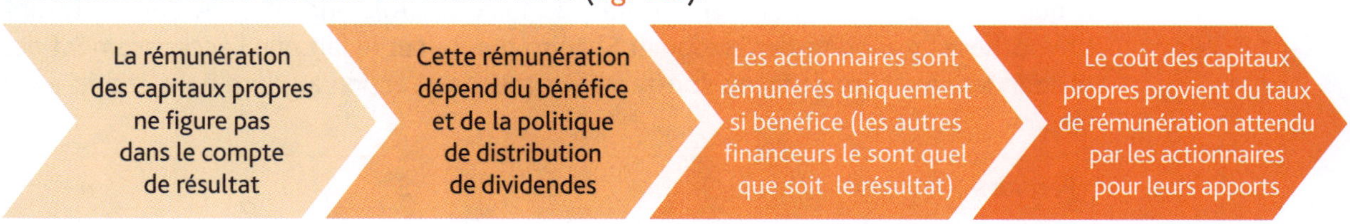

Figure 14.1. Le coût des capitaux propres

Définition

Le **coût des capitaux propres** est le taux de rentabilité exigé par les actionnaires.

Le calcul de ce taux peut se faire à l'aide du modèle actuariel, du modèle de Gordon et Shapiro ou du MEDAF.

1. Taux requis par les actionnaires dans le modèle actuariel

Le coût du capital, ou taux de rémunération attendu, peut être calculé à partir des dividendes espérés et du cours futur de l'action. En effet, la théorie financière admet que la valeur d'une action est égale à la valeur actuelle, calculée au taux de rentabilité exigé par les actionnaires, de l'ensemble des dividendes espérés et du cours futur.

- C_0 : cours de l'action à la date 0
- C_n : cours de l'action à la période n
- $D_1, D_2, D_3, \ldots, D_n$: dividendes attendus aux périodes 1, 2, 3, …, n
- t : taux de rémunération requis par les actionnaires

Périodes	0	1	2	3	//	$n-1$	n
Variables	C_0	D_1	D_2	D_3		D_{n-1}	D_n

Le cours de l'action à la date 0 se calcule ainsi :

$$C_0 = \sum_{i=1}^{n} D_i(1+t)^{-i} + C_n(1+t)^{-n}$$

Cette relation permet de calculer le taux t requis par les actionnaires connaissant C_0, l'ensemble des dividendes ($D_1, D_2, \ldots$) et C_n.

En pratique, on considère que le nombre de périodes (n) tend vers l'infini et que les dividendes sont soit constants, soit croissants à un taux annuel constant g.

Le taux de rémunération attendu par les actionnaires provient de la projection dans le futur des revenus que pourrait générer l'action détenue. Dans le cas de dividendes constants, le taux t de rémunération requis par les actionnaires se calcule de la façon suivante :

$$C_0 = \frac{D}{t} \text{ d'où } t = \frac{D}{C_0}$$

2. Taux requis par les actionnaires dans le modèle Gordon et Shapiro

Dans le cas de dividendes croissants, cet accroissement suit une progression géométrique de raison $(1 + g)\ (1 + t)^{-1}$, g étant le taux de croissance des dividendes futurs. L'hypothèse du modèle de Gordon et Shapiro repose sur le fait que l'accroissement des dividendes se réalise de façon constante. Le cours de l'action aujourd'hui s'établit alors ainsi :

Périodes	0	1	2	3	//	n
Variables	C_0	D_1	$D_1(1+g)$	$D_1(1+g)^2$		$D_1(1+g)^{n-1}$

$$C_0 = D_1 (1+t)^{-1} + D_1 (1+g)(1+t)^{-2} + D_1 (1+g)^2 (1+t)^{-3} + \ldots + D_1 (1+g)^{n-1} (1+t)^{-n} + C_n (1+t)^{-n}$$

$$C_0 = D_1 (1+t)^{-1} \frac{(1+g)^n (1+t)^{-n} - 1}{(1+g)(1+t)^{-1} - 1}$$

$$C_0 = D_1 \frac{(1+g)^n (1+t)^{-n} - 1}{(g-t)}$$

Quand n tend vers l'infini, $(1+g)^n (1+t)^{-n}$ tend vers 0 si $g < t$.

Le taux t de rémunération requis par les actionnaires se calcule de la façon suivante :

$$C_0 = \frac{D_1}{(t-g)} \text{ d'où } t = \frac{D_1}{C_0} + g$$

Exemple

La société Space35, domiciliée à Vannes, fabrique des objets connectés. L'entreprise est en plein essor et estime que les dividendes distribués aux actionnaires seront croissants avec une augmentation de 4 % par an. Le cours d'une action Space35 est aujourd'hui de 500 €. Le dividende distribué en période 1 est de 30 €.
Le taux requis par les actionnaires en rémunération de leur apport dans le capital social est de : $t = \frac{30}{500} + 4\ \% = 10\ \%$.

3. Risque de l'actionnaire dans le modèle d'évaluation des actifs financiers (MEDAF)

Le **taux requis** par l'actionnaire est issu de la combinaison de deux risques (tab. 14.1).

Tableau 14.1. Les risques de l'actionnaire

Type de risque	Spécifique à une entreprise (à une action)	Risque du marché
Solution pour y faire face	Constituer un portefeuille d'actions diversifié pour diluer le risque et permettre de le compenser	Obtention d'une prime de risque permettant de compenser le risque subi

Le taux requis par l'actionnaire est alors construit avec un taux sans risque, auquel est ajoutée une prime de risque qui va tenter de compenser et rémunérer le risque du marché.

- t : coût des capitaux propres avec prime de risque requis par l'actionnaire
- R_m : taux de rentabilité requis par l'actionnaire sur le marché
- R_{sr} : taux de rentabilité sans risque
- β : niveau de la sensibilité d'une action par rapport au marché

Le calcul du coût des capitaux propres requis par l'actionnaire s'établit ainsi :

$$t = R_{sr} + \beta (R_m - R_{sr})$$

La prime de risque pour l'actionnaire est alors : $\beta\ (R_m - R_{sr})$

Exemple

- L'entreprise AléaSpace fabrique des modules pour le secteur aérospatial. Le β est établi à 2,5. Le taux de rentabilité sans risque est estimé à 1,75 %. Le taux de rentabilité sur le marché est de 5,5 %.
  - Coût des capitaux propres requis par l'actionnaire : t = 1,75 % + 2,5 (5,5 % – 1,75 %) d'où t = 11,13 %
  - Prime de risque : $\beta\ (R_m - R_{sr})$ = 9,38 %

C) Relation coût du capital et taux requis par les actionnaires

Le coût du capital provenant de la moyenne arithmétique des coûts des capitaux mobilisés, on peut le calculer avec le taux requis par l'actionnaire issu des alternatives précédentes :
- modèle actuariel ;
- modèle de Gordon et Shapiro ;
- MEDAF.

Exemple

L'entreprise SpaceFR à Narbonne conçoit des lanceurs de satellites dans l'espace. Elle est actuellement leader sur le marché européen de lanceurs et a dû réaliser de lourds investissements au cours de ces cinq dernières années, avec des besoins de fonds en cohérence. Ses actionnaires sont très attentifs au coût du capital.

	Modèle actuariel	Gordon et Shapiro	MEDAF
Taux requis par les actionnaires pour les capitaux propres	8 %	10 %	11 %
Taux de rémunération des dettes financières	3 %	3 %	3 %
Total des capitaux	2 150 000	2 150 000	2 150 000
Hypothèse 1			
Capitaux propres	1 200 000	1 200 000	1 200 000
Dettes financières	950 000	950 000	950 000
Hypothèse 2			
Capitaux propres	1 350 000	1 350 000	1 350 000
Dettes financières	800 000	800 000	800 000
Coût moyen pondéré du capital hypothèse 1	5,79 %	6,91 %	7,47 %
Coût moyen pondéré du capital hypothèse 2	6,14 %	7,40 %	8,02 %

Dans les deux hypothèses, et quelle que soit la structure financière, le CMPC est en hausse lorsque le taux requis par les actionnaires est élevé. Lorsque la structure financière évolue avec une part d'endettement moindre, le CMPC augmente en raison d'un taux requis des actionnaires supérieur au coût de l'endettement.

→ APPLICATION 2 • MINI-CAS 3 • CAS PRATIQUE 4

2 Incidence du niveau d'endettement et du risque de faillite sur le coût du capital

A) Défaillance d'entreprise

Un endettement excessif augmente le risque de défaillance (ou **risque de faillite**) de l'entreprise. Les coûts liés à ce risque se déclinent en deux catégories (tab. 14.2).

Tableau 14.2. Coûts liés à un risque de faillite

Coûts directs	Coûts indirects
• Coûts de réorganisation • Frais de liquidation en cas de faillite avérée	• Perte de confiance des clients et des fournisseurs • Départ de collaborateurs

L'ensemble de ces **coûts de faillite** est généralement plus élevé que l'avantage fiscal retiré de l'endettement.

Par conséquent, en présence d'un risque de faillite, les actionnaires et les prêteurs augmentent les taux de rendement exigés.

B) Effet de levier et risque de faillite

L'effet de levier (↪ chapitre 4) est présent lorsque le taux de rentabilité financière après impôt est supérieur au taux de rentabilité économique après impôt.

1. Lien entre effet de levier et structure financière

Deux situations peuvent se rencontrer (fig. 14.2).

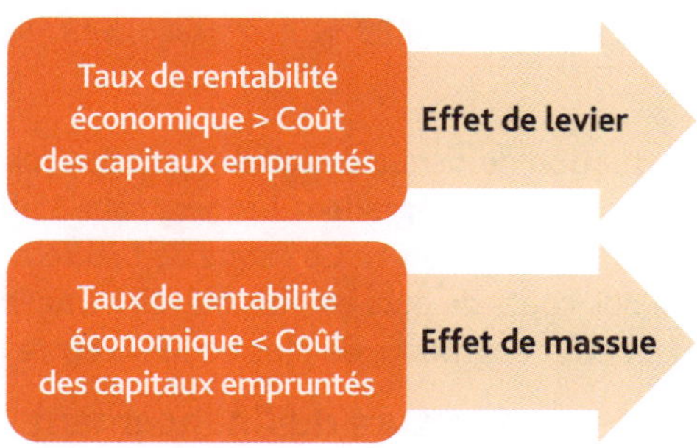

Figure 14.2. Effet de levier et effet de massue

Lorsque la **structure financière** présente un rapport capitaux empruntés / capitaux propres élevé, l'effet de levier est d'autant plus important, mais le risque financier également.

2. Baisse de la rentabilité économique en raison des risques de faillite

Lorsque les coûts liés au risque de faillite sont en hausse, le résultat d'exploitation baisse, ainsi que la rentabilité économique. Pour compenser ces risques, le coût du capital emprunté augmente, tout comme le taux requis par les actionnaires.

Exemple

L'entreprise DRONE&CO conçoit et fabrique des drones pour les loisirs. Le secteur s'avère très concurrentiel et de nombreux investissements ont eu lieu, qui ne portent pas encore leurs fruits. La structure financière a évolué depuis trois ans avec un endettement sans cesse croissant. L'entreprise se voit obligée d'accepter des taux d'intérêts croissants sur ses emprunts au fur et à mesure que sa situation se dégrade. Pour compenser le risque dans lequel se trouve DRONE&CO, les actionnaires requièrent un taux de rémunération des capitaux propres également à la hausse.

On donne les informations suivantes :

DRONE&CO	N–2	N–1	N
Capitaux empruntés CE	30 000	45 000	60 000
Capitaux propres CP	60 000	60 000	60 000
CE/CP	0,50	0,75	1,00
Résultat d'exploitation	5 000	4 000	3 800
Résultat de l'exercice	3 800	1 525	200
Effet de levier	0,56 %	– 0,91 %	– 2,04 %
Taux d'intérêt	4 %	5,5 %	6 %
Taux requis par les actionnaires	5 %	6 %	9 %
Coût moyen pondéré du capital	4,29 %	5,13 %	6,66 %

Plus l'entreprise est en situation de risque de faillite, plus les coûts de réorganisation, la méfiance des clients et fournisseurs dégradent les résultats. L'effet de levier de N–2 se transforme en effet de massue en N–1 et N. Ce risque de faillite combiné à l'endettement qui est alors déclenché à des coûts de plus en plus élevés a une incidence négative sur le coût du capital. Celui-ci en effet augmente de plus de 55 % entre N–2 et N.

3. Valeur de l'entreprise et structure du financement

La **valeur de l'entreprise** provient de deux approches :
- comptable, au travers du bilan et d'une vision patrimoniale ;
- actualisation de la somme des revenus futurs.

Dans cette deuxième approche, les flux futurs sont touchés par les coûts liés à l'endettement. La valeur de l'entreprise en sera d'autant diminuée.

→ MINI-CAS 3 • MINI-CAS 4 • CAS PRATIQUE 5

3 Arbitrage entre rentabilité des fonds propres et risque de faillite

A) Existe-t-il une structure financière optimale ?

1. Recherche d'une structure financière optimale

Il est d'usage de penser qu'il existe une structure financière optimale qui minimise le coût du capital et maximise la valeur de l'entreprise (fig. 14.3).

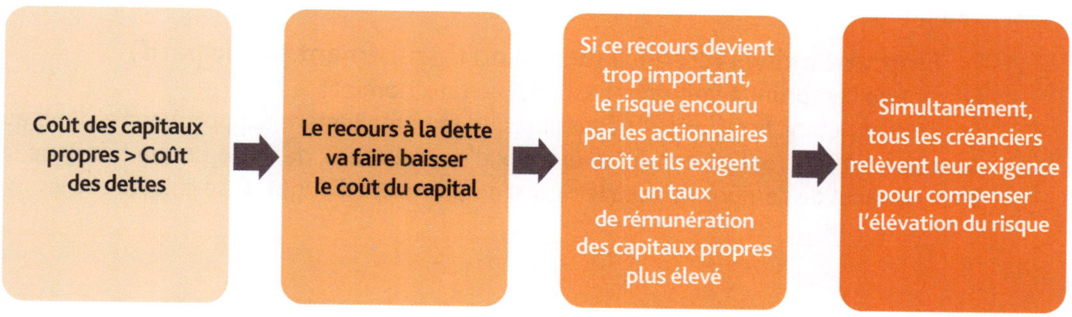

Figure 14.3. Recherche d'une structure financière optimale

Ainsi, le recours progressif à la dette va d'abord faire baisser le coût du capital puis le faire remonter. Il existe donc un minimum caractéristique de la structure financière optimale avec un **endettement optimal**.

2. Représentation graphique de la structure financière optimale

L'identification d'une structure financière optimale peut être représentée graphiquement (fig. 14.4).

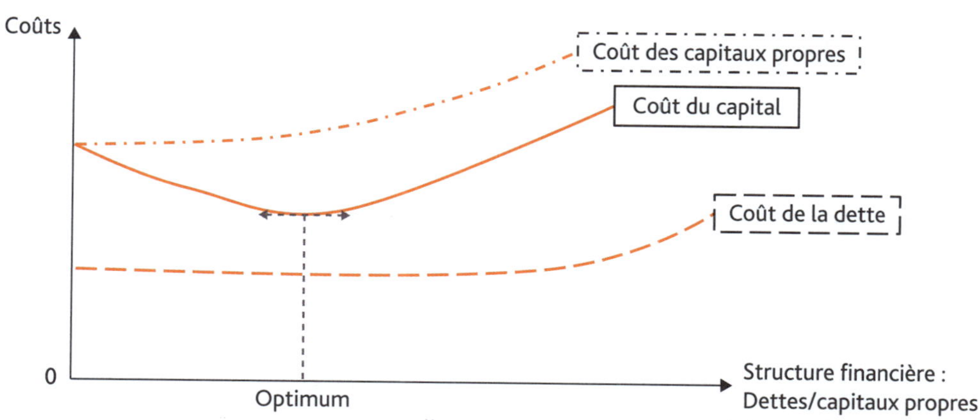

Figure 14.4. Représentation graphique d'une structure financière optimale

B) Coût des emprunts indivis et divis

Définition

Le coût des **emprunts indivis et divis** provient du taux de revient calculé en prenant en considération les économies d'impôt réalisées sur les intérêts et, le cas échéant, sur les frais (frais de dossier, d'assurance ou d'émission).

Le coût des emprunts indivis et divis correspond au taux d'actualisation permettant d'égaliser le montant dont l'entreprise dispose et tous les flux décaissés sur la durée de l'emprunt.

1. Emprunt indivis (crédit bancaire ou financement participatif)

Le coût de l'emprunt avant impôt est égal au taux nominal.

Les intérêts étant fiscalement déductibles, le taux réellement supporté correspond au taux après impôt. Si l'on considère un taux d'imposition, T, de 28 % et que t désigne le taux nominal de l'emprunt, alors le taux d'emprunt net d'impôt, t_i, se calcule ainsi :

$$t_i = t \times (1 - T)$$

Lorsque des frais de dossier ou d'assurance interviennent, ils constituent des charges déductibles mais qui viennent augmenter le coût de l'emprunt.

2. Emprunt divis (emprunt obligataire)

Le coût de l'emprunt obligataire est le taux d'actualisation qui permet d'égaliser le montant perçu et tous les flux décaissés sur la durée de remboursement. Il tient compte :
- des charges d'intérêts fiscalement déductibles ;
- de l'amortissement des primes de remboursement et des frais d'émission.

C) Objectif attendu de la structure de financement

L'entreprise doit déterminer une structure financière optimale qui minimise le coût du capital et maximise la valeur de l'entreprise. Plusieurs regards peuvent être analysés pour opérer cet **arbitrage**.

1. Incidence de l'endettement sur le coût du capital

Dans certaines circonstances, l'endettement va agir favorablement sur le coût du capital (fig. 14.5).

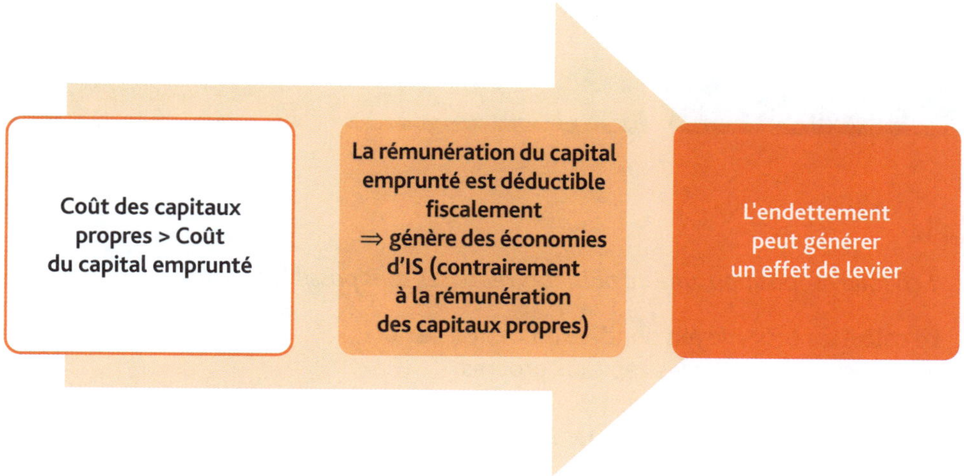

Figure 14.5. Relation entre emprunt et coût du capital

2. Incidence de l'endettement sur le risque de faillite

L'endettement, quand il est trop important, peut accroître le risque de faillite (fig. 14.6).

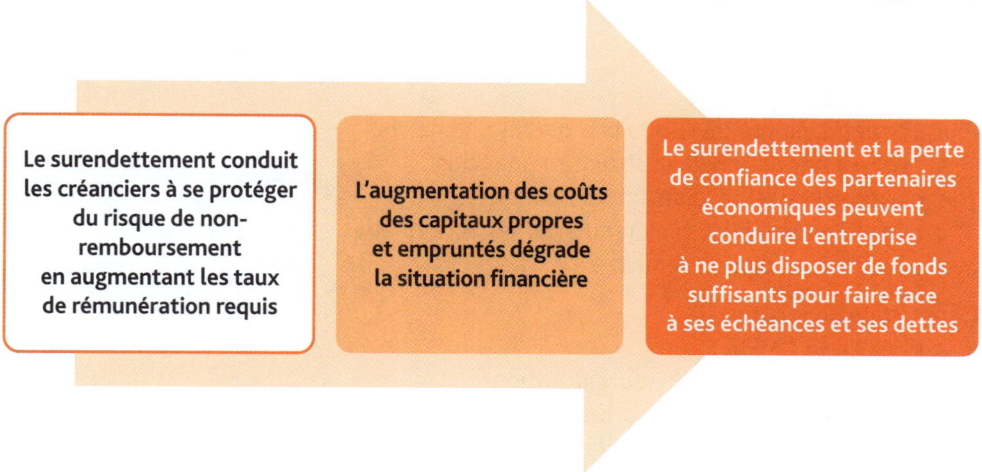

Figure 14.6. Relation entre emprunt et risque de faillite

1 QCM

Pour chaque proposition, une ou plusieurs réponses sont possibles. Justifiez-les.

1. Le calcul du coût moyen pondéré du capital se fait :
   a. exclusivement avec les capitaux propres. ☐
   b. exclusivement avec les dettes. ☐
   c. en cumulant les capitaux propres et les dettes. ☐
   d. avec la moyenne pondérée des capitaux propres et des dettes financières. ☐

2. Le coût moyen pondéré du capital :
   a. permet de connaître le niveau d'endettement. ☐
   b. permet de comprendre que les capitaux propres sont gratuits. ☐
   c. est utilisé comme taux d'actualisation pour le calcul des projets d'investissement. ☐
   d. permet de juger de la rentabilité d'un projet d'investissement. ☐

3. Le coût moyen pondéré du capital :
   a. permet d'estimer le risque prix par les créanciers. ☐
   b. évolue en fonction de la structure financière. ☐
   c. n'évolue pas selon la structure financière. ☐
   d. dépend en partie du taux requis par les actionnaires. ☐
   e. peut évoluer dans le temps. ☐

4. Le risque de faillite :
   a. diminue le CMPC. ☐
   b. déclenche des coûts de réorganisation. ☐
   c. déclenche des pertes de confiance des clients. ☐
   d. provoque des départs de collaborateurs. ☐
   e. diminue la rentabilité. ☐
   f. améliore la rentabilité. ☐
   g. provoque une augmentation du coût du capital. ☐
   h. déclenche une augmentation du coût de la dette. ☐

5. La structure financière :
   a. n'impacte pas le coût du capital. ☐
   b. n'a pas d'arbitrage optimal. ☐
   c. peut être optimisée. ☐
   d. ne doit respecter aucune condition d'équilibre. ☐

2 Cas SpaceAéro ★★★

La société SpaceAéro envisage de passer un contrat avec un sous-traitant parmi les sociétés Satellite'Composants, Météorite44 et PlanetAvenir. Chacune de ces sociétés fabrique des composants pour le secteur aérospatial. Ces sociétés ont des structures financières différentes présentées dans le document ci-après et la société SpaceAéro souhaite avoir un regard sur leur coût du capital moyen pondéré pour guider son choix de collaboration.

1. *Quel commentaire pouvez-vous émettre sur le coût du capital dans les trois structures financières présentées ?*
2. *Calculez le coût moyen pondéré du capital pour les trois sous-traitants étudiés. Considérez successivement un coût des dettes financières de 3 %, 5 % puis de 1 %. Commentez les résultats obtenus.*

Document

Structures financières des entreprises sous-traitantes

	Satellite'Composants	Météorite44	PlanetAvenir
Capitaux propres	100 000	60 000	40 000
Coût des capitaux propres	9 %	11 %	16 %
Dettes financières	–	40 000	60 000

Évaluer les savoirs | Maîtriser les compétences | Préparer l'épreuve

3 Mini-cas : AEROFLOT ★★★

Compétences attendues

- **Calculer** le coût moyen pondéré du capital
- **Justifier** la relation entre structure du financement et valeur de l'entreprise
- **Analyser** la structure de financement d'une organisation

L'entreprise AEROFLOT fabrique des ailes pour le secteur aéronautique. Lors de votre stage, le directeur financier d'AEROFLOT vous demande de porter un commentaire sur la situation de l'entreprise dans le cadre de plusieurs structures de financement envisageables.

1. *Commentez les six structures financières présentées.*
2. *Déterminez la relation entre structure du financement et valeur de l'entreprise.*
3. *Calculez le coût moyen pondéré du capital dans les six situations étudiées. Commentez.*

Document

Données AEROFLOT

	Situation 1	Situation 2	Situation 3	Situation 4	Situation 5	Situation 6
Capitaux empruntés (CE)	30 000 000	45 000 000	60 000 000	30 000 000	45 000 000	60 000 000
Capitaux propres (CP)	60 000 000	45 000 000	30 000 000	60 000 000	45 000 000	30 000 000
Rapport (CE / CP)	0,50	1,00	2,00	0,50	1,00	2,00
Résultat d'exploitation	8 000 000	8 000 000	8 000 000	5 000 000	4 000 000	3 800 000
Résultat d'exploitation net d'IS	5 760 000	5 760 000	5 760 000	3 600 000	2 880 000	2 736 000
Taux d'IS	28 %	28 %	28 %	28 %	28 %	28 %
Charges financières	1 800 000	2 700 000	3 600 000	1 800 000	2 700 000	3 600 000
Résultat de l'exercice	6 200 000	5 300 000	4 400 000	3 200 000	1 300 000	200 000
Résultat de l'exercice net d'IS	4 464 000	3 816 000	3 168 000	2 304 000	936 000	144 000
Rentabilité économique	8,89 %	8,89 %	8,89 %	5,56 %	4,44 %	4,22 %
Rentabilité économique après IS	6,40 %	6,40 %	6,40 %	4 %	3,20 %	3,04 %
Rentabilité financière	7,44 %	8,48 %	10,56 %	3,84 %	2,08 %	0,48 %
Effet de levier	1,04 %	2,08 %	4,16 %	– 0,16 %	– 1,12 %	– 2,56 %
Taux d'intérêt	6 %	6 %	6 %	6 %	6 %	6 %
Taux d'intérêt net d'IS	4,32 %	4,32 %	4,32 %	4,32 %	4,32 %	4,32 %
Taux requis par les actionnaires	7 %	8 %	12 %	8 %	10 %	13 %

4 Mini-cas : SA GAMBOU ★★★

Compétences attendues

- **Calculer** le coût moyen pondéré du capital
- **Justifier** la relation entre structure du financement et valeur de l'entreprise
- **Analyser** la structure de financement d'une organisation

La SA GAMBOU fabrique des aliments pour animaux. Marylin Kerdic, sa dirigeante, envisage le financement dedeux projets :

- **Projet 1.** Marylin Kerdic souhaite financer un outil de production et reçoit une réponse favorable de la Banque du Sud pour un montant de 300 000 €. Le taux d'intérêt annuel négocié est de 3 %. Des frais de dossier de 14 100 € doivent être supportés. Le taux d'IS applicable à la SA GAMBOU est de 28 %. L'emprunt est remboursable, par annuités constantes, sur 5 ans.

- **Projet 2**. Marylin Kerdic a besoin d'installer une plateforme logistique très coûteuse. Elle pourrait recourir à un emprunt obligataire puisque la SA en satisfait toutes les conditions. Le montant du nominal s'élève à 1 300 000 €. L'emprunt est remboursable à 1 500 000 € *in fine* au bout de 5 ans au taux d'intérêt annuel de 4 %. La prime de remboursement nette d'IS sera prise en compte chaque année dans le calcul des flux nets de trésorerie.

Missions

1. *Calculez l'annuité constante de l'emprunt bancaire (projet 1) de 300 000 € sur 5 ans à 3 %.*
2. *Présentez le tableau des flux de trésorerie liés à cet emprunt bancaire.*
3. *Déterminez le taux (net d'IS) du coût de l'emprunt bancaire.*
4. *Présentez un tableau des flux de trésorerie nets d'IS dégagés par l'emprunt obligataire (projet 2) sur 5 ans (vous veillerez à distinguer le début et la fin de l'année N).*
5. *Calculez le coût total de l'emprunt obligataire envisagé.*
6. *Analysez les coûts de ces deux types d'emprunt pour la SA GAMBOU et concluez sur le projet à privilégier.*

Évaluer les savoirs | Maîtriser les compétences | **Préparer l'épreuve**

5 Cas pratique : STARSAT ★★★

60 min

Compétences attendues

- **Calculer** le coût moyen pondéré du capital
- **Justifier** la relation entre structure du financement et valeur de l'entreprise
- **Analyser** la structure de financement d'une organisation

L'entreprise STARSAT, conçoit et fabrique des modules de moteurs de fusées pour le secteur aérospatial. Le secteur est très concurrentiel mais porteur. En N–1, STARSAT a bénéficié de commandes importantes. Elle a dû rembourser *in fine* un emprunt obligataire arrivant à échéance. Cependant, à la suite d'un dysfonctionnement sur un moteur vendu, la situation devient plus tendue voire risquée, et STARSAT doit investir dans un projet novateur, d'où un nouvel emprunt d'un million d'euros dans l'hypothèse 1 et 800 000 € dans l'hypothèse 2.

Missions

1. *Calculez les taux requis par les actionnaires à l'aide des modèles actuariel, Gordon et Shapiro et du MEDAF.*
2. *Calculez le CMPC dans les deux hypothèses pour N–1 et N.*
3. *Commentez l'évolution du CMPC entre N–1 et N.*
4. *Analysez la structure de financement de STARSAT entre les trois modèles.*
5. *Justifiez la relation entre la structure de financement de N et la valeur de l'entreprise.*

Document 1

Données pour N–1

	Hypothèse 1	Hypothèse 2
Taux de rémunération des dettes financières	3 %	3 %
Total des capitaux	3 500 000	3 500 000
Capitaux propres	2 500 000	2 700 000
Dettes financières	1 000 000	800 000

Document 2

Données pour N

	Hypothèse 1	Hypothèse 2
Taux de rémunération des dettes financières	6 %	6 %
Total des capitaux	3 500 000	3 500 000
Capitaux propres	2 500 000	2 700 000
Dettes financières	1 000 000	800 000

Document 3

Données pour le calcul des taux requis

Dividende constant	30
Valeur de l'action à la date 0	500
Taux de croissance des futurs dividendes	4 %
Taux requis sur le marché	5,5 %
β sensibilité du marché	2,5
Taux de rentabilité attendu sans risque	1,75 %

SYNTHÈSE

La structure de financement

Coût moyen pondéré du capital (CMPC) =

$$\frac{\text{Dettes} \times \text{Taux d'intérêt} + \text{Capitaux propres} \times \text{Taux requis par les actionnaires}}{\text{Dettes} + \text{Capitaux propres}}$$

Taux requis par les actionnaires *t* :

- D les dividendes constants et C_0 la valeur de l'action à la date 0
- D_1 le 1er dividende et g le taux de croissance des dividendes futurs
- R_{sr} le taux requis sans risque, R_m le taux du marché et β la sensibilité du marché

Modèle actuariel	Modèle Gordon et Shapiro	Modèle MEDAF
$t = \frac{D}{C_0}$	$t = \frac{D_1}{C_0} + g$	$t = R_{sr} + \beta\,(R_m = R_{sr})$

Endettement et risque de faillite : les prêteurs et actionnaires augmentent les taux de rendement exigés

- Effet de levier et structure financière : rapport capitaux empruntés / capitaux propres élevé → effet de levier est d'autant plus important, mais le risque financier également.
- Risque de faillite et structure financière → coûts de réorganisation, fuite des clients, charges financières dues à l'endettement en hausse, dégradation des résultats et des rentabilités

Endettement optimal : recherche d'un équilibre entre capitaux propres et dettes afin de minimiser le CMPC

Si coût des CP > coût de la dette

↓

Incitation à l'endettement

↓

Baisse du CMPC

↓

Mais augmentation du risque financier

↓

Augmentation du coût des CP et du coût de la dette

Valeur de l'entreprise et structure de financement, deux approches :

1. Approche comptable au travers d'une vision patrimoniale du bilan
2. Approche par l'actualisation de la somme des revenus futurs

CHAPITRE 15 Le plan de financement

PROGRAMME

Compétences attendues	Savoirs associés
• **Identifier** les étapes de la construction d'un plan de financement • **Élaborer** un plan de financement • **Identifier** des modalités d'équilibrage du plan de financement, dans une situation donnée	• Les objectifs du plan de financement • Le plan de financement présenté sur une durée de trois à cinq ans, selon un modèle adapté à l'analyse fonctionnelle • Les différentes modalités d'équilibrage de la trésorerie à moyen terme

PRÉREQUIS

L'analyse de l'activité (chapitre 1) • L'analyse fonctionnelle du bilan (chapitre 2) • Les modes de financement (chapitres 10 et 11) • Les contraintes de financement (chapitre 13)

LIEN AVEC LE DCG 1

§3.2. Les contrats de l'entreprise : les sûretés

PLAN DU CHAPITRE

COURS : 1. Présentation du plan de financement • 2. Préalables à la construction du plan de financement • 3. Élaboration du plan de financement • 4. Compte de résultat et bilan prévisionnels

DES SAVOIRS AUX COMPÉTENCES : Évaluer les savoirs • Maîtriser les compétences • Préparer l'épreuve

SYNTHÈSE

Une fois les décisions d'investissement prises et les modes de financement choisis, l'entreprise doit vérifier l'équilibre global des ressources durables et des emplois stables prévisionnels.

Pour cela, elle élabore un document prévisionnel pluriannuel : le plan de financement.

Les CAF prévisionnelles sont obtenues à partir de comptes de résultat prévisionnels. L'entreprise dispose alors des informations nécessaires pour établir également les bilans prévisionnels.

MOTS-CLÉS

Équilibrage du plan de financement • Financements externes • Plan de financement • Plan de financement initial • Ressources internes • Soldes de trésorerie • Variation du BFR

1 Présentation du plan de financement

A) Qu'est-ce qu'un plan de financement ?

Définition

Le **plan de financement** est un document prévisionnel pluriannuel, établi pour une durée de 3 à 5 ans. Il regroupe :
- les ressources durables dont disposera l'entreprise pour chacune des années considérées ;
- les emplois stables auxquels elle devra faire face pendant ces mêmes années.

En principe, le plan de financement est établi pour l'ensemble des activités de l'entreprise. On peut cependant établir un plan de financement lors du lancement d'une nouvelle activité, prise isolément.

Il s'agit d'un document prévisionnel. Son établissement suppose la formulation d'hypothèses d'activité forcément affectées d'incertitude, ce qui oblige à considérer son contenu avec une certaine prudence.

Il n'existe pas de présentation normalisée et officielle du plan de financement.

B) Objectifs du plan de financement

1. Outil de vérification de la cohérence de la stratégie suivie

Le plan permet de vérifier si les ressources et les emplois sont équilibrés et si la mise en œuvre de la stratégie peut s'effectuer dans de bonnes conditions.

Le plan est satisfaisant s'il permet de dégager une trésorerie confortable à la fin de la dernière année, ce qui confirme l'adéquation des financements aux emplois et la rentabilité prévisionnelle des investissements prévus dans le plan.

Le plan de financement peut apporter des arguments pour justifier la mobilisation de modes de financements internes.

2. Outil de négociation auprès des apporteurs de fonds externes

Il est exigé par la plupart des établissements de crédit pour les demandes d'emprunts dépassant un certain montant.

Lors d'une création d'entreprise ou d'une demande d'emprunt importante, le plan de financement n'est que l'un des éléments du dossier demandé. Celui-ci, appelé business plan (ou plan de développement), doit comprendre toutes les données pouvant conforter les chiffres présentés et permettre d'apprécier la faisabilité du projet :
- positionnement de la société sur son marché (le marché, la concurrence, les forces et faiblesses, les facteurs de risque…) ;
- stratégie commerciale, industrielle, financière… ;
- informations sur l'équipe dirigeante ;
- études de marché ;
- performances passées ;
- etc.

3. Outil de prévention des difficultés

La loi du 1er mars 1984 sur la prévention des difficultés des entreprises oblige certaines sociétés (dont l'effectif est supérieur à 300 salariés ou le chiffre d'affaires est supérieur à 18 M€) à produire régulièrement des documents prévisionnels tels que le plan de financement et le compte de résultat, dans le but de dépister les difficultés pouvant remettre en cause la continuité de l'activité.

Si le plan fait apparaître des besoins qui ne peuvent être couverts par un financement adapté aux possibilités de l'entreprise, celle-ci peut engager une procédure de règlement amiable.

2 Préalables à la construction du plan de financement

Avant de construire le plan de financement, il faut identifier les éléments constitutifs de celui-ci.

A) Ressources prévisionnelles

Il s'agit de toutes les ressources durables (internes et externes) dont peut bénéficier l'entreprise. On y retrouve donc les mêmes éléments que ceux qui figurent dans la première partie du tableau de financement (↳ chapitre 5) (tab. 15.1).

Tableau 15.1. Ressources prévisionnelles

Éléments	Commentaires
CAF	↳ chapitre 1
Cessions d'éléments de l'actif immobilisé	Génératrices de plus ou moins-values avec les implications fiscales correspondantes : supplément d'impôt, économie d'impôt. Deux situations alors possibles : • Les cessions ont été prises en compte dans le calcul de la CAF prévisionnelle : les implications fiscales, relatives aux plus ou moins-values, déjà intégrées dans la CAF : le plan de financement comportera les produits de cession pour leur montant HT. • Les cessions n'ont pas été prises en compte dans le calcul de la CAF prévisionnelle : tenir compte des implications fiscales relatives aux plus ou moins-values : le plan de financement comportera les produits de cession pour leur montant HT minoré de l'impôt sur les plus-values ou majoré des économies d'impôt sur les moins-values.
Réductions d'éléments de l'actif immobilisé	Les réductions d'actifs immobilisés correspondent : • soit à des remboursements de prêts, • soit à des restitutions de cautions ou de dépôts de garantie (ex. : fin d'un contrat de crédit-bail).
Augmentation de capital	Seule l'augmentation de capital par apports en numéraire (libérés), constitue une ressource réelle susceptible de financer des emplois. Il est possible de ne retenir que le montant de l'augmentation net des frais supportés, toutefois ces derniers devant figurer dans le compte d'actif « frais d'établissement », il est préférable de prendre la somme totale en ressource et de faire apparaître les frais dans les emplois (on utilise le poste « frais d'établissement »).

Éléments	Commentaires
Subventions	L'année où elle est perçue par l'entreprise, la subvention constitue une ressource pour son montant total. Son imposition, qu'elle intervienne l'année du versement ou de façon étalée dans le temps, est automatiquement prise en compte dans le résultat de l'exercice et donc dans la CAF.
Augmentation des dettes financières	Il s'agit des dettes d'une durée supérieure à un an. Si des frais sont supportés, ils peuvent soit être déduits du montant emprunté, soit être portés en emplois dans une rubrique « charges à répartir ».

B) Emplois prévisionnels

Ce sont les emplois de caractère durable qui vont affecter la trésorerie de l'entreprise (flux financiers négatifs).

1. Acquisitions d'immobilisations

Les investissements prévus en immobilisations incorporelles, corporelles ou financières sont à considérer pour leur montant HT majoré de la TVA non déductible fiscalement. S'il existe une production immobilisée, elle doit figurer au même titre qu'une acquisition.

2. Distributions de dividendes

Sur ce point, deux attitudes sont possibles :
- les porter d'emblée dans les emplois (c'est le cas lorsque l'entreprise a défini les montants prévisionnels qu'elle envisage de distribuer et qu'elle a l'assurance de pouvoir y faire face) ;
- ou les ignorer dans un premier temps, les possibilités de distribution étant étudiées après établissement du plan, en fonction des soldes obtenus.

3. Variations du BFR

La nouvelle activité et/ou l'investissement envisagé vont générer un BFRE. C'est la **variation du besoin en fonds de roulement** d'exploitation (BFRE) entre deux périodes qui est à prendre en compte dans les emplois du plan de financement. Ce BFRE est souvent évalué à l'aide de la méthode normative (année de 360 jours), ce qui évite de calculer tous les postes.

- Il s'agit d'un BFRE moyen, alors que le bilan prévisionnel est supposé établi en fin d'exercice. Par conséquent, la trésorerie ainsi déterminée n'est pas réellement une trésorerie de fin d'exercice. Il s'agit donc d'un calcul approximatif.
- Les soldes annuels du plan de financement sont des **soldes de trésorerie**. Or, la CAF, portée en ressources, n'est pas un flux de trésorerie à 100 % puisque tous ses éléments n'ont pas été encore décaissés et encaissés.
- Les variations positives du BFR (actifs circulants > passifs circulants) doivent être portées en emplois et les variations négatives (actifs circulants < passifs circulants) en ressources (ou en emplois négatifs).
- Les éléments du BFR sont difficiles à évaluer de façon prévisionnelle : les prévisions sont limitées aux éléments dits d'exploitation, les éléments hors exploitation étant négligés (c'est ce qui se produit dans tous les documents prévisionnels).

→ MINI-CAS 3

Le plan de financement ne fait pas l'objet de calculs d'actualisation, donc la prise en compte des dates exactes de réception des fonds ou des décaissements au sein d'une même période n'est pas attendue.

3 Élaboration du plan de financement

L'élaboration du plan de financement débute par une prise en compte des financements internes seuls afin d'identifier les besoins réels de financements extérieurs.

A) Plan initial avec financements internes seuls

Les soldes obtenus chaque année entre les ressources et les emplois prévisionnels permettent de connaître le montant des éventuels déséquilibres et de déterminer les financements externes nécessaires face aux besoins à couvrir.

Sauf dans le cas d'un très gros projet dont la réalisation est étalée sur plusieurs exercices, le problème d'équilibre se situe surtout au niveau de la première année du plan, ce qui conduit parfois à séparer cette première année en deux parties :
- le début de l'année où se concentre l'essentiel des besoins à financer ;
- le reste de l'année (qui comprend notamment la CAF).

Un déséquilibre important conduira à :
- l'abandon du projet (création ou investissement) si l'insuffisance de ressources semble trop grande pour être comblée par des financements externes ;
- redimensionner le projet (réduction de taille, etc.).

Exemple

- La société SNOW'ICE fabrique des équipements de remontées mécaniques pour la pratique des sports d'hiver. Elle envisage une nouvelle activité au travers du programme d'investissements suivant :
  - achat d'un terrain au cours de l'année N : 300 000 € ;
  - construction d'un bâtiment en N+1 : 1 400 000 € ;
  - achat de machines en N+1 : 500 000 €, en N+2 : 200 000 €.

  CAF prévisionnelles de la nouvelle activité :
  - 450 000 € en N et N+1 ;
  - 650 000 € à partir de N+2.
  - Une cession d'éléments d'actif nets d'IS a lieu en année N pour 100 000 €

  Ces CAF sont évaluées avant prise en compte des nouveaux financements.
  Le besoin en fonds de roulement normatif est évalué à 50 jours de CAHT, qui sera de 6 000 000 € en N et N+1, de 8 500 000 € en N+2 et de 10 000 000 € ensuite.
  La trésorerie globale initiale est de 160 €. Il n'est pas envisagé de distribuer des dividendes.

Plan de financement initial (arrondi au millier d'€ le plus proche)

Montants en k€	N	N+1	N+2	N+3
Emplois (E)				
Acquisition de terrain	300			
Acquisition de bâtiment		1 400		
Acquisition de machines		500	200	
Augmentation du BFR			(1) 347	(2) 208
Total	300	1 900	547	208

(1) $\Delta BFR = \frac{\Delta CAHT \times 50}{360} = \frac{2\,500\,000 \times 50}{360} \approx 347$ k€

(2) $\Delta BFR = \frac{1\,500\,000 \times 50}{360} \approx 208$ k€

Montants en k€	N	N+1	N+2	N+3
Ressources (R)				
CAF	450	450	650	650
Cession	100	–	–	–
Total	550	450	650	650
Écarts (R – E)	250	– 1 450	103	442
Trésorerie initiale	160	410	– 1 040	– 937
Trésorerie finale	410	– 1 040	– 937	– 495

Le plan est très déséquilibré, notamment en N+1, d'où un appel à des financements externes. Il en résultera un deuxième plan de financement.

B) Plan de financement redéfini avec des modalités d'équilibrage

1. Les constats tirés du plan de financement initial

Les soldes obtenus dans le **plan de financement initial**, chaque année, entre les ressources et les emplois prévisionnels débouchent très souvent sur des déséquilibres. Ceux-ci peuvent être constatés sur une année, souvent la première, ou sur plusieurs années, parfois consécutives. En l'état, le plan de financement ne permet pas d'envisager une faisabilité du projet. Il est alors nécessaire de chercher diverses modalités d'équilibrage de long terme afin de présenter un plan acceptable.

2. Les modalités d'équilibrage du plan de financement

Une entreprise doit très souvent compléter ses **ressources internes** par des types de **financement externes** qu'elle va utiliser en complément et fixer le montant de chacun d'eux. Les modalités d'équilibrage font alors appel à différents modes de financement (↪ chapitres 10 et 11).

La CAF calculée initialement doit être alors corrigée pour tenir compte des charges liées aux financements externes (intérêts d'emprunts, redevances de crédit-bail, etc.).

L'objectif est que le plan final soit équilibré, c'est-à-dire qu'il présente une trésorerie globale positive.

Exemple (suite)

- Fin N+1, SNOW'ICE envisage de contracter un emprunt bancaire de 600 000 € (durée : 6 ans ; taux d'intérêt nominal annuel : 5 % ; remboursements du capital emprunté constants en fin de période) et d'augmenter son capital social en N+1 de 500 000 €. Le taux d'IS est de 28 %.

Deuxième plan de financement

Montants en k€	N	N+1	N+2	N+3
Emplois				
Totaux plan initial	300	1 900	547,0	208,0
Remboursements			100,0	100,0
Frais financiers nets d'IS [(1)]			21,6	18,0
Total	300	1 900	668,6	326,0
Ressources				
Totaux plan initial	550	450	650,0	650,0
Augmentation de capital		500		
Emprunt bancaire		600		
Total	550	1 550	650,0	650,0
Écarts annuels	250	– 350	– 18,6	324,0
Trésorerie initiale	160	410	60,0	41,4
Trésorerie finale	410	60	41,4	– 365,4

[(1)] Les frais financiers sont calculés nets d'économies d'impôt (Intérêts × 0,72). Plutôt que de porter ces frais financiers en emplois, on aurait pu calculer les nouvelles CAF : Nouvelles CAF = 650 – Intérêts × 0,72

On peut présenter le plan de financement avec une avant-colonne année 0 ou bien une colonne début N et une autre colonne fin N.

→ MINI-CAS 3 • MINI-CAS 4 • MINI-CAS 6

4 Compte de résultat et bilan prévisionnels

Pour évaluer la CAF prévisionnelle, il est nécessaire d'établir des comptes de résultat simplifiés. Un bilan prévisionnel pourra être également présenté pour alimenter la réflexion sur la faisabilité du projet d'investissement envisagé.

A) CAF prévisionnelle à partir du compte de résultat prévisionnel

La CAF est calculée sur la base d'un compte de résultat simplifié à partir de la relation suivante :

CAF prévisionnelle = Résultat net prévisionnel + Dotations

1. Calcul de la CAF prévisionnelle initiale à partir de l'EBE

Le compte de résultat prévisionnel donne la possibilité de calculer les soldes intermédiaires de gestion. Parmi eux, l'EBE permettra d'arriver à la CAF prévisionnelle. La CAF prévisionnelle tient compte des charges relatives aux financements externes (intérêts, loyers de crédit-bail, etc.).

2. CAF après équilibrage

Si l'on a calculé la CAF prévisionnelle sans tenir compte d'un financement, il est nécessaire de recalculer la CAF afin d'incorporer les conséquences financières de ce nouveau financement.

B) Bilan prévisionnel

1. Fonctionnement

Il arrive fréquemment que, simultanément à l'élaboration du plan de financement, soient établis d'autres documents à partir des données prévisionnelles, en particulier les bilans. Dans la mesure où il s'agit de bilans prévisionnels, donc approximatifs, une présentation condensée peut être tolérée.

2. Informations nécessaires

Pour établir des bilans prévisionnels simplifiés, il faut, outre les informations permettant d'établir le plan de financement :
- le bilan au début de la période considérée (qui doit, lui aussi, présenter une structure simplifiée) ;
- des renseignements relatifs aux dotations (afin de reconstituer les immobilisations nettes).

Exemple (suite)

▸ Reprenons le cas de SNOW'ICE. Le montant prévisionnel des dotations est de 162 k€ pour N, 175 k€ en N+1 et 280 k€ en N+2. Voici le bilan simplifié de N–1 (en k€) :

Immobilisations nettes	1 347	Capital	1 300
BFRE	833	Réserves	560
Trésorerie	280	Dettes financières (1)	600
Total	**2 460**	**Total**	**2 460**

(1) 120 k€ de concours bancaires et emprunt remboursable *in fine* en N+4.

- **Bilan prévisionnel à fin N+1**

Immobilisations nettes N–1	1 347
Acquisitions en N et N+1 : 300 + 1 900	2 200
Dotations en N et N+1 : 162 + 175	337
Immobilisations nettes N+1	**3 210**
Réserves N–1	560
Résultat N = CAF – dotations N = 450 – 162 + 100	388
Résultat N +1 = CAF – dotations N+1 = 450 – 175	275
Réserves N+1	**1 223**

Dettes N–1	600
CBC	120
Nouvel emprunt N+1	600
Dettes N+1	**1 080**

- **Bilan simplifié au 31/12/N+1**

Immobilisations nettes	3 210	Capital	1 800
BFRE	833	Réserves	1 223
Trésorerie	60	Dettes financières	1 080
Total	4 103	**Total**	4 103

- **Bilan prévisionnel à fin N+2**

Immobilisations nettes N+1	3 210
Acquisitions en N+2	200
Dotations en N+2	280
Immobilisations nettes N+2	**3 130**
BFR N+1	833
Augmentation du BFR N+2	347
BFR N+2	**1 180**
Réserves N+1	1 223
Résultat = CAF – dotations N+2 – frais financiers = 650 – 280 – 21,6	348,4
Réserves N+2	**1 571,4**
Dettes N+1	1 080
Remboursement N+2	100
Dettes N+2	**980**

- **Bilan simplifié au 31/12/N+2**

Immobilisations nettes	3 130	Capital	1 800
BFRE	1 180	Réserves	1 571,4
Trésorerie	41,4	Dettes financières	980
Total	4 351,4	**Total**	4 351,4

On retrouve bien dans les deux bilans prévisionnels la trésorerie obtenue dans le plan de financement (60 pour N+1 et 41,40 pour N+2). Cette trésorerie est très approximative car :

- elle est déterminée sur la base de données prévisionnelles ;
- le BFRE qui apparaît dans le bilan est un BFRE moyen et non de fin d'exercice. Si le bilan était réellement établi à la date du 31/12, le montant du BFRE serait différent, même en cas de réalisation des prévisions.

C) Plan de financement et soldes de trésorerie

1. Soldes de fin de période

Le plan de financement regroupe tous les flux susceptibles d'affecter la trésorerie :

- les flux relatifs à l'activité courante, par le biais de la CAF et de la variation du BFRE ;
- les flux liés aux opérations d'investissement (dont les cessions) et aux opérations de financement (y compris les dividendes), par le biais des autres rubriques.

Par conséquent :

- les écarts annuels correspondent à la variation annuelle de trésorerie ;
- l'écart annuel ajouté à la trésorerie de début de période permet d'obtenir la trésorerie prévisionnelle de fin d'exercice :

> Trésorerie de fin d'exercice = Trésorerie de début de période
> + Écart de la période (Ressources – Emplois)

2. Observations des résultats obtenus

Caractère prévisionnel des soldes obtenus. La trésorerie ainsi déterminée ne peut qu'être approximative puisqu'elle résulte d'éléments prévisionnels et qu'elle tient compte d'un BFRE « moyen » qui, par définition, ne correspond pas au BFRE à la clôture de l'exercice. C'est pourquoi il est possible d'arrondir (en respectant l'ordre de grandeur) les montants figurant dans le plan.

Intérêt du recours à la simulation. Afin de « tester » le plan, il peut être utile de considérer plusieurs hypothèses relatives au niveau d'activité et au financement et d'examiner les modifications des soldes.

→ APPLICATION 2 • MINI-CAS 4 • MINI-CAS 5 • MINI-CAS 6 • CAS PRATIQUE 7 • CAS PRATIQUE 8

1 QCM

Pour chaque proposition, une ou plusieurs réponses sont possibles. Justifiez-les.

1. Le plan de financement est établi :
   - a. pour l'ensemble des activités de l'entreprise. ☐
   - b. uniquement pour les ressources stables de l'entreprise. ☐
   - c. avec des données réelles de l'année. ☐
   - d. avec des données prévisionnelles. ☐

2. Quels sont les objectifs du plan de financement ?
   - a. Permettre un octroi de crédit vis-à-vis des banquiers. ☐
   - b. Vérifier que les salariés soient d'accord avec le projet. ☐
   - c. Vérifier le choix de l'investissement. ☐
   - d. Vérifier la faisabilité financière du projet. ☐
   - e. Justifier la mobilisation de modes de financements internes. ☐
   - f. Prévenir des difficultés éventuelles. ☐
   - g. Calculer la situation de trésorerie année après année du projet. ☐

3. L'élaboration du plan de financement nécessite de :
   - a. présenter les différentes alternatives d'investissements envisagés. ☐
   - b. calculer la VAN de tous les projets d'investissements. ☐
   - c. présenter un plan initial avec uniquement les financements internes. ☐
   - d. calculer les écarts chaque année entre les ressources et les emplois. ☐
   - e. prendre en compte le solde de trésorerie initial s'il y en a un. ☐
   - f. incorporer les modalités d'équilibrage éventuellement nécessaires. ☐
   - g. construire un plan de financement incorporant les modalités de rééquilibre. ☐
   - h. calculer la situation de trésorerie chaque année. ☐

2 Surf'Paradise ★★★

L'entreprise Surf'Paradise a contracté un emprunt bancaire de 600 k€ au taux d'intérêt annuel de 5 % pour participer au financement d'un nouveau local commercial. Le CAHT est de 180 k€, les charges d'exploitation sont de 60 k€ et les dotations s'élèvent à 30 k€. Le taux d'IS est de 28 %.

Calculez la CAF sans financement externe et comparez-la à celle obtenue compte tenu de cet emprunt de 600 k€. Justifiez la différence.

3 Mini-cas : VRAM ★★★

Compétence attendue **Élaborer** un plan de financement

La société VRAM, domiciliée à Maubeuge, fabrique des composants informatiques. La directrice financière de la société VRAM a réuni les éléments prévisionnels présentés dans le document ci-après, relatifs à une nouvelle unité d'exploitation permettant le développement des activités.

1. *Calculez les CAF prévisionnelles.*
2. *Calculez les variations de BFRE.*
3. *Établissez le plan de financement sur 3 ans. Commentez-le.*

Document

Données VRAM

- Investissement HT début N : 600 000 €.
- Chiffre d'affaires HT de N à N+1 : 1 800 000 € ; 2 000 000 € en N+2.
- Taux de marge sur coût variable : 30 %.
- Charges fixes d'exploitation : 380 000 € (dont 80 000 de dotations aux amortissements).
- BFRE : 60 jours de CAHT.
- Dividendes : 40 000 € en N et N+1 ; 42 000 € en N+2.
- Emprunt bancaire (début N) : 500 000 € au taux de 4 % remboursables en 4 fractions constantes à partir de fin N.
- Augmentation de capital (début N) : 150 000 €.
- Taux de l'impôt sur les bénéfices : 28 %.

4 Mini-cas : ICENORTH ★★★

Compétences attendues

- **Identifier** les étapes de la construction d'un plan de financement
- **Élaborer** un plan de financement
- **Identifier** des modalités d'équilibrage du plan de financement, dans une situation donnée

La société ICENORTH domiciliée à Grenoble fabrique des matériels pour les pratiques sportives de type bobsleigh (loisirs et professionnels). Elle envisage d'acquérir des immobilisations sur les trois prochaines années.

1. *Identifiez les étapes de construction d'un plan de financement.*
2. *Présentez le plan de financement initial sans les financements externes.*
3. *Présentez le plan avec les financements externes envisagés. La CAF sera rectifiée en conséquence.*
4. *Déterminez si la situation finale est satisfaisante.*

Document

Prévisions de financement

Financement interne
- Investissements prévus : 2 000 000 € en année 1, 500 000 € en année 2, 200 000 € en année 3.
- Les CAF prévisionnelles sont sur les trois années : 650 000 €, 850 000 € et 850 000 €.
- Des cessions vont apporter une somme (nette d'impôt) de 140 000 €, au début du plan.
- Le besoin en fonds de roulement normatif représente 36 jours de CAHT.
- Le CAHT s'élève actuellement à 6 000 000 € ; il restera à ce niveau la première année du plan. Il passera à 8 500 000 € les deuxième et troisième années.
- La trésorerie initiale est de 160 000 €. Taux d'IS : 28 %.

Financement extérieur envisagé
- Une augmentation de capital de 654 000 € en début d'année 1.
- Un emprunt de 400 000 € au début de l'année 1. Taux : 4,5 %. Durée : 5 ans. Remboursement *in fine*.

5 Mini-cas : ADVENTUR'POL ★★★

Compétences attendues
- **Élaborer** un plan de financement
- **Identifier** des modalités d'équilibrage du plan de financement, dans une situation donnée

La société ADVENTUR'POL, domiciliée à Brest, commercialise des sacs de couchage et accessoires pour des voyages aux destinations nordiques. Elle a pour stratégie de se développer dans des zones commerciales de plus en plus éloignées de son siège social et envisage dans ce but de réaliser un programme d'investissements au début de l'année N+1. Ce programme sera différencié selon la zone à atteindre (zone 1 et zone 2).

1. *Calculez les CAF prévisionnelles annuelles de N+1 à N+5.*
2. *Établissez le plan de financement pour les années N+1 à N+5.*
3. *Commentez les résultats obtenus.*

Document

Données ADVENTUR'POL

Investissements

Nature	Montant (en k€)	Durée d'amortissement
Constructions	6 000	20 ans
Installations techniques	1 500	10 ans
Mobilier	1 000	5 ans

Financements

Les modalités de financement suivantes sont arrêtées pour le début de N+1 :

- Emprunt bancaire 1 : 2 000 k€ ; taux : 3 %. Remboursement par quarts à partir de fin N+2, après un an de différé.
- Emprunt bancaire 2 : 3 000 k€ ; taux : 2 %. Remboursement par tiers à partir de fin N+3.
- Pour le mobilier : souscription d'un contrat de crédit-bail, pour une durée totale de 4 ans, au début de N+1 :
  - dépôt de garantie : 10 % de la valeur du mobilier, restitution en fin de contrat ;
  - redevances annuelles : 300 k€ versés à partir de N+1 ;
  - option d'achat : 15 % de la valeur d'origine à la fin de la quatrième année. Amortissement l'année suivante.

Prévisions d'activités

Les données relatives à l'exercice N+1 ainsi que les prévisions pour les années suivantes sont rassemblées dans le tableau suivant (sommes en milliers d'euros) :

Données liées à l'exploitation	N+1		N+2 à N+5	
	Zone 1	Zone 2	Zone 1	Zone 2
Chiffre d'affaires HT	26 000	12 000	46 800	18 000
Taux de marge commerciale	30 %	10 %	32 %	12 %
Charges variables (proportionnelles au CAHT)	2 000	1 000	À calculer	
Charges fixes (hors dotations communes aux deux rayons)	2 700		3 500	
Dotations relatives aux anciennes immobilisations	900		900	

Autres informations

Au 31/12/N, la trésorerie est nulle.

Sur la période considérée, les variations du BFR sont négligeables.

Taux d'IS = 28 %.

6 Mini-cas : Silone ★★★

Compétences attendues

- **Élaborer** un plan de financement
- **Identifier** des modalités d'équilibrage du plan de financement, dans une situation donnée

La société Silone, domiciliée à Lille, fabrique des casques et enceintes audio de grande qualité dédiés au secteur cinématographique. Elle envisage de pratiquer des investissements et vous demande de présenter un plan de financement des investissements prévus sur les quatre années à venir, afin d'étoffer sa demande de crédit auprès de sa banque.

1. *Présentez le plan de financement initial pour les années N+1 à N+4.*
2. *Proposez une solution pour équilibrer le plan, sachant qu'une plateforme de financement participatif peut accorder un prêt remboursable* in fine *au terme de plusieurs années au taux de 5 % (montant arrondi au millier d'euros supérieur).*

Document

Données Silone

Financement

Elle a déjà l'assurance d'obtenir un crédit de 50 000 € dès début N+1, remboursable sur 5 ans par amortissements constants à partir de N+3.

Par ailleurs, elle a obtenu du département une subvention d'investissement de 7 000 € par an sur 4 ans.

Investissements et activité

Les prévisions d'activité et le programme d'investissements sont les suivants (en €) :

	N+1	N+2	N+3	N+4
Chiffre d'affaires	80 000	95 000	109 000	120 000
CAF prévisionnelles	70 000	75 000	77 000	80 000
Matériel	60 000	65 000	30 000	30 000
Constructions	30 000	10 000	–	–

Les investissements sont réalisés en début d'année.

Autres informations

Le besoin en fonds de roulement représente environ 25 jours de CAHT. Il restera stable sur plusieurs années. Il est de 1 500 € fin N.

La société souhaite verser à ses actionnaires un dividende égal à 5 % du capital.

Capital de la société : 200 000 €. Remboursement d'anciens emprunts : 20 000 € en N+1 et 30 000 € en N+2.

La trésorerie initiale est de 0 €.

7 Cas pratique : HUGO'SMUSIK ★★★

45 min

Compétences attendues

- **Élaborer** un plan de financement
- **Identifier** des modalités d'équilibrage du plan de financement, dans une situation donnée

La société HUGO'SMUSIK, domiciliée au Havre, commercialise des instruments de musique qu'elle achète à des fabricants qualifiés et de renommée mondiale. Son activité est prospère et l'équipe dirigeante a ainsi décidé de procéder à deux projets d'investissements de façon simultanée. L'un de ces projets a pour but de réaménager un étage du local dans lequel son siège social est installé, dont elle est propriétaire. Le deuxième projet est destiné à exploiter une surface jusqu'alors inutilisée en sous-sol afin d'y entreposer des archives administratives.

Missions

1. *Présentez le tableau d'amortissement de l'emprunt et le calcul de l'annuité constante.*
2. *Pour le premier projet, calculez la capacité d'autofinancement prévisionnelle des trois premières années.*
3. *Présentez les trois premières années du plan de financement, en distinguant, pour la première année, le début et la fin de l'année.*
4. *Commentez le plan de financement obtenu et proposez des modalités d'équilibrage.*

Document

Données HUGO'SMUSIK

Premier projet : aménagement de l'étage

- Investissements :
  - Coût de l'aménagement : 40 000 €.
  - Date de réalisation : début N.
  - L'aménagement (installé tout début N) sera amorti linéairement sur 10 ans.
- Prévisions d'activités :
  - Chiffre d'affaires en N de 544 000 € et 600 444 € les années suivantes.
  - EBE de 59 950 € en N et 76 150 € les années suivantes.
  - Le BFRE est estimé par la formule suivante : 30 jours de CAHT.
  - Pas de trésorerie initiale.

Deuxième projet : aménagement du sous-sol

- Investissements :
  - Coût de l'aménagement : 30 000 €.

...

- Date de réalisation : début N+2.
- Amortissement linéaire sur 10 ans.

- Prévisions d'activités :
  - Capacité d'autofinancement prévisionnelle : 25 000 € par an (N+2)
  - BFRE prévisionnel : 36 000 € à partir de N+1 (constant pendant la durée du projet).

Financement

Pour le premier projet, il est prévu tout début N de recevoir un emprunt de 90 000 €, au taux de 3 %, remboursable par 3 annuités constantes.

Le deuxième projet devra être financé grâce à la trésorerie dégagée par le premier projet.

Autres données

Le calcul de l'annuité constante s'établit ainsi : $a = E \times \frac{i}{1 - (1 + i)^{-n}}$

Taux d'IS : 28 %.

8 Cas pratique : SA Techlux ★★★

60 min

Compétences attendues

- **Élaborer** un plan de financement
- **Identifier** des modalités d'équilibrage du plan de financement, dans une situation donnée

La société industrielle SA Techlux, domiciliée à Provins (Seine-et-Marne), fabrique et vend des articles pour la pratique sportive du skateboard et longboard.

Pour l'exercice N, le dirigeant de la société, envisage le développement d'un produit nouveau devant se substituer progressivement à certains articles actuellement commercialisés. Il s'agit de protections lombaires de haute qualité dont la fabrication est parfaitement maîtrisée et dont la commercialisation a déjà connu un début prometteur.

Le développement à grande échelle de ce produit nécessite des investissements importants (document 4) ainsi qu'un certain nombre d'études provisionnelles et de données (documents 1 à 3) auxquelles on vous demande de contribuer.

Missions

1. *Établissez les comptes de résultat prévisionnels relatifs au nouveau produit d'après les informations données dans les documents 1 à 3, pour les exercices N à N+2. Calculez les CAF.*
2. *Présentez le plan de financement pour les trois premières années d'exploitation. On sait que les données relatives aux anciennes activités resteront constantes.*
3. *Établissez le bilan prévisionnel simplifié de la société au 31/12/N, en retenant l'hypothèse de financement indiquée dans le document 4.*

Document 1

Prévisions relatives à la nouvelle activité

- Prix de vente unitaire HT : 300 €
- Quantités :

Année	N	N+1	N+2
Quantité prévue	100 000	110 000	120 000

- Coût de revient :
  - coût variable HT unitaire : 150 €
  - charges fixes annuelles (hors amortissements) : 5 700 000 €
- Taux de TVA : 20 %
- Taux d'IS : 28 %
- Fonds de roulement normatif : 36 jours de CAHT

Document 2

Bilan simplifié au 31/12/N–1 (en k€)

Actif		Passif	
Immobilisations incorporelles	5 000	Capital	4 800
Immobilisations corporelles	41 000	Réserves	12 000
Immobilisations financières	2 000	Résultat	3 100
BFRE	4 000	Provisions pour risques	4 200
		Emprunts (1)	27 900
Total	**52 000**	**Total**	**52 000**

(1) Dont 1 000 de CBC.

Précisions

- Le capital comprend 48 000 actions de nominal de 100 €. Il a été décidé de distribuer un dividende de 25 € par action au titre de N–1. La société souhaiterait maintenir le dividende à ce niveau pour les exercices suivants. En ce qui concerne les nouvelles actions, qui seront libérées début N, le premier dividende ne sera versé qu'en N+1.
- Les emprunts figurant au bilan vont être à l'origine des remboursements suivants :

Années	N	N+1	N+2
Montants en k€	4 600	3 900	3 500

- Amortissements relatifs aux immobilisations figurant dans le bilan (en k€) :

Années	N	N+1	N+2
Immobilisations incorporelles	1 600	1 600	1 600
Immobilisations corporelles	8 400	8 000	7 600

Document 3

Compte de résultat simplifié de l'exercice N–1 (en k€)

Charges		Produits	
Frais de production	25 400	Chiffre d'affaires	62 500
Frais de distribution	14 100		
Charges financières	8 400		
Dotations	10 000		
Impôt	1 500		
Résultat net	3 100		
Total	**62 500**	**Total**	**62 500**

Pour les exercices suivants, on admettra que les conditions et les résultats d'exploitation relatifs aux anciennes activités resteront sensiblement identiques.

Document 4

Investissements (début N)

Objet

- Constructions : 10 000 000 € (amortissement linéaire sur 10 ans).
- Matériel et outillage : 8 000 000 € (amortissement linéaire sur 4 ans).

Financements

- Augmentation de capital en N de 12 000 actions. Prix d'émission de l'action : 400 €.

Les nouvelles actions recevront un dividende à partir de l'exercice N+1.

- Emprunt début N de 3 000 000 €. Taux : 5 %. Remboursement par trois amortissements constants à partir de fin N+1, la société bénéficiant de 1 an de différé.

Au cas où ces financements ne seraient pas suffisants, la société ferait appel à des concours bancaires.

SYNTHÈSE

Le plan de financement

Présentation du plan de financement

- Document prévisionnel pluriannuel, établi sur 3 à 5 ans regroupant :
  - les ressources durables dont disposera l'entreprise ;
  - les emplois stables auxquels elle devra faire face.
- Repose sur des hypothèses d'activité forcément affectées d'incertitude.
- Tous les flux prévisionnels affectant la trésorerie (qu'ils relèvent de l'activité ou des opérations d'investissement et de financement) sont pris en compte.
- La différence Ressources – Emplois correspond à la variation de trésorerie prévisionnelle. À la fin de chaque année, on a :

Trésorerie finale = Trésorerie initiale + Écart annuel (ou variation de trésorerie)

Objectifs du plan de financement

- Vérifier si les ressources et les emplois sont équilibrés
- Apporter une légitimité à la demande de financements extérieurs
- Apporter des arguments à une mobilisation de financements internes
- Si, du fait de sa taille, l'entreprise est concernée par la loi sur la prévention des difficultés financières, elle est obligée de fournir périodiquement des documents prévisionnels dont le plan de financement

Étapes du plan de financement

En principe, l'élaboration du plan se fait en deux étapes :

- un premier plan sans les financements externes ;
- puis un deuxième plan introduisant des financements externes (augmentation de capital, emprunt, crédit-bail) pour les montants estimés à partir du premier plan.

Élaboration d'un plan de financement

- Si la CAF a d'abord été calculée sans les financements externes, elle doit être rectifiée. On a (si taux d'IS = 28 %) :

CAF finale = CAF provisoire – 0,72 × (Intérêts + Loyers de crédit-bail)

- La CAF est calculée à partir de comptes de résultat prévisionnels simplifiés :

CAF prévisionnelle = Résultat net prévisionnel + Dotations

- L'entreprise peut établir un bilan prévisionnel sous une forme simplifiée

SA Igloo

La SA Igloo fabrique des tentes de camping de très haute qualité. La société a été créée il y a 10 ans à Chamonix (Haute-Savoie) et connaît une forte croissance depuis 2 ans. Face aux perspectives de croissance et de développement d'Igloo, sa dirigeante, Marie-Laure Pic, sollicite votre cabinet, Alp'Audit, afin de l'accompagner dans l'analyse des risques et l'élaboration d'une stratégie de financement.

1 Bilan financier et analyse du risque

Avant d'analyser les perspectives de développement de la SA Igloo, Marie-Laure Pic souhaiterait que vous dressiez le bilan financier d'Igloo pour l'exercice N et que vous évaluiez les risques auxquels la SA est actuellement confrontée. À cette fin, elle vous remet les documents 1 et 2.

Missions

En vous appuyant sur les documents 1 et 2 :

1. *Exposez la logique de construction du bilan financier dans le cas de la SA Igloo.*
2. *Présentez le calcul de la plus ou moins-value globale relative aux retraitements liés au bilan financier.*
3. *Présentez le bilan financier après répartition pour N.*
4. *Calculez, au moyen des deux méthodes à votre disposition, le fonds de roulement financier.*
5. *Commentez le résultat obtenu pour le fonds de roulement financier.*
6. *Calculez les ratios de liquidité générale, immédiate et restreinte à partir du bilan financier de N.*
7. *Commentez l'utilité de ces ratios dans la gestion des risques de la société Igloo et les valeurs obtenues pour N.*
8. *Évaluez la soutenabilité de la dette de la SA Igloo au travers du calcul de la capacité de remboursement, du ratio d'endettement et du ratio de solvabilité. Vous réaliserez les calculs à l'aide des éléments du bilan financier de N.*
9. *Jugez la situation de la SA Igloo au regard des risques de liquidité et de soutenabilité de la dette dans son évolution dans le temps et sa comparaison sectorielle.*

2 Coûts des modes de financement

Afin de lutter contre un nouveau concurrent particulièrement agressif et de développer une gamme d'accessoires de camping (sacs de couchage grand froid, thermos, réchauds...) Marie-Laure Pic envisage d'implanter une deuxième usine à Annecy (Haute-Savoie). Soucieuse de choisir les meilleures options financières, elle vous demande de la conseiller à partir de deux scénarios mêlant croissance interne et emprunt. À cette fin, elle vous remet le document 3.

Mission

En vous appuyant sur le document 3 :

1. *Calculez le coût moyen pondéré du capital (CMPC) en N–1 et en N de la SA Igloo.*

En N+1, la SA Igloo envisage l'acquisition d'une usine de fabrication requérant 900 000 € de financements externes. Deux scénarios prévisionnels sont envisagés par Marie-Laure Pic. Ils associent des structures de financement par capitaux propres et dettes financières différentes. La dirigeante vous remet le document 3 qui récapitule des deux scénarios. Elle vous demande de simuler les indicateurs qui l'aideront à choisir le scénario le plus adapté.

Missions

En vous appuyant sur le document 3 :

2. *Calculez le coût moyen pondéré du capital (CMPC) en N+1 de la SA Igloo dans ces deux scénarios. Commentez la situation dégagée à partir des deux scénarios.*
3. *Calculez le coût d'un emprunt bancaire de 900 000 €, négocié à 3 % en annuités constantes, comportant des frais de dossier de 12 000 € et dont la durée serait de 5 ans. Il vous est précisé que le taux d'IS applicable est de 28 %.*

La SA Igloo satisfait aux conditions d'octroi d'un emprunt obligataire visant à financer la somme de 900 000 € requise par le projet d'usine de fabrication. Le nominal est ainsi de 900 000 €, au taux d'intérêt annuel de 3 %, sur une durée de 5 ans. Le prix de remboursement *in fine* est de 1 100 000 € avec un prix d'émission de 880 000 €. Le taux d'IS applicable est de 28 %.

Mission

En vous appuyant sur le document 3 :

4. *Calculez le coût de cet emprunt obligataire de 900 000 €. Quel commentaire pouvez-vous formuler si vous le comparez à l'emprunt bancaire ?*

DOSSIER DOCUMENTAIRE

Document 1

Données nécessaires à la construction du bilan financier

Bilan comptable avant répartition au 31/12/N

ACTIF	Brut	A. et D.	Net
Actif immobilisé			
Immobilisations incorporelles			
Frais d'établissement	350 000	50 000	300 000
Immobilisations corporelles			
Terrains	300 000	–	300 000
Constructions	880 000	280 000	600 000
Installations techniques	990 000	440 000	550 000
Autres immobilisations corporelles	170 000	60 000	110 000
Immobilisations financières (1)			
Participations	70 000	–	70 000
Prêts	40 000	–	40 000
Total 1	**2 800 000**	**830 000**	**1 970 000**
Actif circulant			
Stocks et en-cours			
Matières premières, approvisionnements	65 000	15 000	50 000
Produits intermédiaires et finis	60 000	–	60 000
Créances d'exploitation (2)			
Créances clients et comptes rattachés	465 000	5 000	460 000
Autres créances	19 000	3 000	16 000
Disponibilités	249 000	–	249 000
Total 2	**858 000**	**23 000**	**835 000**
Total général	**3 658 000**	**853 000**	**2 805 000**

(1) à plus d'1 an.

(2) à moins d'1 an.

PASSIF	
Capitaux propres	
Capital	1 005 000
Réserve légale	80 000
Autres réserves	25 300
Résultat de l'exercice	550 000
Total 1	**1 660 300**
Provisions pour risques et charges	
Provisions pour risques (3)	70 000
Provisions pour charges	–
Total 2	**70 000**
Dettes	–
Dettes financières	
Emprunts et dettes auprès des établissements financiers (4)	760 700
Dettes d'exploitation	
Dettes fournisseurs et comptes rattachés	230 000
Dettes fiscales et sociales	50 000
Autres dettes	34 000
Total 3	**1 074 700**
Total général	**2 805 000**

(3) pour litige. 50 000

(3) pour garantie. 20 000

(4) dont à moins d'1 an. 60 700

•••

Données par postes du bilan comptable

Postes du bilan comptable	Valeur comptable	Estimations pour le bilan financier
Frais d'établissement	300 000	–
Fonds commercial	–	555 000
Terrains	300 000	400 000
Constructions	600 000	650 000
Installations techniques	550 000	600 000
Autres immobilisations corporelles	110 000	120 000
Titres de participations	70 000	100 000

Informations complémentaires

Stock de sécurité de matières premières (à placer en + d'1 an)	40 000
Stock de matières premières de – d'1 an	10 000
Provision pour litige : procès dont l'issue est dans 18 mois	50 000
Provision pour garantie : de 6 mois	20 000
RAN à constituer	75 000
Réserve légale à compléter de 5 % × Résultat sans dépasser 10 % du capital	27 500
Dividendes	200 000

Document 2

Mesure des risques de N–2 à N

Indicateurs financiers	N–2	N–1	N	Secteur N
CAF	660 258	702 854	754 200	698 785
FR financier	156 987	165 874	à déterminer	198 741
Ratio de liquidité générale	0,98	1,12	à déterminer	1,28
Ratio de liquidité réduite	0,99	1,15	à déterminer	1,20
Ratio de liquidité immédiate	0,33	0,38	à déterminer	0,70
Capacité de remboursement	1,12	0,95	à déterminer	0,45
Ratio d'endettement	0,89	0,62	à déterminer	0,25
Ratio de solvabilité	0,15	0,18	à déterminer	0,80

Document 3

Données financières issues du bilan comptable

	N	N–1	Prévisionnel N+1 scénario 1	Prévisionnel N+1 scénario 2
Taux requis par les actionnaires	8,00 %	10,00 %	14,00 %	10,00 %
Taux d'intérêt bancaire	4,00 %	4,00 %	6,00 %	3,00 %
Taux d'IS	28,00 %	28,00 %	28,00 %	28,00 %
Taux d'intérêt bancaire net d'IS	à déterminer	à déterminer	à déterminer	à déterminer
Capitaux propres (€)	à déterminer	1 550 000	1 800 000	1 800 000 + augmentation de capital
Dettes financières (€)	à déterminer	880 800	700 000 + nouvel emprunt bancaire	700 000 + nouvel emprunt bancaire
CMPC (€)	à déterminer	à déterminer	à déterminer	à déterminer
Capacité ou besoin de financement			Besoin de financement 900 000	
Augmentation de capital			–	400 000
Endettement bancaire			900 000	500 000

CHAPITRE 16

La gestion de trésorerie

PROGRAMME

Compétences attendues	Savoirs associés
• **Caractériser** la notion de prévision de trésorerie • **Construire** un budget de trésorerie • **Commenter** le principe d'équilibrage de la trésorerie	• L'établissement des prévisions de trésorerie • L'élaboration d'un budget de trésorerie à un horizon de quelques mois avec prise en compte de la taxe sur la valeur ajoutée

PLAN DU CHAPITRE

En l'absence de prévisions de trésorerie, l'entreprise s'expose à plusieurs difficultés : négociation des crédits nécessaires dans de mauvaises conditions, impossibilité d'effectuer des arbitrages efficaces, etc. De plus, une trésorerie déséquilibrée peut se traduire par un risque d'insolvabilité important : environ un tiers des entreprises se trouvent en défaut de trésorerie chaque année, à cause d'une rentabilité insuffisante, de coûts excessifs, d'une baisse d'activité, ou encore d'un niveau insuffisant du fonds de roulement. Comment anticiper l'évolution de la trésorerie ? De quels moyens dispose-t-on pour limiter les problèmes de trésorerie ?

MOTS-CLÉS

Budget de trésorerie • Charge décaissable • Date de valeur • Équilibrage • Insolvabilité • Liquidité • Position de trésorerie • Produit encaissable • Risque d'insolvabilité • Trésorerie • Trésorerie zéro

1 Budget de trésorerie

A) Présentation

1. Trésorerie

Définition

Au sens strict, la **trésorerie** est l'ensemble des liquidités disponibles en caisse ou en banques. Dans un sens plus large, on y ajoute les valeurs mobilières de placement facilement négociables.

On peut aussi déterminer la trésorerie à partir du bilan (FR – BFR) ou d'un tableau de flux (↪ chapitre 6).

La trésorerie est très importante pour le bon fonctionnement de l'entreprise. Elle permet de faire face aux différentes échéances qui se présentent (factures à régler, prélèvements fiscaux, remboursements d'emprunts, etc.). Une trésorerie déséquilibrée peut se traduire par un **risque d'insolvabilité** important.

Définition

L'**insolvabilité** est l'incapacité à régler une dette faute de trésorerie suffisante ; on parle aussi de défaut de trésorerie (ou cessation de paiement).

CHIFFRE-CLÉ

En 2019, **52 000** entreprises ont été déclarées défaillantes. (Banque de France, 2020)

L'insolvabilité peut conduire à une faillite de l'entreprise, d'où la nécessité de suivre l'évolution de la trésorerie au plus près et de façon prévisionnelle pour anticiper d'éventuels problèmes.

2. Budget de trésorerie

Définition

Le **budget de trésorerie** est le document qui permet de prévoir mensuellement l'évolution de la trésorerie afin de préparer les décisions de financement et de placement de façon optimale. Il regroupe tous les encaissements et décaissements prévisionnels mensuels affectant l'entreprise.

Pour établir le budget de trésorerie, de nombreuses informations sont nécessaires ; elles viennent, pour la plupart, des autres budgets de l'entreprise (fig. 16.1).

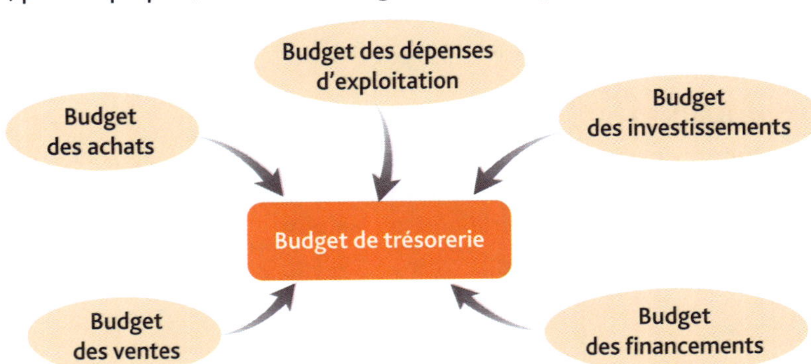

Figure 16.1. Système prévisionnel

3. Trésorerie finale

Définition

La trésorerie finale, aussi appelée **position de trésorerie**, est le niveau de trésorerie à une date donnée.

La trésorerie à une date donnée est la résultante des opérations (ventes, achats, etc.) et des décisions (investissement, financement, etc.) de l'entreprise.

Exemple

	Trésorerie de début de mois	1 000
+	Encaissements du mois	+ 19 000
–	Décaissements du mois	– 16 000
=	Trésorerie à la fin du mois	4 000

4. Objectifs du budget de trésorerie

- Déterminer la trésorerie prévisionnelle et optimiser les frais financiers : connaître à l'avance les déficits (et excédents) de trésorerie permet de mieux préparer les décisions financières à court terme et de mieux maîtriser les frais financiers.
- Vérifier la cohérence entre fonds de roulement et besoin en fonds de roulement : un budget constamment déficitaire est souvent le signe d'une insuffisance du fonds de roulement et nécessite une action au niveau de ce dernier.
- S'assurer de la capacité de l'entreprise à supporter certains décaissements : nouveaux investissements, remboursements d'emprunts, paiement de dividendes, augmentation des stocks, etc.
- Bien communiquer avec les partenaires financiers : l'existence de prévisions établies régulièrement renforce la confiance des banquiers dans l'entreprise.

B) Construction du budget de trésorerie

1. Horizon des prévisions

L'horizon retenu va de quelques mois à un an. Les prévisions doivent être assez détaillées pour être utiles mais rester réalisables. En pratique, elles sont généralement effectuées mois par mois, sur une durée de 1 an, conformément aux autres budgets.

2. Informations complémentaires aux différents budgets

Afin de positionner correctement les flux encaissés et décaissés, il faut compléter les informations contenues dans les différents budgets :

- Délais de paiement des opérations courantes
  - Dates de paiement des clients
  - Conditions de règlement des fournisseurs
  - Dates de règlement des salaires et charges sociales
- Dates d'échéances des emprunts
- Commandes passées et non encore livrées
- Date d'encaissement ou de versement des dividendes
- Dates des projets d'investissement ou des cessions d'immobilisations

3. Tableaux préparatoires

Plusieurs tableaux de calculs peuvent être établis dans une phase préparatoire (fig. 16.2).

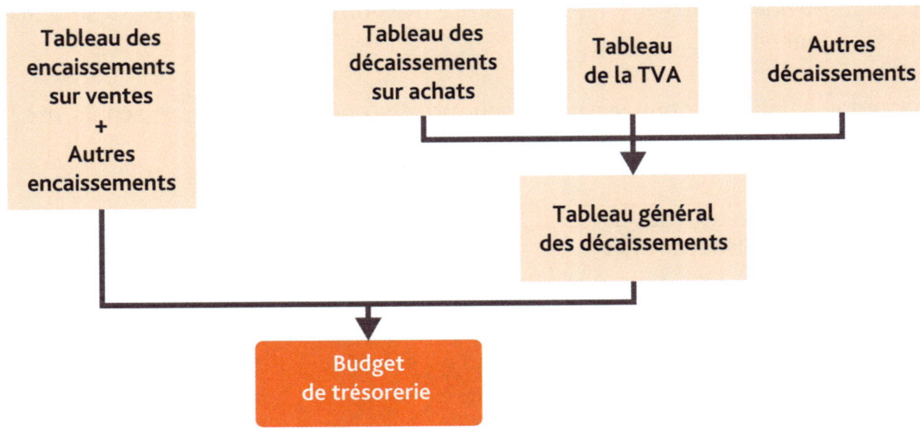

Figure 16.2. Tableaux préparatoires alimentant le budget de trésorerie

Les « autres encaissements » comprennent :
- les subventions (versées par la commune, la région ou autres organismes) ;
- les produits des cessions (d'immobilisations ou de titres financiers) ;
- les dividendes reçus ;
- les indemnités d'assurance, etc.

Les flux correspondent aux montants réellement décaissés ou encaissés. Donc, les postes soumis à la TVA sont pris pour leur montant TTC.

Les « autres décaissements » comprennent :
- les dividendes versés ;
- les jetons de présence (versés aux membres du conseil d'administration ou du conseil de surveillance).

Dans ces tableaux, les flux prévisionnels sont présentés par nature (ex. : décaissements sur achats, salaires, TVA à décaisser, etc.), quelle que soit leur origine (activité, investissement ou financement).

Tableau des encaissements. Le tableau des encaissements regroupe tous les encaissements prévisionnels, quelle que soit leur nature (tab. 16.1).

Tableau 16.1. Encaissements sur les ventes et autres encaissements

	Montant TTC	Janv. N	…	Déc. N
Créances clients bilan (N–1)				
Ventes janv. N				
…				
Ventes déc. N				

	Montant TTC	Janv. N	...	Déc. N
Total encaissements sur ventes				
Autres encaissements				
Total				

La plupart des **produits** sont **encaissables**, mais certains produits comptabilisés ne le sont pas : les reprises et les quotes-parts de subventions virées au résultat.

Tableau de la TVA. La TVA à décaisser faisant partie des décaissements, un tableau de calcul spécifique est nécessaire pour en déterminer les montants mensuels (tab. 16.2).

Tableau 16.2. Budget de TVA

	Janv. N	Fév. N	Mars N	...	Nov. N	Déc. N
TVA collectée						
TVA déductible						
TVA à décaisser						
Montant à décaisser						

La TVA à décaisser relative à un mois est réglée le mois suivant. Par conséquent, la TVA réglée en janvier N est celle due pour le mois de décembre N–1.

Tableau général des décaissements. Les **charges décaissables** sont à reporter dans le tableau des décaissements (tab. 16.3).

Tableau 16.3. Décaissements sur achats et autres décaissements

	Janv. N	Fév. N	Mars N	...	Nov. N	Déc. N
Dettes fournisseurs bilan (N–1)						
Achats TTC						
Salaires						
Charges sociales						
Services extérieurs						
Impôts et taxes						
Frais financiers						
TVA à décaisser						
...						
Total						

Toutes les charges enregistrées en comptabilité qui sont décaissables (dépenses faisant l'objet d'un règlement) sont à considérer. Cela exclut notamment les amortissements, les provisions et les dépréciations (qui sont des charges calculées et non décaissées).

4. Tableau du budget de trésorerie

Le tableau du budget de trésorerie (tab. 16.4) constitue la synthèse de tous les tableaux préparatoires.

Tableau 16.4. Budget de trésorerie classique

	Janv. N	Fév. N	Mars N	...	Nov. N	Déc. N
Trésorerie au début du mois						
Encaissements						
Décaissements						
Trésorerie en fin de mois						

Il peut se présenter sous différentes formes (ex. : séparation des flux d'exploitation et des flux hors exploitation pour dégager une trésorerie d'exploitation séparée de la trésorerie hors exploitation).

Rendez-vous MÉTHODE

Construire un budget de trésorerie

Pour construire un budget de trésorerie complet, pensez à :
- prendre en compte tous les encaissements et décaissements ayant un impact direct sur les liquidités ;
- comptabiliser les sommes TTC pour celles qui sont soumises à la TVA ;
- ne pas oublier les dettes (dont la TVA à décaisser) et les créances figurant dans le dernier bilan.

➜ APPLICATION 2 • APPLICATION 3 • MINI-CAS 4 • MINI-CAS 5 • CAS PRATIQUE 6 • CAS PRATIQUE 7

2 Équilibrage de la trésorerie

A) Principe général

Le trésorier a pour objectif principal d'aboutir à des soldes voisins de zéro.

FOCUS La trésorerie zéro

Le trésorier doit équilibrer le budget avec l'objectif d'une **trésorerie zéro**. Il s'agit d'aboutir à des soldes prévisionnels voisins de zéro, une fois les déficits comblés et les excédents placés, et après prise en compte des frais financiers payés et des produits financiers obtenus.
Ces décisions doivent être prises de façon à assurer au mieux la liquidité de l'entreprise.

Définition

La **liquidité** est satisfaisante quand l'entreprise peut, à tout moment, faire face à ses échéances (règlement des fournisseurs, paiement des salaires, etc.) au fur et à mesure qu'elles se présentent.

La liquidité dépend essentiellement de la qualité des prévisions, qui déterminent elles-mêmes le montant des crédits et des placements.

1. Recours à des crédits à court terme et à des placements à court terme

Pour équilibrer le budget de trésorerie, le trésorier doit rechercher les crédits à court terme (et les placements) les plus adaptés à la situation et les moins coûteux possible.

2. Gestion des flux

Pour éviter ou limiter un déficit de trésorerie, le trésorier peut également effectuer, en complément, différentes actions :
- effectuer des virements d'un compte bancaire à un autre, lorsque l'entreprise en détient plusieurs, pour éliminer tout ou partie des déficits ;
- positionner certains flux à des dates favorables à la trésorerie ;
- négocier la date de règlement avec des fournisseurs ou des clients ;
- reporter la date d'une opération (ex. : investissement) pour éviter l'apparition d'un déficit.

B) Prévisions au jour le jour

Le budget de trésorerie donne le niveau prévisionnel de la trésorerie à la fin de chaque mois, mais il ne permet pas de connaître la durée des déficits ou des excédents. Seule une prévision quotidienne de la trésorerie peut fournir ces informations et permet d'optimiser les décisions d'**équilibrage**. En général, l'horizon de ces prévisions quotidiennes se limite à deux ou trois semaines.

L'entreprise utilise des fiches de valeur pour positionner les flux prévisionnels pour chaque jour de la période. Les flux y sont triés par support de paiement : espèces, remises de chèques, virements, effets remis à l'encaissement, etc. Les sommes sont positionnées en tenant compte des dates de valeur des opérations.

Définition

La **date de valeur** (DV) est la date effective de la modification (débit ou crédit) du compte bancaire. C'est la date retenue pour les calculs d'agios.

- Pour un crédit (encaissement) : la date de valeur est postérieure à la date d'opération.
- Pour un débit (décaissement) : la date de valeur est antérieure à la date d'opération.

Les jours de valeur sont les jours qui séparent la date de valeur de la date d'opération. Ils ont beaucoup perdu de leur importance : la date de valeur diffère rarement de la date d'opération actuellement. Toutes les banques n'appliquent cependant pas toujours les mêmes DV, qui sont donc négociables (ainsi que les conditions de crédit).

Exemples

▸ Pour une remise de chèques à l'encaissement : DV = jour de remise + 1 jour ouvré
Pour une remise d'effets à l'encaissement : DV = jour de remise + 4 jours calendaires ◂

C) Rôle du trésorier

Les missions du trésorier sont variées (fig. 16.3).

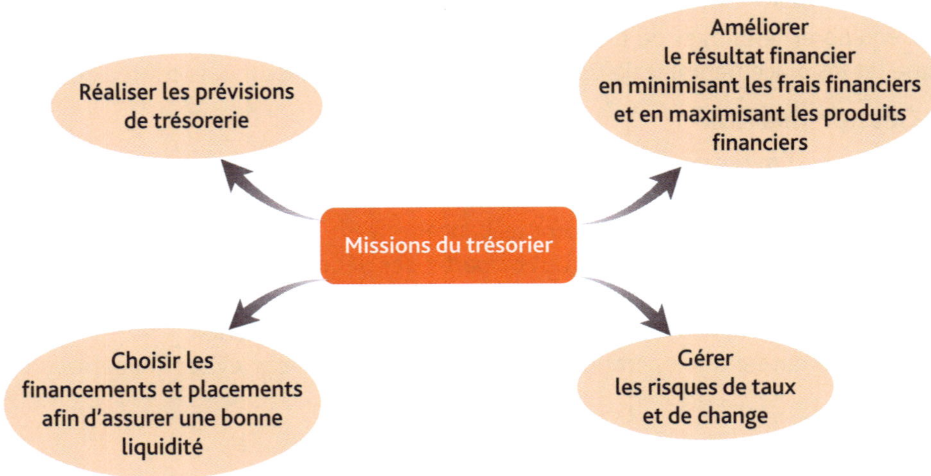

Figure 16.3. Missions du trésorier

Le travail du trésorier est grandement facilité par l'existence de nombreux logiciels de trésorerie pouvant s'adapter à la taille et aux besoins des entreprises (progiciels). Certaines d'entre elles bénéficient d'une communication informatique directe avec leur banque, qui permet de rapatrier automatiquement les mouvements des comptes.

→ CAS PRATIQUE 7

1 Quiz

Vérifiez l'exactitude des propositions ci-après et justifiez-les.

	Vrai	Faux
1. Les charges sociales sont à inclure dans le budget de trésorerie.	☐	☐
2. Le résultat de l'exercice est à inclure dans le budget de trésorerie.	☐	☐
3. Les dividendes versés sont à inclure dans le budget de trésorerie.	☐	☐
4. Les acquisitions d'immobilisations TTC sont à inclure dans le budget de trésorerie.	☐	☐
5. L'amortissement des constructions est à inclure dans le budget de trésorerie.	☐	☐
6. Le règlement des fournisseurs TTC est à inclure dans le budget de trésorerie.	☐	☐
7. La TVA à décaisser est à inclure dans le budget de trésorerie.	☐	☐
8. Les annuités d'emprunt sont à inclure dans le budget de trésorerie.	☐	☐
9. Les dépréciations de stocks sont à inclure dans le budget de trésorerie.	☐	☐

2 Conditions de règlement ★★★

Les ventes prévisionnelles HT d'avril de la société commerciale Badou sont estimées à 100 000 € (TVA : 20 %).

Donnez les dates prévisionnelles d'encaissement des ventes d'avril avec les conditions de règlement suivantes :

- *à 15 jours ;*
- *à 30 jours ;*
- *à 30 jours fin de mois ;*
- *à 45 jours.*

3 Trésorerie de printemps ★★★

Soient les prévisions de trésorerie relatives au second trimestre N :

	Avril	Mai	Juin
Trésorerie initiale	11 000		
Encaissements	806 000	920 000	910 000
Décaissements	782 000	890 000	992 000
Variation de trésorerie			
Trésorerie finale			

1. *Indiquez comment les prévisions contenues dans le tableau ont été obtenues.*
2. *Complétez le tableau en précisant pour chaque mois la variation de trésorerie et la position de trésorerie finale.*
3. *Expliquez ce que signifie une trésorerie négative.*

Évaluer les savoirs | **Maîtriser les compétences** | Préparer l'épreuve

4 Mini-cas : Tableau de TVA ★★★

Compétence attendue **Construire** un budget de trésorerie

On a rassemblé les prévisions suivantes pour le premier trimestre de l'année N (en k€) :

	Janvier	Février	Mars
Ventes HT de marchandises	1 000 000	1 050 000	1 200 000
Achats HT de marchandises	600 000	700 000	600 000
Autres achats d'exploitation HT	100 000	120 000	100 000
Investissements HT	–	150 000	–

Taux de TVA : 20 %

- Crédit fournisseurs : 30 jours
- Les clients paient comptant.

1. *Présentez le tableau de la TVA relatif au 1er trimestre N.*
2. *Précisez le mois du paiement de la TVA.*

5 Mini-cas : Bagel ★★★

Compétences attendues

- **Caractériser** la notion de prévision de trésorerie
- **Construire** un budget de trésorerie

La société de production et vente de produits surgelés Bagel vous communique les prévisions d'activité relatives au premier trimestre N :

	Janvier	Février	Mars
Ventes HT (en €)	2 000 000	2 100 000	2 200 000
Achats HT (en €)	1 100 000	1 200 000	1 200 000
Charges de personnel (en €)	680 000	700 000	720 000
Autres charges d'exploitation HT (en €)	150 000	150 000	160 000

- Taux de TVA : 20 %
- Crédit clients : 15 jours
- Crédit fournisseurs : 1 mois ; les autres charges sont réglées au comptant
- Postes du dernier bilan :
  - Clients : 1 080 000 € ;
  - Fournisseurs : 490 000 € ;
  - TVA à payer : 136 000 € ;
  - Trésorerie : 24 000 €.

1. *Explicitez l'objectif du budget de trésorerie.*
2. *Établissez les tableaux préparatoires (TVA, encaissements, décaissements).*
3. *Présentez et commentez le budget de trésorerie.*

Évaluer les savoirs | Maîtriser les compétences | Préparer l'épreuve

6 Cas pratique : Société LOBAR ★★★

30 min

Compétence attendue

Construire un budget de trésorerie

La société LOBAR vous communique les informations suivantes relatives à l'exercice N :

- Prévisions (en k€)

	Janvier	Février	Mars
Ventes HT	10 000	10 000	12 000
Achats HT	4 000	4 000	5 000
Salaires	3 000	3 000	3 050
Charges sociales	500	500	550

	Janvier	Février	Mars
Autres charges d'exploitation HT	1 200	1 200	1 200
Investissements HT	–	700	–
Remboursement d'emprunt	–	–	3 900

- Les ventes sont réglées avec 15 jours de crédit.
- Le crédit fournisseur est de 1 mois.
- Les salaires et autres charges d'exploitation sont réglés au comptant, les charges sociales le mois suivant.
- Taux de TVA : 20 %
- Bilan au 30/12/N-1 :
  - Clients : 5 540 k€ ;
  - Fournisseurs : 4 120 k€ ;
  - Charges sociales : 500 k€ ;
  - TVA à payer : 670 k€ ;
  - Trésorerie : 2 950 k€.

Missions

1. *Présentez les tableaux des encaissements, de la TVA et des décaissements.*
2. *Établissez et commentez le budget de trésorerie.*

7 Cas pratique : Société MAGNAC ★★★

40 min

Compétences attendues

- **Construire** un budget de trésorerie
- **Commenter** le principe de l'équilibrage de la trésorerie

Missions

À l'aide des informations données dans les documents ci-après :

1. *Présentez le tableau des encaissements et le budget de la TVA.*
2. *Complétez le tableau des décaissements.*
3. *Élaborez le budget de trésorerie proprement dit.*
4. *Traitez à nouveau les questions 1 à 3 dans l'hypothèse où le CAHT prévisionnel baisserait de 10 %, les achats et autres charges restant inchangés. Commentez les résultats obtenus.*
5. *Expliquez en quoi consiste l'équilibrage de la trésorerie.*

Document

Société MAGNAC

Prévisions d'activité pour le premier trimestre N (en k€)

	Janvier	Février	Mars
CAHT dont à l'export	8 600 600	8 800 400	7 500 600
Achats HT	2 900	5 100	4 100
Salaires	4 500	4 500	4 560
Charges sociales	1 800	1 800	1 840
Autres charges HT	250	250	250
Autres charges (non soumises à la TVA)	240	240	240
Cessions d'éléments d'actif HT	1 800	–	–

Tableau des décaissements pour le premier trimestre N (en k€) (sauf TVA à décaisser)

	Janvier	Février	Mars
Fournisseurs (au bilan)	640	–	–
Achats TTC	2 040	3 480	6 120
Salaires	4 500	4 500	4 560
Charges sociales	1 600	1 800	1 800
Autres charges TTC	300	300	300
Autres ch. non soumises à la TVA	240	240	240
Total	9 320	10 320	13 020

Autres informations

Les clients français et étrangers règlent à 30 jours

Taux de TVA : 20 %, règlement avec 1 mois de décalage

Postes du bilan au 31/12/N–1 :

- Créances clients : 9 860 k€
- TVA à décaisser : 585 k€
- Trésorerie initiale : 950 k€

SYNTHÈSE

La gestion de trésorerie

Le budget de trésorerie

Prévisions générales sur l'ensemble des l'activité (achats, ventes, etc.)

↓

Tableaux préparatoires (encaissements, décaissements, TVA)

↓

Budget de trésorerie

- Postes présentés par nature (salaires, TVA, etc.)
- Encaissements et décaissements TTC

↓

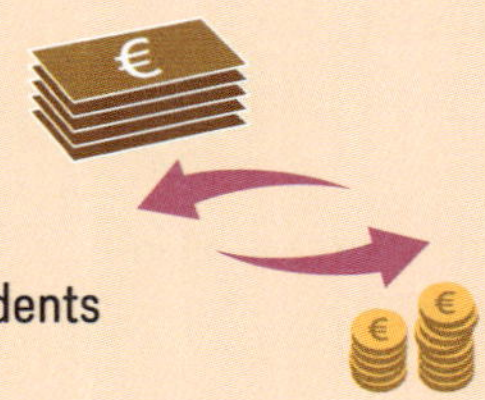

Équiligrage du budget de trésorerie

- Gestion des flux (virements entre banques, etc.)
- Financement des déficits et placement des excédents

Objectif :
trésorerie = 0

L'équilibrage classique de trésorerie

Budget classique de trésorerie	Prévisions au jour le jour aux dates de valeur
Vérification de l'équilibre global des encaissements et décaissements et surveillance de la liquidité de l'entreprise.	Optimisation à très court terme de l'équilibrage de la trésorerie pour se rapprocher de soldes voisins de zéro.

CHAPITRE 17 Les financements à court terme

PROGRAMME

Compétences attendues	Savoirs associés
• **Distinguer** et **qualifier** les principales modalités de financement des déficits de trésorerie • **Arbitrer** entre les différentes modalités de financement à la disposition de l'entreprise	• Les principales modalités de financement à court terme des soldes déficitaires de trésorerie : escompte, crédits de trésorerie, découvert • La négociation des conditions de mouvements de trésorerie • Les coûts des différentes modalités de financement

PRÉREQUIS

Les marchés financiers (chapitre 12)

PLAN DU CHAPITRE

COURS : 1. Principaux financements à court terme • 2. Coût des différentes modalités de financement • 3. Négociation des conditions de financement

DES SAVOIRS AUX COMPÉTENCES : Évaluer les savoirs • Maîtriser les compétences • Préparer l'épreuve

SYNTHÈSE

Il existe de nombreuses solutions pour financer un déficit de trésorerie. Certaines sont plutôt accessibles aux grosses sociétés et d'autres davantage utilisées par les PME.
Le choix entre plusieurs possibilités de financement est le plus souvent fonction de leur coût, mais d'autres facteurs sont également à prendre en compte : l'aspect pratique, la rapidité d'obtention, l'exigence de garanties de la part du prêteur, etc.

MOTS-CLÉS

Affacturage • Agios • Commission • Crédit spot • Découvert • Escompte • Factor • Jour de banque • Ligne de crédit • Marché monétaire • Taux d'intérêt • Titre de créance négociable

1 Principaux financements à court terme

Les entreprises peuvent utiliser différentes modalités de financement à court terme (tab. 17.1).

Les Cessions Dailly sont en perte de vitesse au profit de l'affacturage.

Tableau 17.1. Principaux financements à court terme

Mobilisation des créances commerciales	Crédits bancaires	Affacturage	Billets de trésorerie
• Escompte • Cession Dailly	• Découvert • Crédit de campagne • Crédit spot • Lignes de crédit		

A) Crédits de mobilisation des créances commerciales : l'escompte

Définition

L'**escompte** est une opération par laquelle une entreprise cède ses effets de commerce, avant leur échéance, à la banque, en contrepartie d'un crédit diminué des agios.

Les effets de commerce émis par l'entreprise en cas de vente à crédit sont des titres de créance négociables.

La banque fixe un plafond (ou « ligne d'escompte ») qui dépend notamment du chiffre d'affaires (il correspond généralement à un mois de CA). La banque peut refuser d'escompter les effets lui paraissant trop risqués.

À l'échéance, le client paye la banque devenue propriétaire de l'effet. En cas d'impayé, la banque débite le compte de l'entreprise du montant figurant sur l'effet.

B) Crédits bancaires

1. Découvert

Définition

On appelle **découvert** le solde débiteur d'un compte bancaire ; mais également un crédit utilisable par débit du compte bancaire.

En général, le banquier fixe un plafond (montant maximum débiteur) en fonction d'un certain nombre de critères (taille et chiffre d'affaires de l'entreprise, situation financière, montant des sommes transitant par la banque, etc.). Le nombre de jours de découvert peut être limité.

Les différentes formes de découvert. La possibilité d'avoir un compte bancaire débiteur peut correspondre :

– à une facilité de caisse qui ne dure que quelques jours et permet de faire face à des « pointes » dans les décaissements (ex. : échéances de fin de mois) ;

– à un découvert proprement dit, d'une durée plus longue.

Intérêt. Bien utilisé, le découvert est un moyen de financement intéressant ; souple, il permet de couvrir exactement les besoins de l'entreprise.

Contrairement aux financements précédents, le découvert est un crédit non garanti par des créances. Il est simple d'utilisation et s'ajuste précisément (en montant et en durée) aux besoins à financer.

Son coût dépend des conditions d'utilisation (notamment de sa durée, qui ne doit pas être trop courte) et de la situation de l'entreprise (taille, qualité de la signature, etc.).

2. Crédit de campagne

Le crédit de campagne est utilisé par des entreprises à activité saisonnière pour leur permettre de fabriquer et stocker des produits dont la vente s'effectue sur une courte période.

Exemples

Activité viticole, fabrication de chocolats de Noël ou location de skis.

Il peut prendre la forme d'un découvert classique ou d'effets financiers à négocier auprès de la banque. Les remboursements s'effectuent au fur et à mesure des ventes.

3. Crédit spot

Définition

Le **crédit spot** est un crédit bancaire de courte durée (quelques heures à quelques mois).

Il se présente comme un découvert matérialisé par un effet financier (billet à ordre) que la banque escompte ; le montant net est porté au compte de l'entreprise.

Un montant minimum est exigé. Ce montant varie selon les banques mais est généralement élevé (plusieurs milliers d'euros). Ce crédit est donc peu accessible aux PME.

Le **taux d'intérêt** est celui du marché monétaire (EONIA, Euribor) majoré d'une marge plus ou moins importante (de 0,10 % à 1,30 %) négociée avec la banque.

Du fait de sa facilité d'utilisation, cette forme de crédit est très répandue auprès des sociétés d'une certaine taille ayant des besoins de trésorerie importants.

4. Lignes de crédit

Définition

La **ligne de crédit** est un accord donné par une banque à un client lui permettant de tirer des fonds sur un compte bancaire jusqu'à un plafond fixé et pendant une durée déterminée.

Les fonds peuvent être tirés à tout moment en fonction des besoins de trésorerie ou d'exploitation.

Il existe des lignes multidevises pour les importateurs et les exportateurs.

Du fait de l'importance des montants en cause, les lignes de crédit des grosses sociétés sont l'objet d'un montage par plusieurs banques.

Exemple

- En décembre 2020, la société Klépierre (secteur de l'immobilier) a signé une ligne de crédit renouvelable, d'une maturité de 5 ans, pour 1,385 million d'euros.

CHIFFRE-CLÉ

En 2019, le montant des créances vendues aux sociétés d'affacturage a été de **350 Mds €**, soit une progression de **9,1 %** par rapport à 2018 (AFSF, 2020).

C) Affacturage

Définition

L'**affacturage** est une opération par laquelle une entreprise cède ses créances commerciales à court terme à une société d'affacturage (ou **factor**) qui en assume dès lors la gestion et le recouvrement.

Les sociétés d'affacturage sont des **établissements de crédit spécialisés**, titulaires d'un agrément en tant que **sociétés financières**. Ce sont généralement des filiales de grandes banques (ex. : Eurofactor appartient au groupe Crédit agricole).

Le factor rend plusieurs types de services (tab. 17.2).

Tableau 17.2. Les trois services du factor

Gestion du poste « Clients »	Rachat des créances	Assurance-crédit
Comptabilisation, encaissement, relance des clients, procédures précontentieuses et contentieuses si nécessaire.	• Avance de liquidités contre la cession, avant leur échéance, des créances clients acceptées par la société d'affacturage. • En pratique, un délai de 24 heures est nécessaire.	Elle garantit les impayés en fonction d'un pourcentage compris entre 80 et 100 %.

L'entreprise (**ou cédant**) conclut un **contrat** qui précise les prestations fournies par la société d'affacturage ainsi que le détail des **commissions** dues.

Dans le cas où des cessions de créances sont prévues, la société d'affacturage fixe un **plafond de financement en fonction de la qualité des clients** de l'entreprise qui doivent individuellement faire l'objet d'un **agrément**. Pour cela, elle étudie périodiquement la solvabilité des différents clients. En cas de cession, les créances font l'objet d'un **achat ferme** par le factor qui en assume le risque jusqu'au règlement.

Pour l'entreprise qui y recourt, l'affacturage présente deux intérêts :

- L'entreprise est déchargée de la gestion des créances, des opérations de relance et de contentieux qui nécessitent du personnel. Elle peut donc réduire ses coûts internes et simplifier sa comptabilité.
- L'entreprise bénéficie de la compétence du factor qui dispose d'un personnel spécialisé et expérimenté.

L'affacturage est accessible à toutes les entreprises quels que soient leur taille et leur secteur d'activité ; il s'applique également aux créances étrangères.

D) Titres de créance négociables (TCN)

Les **titres de créances négociables** (TCN) sont émis par les entreprises ou par l'État sur le marché monétaire, pour une durée pouvant s'étendre de quelques jours à plusieurs années.

La Banque de France distingue deux types de titres de créances négociables (tab. 17.3).

Tableau 17.3. Les deux catégories de TCN

Les titres de créances négociables à court terme	Les titres de créances négociables à moyen terme
• Durée : 1 jour à 1 an • Montant minimum : 150 000 € • Très utilisés	• Durée : plus d'1 an • Montant minimum : 150 000 € • Peu utilisés pour effectuer des placements de trésorerie

CHIFFRE-CLÉ

Les TCN à court terme ont une durée de vie moyenne entre **1 et 3 mois**.

En général, les intérêts sont fixes et versés à l'échéance (intérêts postcomptés). Les taux proposés sont proches de ceux du marché monétaire.

En raison de son montant minimum élevé, le TCN n'est utilisé que par de grandes sociétés, généralement cotées, ainsi que par les collectivités publiques (régions, départements, etc.). Il peut être émis en euros ou dans une autre devise.

Pour les entreprises qui peuvent l'utiliser, il présente l'avantage d'emprunter directement, à court terme, auprès d'autres entreprises sans passer par le système bancaire, à des conditions de taux intéressantes.

→ APPLICATION 3 • MINI-CAS 5 • MINI-CAS 6

2 Coût des différentes modalités de financement

L'essentiel du coût d'un crédit à court terme étant constitué d'intérêts débiteurs, il est important de connaître la formation des taux pratiqués.

A) Taux d'intérêt à court terme

1. Taux appliqués par les banques

Les banques sont libres de fixer les taux qu'elles pratiquent pour les crédits à court terme accordés aux TPE et PME. Il est basé sur un taux de référence, le taux de base bancaire (TBB), variable selon les établissements, puis des majorations pour tenir compte de la taille et de la solidité de l'entreprise.

CHIFFRE-CLÉ

Le TBB est de **6,6 %** depuis 2001.

2. Taux du marché monétaire

Définition

Le **marché monétaire** est le marché des capitaux à court et moyen terme.

Ce marché est unique pour la zone euro et comprend deux compartiments (fig. 17.1).

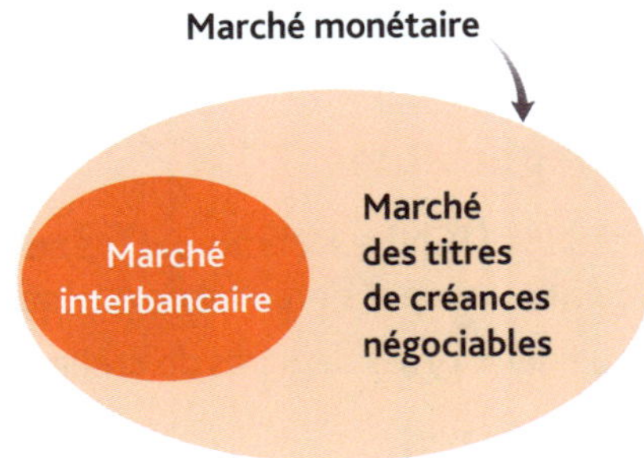

Figure 17.1. Le marché monétaire

Le marché interbancaire. Ce marché est réservé aux établissements de crédit, à la Banque de France (qui intervient pour le compte de la Banque centrale européenne) et au Trésor public. La Banque centrale européenne (BCE) agit sur ce marché notamment en fixant un taux directeur (↪ chapitre 12).

Les opérations de prêts et d'emprunts effectuées par les intervenants sur le marché interbancaire sont à la base des taux appliqués aux grandes entreprises (tab. 17.4).

Tableau 17.4. Taux de référence du marché interbancaire

Désignation	Définition	Utilisation
EONIA (*Euro overnight index average*) ou TJJ (taux au jour le jour)	• Moyenne des taux, pondérée par les montants des transactions, des prêts à 24 heures entre les principaux opérateurs du marché. • Calculé par la BCE et publié par la Fédération des banques européennes (FBE)	• Référence pour les crédits à très court terme. • À la base du calcul du T4M
T4M ou TMM (taux moyen mensuel du marché monétaire)	• Moyenne arithmétique des EONIA du mois considéré. • Calculé par l'Association française des banques (AFB)	• Utilisés pour la fixation du taux des crédits à court terme pour les grandes entreprises (découverts, escomptes, crédits spots, crédits entre filiales d'un même groupe, etc.) • L'Euribor 3 mois est une référence particulièrement utilisée (support des contrats à terme et à options)
Euribor (*Euro interbank offered rate*)	• Taux moyen interbancaire offert entre banques sur des dépôts variant de 1 à 12 mois (Euribor 1 mois, Euribor 2 mois,…, Euribor 12 mois). Les banques de références sont les mêmes que pour l'EONIA. • Publié par la Fédération des banques européennes (FBE)	

Le marché des titres de créances négociables. La Banque de France veille au respect des conditions d'émission par les émetteurs.

B) Coût du découvert

Définition

On désigne par **agios** l'ensemble des frais prélevés par la banque lors d'un crédit à court terme.

Le coût du découvert, ou « agios », regroupe deux éléments :
- les intérêts débiteurs, calculés sur le nombre de jours exact du découvert ;
- la commission du plus fort découvert (CPFD), qui représente 0,05 % du plus fort découvert de chaque mois. Elle est plafonnée à la moitié des intérêts débiteurs du trimestre.

Exemple

▸ Soit un découvert du 15 mai au 29 mai inclus ; montant : 100 000 €. Taux : 6,10 %. Commission du plus fort découvert : 0,05 % (soit 1/2 000).
- Durée du découvert : 15 jours.
- Coût :
  - Intérêts débiteurs : ≈ 254,17 €
  - CPFD : 100 000 × 0,05 % = 50 €

    Soit un total des agios de 304,17 €.
- Taux de revient t : $\dfrac{100\,000 \times t \times 15}{360} = 304{,}17$, d'où $t = 0{,}073$ ou 7,30 %.

La majoration par rapport au taux nominal est de : 7,30 % – 6,1 % = 1,20 %. Elle est due à la CPFD. ▸

Les banques calculent les intérêts des crédits à court terme sur la base de 360 jours par an.

C) Coût de l'escompte

1. Durée de l'escompte

L'escompte est calculé sur la valeur nominale des effets à partir de la durée séparant la date de négociation (exclue) de la date d'échéance (incluse). La banque ajoute parfois à cette durée de crédit un ou deux jours, dits « **jours de banque** ».

Beaucoup de banques imposent une durée minimale de 10 jours pour le calcul des intérêts et un montant minimum d'agios par effet.

2. Coût

Le taux des intérêts débiteurs est celui de l'escompte majoré d'une commission d'endos (en général 0,60 %).

Une commission d'escompte fixe est appliquée pour chaque effet remis. Elle est soumise à la TVA (contrairement à la commission d'endos qui est un taux).

NOTRE CONSEIL

Seul le montant net est porté au compte de l'entreprise, ce qui oblige à porter à l'escompte un montant supérieur au besoin à financer.

Exemple

▸ Le 20 juin, une société remet à l'escompte deux effets de 10 000 et 20 000 €, échéant le 10 juillet.
Taux d'escompte : 6,30 % ; commission d'endos : 0,60 % ; commission de manipulation : 5 € par effet ; jours de banque : 1.
Durée de l'escompte : le calcul commence le 21 juin → 10 (juin) + 10 (juillet) = 20 jours.
Pour le calcul, la banque rajoute 1 jour ; les intérêts sont calculés sur 21 jours.

La commission d'endos fonctionne comme un taux d'intérêt et s'ajoute au taux d'escompte proprement dit.
Montant des agios :
- Intérêts = (10 000 + 20 000) × 0,069 × 21/360) = 120,75
- Commission d'escompte TTC : 5 × 2 × 1,20 = 12

Soit un total d'agios de 132,75 €.
L'entreprise sera créditée du montant net, soit : 30 000 – 132,75 = 29 867,25 €

D) Coût du crédit spot

Le coût du crédit spot est calculé sur la durée exacte du crédit.

Le taux d'intérêt étant fixé par référence à ceux du marché monétaire (EONIA ou Euribor), son coût est faible.

E) Coût de l'affacturage

Le coût de l'affacturage comprend deux éléments :
- La commission d'affacturage. Elle rémunère les services de gestion et de garantie du factor. Elle se situe entre 1 % et 2 % du montant TTC des factures cédées. Le taux varie en fonction de plusieurs facteurs : importance des risques, dispersion géographique des clients…
- La commission financière (ou de financement). Elle rémunère l'avance de trésorerie obtenue grâce à la cession des créances. Le taux de cette commission est comparable à celui d'un crédit bancaire à court terme (ex. : taux Euribor auquel s'ajoute une marge comprise entre 0,6 % et 2 % ; plus pour les PME).

De plus, les contrats d'affacturage imposent généralement un dépôt de garantie égal à 10 % des créances cédées TTC.

Le coût global de l'affacturage peut représenter 7 à 14 % des créances cédées.

→ APPLICATION 2 • APPLICATION 4 • MINI-CAS 7 • CAS PRATIQUE 8 • CAS PRATIQUE 9

3 Négociation des conditions de financement

A) Relation bancaire

Pour mieux négocier, l'entreprise doit conforter son image auprès de ses banques et :
- transmettre régulièrement les documents comptables ;
- prévenir le banquier en cas de difficultés de trésorerie probables ;
- présenter des documents (budget de trésorerie, etc.) pour négocier certains crédits.

Par ailleurs, l'entreprise fait l'objet d'une cotation auprès de la Banque de France qui contribue à l'image auprès de ses banquiers (tab. 17.5). Cette cotation renseigne les établissements de crédit sur la capacité des entreprises à honorer leurs engagements financiers à moyen terme. Plus de 260 000 entreprises sont l'objet d'une cote de crédit par la Banque de France.

Tableau 17.5. Extrait de la cote de crédit de la Banque de France

Cote de crédit	Appréciation
3++	Excellente
3+	Très forte
3	Forte
...	...
5+	Assez faible
5	Faible
...	...
9	Compromise

B) Négociation

Il faut savoir que le coût de financement d'un crédit à court terme dépend des conditions d'utilisation : durée retenue pour le calcul, existence de jours de banque, conditions bancaires, etc.

Le trésorier doit essayer d'obtenir les meilleures conditions possibles pour minimiser les frais financiers et maximiser les produits financiers. La négociation porte donc sur les taux et les nombreuses commissions (commission de télétransmission, commission fixe d'escompte, commission de mouvement calculée sur les opérations enregistrées au débit du compte, etc.).

Exemple

Certaines entreprises obtiennent de remplacer la commission du plus fort découvert par une majoration du taux du découvert de 0,60 %, ce qui est très avantageux. Plus rares sont les entreprises qui obtiennent sa suppression : seules les entreprises ayant une certaine taille et surtout une image de solidité financière peuvent y prétendre.

Évaluer les savoirs | Maîtriser les compétences | Préparer l'épreuve

1 Quiz

Vérifiez l'exactitude des propositions ci-après et justifiez-les.

	Vrai	Faux
1. On retient le nombre exact de jours de découvert pour calculer les intérêts débiteurs.	☐	☐
2. Le taux nominal du découvert est inférieur à celui de l'escompte.	☐	☐
3. Dans l'escompte, les intérêts sont précomptés.	☐	☐
4. Les commissions bancaires sont toutes fixes.	☐	☐
5. Le crédit spot est accessible à toutes les entreprises.	☐	☐
6. L'idéal est de pouvoir bénéficier de taux proches de ceux du marché monétaire.	☐	☐
7. Des sociétés financières sont spécialisées dans l'affacturage.	☐	☐
8. Le marché monétaire comprend deux compartiments.	☐	☐
9. La Banque centrale européenne (BCE) fixe un taux directeur.	☐	☐
10. Le taux de revient d'un crédit correspond à son taux nominal.	☐	☐
11. Les commissions augmentent le taux de revient d'un crédit.	☐	☐

2 Coût d'un découvert ★★★

Soit un découvert de 150 000 € au taux de 6 % ; CPFD : 0,05 %.

Calculez les agios et le taux de revient du crédit pour des durées de 10, 20 et 30 jours. Commentez les résultats obtenus.

3 Effets à escompter ★★★

Une entreprise possède en portefeuille les effets suivants (date d'échéance : fin avril) : 15 000 € ; 25 000 € ; 62 000 € ; 30 000 €.

Début avril, elle prévoit un déficit de trésorerie de l'ordre de 100 000 € sur une durée de trois semaines.

Quels effets l'entreprise doit-elle escompter ? Commentez.

4 Coût d'escompte ★★★

Le 20 mai, une société remet à l'escompte deux effets de 1 000 et 2 000 €, échéant le 10 juin. Taux d'escompte : 6,40 % ; commission d'endos : 0,60 % ; commission de manipulation : 4 € par effet ; jours de banque : 2.

Calculez le coût (en €) de cette opération.

Évaluer les savoirs | Maîtriser les compétences | Préparer l'épreuve

5 Mini-cas : Socodex ★★★

Compétences attendues

- **Distinguer** les principales modalités de financement des déficits à court terme
- **Arbitrer** entre les différentes modalités de financement

Les prévisions de trésorerie effectuées par la société Socodex mettent en évidence un déficit d'un montant de 200 000 € environ. Celui-ci apparaîtrait le 24 mai et se prolongerait jusqu'au 12 juin inclus. Il n'y aurait pas d'autres déficits de trésorerie au cours des mois de mai et juin. Deux financements sont envisageables :

- L'escompte :
  - Portefeuille : effets de 80 000 €, 65 500 €, 21 000 € à échéance du 15 juin ; effets de 40 000 €, 20 000 €, 5 000 €, 3 000 € à échéance du 20 juin ;
  - Conditions : taux de l'escompte : 5,70 % ; commission d'endos : 0,60 % ; commission fixe : 2,40 € HT par effet négocié, 1 jour de banque.
- Le découvert : taux : 6,85 % ; CPFD : 0,05 %.

1. *Identifiez les effets que la société doit porter à l'escompte.*
2. *Déterminez le financement qu'elle doit choisir. Commentez le résultat.*

6 Mini-cas : Cashmere ★★★

Compétences attendues

- **Distinguer** les principales modalités de financement des déficits à court terme
- **Arbitrer** entre les différentes modalités de financement

La société Cashmere est une petite SA en développement qui connaît périodiquement des problèmes de trésorerie. Afin de mieux contrôler ces derniers, elle a décidé d'effectuer des prévisions mensuelles de trésorerie sur un horizon de trois mois.

Les prévisions condensées relatives aux trois prochains mois sont données dans le tableau suivant (sommes en k€). On précise que les ventes sont réalisées avec un crédit de 30 jours fin de mois, sous forme d'effets.

	Avril	Mai	Juin
Encaissements	5 400	4 450	5 250
Décaissements	5 950	5 550	3 600
Écarts	– 550	– 1 100	+ 1 650
Trésorerie finale	– 550	– 1 650	0
Ventes TTC	5 200	4 200	5 600

En cas de déficit de trésorerie, la société escompte les effets en portefeuille. Le taux annuel d'escompte est de 6,50 %. Pour simplifier, on considérera que l'escompte est réalisé en fin de mois, on ne tiendra pas compte des commissions et les intérêts seront arrondis au millier d'euros le plus proche.

1. *Calculez le montant des financements nécessaires.*
2. *Présentez un budget de trésorerie équilibré relatif aux trois mois concernés.*

7 Mini-cas : Crédit spot ★★★

Compétence attendue **Arbitrer** entre les différentes modalités de financement

Soit un crédit spot présentant les caractéristiques suivantes :

- montant nominal : 200 000 €
- date d'émission : 01.09
- date d'échéance : 30.09
- taux : 2,4 %
- agios précomptés
- 1 jour de banque
- pas de commission

1. *Expliquez ce que sont les agios précomptés.*
2. *Calculez le coût du crédit spot en euros.*
3. *Calculez le taux de revient du crédit spot.*

Évaluer les savoirs | Maîtriser les compétences | Préparer l'épreuve

8 Cas pratique : Tiépolo ★★★

20 min

Compétence attendue — **Arbitrer** entre les différentes modalités de financement

La société Tiépolo a remis plusieurs effets à l'escompte le 30 juin N. Le taux annuel d'intérêt est de 5,3 % et la commission d'endos de 0,60 %. Les commissions fixes s'élèvent à 30 € HT par effet négocié.

Le bordereau de remise à l'escompte simplifié se présente comme suit :

Effets	Montant	Échéances	Durées
A	7 000	01/09	63
B	1 600	08/09	70
C	6 000	15/09	77
D	8 500	30/09	92

Missions

1. *Rappelez la règle de calcul des jours et vérifiez les durées indiquées dans le tableau.*
2. *Calculez le montant des agios HT et TTC (taux de TVA : 20 %) et le montant net reçu.*
3. *Calculez le taux réel de l'escompte (1 an = 365 jours), sachant que la date de valeur des effets remis à l'encaissement est « date d'échéance + 4 jours calendaires ».*

9 Cas pratique : Breiz ★★★

25 min

Compétences attendues
- **Distinguer** les principales modalités de financement des déficits à court terme
- **Arbitrer** entre les différentes modalités de financement

La société Breiz est spécialisée dans le commerce de fournitures de bureau. Pour gérer sa trésorerie, elle utilise les financements traditionnels.

Les prévisions pour le mois de mai font apparaître un découvert d'environ 80 000 € du 12 au 26 mai inclus.

- Conditions du découvert : taux de 8,5 % ; CPFD : 0,05 %.
- Conditions de l'escompte : taux : 7,5 % ; commission d'endos : 0,60 % ; commission de négociation : 5 € HT par effet négocié ; 1 jour de banque.

La société dispose des effets suivants :

N° des effets	Valeur nominale (en €)	Date d'échéance
112	20 000	31/05
113	55 000	31/05
114	25 000	31/05
115	8 000	10/06
116	34 000	10/06
117	5 000	10/06

Missions

1. *Précisez la date de négociation des effets et le numéro des effets à négocier pour couvrir le découvert.*
2. *Trouvez le financement le moins coûteux.*
3. *Calculez le taux de revient du découvert.*

SYNTHÈSE

Les financements à court terme

Principaux financements à court terme

	Caractéristiques	Éléments du coût
Escompte	• Cession d'effets de commerce à la banque avant leur échéance. • Montant net d'agios porté au compte de l'entreprise.	• Intérêts débiteurs (calculés en fonction de la date d'échéance des effets) + commission fixe par effet
Découvert	• S'adapte exactement aux besoins (durée, montant). • Plusieurs formes : facilité de caisse ou découvert plus long.	• Intérêts débiteurs (calculés sur la durée exacte du découvert) + CPFD (commission du plus fort découvert)
Affacturage	• Trois niveaux de services (recouvrement, rachat des créances et garantie des impayés). Coût élevé.	• Commission d'affacturage (0,4 à 1 % des créances cédées) + commission financière pour l'avance de trésorerie obtenue
Titre de créance négociable	• Montant minimum : 150 000 €. Émission réservée aux grandes sociétés cotées.	• Intérêts débiteurs (calculée en fonction de la date d'échéance des effets) + commission fixe par effet
Crédit spot	• Pour un besoin ponctuel et important.	• Intérêts débiteurs (sur la durée exacte du crédit) précomptés

Les taux appliqués varient en fonction de la taille et du niveau de risque de l'entreprise. La TVA sur certaines commissions (ex. : commission d'escompte fixe) est déductible.

Taux d'intérêt à court terme

Taux bancaire pour les TPE-PME

• Fixé par la banque en fonction de la taille et du risque

Taux du marché monétaire

• EONIA (taux au jour le jour)
• Euribor (et ses déclinaisons)

CHAPITRE 18

Le placement des excédents de trésorerie sur les marchés financiers

PROGRAMME

Compétences attendues

- **Identifier** la relation entre incertitude et rentabilité exigée par le marché
- **Calculer** la rentabilité espérée ou la valeur théorique sur une période d'un titre financier
- **Déterminer** différents placements sur les marchés financiers
- **Incorporer** les gains des placements dans la trésorerie

Savoirs associés

- La relation rentabilité-risque : interprétation par type d'actif
- La représentation espérance/écart-type
- Les produits bancaires
- La rentabilité et le risque à partir d'une série de données boursières
- L'introduction à la diversification avec deux actifs

PRÉREQUIS

La valeur et le temps (chapitre 7) • Les marchés financiers (chapitre 12)

PLAN DU CHAPITRE

Cours : 1. Principaux placements à court terme • 2. Rentabilité et risque • 3. Diversification d'un portefeuille • 4. Budget de trésorerie et recherche d'équilibre

Des savoirs aux compétences : Évaluer les savoirs • Maîtriser les compétences • Préparer l'épreuve

Synthèse

Les placements à court terme sont très variés. Certains placements sont davantage destinés aux petites et moyennes entreprises ; d'autres plutôt réservés aux grosses sociétés. L'utilisation de ces placements exige une bonne connaissance des marchés financiers et une maîtrise des concepts sous-tendant leur fonctionnement.

Deux exigences conditionnent le choix des placements : le rendement, qui doit être le meilleur possible, et la liquidité, qu'il faut constamment préserver. Les placements retenus et les gains financiers attendus doivent être intégrés au budget de trésorerie.

MOTS-CLÉS

Actif risqué • Actif sans risque • Diversification • Écart-type de la rentabilité • OPCVM • Rentabilité attendue • Rentabilité passée • Risque de marché • Risque spécifique • SICAV • Titre de créance négociable

1 Principaux placements à court terme

A) Placements traditionnels (ou produits bancaires)

1. Dépôts (ou comptes) à terme

Il s'agit d'un placement sur un compte bancaire dont la durée varie de 1 mois à 2 ans. La rémunération, fixée par la banque, est voisine du taux du marché monétaire (ex. : taux Euribor – une marge) et varie suivant le montant et la durée du placement.

Il faut signaler que, de plus en plus souvent, les banques acceptent de rémunérer les liquidités sans condition de durée.

2. Parts d'OPCVM

Au lieu de gérer personnellement un portefeuille de valeurs mobilières, il est possible de faire l'acquisition de parts d'un organisme de placement collectif en valeurs mobilières (**OPCVM**).

Il existe deux catégories d'OPCVM : les sociétés d'investissement à capital variable (SICAV) et les fonds communs de placement (FCP).

- Les **SICAV** sont des sociétés anonymes ayant pour objet la gestion d'un portefeuille de valeurs mobilières. Il en existe plusieurs catégories (tab. 18.1).
- Les FCP ne sont pas des sociétés mais des copropriétés de valeurs mobilières, gérées par des établissements de crédit ou des entreprises d'investissement.

Tableau 18.1. Principales catégories de SICAV

Types de SICAV	Précisions
SICAV actions	• SICAV actions françaises • SICAV actions de la zone euro ou des pays de l'UE • SICAV actions internationales
SICAV obligations	• SICAV obligations en euros • SICAV obligations et autres titres de créance internationaux
SICAV monétaires (ou de trésorerie)	• SICAV monétaires (titres à court terme libellés en euros) • SICAV monétaires à vocation internationale (titres à court terme libellés en euros ou dans d'autres devises)
SICAV diversifiées	• Dans des produits (ex. : or, énergie) • Dans des zones géographiques (ex. : marchés asiatiques) • Dans des secteurs économiques (ex. : nouvelles technologies de la communication)

Les entreprises disposant de fonds à placer peuvent souscrire des parts d'OPCVM. Il s'agit, en général, de parts de SICAV monétaires qui figurent parmi les placements les moins risqués.

Chaque OPCVM se caractérise par :
- la catégorie à laquelle il appartient ;
- les commissions de souscription et de rachat (cette dernière étant souvent nulle) ;

– les frais de gestion ;
– les performances réalisées (elles sont très variables, en fonction du type d'OPCVM, de la conjoncture et de la qualité de la gestion).

La valeur de la part est calculée chaque jour ouvrable. Les SICAV ne sont pas cotées en Bourse mais elles doivent publier quotidiennement le prix d'émission et le prix de rachat des parts.

Les placements en OPCVM sont des placements plus ou moins risqués mais dont la liquidité est grande.

B) Placements non bancaires

1. Titres de créances négociables (TCN)

L'entreprise peut souscrire des **titres de créances négociables** (TCN). Les TCN sont émis par des entreprises, des établissements de crédit, l'État (bons du Trésor) ou des collectivités locales.

La Banque de France distingue deux types de TCN (↪ chapitre 17). Seuls les titres de créances à court terme (un an maximum) conviennent au placement des excédents de trésorerie. Le montant unitaire minimum étant de 150 000 €, seules les sociétés ayant de gros excédents à placer peuvent les utiliser.

2. Gestion directe d'un portefeuille de valeurs mobilières

La gestion directe d'un portefeuille de valeurs mobilières exige un personnel compétent et peut se révéler risquée sur le plan financier.

3. Autres placements

D'autres possibilités de placement existent :

- Prêts interentreprises. Fréquemment, des prêts sont consentis à une entreprise par une autre (société mère à sa filiale, société donneuse d'ordres à une entreprise sous-traitante, etc.).
- Escompte fournisseurs. Un escompte négocié avec le fournisseur permet de renoncer à un crédit. La loi impose aux fournisseurs d'indiquer sur les factures le taux d'escompte proposé en cas de paiement anticipé, de mentionner « pas d'escompte » ou « escompte 0 % » le cas échéant.

2 Rentabilité et risque

A) Actif sans risque et actif risqué

En finance, il est devenu classique de distinguer deux grands groupes d'actifs financiers : les actifs sans risque et les actifs risqués.

1. Actif sans risque

Définition

L'**actif sans risque** se caractérise par une rentabilité certaine (connue à l'avance) et un remboursement certain.

Exemple

- Les obligations à taux fixe émises par l'État, en particulier les OAT (obligations assimilables du Trésor).

Pour les obligations de ce type, le taux de rendement actuariel est connu à l'avance (la rentabilité est dite certaine) et le remboursement est assuré. Le risque qu'elles présentent est considéré comme nul.

2. Actif risqué

Pour ce type d'actif (ex. : actions), il est possible de calculer une rentabilité prévisionnelle ou espérée mais, dans le futur, des événements pourront entraîner des fluctuations de cette rentabilité. Autrement dit, les flux futurs, et donc la rentabilité, sont incertains.

Investir dans un **actif risqué** revient à accepter cette incertitude. Logiquement, plus un actif est risqué, plus l'espérance de rentabilité est élevée.

Définition

La **prime de risque** est le surplus de rentabilité exigé d'un investissement risqué par rapport à la rentabilité d'un actif sans risque.

Autrement dit, le risque est rémunéré par la prime de risque (ou prix du risque).

$$\text{Taux de rentabilité d'un actif risqué} = \text{Taux de rentabilité d'un actif non risqué} + \text{Prime de risque}$$

La prime de risque varie avec le temps et le contexte. Une étude américaine a montré que la prime de risque historique moyenne se situe entre 4 % et 5 % environ.

B) Mesure de la rentabilité et du risque d'une action

1. Rentabilité d'une action

Rentabilité passée. En principe, on attend d'une action deux types de flux :
- un dividende versé chaque année ;
- une plus-value (éventuellement, une moins-value) réalisée au moment de la cession de l'action.

La rentabilité (ou taux de rentabilité) est calculée à partir de l'ensemble de ces flux :
- R : rentabilité de l'action
- C_0 : cours de l'action à la date 0
- C_1 : cours de l'action à la date 1
- D : dividende versé au cours de la période 1

$$R = \frac{C_1 - C_0 + D}{C_0}$$

Exemple

- Considérons une action X dont le cours est C_0 à la date 0 et C_1 à la date 1. Désignons par D le dividende éventuellement versé au cours de la période 1 :

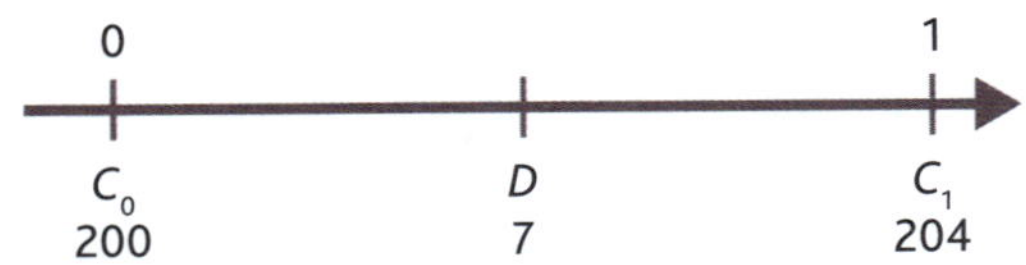

Soit $R = \dfrac{204 - 200 + 7}{200} = 0{,}055 = 5{,}5\ \%$

Sur n périodes, la rentabilité moyenne d'une action est : $\overline{R} = \dfrac{\sum_{i=1}^{n} R_i}{n}$

Rentabilité attendue (ou anticipée ou espérée). Si l'on se place dans le futur, il devient plus difficile d'évaluer la rentabilité d'une action : les flux futurs ont un caractère aléatoire. On calcule donc une **rentabilité attendue**, à partir de prévisions relatives aux cours et aux dividendes prévus :

- dans un univers incertain, la rentabilité dépend des dividendes attendus mais aussi des variations de cours de l'action ;
- pour les actions cotées, l'essentiel de la rentabilité est généralement attribuable aux fluctuations de cours ;
- sur les marchés d'actions, les investisseurs anticipent la rentabilité des actions cotées en fonction des prévisions de résultats publiées par les sociétés et des perspectives économiques ;
- tout changement relatif à ces informations entraînera une modification de la rentabilité attendue et, par conséquent, de la valeur cotée de l'action.

2. Risque d'une action

Plus le cours est susceptible de fluctuer, plus la volatilité est grande et plus le risque est important. La volatilité varie en fonction de plusieurs facteurs :

- le niveau de l'endettement de l'entreprise ;
- les modifications de stratégie ;
- les avertissements sur résultats (*profit warnings*) ;
- certaines rumeurs.

Le risque est mesuré par l'**écart-type** (ou la variance) **de la rentabilité**.

Définition

L'écart-type (ou la variance) de la rentabilité traduit la dispersion de la rentabilité autour de la moyenne (ou de l'espérance mathématique). Si la rentabilité future est susceptible de varier fortement, le risque est élevé (et inversement).

Si l'on note VAR(R) la variance de la rentabilité d'une action et $\sigma(R)$ l'écart-type de la rentabilité de cette action, on a alors sur n périodes retenues pour le calcul :

$$\text{VAR}(R) = \frac{\sum_{i=1}^{n} R_i^2}{n} - \overline{R}^2 \quad \text{et} \quad \sigma(R) = \sqrt{\text{VAR}(R)}$$

Plus l'écart-type de la rentabilité est élevé, plus le risque est important et plus la rémunération attendue et proposée est élevée.

C) Mesure de la rentabilité et du risque d'une obligation

1. Rentabilité d'une obligation

À l'émission, la rentabilité d'une obligation correspond au taux de rendement actuariel.

Exemple

- Soit une obligation émise au pair le 10/10/N ; nominal : 100 € ; taux : 3,2 %. Remboursement au pair *in fine* dans 5 ans.
  Le jour de l'émission, la valeur cotée est égale à 100 € et le taux de rendement actuariel est de 3,2 %.

En cas d'acquisition après l'émission, la rentabilité de l'obligation peut être différente.

Exemple (suite)

- Supposons que, un an après l'émission, la valeur cotée de l'obligation soit de 102 €.
  Sachant qu'il reste quatre coupons d'intérêts à recevoir et que t désigne le taux de rentabilité du placement on peut écrire :
  $102 = 3{,}2\,(1+t)^{-1} + 3{,}2\,(1+t)^{-2} + 3{,}2\,(1+t)^{-3} + 103{,}2\,(1+t)^{-4}$, soit $t = 2{,}65$ %.
  Les taux ont baissé sur le marché financier et le cours de l'obligation a augmenté. En cas d'achat au prix de 102 €, la rentabilité de l'obligation n'est plus que de 2,65 % ; c'est-à-dire conforme au taux du marché.

2. Risque d'une obligation

L'obligation n'est pas totalement dénuée de risque :

- Risque de non-paiement. Il est rare qu'un émetteur manque à ses engagements (paiement du coupon et remboursement), mais il existe des obligations de deuxième catégorie (les *junk bonds*) présentant un risque de non-paiement plus grand. Les agences de notation évaluent le risque relatif aux émetteurs. Les obligations les plus risquées proposent des taux d'intérêt plus élevés.
- **Risque de marché** ou de taux d'intérêt. Le cours de l'obligation varie en sens inverse du taux d'intérêt (↪ chapitre 11). En période de hausse des taux d'intérêt, l'acquisition d'obligations peut donc être risquée. Une hausse de ces taux affecte négativement la valeur de marché et donc de revente des obligations.

→ APPLICATION 2 • MINI-CAS 3 • MINI-CAS 4 • CAS PRATIQUE 6 • CAS PRATIQUE 7

3 Diversification d'un portefeuille

A) Risque diversifiable et risque non diversifiable

L'écart-type de la rentabilité d'une action mesure le risque global relatif à cette action. Ce risque global se décompose en deux éléments :

Risque global = Risque de marché + Risque spécifique

1. Risque de marché ou risque systématique

Les fluctuations générales subies par le marché entraînent des fluctuations du cours des actions cotées sur ce marché. Le risque correspondant est appelé risque de marché (ou risque systématique). Ces fluctuations du marché sont dues à des phénomènes « globaux » qui affectent tous les titres.

Exemples

- La conjoncture économique, l'évolution des taux d'intérêt, les changements politiques, les risques de conflit, etc.

Si les titres sont tous affectés par ces facteurs, ils ne réagissent cependant pas tous avec la même ampleur. Certaines actions sont plus sensibles que d'autres aux évolutions du marché boursier et baisseront (ou augmenteront) plus fortement.

2. Risque spécifique

L'autre partie des fluctuations de la rentabilité s'explique par des caractéristiques propres à chaque société cotée, telles que la qualité de la gestion, une avance technologique, une catastrophe industrielle, un attrait spéculatif, etc. Cette partie du risque est qualifiée de **risque spécifique**.

Le risque spécifique peut être éliminé par la **diversification** du portefeuille, alors que le risque systématique ne peut pas être éliminé.

B) Risque et diversification

On estime aujourd'hui qu'il faut avoir plusieurs dizaines d'actions différentes (appartenant à divers secteurs d'activité) pour éliminer le risque spécifique (fig. 18.1). Du fait de cette possibilité, il est logique que le marché ne rémunère le seul risque systématique (ou de marché). Par conséquent, la prime de risque du marché (ou supplément de rentabilité) ne tient pas compte du risque spécifique de l'action.

La rentabilité espérée $E(R)$, ou espérance de rentabilité d'un portefeuille, est la moyenne pondérée des titres composant le portefeuille.

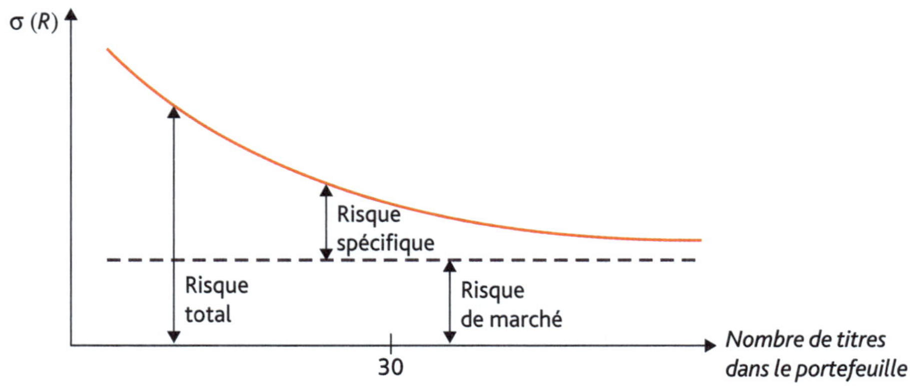

Figure 18.1. Analyse du risque global d'un portefeuille

Exemple

M. Ark possède un portefeuille composé d'une action A présentant les caractéristiques suivantes :

Actions	$E(R)$	$\sigma(R)$
A	12 %	16 %

M. Ark souhaite réduire le niveau de risque de son portefeuille grâce à l'acquisition d'un second titre B représentant 60 % du nouveau portefeuille :

Actions	$E(R)$	$\sigma(R)$
B	6 %	7 %

Caractéristiques de ce portefeuille :
- Espérance de rentabilité du portefeuille : $E(R) = 12\ \% \times 0{,}4 + 6\ \% \times 0{,}6 = 8{,}4\ \%$
- Écart-type de la rentabilité du portefeuille : $VAR(R) = 0{,}16^2 \times 0{,}4^2 + 0{,}07^2 \times 0{,}6^2 = 0{,}00586$

$\sigma(R) = 0{,}0766 = 7{,}66\ \%$

En diversifiant le portefeuille, le niveau de risque a diminué ; en contrepartie, la rentabilité espérée a également baissé.

→ MINI-CAS 5 • CAS PRATIQUE 8

4 Budget de trésorerie et recherche d'équilibre

A) Intégration au budget de trésorerie

Une fois les placements prévisionnels sélectionnés, il faut les intégrer au budget de trésorerie, ainsi que les produits financiers correspondants. L'objectif est d'équilibrer la trésorerie de façon à avoir des soldes prévisionnels voisins de zéro (↳ chapitre 16).

B) Sur-financement et sous-financement

Le budget de trésorerie étant prévisionnel, les soldes réels sont différents de zéro. Deux situations peuvent se présenter :
- Le sur-financement. Les soldes réels sont positifs. L'entreprise (le trésorier) a sous-estimé le montant des excédents et a donc un manque à gagner.
- Le sous-financement. La trésorerie réelle est en découvert et l'entreprise doit payer des agios plus élevés qu'avec un autre crédit à court terme.

→ CAS 5

1 Quiz

Vérifiez l'exactitude des propositions ci-après et justifiez-les.

	Vrai	Faux
1. Il existe plusieurs catégories de SICAV.	☐	☐
2. Seules les grosses sociétés peuvent émettre des billets de trésorerie.	☐	☐
3. Le montant minimum d'un billet de trésorerie est de 100 000 €.	☐	☐
4. L'écart-type de la rentabilité est la seule mesure du risque.	☐	☐
5. L'écart-type de la rentabilité d'un actif sans risque est égal à 0.	☐	☐
6. Les bons du Trésor émis par l'État sont sans risque.	☐	☐
7. L'écart-type de la rentabilité d'une action mesure le risque global attaché à cette action.	☐	☐
8. Une erreur de stratégie affecte le risque spécifique de l'entreprise.	☐	☐
9. Les changements des taux d'intérêt affectent le risque spécifique.	☐	☐
10. La diversification permet d'éliminer le risque spécifique.	☐	☐
11. Les décisions de placement modifient le budget de trésorerie.	☐	☐

2 Rentabilité d'une action ★★★

On a relevé les cours suivants à la fin de chaque mois au cours du premier semestre de l'année N :

1	2	3	4	5	6
245	248	254	248	265	265

1. *Sachant que l'action était cotée 241 au début du premier mois, calculez le taux de rentabilité mensuel de l'action.*
2. *Calculez la rentabilité semestrielle moyenne.*
3. *Calculez et commentez l'écart-type de la rentabilité de l'action.*
4. *Quels sont les avantages qu'une entreprise peut retirer de l'écart-type ?*

3 Mini-cas : Placement en actions ★★★

Compétences attendues

- **Identifier** la relation entre incertitude et rentabilité exigée par le marché
- **Calculer** la rentabilité espérée ou la valeur théorique sur une période d'un titre financier

Un gestionnaire de portefeuilles envisage d'acquérir des actions SOBODEC.

- Prix d'achat unitaire : 652 €
- Dividende annuel versé en fin d'année : 21 €
- Progression du cours estimé dans 2 ans : + 15 %

1. *Déterminez en quoi ce placement est risqué. Précisez ce qu'est la prime de risque.*
2. *Calculez le rendement annuel brut des actions.*
3. *Calculez le taux de rentabilité attendu de ce placement si les actions sont conservées 2 ans et le dividende versé en fin d'année.*

4 Mini-cas : Diversification ★★★

Compétence attendue

Calculer la rentabilité espérée ou la valeur théorique sur une période d'un titre financier

M. Snow a investi dans un portefeuille d'actions aux caractéristiques suivantes :

- taux de rentabilité : 6,2 %
- écart-type de la rentabilité : 15 %

Il a décidé de diversifier son placement en acquérant des obligations d'État sur 10 ans au taux de 1,8 %.

1. *Calculez la rentabilité moyenne si les obligations représentent 40 % du total.*
2. *Commentez le niveau de risque du nouveau portefeuille.*
3. *Identifiez l'intérêt de la diversification.*

5 Mini-cas : Placements et budget de trésorerie ★★★

Compétence attendue

Incorporer les gains des placements dans le budget de trésorerie

Le budget de trésorerie de la société Psametik se présente comme suit, pour le premier semestre N (sommes en k€) :

	Janvier	Février	Mars	Avril	Mai	Juin
Encaissements – Décaissements	200 000 185 000	180 000 175 000	170 000 175 000	160 000 180 000	185 000 175 000	195 000 185 000
Trésorerie initiale Écart Trésorerie finale	5 000 + 15 000 20 000	20 000 + 5 000 25 000	25 000 – 5 000 20 000	20 000 – 20 000 –	– + 10 000 10 000	10 000 + 10 000 20 000

La société envisage de placer les excédents de liquidités du 1er janvier à fin mars, à concurrence de 20 000 k€, en titres de créance négociables à court terme (TCN) au taux de 1,6 %. Les intérêts sont postcomptés.

1. *Rappelez ce qu'est un TCN.*
2. *Calculez les gains attendus des placements de liquidités (vous ferez abstraction de l'impôt).*
3. *Modifiez en conséquence le budget de trésorerie. Vous arrondirez les intérêts au millier d'euros le plus proche et commenterez le résultat obtenu.*

Évaluer les savoirs — Maîtriser les compétences — **Préparer l'épreuve**

6 Cas pratique : Rentabilité et risque ★★★

30 min

Compétence attendue **Calculer** la rentabilité espérée ou la valeur théorique sur une période d'un titre financier

On communique, pour l'année N, le cours mensuel moyen relatif à deux actions cotées (sommes en €) :

Mois	D	J	F	M	A	M	J	J	A	S	O	N	D
Cours action BZ	40	44	42	38	41	40	38	42	45	48	50	52	55
Cours action JD	60	70	86	98	80	66	80	104	100	96	80	88	100

Aucun dividende n'a été distribué en N pour l'action BZ. Un dividende de 4 € par action JD a été distribué en juin N.

Missions

1. *Calculez les rentabilités mensuelles des deux titres.*
2. *Expliquez ce que mesure l'écart-type.*
3. *Calculez la rentabilité mensuelle moyenne et l'écart-type de la rentabilité pour les deux actions. Commentez vos résultats.*

7 Cas pratique : Achat d'obligations ★★★

20 min

Compétence attendue **Calculer** la rentabilité espérée ou la valeur théorique sur une période d'un titre financier

Le 14/10/N, un investisseur envisage de constituer un portefeuille d'obligations. Il hésite entre deux titres cotés dont la valeur nominale est de 100 € :

- une obligation de Air-France-KLM émise le 13/10/N–2 : taux : 3,88 % ; cours le 14/10/N : 99 ; remboursement au pair de la totalité des obligations le 13/10/N+3 ;
- une obligation Crédit agricole émise le 13/10/N–9 : taux : 6,25 % ; cours le 14/10/N : 107,46 ; remboursement au pair de la totalité des obligations le 13/10/N+3.

Missions

1. *Expliquez la différence de taux nominal.*
2. *Justifiez les cours atteints par les deux obligations.*
3. *Sachant que le taux de rendement exigé sur le marché à la date de la cotation est de 4,2 % et qu'il reste 3 ans avant le remboursement, calculez la valeur théorique de chacun des deux titres. Commentez le résultat obtenu.*

8 Cas pratique : Portefeuille de titres ★★★

30 min

Compétence attendue **Déterminer** différents placements sur les marchés financiers

Le 23/11/N, le portefeuille de M. Tenac se présente comme suit (sommes en €) :

	N				N+1	
	Quantité	Cours	BNPA	Dividende	BNPA	Dividende
Actions BOG	4 500	29,85	1,73	1,6	1,78	1,6
Actions VIX	2 800	43,56	3,48	2,21	3,67	1,83
OAT 3,75 %	800	107,44				
Obligations Brad 2,60 %	200	102,85				

- Date remboursement : 25/10/N+5.
- Valeur nominale : 100 €.
- Durée : 10 ans.
- Coupon couru à la date indiquée : 0,30 € (compte tenu des 3 jours supplémentaires).

Missions

1. *Calculez le PER et le rendement des deux actions pour N et N+1.*
2. *Définissez une OAT et précisez son intérêt. Vérifiez le coupon couru relatif à l'OAT.*
3. *Justifiez le niveau du cours des deux obligations.*
4. *Définissez les risques spécifique et de marché. Citez des facteurs ayant un impact sur ces risques.*
5. *Portez un jugement sur le portefeuille de M. Tenac.*

SYNTHÈSE

Le placement des excédents de trésorerie sur les marchés financiers

L'entreprise dispose de divers moyens pour placer les excédents de trésorerie :

- **Placements bancaires** → • Comptes bancaires, OPCVM
- **Souscription de titres de créances négociables (TCN)** → • TCN à court terme (≤ 1 an) • Montant minimum : 150 000 €
- **Placements sur le marché financier** → • Actions, obligations

Les deux principaux critères considérés dans l'optique d'un placement sont le rendement et la liquidité.

Sur le marché financier, il faut connaître l'environnement, complexe et aléatoire

Obligations

- Obligations d'État (OAT) considérées sans risque (rentabilité certaine et connue)
- Exposition au risque de variation des taux d'intérêt (hausse des taux → baisse de la valeur cotée)

Actions

- Rentabilité non connue → actif risqué
- Risque élevé → rentabilité exigée forte
- Mesure du risque global par l'écart-type de la rentabilité
- Risque = risque de marché + risque spécifique
- Diversification du portefeuille de titres pour diminuer le risque spécifique

Correction du budget de trésorerie

Les opérations de placement et les produits financiers correspondants modifient le budget de trésorerie qui doit être équilibré et présenter des soldes voisins de zéro.

BREIZATAO

1 Prévisions de trésorerie

La société Breizatao est spécialisée dans la fabrication de plats cuisinés aux supermarchés et aux restaurants.

Elle réalise régulièrement des prévisions relatives à son activité ; pour le premier trimestre de l'année N, elle a réuni les informations suivantes (sommes en k€) :

	Janvier	Février	Mars
Ventes HT	15 000	16 000	16 000
Ventes à l'étranger	1 000	1 200	1 200
Achats HT	5 000	5 200	5 200
Charges d'exploitation HT	2 000	2 200	2 200
Autres charges d'exploitation	6 000	6 000	6 000
Investissements HT	500	–	5 000

On dispose des informations suivantes :

- Durées des crédits
  - Clients : 1 mois fin de mois
  - Fournisseurs : 1 mois
  - Autres charges : règlement comptant
- Postes du bilan fin N–1 (en k€)
  - Clients : 16 500
  - Fournisseurs : 5 800
  - TVA à décaisser : 900
  - Trésorerie : 300
- Taux de TVA
  - Ventes : 5,5 %
  - Achats : 90 % à 5,5 % et 10 % à 20 %
  - Charges d'exploitation et investissements : 20 %

Les autres charges d'exploitation ne sont pas soumises à la TVA. Les crédits de TVA sont reportés sur la TVA du mois suivant.

Missions

1. *Établissez le tableau des encaissements, le tableau de la TVA et le tableau des décaissements.*
2. *Présentez le budget de trésorerie du premier trimestre N.*

2 Équilibrage du budget de trésorerie

Des prévisions de trésorerie relatives au deuxième trimestre N montrent qu'un découvert de 18 000 k€ devrait apparaître du 1er au 27 mai inclus.

Pour équilibrer sa trésorerie, la société Breizatao utilise les financements traditionnels.

- Conditions du découvert : taux de 5,5 % ; CPFD : 0,05 %.

- Conditions de l'escompte : taux de 4,6 % ; commission d'endos de 0,6 % ; commission de négociation de 5 € HT par effet négocié ; 1 jour de banque. La société dispose d'une dizaine d'effets correspondant au montant du découvert.

Missions

1. *Calculez le montant minimum qu'elle doit remettre à l'escompte.*
2. *Trouvez le financement le moins coûteux.*
3. *Calculez le taux de revient du découvert, en cas de recours à ce seul financement.*
4. *Indiquez quels types de financements pourraient être utilisés par une très grosse société dans la même situation. Précisez leur intérêt.*

3 Placements sur les marchés financiers

Prévoyant des excédents importants pour le reste de l'année et l'exercice suivant, la société s'interroge sur l'opportunité d'effectuer des placements sur les marchés financiers. Le conseiller financier a proposé des suggestions de valeurs (à la date du 31/12/N–1) :

Titres	Cours	Bénéfice net par action N–1	PER N–1	Dividende N–1	Rendement N–1
Actions Total	50,30	4,27	11,8	2,56	5,1 %
Actions Pernod Ricard	154,70	6,29	24,6	2,80	1,8 %
Obligation OAT	104,920 %				
SICAV	198,98 €				

- Obligation (emprunt d'État en euros)
  - Date d'émission : 26/09/N–6
  - Date de maturité : 26/09/N+4
  - Valeur nominale : 200 €
  - Taux nominal : 3,25 %
  - Coupon couru au 31/12/N–1 : 0,882 % (le dernier coupon a été versé le 26/09/N–1)
- SICAV (France Dividendes de la Société Générale)
  - Taux d'augmentation de la part en N–1 : 2,37 %
  - Droits d'entrée : 0

Missions

1. *Identifiez le marché sur lequel sont cotées ces actions.*
2. *Vérifiez le PER et le rendement des actions. Précisez l'intérêt du PER.*
3. *Rappelez le principe de la cotation des obligations.*
4. *Calculez, au 31/12/N–1, le coupon couru de l'obligation (on tiendra compte des 3 jours ouvrés rajoutés) et le prix d'achat de l'obligation.*
5. *Déterminez si ces titres sont exposés au même risque.*
6. *Déterminez comment mesurer le risque global d'une action et quels en sont les composantes.*
7. *Expliquez ce qu'est une SICAV et quel en est l'intérêt pour un placement à court terme.*

SUJET TYPE D'EXAMEN

DURÉE

3 heures

Coefficient 1

PLAN DU SUJET

Le sujet se présente sous la forme de 3 dossiers indépendants.

1. Diagnostic financier (9 points)
2. Gestion de la trésorerie (5 points)
3. Gestion du besoin en fonds de roulement d'exploitation (6 points)

Le sujet comporte 10 documents et 2 annexes.

Dossier 1

1. Comptes de résultat de la société Bovim – Exercice N–1
2. Bilans de la société Bovim – Actif au 31/12/N–1 et au 31/12/N–2
3. Bilans de la société Bovim – Passif au 31/12/N–1 et au 31/12/N–2
4. Tableaux des immobilisations, amortissements, dépréciations et provisions au 31/12/N–1
5. Informations complémentaires sur l'exercice N–1

Dossier 2

6. Informations relatives au projet d'investissement en N
7. Informations relatives à l'activité actuelle

Dossier 3

8. Financement à court terme
9. Prévisions de trésorerie pour le premier trimestre N
10. Autres informations relatives au portefeuille d'actions

Annexes (à remettre avec la copie)

A. Tableau de financement
B. Tableau de flux de trésorerie

SARL Bovim

La SARL Bovim, basée à Figeac (Lot), fabrique et livre des repas diététiques à domicile pour des durées d'une semaine minimum. Elle est dirigée par Cédric Fourma, associé majoritaire, et emploie sept salariés en CDI ainsi que six apprentis. Les ventes sont essentiellement réalisées auprès de personnes âgées dépendantes ayant choisi le maintien à domicile. Grâce au succès de son offre de services, la SARL Bovim connaît une activité florissante dont l'expansion est anticipée sur plusieurs années, ce qui nécessite de nouveaux investissements pour compléter les installations existantes.

Le responsable administratif et financier de la société Bovim, Yves Lotary, vient de vous recruter comme stagiaire au sein de son service. Il vous confie trois missions indépendantes.

L'exercice comptable correspond à l'année civile.

Vous effectuerez les missions ci-après à l'aide du contexte, de vos connaissances, de vos compétences et du dossier documentaire, en suivant le questionnement fourni.

1 Diagnostic financier

Base documentaire : documents 1 à 5

Yves Lotary souhaite comprendre pourquoi l'entreprise fait face à un découvert bancaire non négligeable fin N alors que l'activité est profitable. À ce titre, il souhaite que vous présentiez un diagnostic financier portant sur plusieurs points.

Missions

1.1. Présentez un tableau permettant de contrôler, pour l'exercice N–1, le respect des normes sectorielles suivantes :

- *coût d'achat des matières premières inférieur à 30 % du CAHT ;*
- *charges de personnel comprises entre 30 et 40 % du CAHT ;*
- *autres achats et charges externes + impôts et taxes compris entre 10 et 15 % du CAHT.*

1.2. *Présentez le tableau de financement de l'exercice N–1 à partir de l'annexe A.*

1.3. *Commentez vos résultats puis expliquez les limites du tableau de financement.*

1.4. *Calculez l'excédent brut d'exploitation (EBE) puis l'excédent de trésorerie d'exploitation (ETE).*

1.5. *Complétez le tableau de flux de trésorerie à partir de l'annexe B.*

1.6. *Commentez ce dernier tableau et proposez des conseils afin d'améliorer la situation financière de l'entreprise Bovim.*

2 Gestion de la trésorerie

Base documentaire : documents 6 et 7

Avant de réaliser de nouveaux investissements, Yves Lotary vous demande de vérifier la rentabilité du projet envisagé et d'étudier son impact sur l'équilibre de la trésorerie.

Missions

2.1. Calculez les CAF d'exploitation générées par le projet pour les cinq premières années d'exploitation.

2.2. Déterminez la rentabilité du projet sachant que le coût du capital est estimé à 4,8 % (vous ferez abstraction de la récupération du BFRE).

2.3. Calculez les CAF du projet après financement.

2.4. Présentez le plan de financement sur 4 ans pour l'ensemble de la société.

2.5. Précisez ce que ce document apporte comme informations utiles à la société.

3 Gestion du besoin en fonds de roulement d'exploitation

Base documentaire : documents 8 à 10

A. Prévisions de trésorerie

Yves Lotary vous sollicite également pour des problèmes relatifs à la gestion de la trésorerie. Il vous consulte notamment pour le financement d'un découvert (document 8) et vous demande des précisions en vue d'un éventuel placement de liquidités dont la société Bovim pourrait disposer sur une durée de deux mois au moins.
La société a effectué des prévisions de trésorerie relatives au début de l'année N (document 9). Un découvert apparaît fin janvier N et la SARL Bovim souhaite en minimiser le coût de financement.

Missions

3.1. Calculez le montant à porter à l'escompte.

3.2. Déterminez le financement le moins coûteux.

3.3. Calculez le taux de revient du découvert.

La société Bovim a finalement retenu l'escompte.

Mission

3.4. Présentez le budget de trésorerie modifié en conséquence et concluez.

B. Portefeuille de titres

Les prévisions font apparaître des excédents de trésorerie pour le reste de l'année N (document 9).
En vue des placements futurs, Yves Lotary souhaite approfondir l'étude du portefeuille de titres actuel. Il vous remet, à cette fin, le document 10.

Missions

3.5. En vous plaçant au 31 décembre N, Yves Lotary vous demande de calculer :
- *la rentabilité mensuelle moyenne pour les deux actions ;*
- *le rendement brut attendu ;*
- *le PER.*

Concluez.

3.6. Déterminez ce que mesure l'écart-type de la rentabilité d'une action.

3.7. Expliquez le principe de la diversification.

3.8. Citez des critères à prendre en compte pour choisir un placement à moyen terme.

DOSSIER DOCUMENTAIRE

Document 1

Comptes de résultat de la société Bovim – Exercice N–1

	N
Produits d'exploitation	
Ventes de marchandises	
Production vendue (biens et services)	1 180 000
Production stockée	3 900
Production immobilisée	
Subventions d'exploitation	
Reprises sur dépréciations et provisions	4 300
Transferts de charges	
Autres produits	1 800
Total	**1 190 000**
Charges d'exploitation	
Achats de marchandises	
Variation des stocks de marchandises	
Achats stockés de matières premières et autres approvisionnements	389 500
Variation des stocks de matières premières et autres approvisionnements	– 4 500
Autres achats et charges externes	165 000
Impôts, taxes et versements assimilés	8 100
Salaires et traitements	335 000
Charges sociales	134 000
Dotations aux amortissements et provisions	
Sur immobilisations : dotations aux amortissements	69 450
Sur immobilisations : dotations aux dépréciations	
Sur actif circulant : dotations aux dépréciations	7 200
Pour risques et charges : dotations aux provisions	
Autres charges	3 050
Total	**1 106 800**
RÉSULTAT D'EXPLOITATION	**83 200**

...

•••

	N
Produits financiers	
De participations	
D'autres valeurs mobilières et créances de l'actif immobilisé	
Autres intérêts et produits assimilés	700
Reprises sur dépréciations, provisions et transferts de charges financières	2 000
Différences positives de change	
Produits nets sur cessions de valeurs mobilières de placement	
Total	**2 700**
Charges financières	
Dotations aux amortissements, dépréciations et provisions	1 000
Intérêts et charges assimilées	15 000
Différences négatives de change	
Charges nettes sur cessions de valeurs mobilières de placement	1 600
Total	**17 600**
RÉSULTAT FINANCIER	**– 14 900**
RÉSULTAT COURANT AVANT IMPÔT	**68 300**
Produits exceptionnels	
Sur opérations de gestion	
Sur opérations en capital	
– produits des cessions d'éléments d'actif	5 000
– subventions d'investissement virées au résultat de l'exercice	20 000
Reprises sur provisions, dépréciations et transferts de charges exceptionnelles	1 000
Total	**26 000**
Charges exceptionnelles	
Sur opérations de gestion	2 300
Sur opérations en capital :	
– valeurs comptables des éléments immobilisés et financiers cédés	30 000
Dotations aux amortissements, dépréciations et provisions	500
Total	**32 800**
RÉSULTAT EXCEPTIONNEL	**– 6 800**
Participation des salariés aux résultats	
Impôts sur les bénéfices	12 300
Solde créditeur = **bénéfice**	**49 200**

Bilans de la société Bovim – Actif au 31/12/N–1 et au 31/12/N–2

	Exercice N–1			Exercice N–2		
ACTIF	**Brut**	**A. et D.**	**Net**	**Brut**	**A. et D.**	**Net**
Capital souscrit non appelé						
Actif immobilisé						
Immobilisations incorporelles :						
Frais d'établissement						
Frais de recherche et développement						
Concessions, brevets, licences, marques…						
Fonds commercial	60 000		60 000	25 000		25 000
Autres immobilisations incorporelles						
Immobilisations incorporelles en cours						
Avances et acomptes						
Immobilisations corporelles :						
Terrains	15 400		15 400			
Constructions	182 600	61 300	121 300	128 800	45 700	83 100
Installations techniques, matériel et outillage…	330 100	110 550	219 550	284 800	84 000	200 800
Autres immobilisations corporelles	54 200	18 300	35 900	41 500	11 000	30 500
Immobilisations corporelles en cours						
Avances et acomptes	6 000		6 000	15 000		15 000
Immobilisations financières :						
Participations évaluées par équivalence						
Autres participations						
Créances rattachées à des participations						
Titres immobilisés de l'activité de portefeuille						
Autres titres immobilisés						
Prêts	8 300		8 300	3 000		3 000
Autres immobilisations financières						
TOTAL I	**656 600**	**190 150**	**466 450**	**498 100**	**140 700**	**357 400**
Actif circulant						
Stocks et en-cours :						
Matières premières et autres approvisionnements	20 300	600	19 700	15 800	1 000	14 800
En-cours de production (biens et services)	5 100		5 100	1 200		1 200
Produits intermédiaires et finis						
Marchandises						
Avances et acomptes versés sur commandes	12 000		12 000	10 000		10 000

•••

•••

ACTIF	Exercice N–1			Exercice N–2		
	Brut	A. et D.	Net	Brut	A. et D.	Net
Créances d'exploitation :						
Créances clients et comptes rattachés	100 890	7 500	93 390	98 200	4 200	94 000
Autres créances d'exploitation	10 330		10 330	5 300		5 300
Créances diverses						
Capital souscrit – appelé, non versé						
Valeurs mobilières de placement :						
Actions propres						
Autres titres	17 000	1 000	16 000	15 000	3 000	12 000
Instruments de trésorerie :						
Disponibilités	10 500		10 500	20 850		20 850
Charges constatées d'avance	4 930		4 930	5 600		5 600
TOTAL II	**181 050**	**9 100**	**171 950**	**171 950**	**8 200**	**163 750**
Frais d'émission d'emprunt à étaler						
Primes de remboursement des obligations						
Écarts de conversion Actif	1 000		1 000			
TOTAL GÉNÉRAL	**838 650**	**199 250**	**639 400**	**670 050**	**148 900**	**521 150**

Document 3

Bilans de la société Bovim – Passif au 31/12/N–1 et au 31/12/N–2

PASSIF	N–1	N–2
Capitaux propres		
Capital *(dont versé : 115 000)*	115 000	100 000
Primes d'émission, de fusion, d'apport	3 000	
Écarts de réévaluation		
Écart d'équivalence		
Réserves		
Réserve légale	11 500	10 000
Réserves statutaires ou contractuelles		
Réserves réglementées		
Autres	12 300	7 000
Report à nouveau		
Résultat de l'exercice (bénéfice ou perte)	**49 200**	**35 000**
Subventions d'investissement	40 000	50 000
Provisions réglementées		
TOTAL I	**231 000**	**202 000**

•••

...

PASSIF	N–1	N–2
Autres fonds propres		
Produit des émissions de titres participatifs		
Avances conditionnées		
TOTAL II		
Provisions pour risques et charges		
Provisions pour risques	2 000	1 700
Provisions pour charges	1 200	1 000
TOTAL III	**3 200**	**2 700**
Emprunts et dettes		
Dettes financières		
Emprunts obligataires convertibles		
Autres emprunts obligataires		
Emprunts et dettes auprès des établissements de crédit (1)(2)	298 050	207 700
Emprunts et dettes financières divers	14 300	10 000
Avances et acomptes reçus sur commandes en cours		
Dettes d'exploitation		
Dettes fournisseurs et comptes rattachés	67 630	80 200
Dettes fiscales et sociales	4 950	4 300
Autres dettes d'exploitation	2 500	2 400
Dettes diverses		
Dettes sur immobilisations…	3 340	2 000
Dettes fiscales (impôts sur les bénéfices)	6 930	6 500
Autres dettes diverses	2 400	1 000
Produits constatés d'avance	2 100	2 350
TOTAL IV	**402 200**	**316 450**
Écarts de conversion — Passif	3 000	
TOTAL GÉNÉRAL	**639 400**	**521 150**

(1) Dont concours bancaires courants : 68 000
(2) Dont à moins d'1 an : 44 000

Document 4

Tableaux des immobilisations, amortissements, dépréciations et provisions au 31/12/N–1

Tableau des immobilisations au 31 décembre N–1

Immobilisations	Valeur brute des immobilisations au début de l'exercice	Augmentations	Diminutions	Valeur brute des immobilisations à la fin de l'exercice
IMMOBILISATIONS INCORPORELLES				
Fonds commercial	25 000	35 000		60 000
IMMOBILISATIONS CORPORELLES				
Terrains		15 400		15 400
Constructions	128 800	53 800		182 600
Installations techniques, matériel et outillage industriel	284 800	83 300	38 000	330 100
Autres immobilisations corporelles	41 500	24 700	12 000	54 200
Avances et acomptes sur commandes d'immobilisations corporelles	15 000	6 000	15 000	6 000
IMMOBILISATIONS FINANCIÈRES				
Prêts	3 000	6 800	1 500	8 300
Total	498 100	225 000	66 500	656 600

•••

Tableau des amortissements au 31 décembre N–1

Immobilisations amortissables	Montant des amortissements au début de l'exercice	Dotations	Diminutions	Montant des amortissements à la fin de l'exercice
IMMOBILISATIONS CORPORELLES				
Constructions	45 700	15 600		61 300
Installations techniques, matériel et outillage industriel	84 000	41 750	15 200	110 550
Autres immobilisations corporelles	11 000	12 100	4 800	18 300
Total	140 700	69 450	20 000	190 150

Tableau des dépréciations au 31 décembre N–1

	Montant au début de l'exercice	Dotations	Reprises	Montant à la fin de l'exercice
Stocks de matières premières	1 000	600	1 000	600
Créances clients	4 200	6 600	3 300	7 500
VMP	3 000		2 000	1 000
Total	8 200	7 200	6 300	9 100

Tableau des provisions au 31 décembre N–1

	Montant au début de l'exercice	Dotations	Reprises	Montant à la fin de l'exercice
Provisions pour risques	1 700	300		2 000
Provisions pour charges	1 000	1 200	1 000	1 200
Total	2 700	1 500	1 000	3 200

Document 5

Informations complémentaires sur l'exercice N–1

- L'entreprise Bovim a cédé des immobilisations corporelles en N–1.
- L'entreprise Bovim a eu recours à une augmentation de capital en numéraire en N. La prime d'émission a été intégralement versée.
- Elle a obtenu en N–1 une nouvelle subvention d'investissement.
- Des remboursements d'emprunt bancaire ont eu lieu en N–1. L'entreprise a par ailleurs souscrit un nouvel emprunt bancaire et profité d'un nouvel apport en compte courant d'associés (emprunts et dettes financières divers).
- Les intérêts courus sur emprunts s'élèvent à 1 050 € à la fin N–1 et à 550 € à la fin N–2.
- Les charges constatées d'avance et les produits constatés d'avance relèvent de l'exploitation.
- Les écarts de conversion se rattachent aux dettes fournisseurs.

Document 6

Informations relatives au projet d'investissement en N

Investissements HT

- Camions de livraison : 110 k€ (amortissement en linéaire sur 10 ans).
- Matériel de congélation : 14 k€ (amortissement linéaire sur 8 ans).
- Matériel de conservation : 10 k€ (amortissement linéaire sur 8 ans).

Prévisions d'activité

- Les ventes augmenteraient de 20 %, de même que les charges variables.
- Les charges fixes HT augmenteraient de 75 k€ du fait de la nécessité de louer un nouveau local.

Financements

- Emprunt bancaire de 80 k€ : taux 5 % ; remboursement en 4 fractions égales dès fin N+1.
- Apports d'associés bloqués pendant 4 ans : 20 k€ ; taux : 5 %. Remboursement : fin N+4.

Document 7

Informations relatives à l'activité actuelle

Dernier compte de résultat simplifié

Sommes en k€	Année N
Chiffres d'affaires HT Charges variables HT Charges fixes HT Dotations	1 180 600 440 70
Résultat avant IS	70

Le BFRE est estimé à 15 jours de CAHT. Il devrait rester constant dans le temps.

Taux d'IS : 28 %

On supposera que la trésorerie initiale est nulle.

Document 8

Financement à court terme

- Découvert : taux : 5,3 % ; CPFD : 0,05 % (appliquée sur le plus fort découvert de chaque mois).
- Escompte d'effets : taux : 4,2 % ; commission d'endos : 0,60 % ; pas de jour de banque. La commission fixe par effet sera ignorée. La société dispose d'effets à échéance du 28 février N.

Document 9

Prévisions de trésorerie pour le premier trimestre N

Sommes en k€	Janvier	Février	Mars
Encaissements – Décaissements	220 000 230 500	240 900 230 000	240 000 230 800
Soldes Soldes cumulés	– 10 500 – 10 500	10 900 400	9 200 9 600

Le découvert, dont le montant est quasi stable, apparaît le 28 janvier N et dure jusqu'au 25 février N.

Document 10

Autres informations relatives au portefeuille d'actions

Actions – Cours sur les derniers mois de N–1

	Fin juillet	Fin août	Fin septembre	Fin octobre	Fin novembre	Fin décembre
Action KX	42	40,5	42,5	44	45	46
Action OPI	150	156	178	172	176	182

Aucun dividende n'a été distribué pendant cette période.

Autres informations au 31/01/N

	Écart-type (%)	Dividende attendu (€)	Bénéfice net par action attendu (€)
Action KX	1,35	2,3	4,5
Action OPI	5,65	4,2	8,3

Annexe A

Tableau de financement
(document à remettre complété avec la copie)

Tableau de financement – première partie

Emplois stables	Exercice N–1	Ressources stables	Exercice N–1
Distributions mises en paiement au cours de l'exercice Acquisitions d'éléments de l'actif immobilisé : Immobilisations incorporelles Immobilisations corporelles Immobilisations financières Charges à répartir sur plusieurs exercices Réduction des capitaux propres Remboursements de dettes financières		Capacité d'autofinancement de l'exercice Cessions ou réductions d'éléments de l'actif immobilisé : Cessions d'immobilisations : – incorporelles – corporelles Cessions ou réductions d'immobilisations financières Augmentation des capitaux propres : Augmentation de capital ou apports Augmentation des autres capitaux propres Augmentation des dettes financières	
Total des emplois stables		Total des ressources durables	
Variation du FRNG (ressource nette)		**Variation du FRNG (emploi net)**	

Tableau de financement – deuxième partie

Utilisation du FRNG	N–1		
	Besoins 1	Dégagements 2	Solde 2–1
Variations « Exploitation » : Variation des actifs d'exploitation : Stocks et en-cours Avances et acomptes versés Créances clients, comptes rattachés et et autres créances d'exploitation Variation des dettes d'exploitation : Avances et acomptes reçus Dettes fournisseurs, comptes rattachés et autres dettes d'exploitation			
Totaux			
A.Variation nette Exploitation			
Variations « Hors exploitation » : Variation des autres débiteurs Variation des autres créditeurs			
Totaux			
B.Variation nette Hors exploitation			
Total A + B : Besoins de l'exercice en fonds de roulement ou Dégagement net de FR dans l'exercice			
Variations « Trésorerie » : Variation des disponibilités Variations des concours bancaires courants et soldes créditeurs de banque			
Totaux			
C.Variation nette Trésorerie			
Utilisation de la variation du fonds de roulement net global (A+B+C) **Emploi net (–)** ou **Ressource nette (+)**			

Tableau de flux de trésorerie
(document à remettre complété avec la copie)

		Exercice N-1
	ACTIVITÉ	
	CAF	
	Incidence de la variation des décalages de trésorerie sur opérations d'exploitation	
–	Variation du BFR lié à l'activité	
	Flux net de trésorerie lié à l'activité (A)	
	INVESTISSEMENT	
–	Acquisitions d'immobilisations	
	Incorporelles	
	Corporelles	
	Financières	
+	Cessions ou réductions d'immobilisations	
	Incorporelles	
	Corporelles	
	Financières	
–	Variation du BFR lié aux opérations d'investissement	
	Flux net de trésorerie lié aux opérations d'investissement (B)	
	FINANCEMENT	
	Augmentation des capitaux propres	
	Augmentation des dettes financières	
–	Dividendes versés	
–	Remboursements d'emprunts	
–	Variation du BFR lié aux opérations de financement	
	Flux net de trésorerie lié aux opérations de financement (C)	
	VARIATION DE TRÉSORERIE (A + B + C)	
	Trésorerie d'ouverture	
	Trésorerie de clôture	

1 Diagnostic financier

1.1. *Présentez un tableau permettant de contrôler, pour l'exercice N–1, le respect des normes sectorielles suivantes :*

- *coût d'achat des matières premières inférieur à 30 % du CAHT ;*
- *charges de personnel comprises entre 30 et 40 % du CAHT ;*
- *autres achats et charges externes + impôts et taxes compris entre 10 et 15 % du CAHT.*

Ratios	N–1
Coût d'achat des matières premières / CAHT	(389 500 – 4 500) / 1 180 000 = 32,63 % > 30 %
Charges de personnel / CAHT	(335 000 + 134 000) / 1 180 000 = 39,75 % < 40 %
(Autres achats et charges externes + Impôts et taxes) / CAHT	(165 000 + 8 100) / 1 180 000 = 14,67 % < 15 %

Le coût d'achat des matières premières dépasse légèrement la norme sectorielle.
En ce qui concerne les deux autres ratios, l'entreprise se situe sur la fourchette haute des normes sectorielles.

1.2. *Présentez le tableau de financement de l'exercice N–1 à partir de l'annexe A.*

Calculs pour la première partie du tableau de financement

- CAF (à partir du compte de résultat)

CAF = 49 200 + (69 450 + 7 200 + 1 000 + 500) + 30 000 (VCEAC)
– (4 300 + 2 000 + 1 000) – 5 000 (PCEA) – 20 000 (QP de SI)
CAF = 125 050 €

- Cession ou réduction d'immobilisations :
  - cession d'immobilisations corporelles : 5 000 € (PCEA) ;
  - réduction d'immobilisations financières : 1 500 € (remboursement d'un prêt).
- Augmentation des capitaux propres :
  - Augmentation de capital : 15 000 + 3 000 (prime d'émission) = 18 000 € ;
  - Autres capitaux propres :
  - les subventions d'investissement ont connu une augmentation et une diminution en N–1 ;
  - la diminution correspond à la quote-part de subvention d'investissement virée au résultat de l'exercice ;
  - il convient de déterminer le montant de l'augmentation en posant une équation à une inconnue : SI fin N–1 = SI fin N–2 + Augmentation – Diminution

40 000 = 50 000 + Augmentation – 20 000 (QP de SI virée au compte de résultat)
Augmentation = 40 000 – 50 000 + 20 000 = 10 000 €

- Augmentation des dettes financières :

Il faut poser une équation à une inconnue du fait des remboursements et du nouvel emprunt :
Dettes financières fin N–1 = Dettes financières fin N–2 + Augmentation – Diminution
Dettes financières fin N–1 = 298 050 + 14 300 – 68 000 (CBC) – 1 050 (intérêts courus) = 243 300 €
Dettes financières fin N – 2 = 207 700 + 10 000 – 550 (intérêts courus) = 217 150 €
243 300 = 217 150 + Augmentation – 44 000 (remboursement)
Augmentation = 243 300 – 217 150 + 44 000 = 70 150 €

- Distribution de dividendes :
  - augmentation des réserves = 11 500 + 12 300 – 10 000 – 7 000 = 6 800 € ;
  - dividendes versés = 35 000 (résultat de N–1) – 6 800 = 28 200 €.
- Acquisitions d'immobilisations :
  - incorporelles : 35 000 € (*voir le tableau des immobilisations*) ;
  - corporelles : 225 000 (total des augmentations d'immobilisations) – 35 000 (immobilisations incorporelles) – 15 000 (diminution des avances et acomptes) – 6 800 (immobilisations financières) = 168 200 €
  - financières : 6 800 €
- Remboursement d'emprunts :
  - bancaires : 44 000 € (*voir en bas du passif*) ;
  - divers : 0,00 €

Calculs pour la deuxième partie du tableau de financement

	N–1	N–2	Variation
Stocks de matières premières…	20 300	15 800	4 500
En-cours de production	5 100	1 200	3 900
Total (stocks)	**25 400**	**17 000**	**8 400**
Avances et acomptes	**12 000**	**10 000**	**2 000**
Créances clients	100 890	98 200	2 690
Autres créances d'exploitation	10 330	5 300	5 030
Charges constatées d'avances	4 930	5 600	– 670
Total (créances d'exploitation)	**116 150**	**109 100**	**7 050**
Dettes fournisseurs	67 630	80 200	– 12 570
+ Écarts de conversion – Passif	3 000		3 000

	N–1	N–2	Variation
– Écarts de conversion – Actif	– 1 000		– 1 000
Dettes fiscales et sociales	4 950	4 300	650
Autres dettes d'exploitation	2 500	2 400	100
Produits constatés d'avance	2 100	2 350	– 250
Total (dettes d'exploitation)	**79 180**	**89 250**	**– 10 070**
Autres débiteurs (VMP)	**17 000**	**15 000**	**2 000**
Dettes sur immobilisation	3 340	2 000	1 340
Dettes fiscales (IS)	6 930	6 500	430
Autres dettes diverses	2 400	1 000	1 400
Intérêts courus sur emprunts	1 050	550	500
Total (autres créditeurs)	**13 720**	**10 050**	**3 670**

Tableau de financement – première partie

Emplois stables	Exercice N–1	Ressources stables	Exercice N–1
Distributions mises en paiement au cours de l'exercice	28 200	Capacité d'autofinancement de l'exercice	125 050
Acquisitions d'éléments de l'actif immobilisé :		Cessions ou réductions d'éléments de l'actif immobilisé :	
Immobilisations incorporelles	35 000	Cessions d'immobilisations :	
Immobilisations corporelles	168 200	– incorporelles	
Immobilisations financières	6 800	– corporelles	5 000
Charges à répartir sur plusieurs exercices		Cessions ou réductions d'immobilisations financières	1 500
Réduction des capitaux propres		Augmentation des capitaux propres :	
Remboursements de dettes financières	44 000	Augmentation de capital ou apports	18 000
		Augmentation des autres capitaux propres	10 000
		Augmentation des dettes financières	70 150
Total des emplois stables	282 200	Total des ressources durables	229 700
Variation du FRNG (ressource nette)		**Variation du FRNG (emploi net)**	**52 500**

Tableau de financement – deuxième partie

Utilisation du FRNG	N–1		
	Besoins 1	Dégagements 2	Solde 2–1
Variations « Exploitation » :			
Variation des actifs d'exploitation :			
Stocks et en-cours	8 400		
Avances et acomptes versés	2 000		
Créances clients, comptes rattachés et et autres créances d'exploitation	7 050		
Variation des dettes d'exploitation :			
Avances et acomptes reçus			
Dettes fournisseurs, comptes rattachés et autres dettes d'exploitation	10 070		
Totaux	27 520	–	
A. Variation nette Exploitation			(27 520)
Variations « Hors exploitation » :			
Variation des autres débiteurs	2 000		
Variation des autres créditeurs		3 670	
Totaux	2 000	3 670	
B. Variation nette Hors exploitation			1 670
Total A + B : Besoins de l'exercice en fonds de roulement ou Dégagement net de FR dans l'exercice			(25 850)
Variations « Trésorerie » :			
Variation des disponibilités		10 350	
Variations des concours bancaires courants et soldes créditeurs de banque		68 000	
Totaux	–	78 350	
C. Variation nette Trésorerie			78 350
Utilisation de la variation du fonds de roulement net global (A+B+C) **Emploi net (–)** ou **Ressource nette (+)**			**52 500**

1.3. *Commentez vos résultats puis expliquez les limites du tableau de financement.*

Le FRNG a diminué de 52 500 € au cours de l'exercice N–1.

Par ailleurs, le BFRE est en augmentation de 27 520 € du fait d'une augmentation simultanée des stocks et des créances clients tandis que les dettes fournisseurs diminuent.

Le BFR croît de 25 850 €. Une légère augmentation des dettes diverses explique que le montant soit inférieur à celui trouvé pour le BFRE.

L'équilibre financier de l'entreprise Bovim se dégrade sous l'effet conjugué de la baisse du FRNG et de l'augmentation du BFR. Il en résulte une diminution de la trésorerie nette de 78 350 € et l'apparition d'un CBC pour 68 000 €.
Le tableau de financement est un tableau de flux de fonds (flux de trésorerie potentielle) centré sur l'évolution de l'équilibre financier de l'entreprise. La variation de la trésorerie apparaît de façon résiduelle et sans analyse détaillée.
Le tableau de financement ne permet donc pas d'identifier les origines précises de l'augmentation ou de la diminution de la trésorerie au cours d'un exercice comptable. Pour compléter l'analyse, il conviendrait de présenter un tableau de flux de trésorerie, axé sur les flux de trésorerie réelle.

1.4. *Calculez l'excédent brut d'exploitation (EBE) puis l'excédent de trésorerie d'exploitation (ETE).*

EBE = Total des produits d'exploitation sauf Reprises et autres produits – Total des charges d'exploitation sauf Dotations et autres charges
EBE = 1 190 000 – 4 300 – 1 800 – (1 106 800 – 69 450 – 7 200 – 3 050)
= 1 183 900 – 1 027 100
EBE = 156 800 €
ETE = EBE – ΔBFRE
= 156 800 – 27 520 (*voir le tableau de financement*)
ETE = 129 280 €
Les opérations d'exploitation permettent de dégager une trésorerie de 129 280 € au cours de l'exercice N–1.

1.5. *Complétez le tableau de flux de trésorerie à partir de l'annexe B.*

ΔBFR = ΔBFR lié à l'activité
+ ΔBFR lié aux opérations d'investissement
+ ΔBFR lié aux opérations de financement
Grâce au tableau de financement, on sait que ΔBFR = 25 850 €
ΔBFR lié aux opérations d'investissement = Δ Créances sur cessions d'immobilisation
– Δ Dettes sur immobilisation
= (0 – 0) – (3 340 – 2 000) = – 1 340 €
ΔBFR lié aux opérations de financement = Δ Capital souscrit, appelé, non versé = 0
ΔBFR lié à l'activité = ΔBFR
– ΔBFR lié aux opérations d'investissement
+ ΔBFR lié aux opérations de financement
= 25 850 – (–1 340)
ΔBFR lié à l'activité = 27 190 €

NOTRE CONSEIL

Pensez à reprendre le titre de l'annexe en titre de tableau sur votre copie. De manière générale, tout schéma ou tableau doit s'accompagner d'un titre et, le cas échéant, d'une légende.

Tableau de flux de trésorerie

		Exercice N–1
	ACTIVITÉ	
	CAF	125 050
	Incidence de la variation des décalages de trésorerie sur opérations d'exploitation	
–	Variation du BFR lié à l'activité	– 27 190
	Flux net de trésorerie lié à l'activité (A)	97 860
	INVESTISSEMENT	
–	Acquisitions d'immobilisations	
	Incorporelles	– 35 000
	Corporelles	– 168 200
	Financières	– 6 800
+	Cessions ou réductions d'immobilisations	
	Incorporelles	
	Corporelles	5 000
	Financières	1 500
–	Variation du BFR lié aux opérations d'investissement	1 340
	Flux net de trésorerie lié aux opérations d'investissement (B)	– 202 160
	FINANCEMENT	
	Augmentations des capitaux propres	28 000
	Augmentation des dettes financières	70 150
–	Dividendes versés	– 28 200
–	Remboursements d'emprunts	– 44 000
–	Variation du BFR lié aux opérations de financement	
	Flux net de trésorerie lié aux opérations de financement (C)	25 950
	VARIATION DE TRÉSORERIE (A + B + C)	– 78 350
	Trésorerie d'ouverture	20 850
	Trésorerie de clôture	– 57 500

1.6. *Commentez ce dernier tableau et proposez des conseils afin d'améliorer la situation financière de l'entreprise Bovim.*

L'activité de l'entreprise permet de dégager une trésorerie de 97 860 € en N–1.

Le coût d'achat des matières premières dépasse légèrement la norme sectorielle (32,63 % > 30 %). En visant un coût d'achat représentant 30 % du CAHT, l'entreprise pourrait améliorer ce résultat de quelques milliers d'euros (Achats économisés = 2,63 % × (389 500 – 4 500) = 10 125,50 €).

Le problème principal provient des cycles d'investissement/financement : les opérations d'investissement consomment 202 160 € de trésorerie alors que les opérations de financement n'en apportent que 25 950 € !

Le décalage de 176 210 € est partiellement comblé par l'autofinancement (97 860 + 10 350 € prélevés sur les disponibilités), mais il demeure une insuffisance de financement pour 68 000 €. L'entreprise subit fin N – 1 un CBC qui ne constitue pas une solution de financement pérenne.

La situation de l'entreprise Bovim n'est donc pas inquiétante car l'activité n'est pas en cause. En revanche, la question du financement des acquisitions d'immobilisations n'a pas été suffisamment étudiée.

Si le flux de trésorerie lié à l'activité en N se maintient et que l'entreprise surveille l'évolution de son BFRE, ce CBC pourrait être remboursé en quelques mois.

L'entreprise pourrait également augmenter ses ressources durables externes *via* une augmentation de capital ou un emprunt bancaire.

L'entreprise Bovim pourrait potentiellement emprunter un montant correspondant à 3 CAF soit 375 000 € (3 × 125 050 €). Elle dispose donc d'une capacité théorique d'endettement.

2 Gestion de la trésorerie

2.1. *Calculez les CAF d'exploitation générées par le projet pour les cinq premières années d'exploitation.*

Dotations : 110/10 + (14 + 10)/8 = 14

Sommes en k€	N+1 à N+4
Chiffres d'affaires HT Charges variables HT Charges fixes HT Dotations	236,00 120,00 76,00 14,00
Résultat	26,00
Résultat net	18,72
CAF d'exploitation	32,72

2.2. *Déterminez la rentabilité du projet sachant que le coût du capital est estimé à 3,6 % (on fera abstraction de la récupération du BFRE).*

Montant HT de l'investissement : 110 + 14 + 10 = 134

Augmentation du BFR : 236/12 × 1/2 = 9,83

Capitaux investis au démarrage du projet : 134 + 9,83 = 143,83

VAN au taux de 4,8 %

$$VAN = 32,72 \times \frac{1-(1,048)^{-5}}{0,048} + 9,83 \times (1,048)^{-5} - 143,83$$

VAN = 142,45 + 7,78 – 143,83 = 6,40

2.3. *Calculez les CAF du projet après financement.*

La CAF d'exploitation ne tient pas compte des intérêts d'emprunt. Il faut la corriger.

	N+1	N+2	N+3	N+4
CAF avant financement	32,72	32,72	32,72	32,72
Intérêts Intérêts nets d'IS	4,00 2,88	3,00 2,16	2,00 1,44	1,00 0,72
CAF après financement	29,84	30,56	31,28	32,00

2.4. *Présentez le plan de financement sur 4 ans pour l'ensemble de la société.*

- **CAF sur les anciennes activités**

CAF d'exploitation = 70 × 0,72 + 70 = 120,40

CAF après financement = CAF d'exploitation (en l'absence d'intérêts à payer).

- **Plan de financement sur 4 ans**

	N+1	N+2	N+3	N+4
RESSOURCES				
CAF/ anciennes activités	120,40	120,40	120,40	120,40
CAF/projet	29,84	30,56	31,28	32,00
Apports associés	20,00			
Emprunt bancaire	60,00			
Total	230,24	150,96	151,68	152,40
EMPLOIS				
Acquisitions d'immobilisation	134,00			
Variation BFRE	9,83			
Remboursement emprunt	20,00	20,00	20,00	20,00
Remboursement apports				20,00
Total	163,83	20,00	20,00	40,00
Écart	66,41	130,96	131,68	112,40
Trésorerie initiale	–	66,41	197,37	329,05
Trésorerie finale	66,41	197,37	329,05	441,45

2.5. *Précisez ce que ce document apporte comme informations utiles à la société.*

- **Commentaire**

Le plan apparaît équilibré dès la première année. L'activité permet de dégager des liquidités d'un montant très confortable tout en remboursant les financements du projet. Les CAF étant générées tout au long de l'année, un problème de financement ponctuel peut toutefois se présenter au début de la première année. L'entreprise pourrait d'ailleurs remplacer le financement prévu par un emprunt à court terme.

- **Informations**

Le plan de financement permet :

- de vérifier si les ressources prévisionnelles sont suffisantes pour faire face aux emplois prévisionnels ; en cas d'insuffisance ou d'excédent significatif, une rectification doit être effectuée (exemples : augmentation d'un financement, réduction de la taille du projet...).
- de suivre l'évolution de la trésorerie prévisionnelle.

3 Gestion du besoin en fonds de roulement d'exploitation

A. Prévisions de trésorerie

3.1. *Calculez le montant à porter à l'escompte.*

Les effets sont à échéance du 28 février.

Durée de l'escompte : 4 + 28 = 32 jours

$$X - \frac{X \times (0{,}048 \times 32)}{360} = 10\,500$$

X = 10 544,99 k€

3.2. *Déterminez le financement le moins coûteux.*

- **Découvert**

Durée du découvert : 4 (janvier) + 25 = 29 jours

Le découvert s'étend sur deux mois ; la CPFD est en principe calculée deux fois.

Coût :

$$\frac{10\,500 \times 0{,}053 \times 29}{360} + 10\,500 \times 0{,}0005 \times 2 = 44{,}829 + 10{,}5 = 55{,}329 \text{ k€}$$

- **Escompte**

$$\frac{10\,544{,}99 \times 0{,}048 \times 32}{360} = 44{,}99 \text{ k€}$$

Conclusion : l'escompte revient moins cher comparé au découvert.

3.3. *Calculez le taux de revient du découvert.*

$$\frac{10\,500 \times 29 \times t}{360} = 55{,}\,329$$

D'où $t = 6{,}54$ %

3.4. *Présentez le budget de trésorerie modifié en conséquence et concluez.*

Sommes en k€	Janvier	Février	Mars
Encaissements	220 000,00	240 900,00	240 000,00
Décaissements	230 500,00	230 000,00	230 800,00
+ Escompte net	10 500,00		
– Effets non encaissés		10 544,99	
Solde	0,00	355,10	9 200,00
Soldes cumulés	0,00	355,10	9 555,01

La trésorerie finale est diminuée du montant des agios prélevés par la banque.

B. Portefeuille de titres

3.5. *En vous plaçant au 31 décembre N, Yves Lotary vous demande de calculer :*

- *la rentabilité mensuelle moyenne pour les deux actions ;*
- *le rendement brut attendu ;*
- *le PER.*

Concluez.

- **Rentabilités mensuelles**

Octobre : (44 – 42,5) /42,5 = 3,53 %
Novembre : (45 – 44) /44 = 2,27 %

	Fin juillet	Fin août	Fin septembre	Fin octobre	Fin novembre	Fin décembre
Action KX	–	– 3,57 %	4,94 %	3,53 %	2,27 %	2,17 %
Action OPI	–	4,00 %	14,10 %	– 3,37 %	2,33 %	3,41 %

Rentabilité mensuelle moyenne
KX : (– 3,57 +... + 2,17 %)/5 = 1,87 %
OPI : (4 % +...+ 3,41 %)/5 = 4,09 %

• **Rendement brut attendu**
KX : 2,3/46 = 5 %
OPI : 4,2/182 = 2,31 %

• **PER**
KX : 46/4,5 = 10,22
OPI : 182/8,3 = 21,93

3.6. *Déterminez ce que mesure l'écart-type de la rentabilité d'une action.*

L'écart-type de la rentabilité d'une action mesure la dispersion des valeurs (de la rentabilité) autour de la moyenne.

Le risque de l'action OPI est nettement plus élevé que celui de l'action KX. La rentabilité attendue de la première est aussi plus élevée ; ce qui est logique.

L'écart-type de la rentabilité mesure le risque global de l'action. Il peut être décomposé en risque systématique (ou de marché) et risque spécifique.

3.7. *Expliquez le principe de la diversification.*

La diversification consiste à varier les titres en portefeuille :

- soit en acquérant des actions appartenant à d'autres secteurs d'activité, ce qui permet de réduire ou d'éliminer le risque spécifique ;
- soit en achetant des titres (OAT, SICAV...) moins risqués pour abaisser le niveau de risque global du portefeuille.

3.8. *Citez des critères à prendre en compte pour choisir un placement à moyen terme.*

Lorsqu'elle choisit un placement à moyen terme, une société doit étudier les critères suivants :

- La liquidité : la société doit pouvoir récupérer facilement les liquidités en cas de besoin.
- La sécurité : les placements risqués pouvant conduire à une perte en capital sont à éviter.
- Le rendement : le trésorier doit rechercher le meilleur rendement parmi les placements répondant aux autres exigences de la société.
- Le montant des sommes concernées et la durée de leur disponibilité conditionnent également le type de placement à retenir.

QCM et quiz
CORRIGÉ

Les justifications des quiz et QCM du manuel sont publiées dans un ouvrage séparé de corrigés détaillés.

Chapitre 1. **1.** F. **2.** F. **3.** V. **4.** F. **5.** F. **6.** F. **7.** F. **8.** V. **9.** F.

Chapitre 2. **1.** F. **2.** V. **3.** F. **4.** V. **5.** F. **6.** V. **7.** V. **8.** V. **9.** F.

Chapitre 3. **1.** F. **2.** F. **3.** V. **4.** V. **5.** F.

Chapitre 4. **1.** F. **2.** V. **3.** F. **4.** V. **5.** V. **6.** V.

Chapitre 5. **1.** F. **2.** F. **3.** F. **4.** V. **5.** F. **6.** V.

Chapitre 6. **1.** F. **2.** V. **3.** F. **4.** F.

Chapitre 7. **1.** F. **2.** V. **3.** V. **4.** V. **5.** V. **6.** V. **7.** F. **8.** V. **9.** F. **10.** V.

Chapitre 8. **1.** V. **2.** F. **3.** F. **4.** V. **5.** F. **6.** F.

Chapitre 9. **1.** V. **2.** V. **3.** F. **4.** F. **5.** V. **6.** V. **7.** F. **8.** V. **9.** F. **10.** V. **11.** V.

Chapitre 10. **1.** b, c. **2.** c. **3.** c, d, e.

Chapitre 11. **1.** b, e. **2.** c, d, e, f. **3.** a, b.

Chapitre 12. **1.** V. **2.** V. **3.** F. **4.** V. **5.** F. **6.** F. **7.** V. **8.** V. **9.** V. **10.** F. **11.** F. **12.** V.

Chapitre 13. **1.** b, c, d, e, f. **2.** a. **3.** a, d, e. **4.** a, b, c.

Chapitre 14. **1.** c, d. **2.** c, d. **3.** a, b, e, f. **4.** b, c, d, g, h. **5.** c.

Chapitre 15. **1.** d. **2.** a, d, e, f. **3.** c, d, e, f, g, h.

Chapitre 16. **1.** V. **2.** F. **3.** V. **4.** V. **5.** F. **6.** V. **7.** V. **8.** V. **9.** F.

Chapitre 17. **1.** V. **2.** F. **3.** V. **4.** F. **5.** F. **6.** V. **7.** V. **8.** V. **9.** V. **10.** F. **11.** V.

Chapitre 18. **1.** V. **2.** V. **3.** F. **4.** F. **5.** V. **6.** V. **7.** V. **8.** V. **9.** F. **10.** V. **11.** V.

INDEX

TABLE DES MATIÈRES

Partie 2 La politique d'investissement

Partie 3 La politique de financement

Partie 4 La trésorerie

82391 - (I) - SOP 80° - NOC - LGT
Dépôt légal : juin 2021
Imprimé en Espagne par Gráficas Estella